统治史

The History of Government

S.E. Finer

本卷讲述中世纪的历史，作者考察了拜占庭帝国、哈里发国家、唐朝与明朝的演变、封建制欧洲的特点，在佛罗伦萨和威尼斯共和制之被选择，代议制的兴起以及最后整个欧洲典型的国家建制的诞生。

THE HISTORY OF
GOVERNMENT
FROM THE EARLIEST TIMES II

统治史

卷二

The Intermediate Ages
中世纪的帝国统治和代议制的兴起
——从拜占庭到威尼斯

[英] 塞缪尔·E·芬纳 著
王震 译

华东师范大学出版社
上海

华东师范大学出版社六点分社　策划

目　　录

第一部分　东欧与中东

第二部分　中　　　国

第三部分　欧　　洲

综　　述

1. 过渡时期

[613]传统上,欧洲历史被划分为古典时期、过渡时期和现代时期三个阶段。过渡时期的跨度大约为公元 450 年到公元 1450 年。尽管许多历史学家赞同将这种三段式划分用于中国、印度和其他地区,但在不同国家,每一阶段的起止时间将会有所差别。比如,在欧洲"中世纪"通常是指公元 476—1453 年;而在中国,"中世纪"往往是指从公元 190 年汉代败落到公元 581 年建立隋朝之间的 400 年"分裂时期"。

在政治形态演进方面,这个千年无论是对于欧洲还是对全球而言,都是一个重要而特殊的阶段。这一时期的政治发展主要体现在三个方面:所有文明区域内都出现了贝拉[①]所说的"历史性宗教";旧的国家结构被摧毁,经过一个时期的动荡之后,一些地区建立了全新的国家结构;最后,来自欧亚"心脏地带"未开化部落的野蛮入侵打断了国家与社会的建构进程。

[①]　R. N. Bellah,《社会学家的工作:关于社会研究艺术的论文》(Basic Books, New York, 1964)。

2. "历史性宗教"的政治相关性

无论是伊朗的新祆教（neo—Zoroastrianism）、①罗马帝国的基督教、中东的伊斯兰教，还是印度和其后中国的佛教，它们都包含有共同之处，即都认为只有自己崇拜了"真神"或以"正确"的方式信教。这些宗教往往是唯一的排他性宗教，在欧洲、中东以及查克萨提（Jaxartes）②和印度北部，统治者们通过或轻或重的制裁手段第一次将这些宗教强加给了这里的臣民。

这些历史性宗教都是程度不一的会众性宗教。也就是说，他们是信仰者的社团组织，其中每一个人在自身的救赎过程中都很重要，每一个信教者和统治者都是平等的。[614]这些宗教的仪式并不是由那些专门人员来完成的，而是需要个人直接参与这种神圣崇拜。那些表达了共同信仰的个人就组成了犹太人所说的"卡哈尔"（kahal），③或是基督徒所说的"教会"（ecclesia），④穆斯林的"乌玛"（umma），以及佛教徒的"僧伽"（sangha）⑤。

由此出现了大量信仰者组成的宗教社团，在他们之外则没有救赎，即"教会之外无救恩"；另一方面，统治者则寻求将这些宗教信仰强加于其臣民身上。这是一种全新的现象，即便是犹太人也未曾如此。因为"摩西律法"只是针对犹太人的义务，异教徒可以通过遵守诺亚之子的"七戒"而得到救赎。统治者强制信教的程度则根据宗教和时代而各有不同。波斯萨珊王朝复兴了祆教，使之变得高度组织化，并一度严厉地迫害基督教教会。在西欧和拜占庭帝国，基督教也在各地被严厉地强

---

① ［译注］兴盛于古代波斯帝国的一种宗教，又称"拜火教"或"琐罗亚斯德教"。
② ［译注］即今日之"锡尔河"（Syrdarya, Sir-Daria），是源于中亚费尔干纳谷地的一条河流，流经今日的乌兹别克斯坦、塔吉克斯坦和哈萨克斯坦三国，我国汉代史书称其为"药杀水"。
③ ［译注］犹太人定居点的社区组织形式。
④ "教堂"，或"基尔克"（Kirk）（苏格兰语中的"教会"），源自希腊形容词"kyriakos"，就像在"上帝之屋"一样。
⑤ ［译注］又称"僧众"、"和合众"，是指一种佛教僧人团体。

化。另一方面，伊斯兰教只是为了要与穆斯林的社会、政治、经济特权相一致，给非穆斯林臣民设立了相应的限制。中国的佛教和道教从未获得国家正统地位，而是变得非常灵活，并被纳入了国家的总体宗教信仰之中。

"国家强化的宗教性正统"的政治效应并不缺乏革命性。首先，正如古代以色列一样，在统治者遵守宗教规范问题上，信教者可以直接参与其中。即便是世俗政策，也可以被认定与宗教原则不符，在宗教实践中更是如此。由于教众对此类事务的不同程度参与，宗教社团也开始关注国家治理：在基督教和伊斯兰教世界，教众参与政治的程度很深；在伊朗，教众参与的程度稍低；在中国，由于僧侣结构的原因，佛教徒参与政治的程度最低。同样，这些宗教（需要再一次排除中国的佛教）在统治者的合法化或非法化过程中扮演了重要角色。在天主教教徒的眼中，高卢和西班牙的西哥特人与汪达尔人国王们算不上是合法君主；在许多什叶派穆斯林眼中，一个逊尼派哈里发也是非法君主，如此等等，不一而足。相对而言，这些大众宗教为政治边界内部或跨越政治边界的忠诚提供了民众和意识形态基础：[615]西部的基督教国家在反对拜占庭帝国的希腊东正教方面找到了共识，反过来这些国家又可以利用这种正统来和穆斯林邻国之间进行无休止的征战。同样，这些穆斯林国家也可以利用其宗教忠诚引燃广大穆斯林对于十字军和拜占庭帝国的怒火。但是大众宗教作为分裂性力量的政治重要性可能甚于其促成团结的力量。通过强化某一种宗教或某种观点，统治者或许会疏远其臣民，乃至促使他们走上公开反抗之路。我们在研究拜占庭帝国和哈里发帝国时，会发现很多类似的例子。国家强化宗教正统就意味着国家迫害异端。异教徒们不大可能原谅那些迫害者，而国家也将会在异教徒入侵所导致的神学分歧中分崩离析。

国家强化宗教正统的另一个政治效应就是提供了殖民化和主流化的催化剂，其"副产品"便是外族被驯化。和平的福音传道与征服后的强制性皈依并行不悖——查理曼大帝征服撒克逊人后的大规模洗礼，条顿骑士在东普鲁士和立陶宛的统治，或是十字军的历次东征无不如此。穆斯林不并倾向于使用武力强制异教徒皈依，然而他们的神圣义务却是从伊斯兰地区到战争地区(Dar al Harb)进行"圣战"。

我们或许可以通过历史性宗教和国家强制性宗教正统的三个附带现象作为结论：起初是政府受宗教狂热的支配，或是受那些极度狂热的教徒挑拨，在历史上第一次开始剥夺、羞辱、处罚、折磨、残害乃至烧死那些反对它们的臣民。除了那些没有公开遵守规定宗教仪式的人，连那些只是表达不同宗教观点的人也要受到惩处。这一可怕实践源自与此前不同的历史性宗教的观点，即现世生活只是通往永生的一个短暂间隙，只有通过善行和善念，人类灵魂才能够从长期的折磨中获得救赎，这是教徒们不可动摇的信念。对于异教徒的迫害是萨珊王朝袄教的特征，也是基督教的一个特征。为此，我们必须要感谢希波的圣奥古斯汀(St Augustine of Hippo)。[1]

另一个特征是有组织的专业神职人员重新出现，他们是世俗统治者的一种制约。我们对于古代中东和埃及的类似现象已经有所了解，[616]只不过在希腊—罗马世界和中国，一度无关紧要的祭司阶层也开始重现，并且比此前更为强大和独立。在一些社会中，它们是由"饱学之士"组成的机构，并非正式的或具有等级的社团，但由于其对民众的指导作用，它们往往非常有影响力。比如，作为"宗教机构"而不是为"穆斯林教士"代言的"乌勒马"(ulema)即属此类，印度诸邦国中的婆罗门同样如此。包含有许多僧侣与寺庙联盟的佛教"僧伽"在日本也发挥了最为重要的政治角色。在所有宗教机构中，拜占庭帝国的希腊东正教最有组织性，也更为独立；罗马教廷组织的天主教堂几乎成了世俗权威的主人。在这些国家中，我们应当考察这些宗教机构或有组织的教堂给政治结构和政治过程所带来的新内容。正如我们将要看到的，即便是在中国，佛教也没有成功地获得对于帝制的抵消性权力，复兴后的儒学开始成为类似于基督教和伊斯兰教的功能性替代。这就是第三个附带现象：文化。作为信仰体系，基督教、伊斯兰教、佛教、印度教和新儒家开始将民众的世界观和生活方式塑造成一个与众不同的多彩文

---

[1]　P. Brown，《奥古斯汀与希波克拉底》(Fodor, 1967)，第234—238页；以及第240页"宗教裁判所的第一位理论家"。

化世界。它们创建了一个社会思想框架,后者又滋养并制约着各种形态的政治权力实践。

3. 为旧而生的"新国家"

公元 3 世纪早期,主要的政治架构一个接一个地瓦解了。汉王朝也在这一时期灭亡,自此中国开始经历了大约 400 年的政治碎片化时期。公元 5 世纪时,西罗马帝国也开始慢慢解体。大约同时,印度北部的笈多王朝在亚欧游牧部落的入侵下也被摧毁。只有两个大国幸存了下来,它们分别是东罗马帝国和它的近邻死敌波斯萨珊王朝。阿拉伯人到来了,波斯、利凡特和北非相继落入阿拉伯人之手。此时,只有一个古代国家幸存了下来,那就是位于巴尔干和安纳托利亚的拜占庭帝国。

印度笈多王朝没有继任者,它注定要成为其对手的囊中之物。受到侵蚀的东罗马帝国开始转变为操希腊语的东正教官僚专制体制,我们称其为"拜占庭帝国"。[617]然而,其他地方则出现了领土的统一,而不是分裂。在阿拉伯人攻击之前,残忍的隋王朝(公元 589—618 年)和唐王朝(公元 618—907 年)根据传统疆域重新统一了中国,并开启了一个伟大的盛世时代。

但是在其他地区,蛮族入侵者和传统结构之间的冲突既没有导致毁灭(笈多王朝),也没有进行重建(拜占庭帝国和中国),而是引出了一种全新的政体形态。作为掠夺性霸主,阿拉伯人最初利用当地的管理办法进行统治。当它们的征服巩固以后,阿拉伯人的部落组织开始转变为专制结构。然而,哈里发帝国和之前官僚专制帝国的不同之处就在于其宗教。伊斯兰教勾画出了一种神权政治。宗教与国家利益(raison d'etat)之间出现的紧张与曾经折磨古代以色列的情形并无二致。宗教与政治之间的紧张关系,以及它们之间随后发展出的共生关系使得哈里发政体与该地区此前出现的其他国家形式都大不相同。

和罗马帝国晚期同样有所不同的是它在西欧的继任者。在这里,部落干权开始适应帝国统治,并开创了一个漫长的蛮族入侵插曲。在此期间,它的文化几乎湮灭,政治权威也烟消云散。直到 10 世纪中期,西欧才开始了重新统一进程，并且以一种前所未有的方式实现，用一个有争议的词汇来描述就是"封建主义"（feudalism）。比如，到 13 世纪时，英格兰、法兰克和西西里王国都采用了封建君主制。大约公元1450—1500 年，在英、法封建王国之外，又出现了"民族国家"。这是另一种新的政治形态。

当这些统治（regna）在开化那些边界内的野蛮部落时，这些由国君和军事领袖统治的部落地区也获得了新的文化，并被迫变成了基督教徒。因此，为了抵制这种入侵，它们按照类似的统治形式把自己在政治上组织起来。波希米亚、西班牙和匈牙利的斯拉夫国家开始出现。在斯堪的纳维亚地区，强大而有力的贵族们控制了对手，最终又分别成为挪威、丹麦和瑞典的臣民，并在这一过程中经过福音传道成为天主教徒。欧洲北部和东部的基督教国家就是这样形成的，西班牙北部的西班牙王国最终打破了阿拉伯人对于其南部的控制，并在 1248 年征服了格拉纳达（Granada）王国。与此同时，从 1095 年开始，各种各样的统治者和大公国都曾携带着十字架、宝剑与火深入利凡特地区，在这里建立基督教的封建王国。

前面提到的这些都是拉丁地区，也就是罗马天主教和基督教的世界，实际上拜占庭帝国的东正教同样不甘人后。[618]东正教传教士曾渗透到俄罗斯和巴尔干南部的斯拉夫地区传播福音。这些斯拉夫领土将帝国视为政治样板，特别是教会与君主之间的关系。在保加利亚和塞尔维亚地区也出现了原始的王国，俄罗斯内部也出现了各种各样的公国。拜占庭所辐射到的这些地区似乎可以被恰当地称为"拜占庭联邦"。然而，公元 1204 年第四次十字军东征洗劫了君士坦丁堡后，拜占庭帝国开始变得非常虚弱以至不能抵挡穆斯林的新进攻。只是这一次帝国面临的挑战并非来自阿拉伯人，而是一个被阿拉伯人强制皈依伊斯兰教的新种族，这就是突厥人。

公元 11 世纪，塞尔柱突厥人攻占了波斯，将其他突厥人从巴格达驱逐出去，并充当了哈里发保护人的角色。塞尔柱突厥人复兴了伊斯兰的军事力量。在公元 1071 年的曼西喀特（Manzikert）战役中，塞尔柱突厥人击败了拜占庭帝国，夺取了半个安纳托利亚地区。半个世纪后的

1176年，塞尔柱突厥人在迈里奥塞费隆（Myriocephalon）也遭受了一次决定性失败。此后，突厥人统治了中东地区。他们消灭了十字军建立的王国，在埃及建立了新的军事王朝——马穆鲁克王朝，并且很快就成为中东地区主要的穆斯林势力。但是，公元1243年塞尔柱突厥人在安纳托利亚被蒙古人击败。当蒙古宗主国势力衰退的时候，地方性权力开始转移到另一个早已存在的突厥集团手里。他们便是奥斯曼土耳其人，后者消灭了拜占庭帝国并继续侵占阿拉伯领土——马穆鲁克的埃及和北非等地，并最终建立了持续500年之久的强大的奥斯曼帝国。

在此之前，在世界的另一边，重建后的隋唐帝国（公元589—975年）也在军事力量和文化艺术上达到了前所未有的高度。中国本身是印度佛教的接受者，但它又变成了佛教的传播者。中国首先向它的邻国输出了艺术、文字、文学，并向这些邻国提供了政治范式。所有这些都是通过其军队和开拓者在南进过程中实现的。环绕中央王国的那些原始小邦纷纷采取防御性举措，其中有西部的吐蕃人，长城以北的突厥人和蒙古人部落。不过，中国对于日本和朝鲜的影响非常重要。当佛教徒在朝鲜宣扬佛法时，这里的三个王国照搬了中国模式，它们的语言、文学和文字都采用了汉语。朝鲜在中国和日本之间充当了桥梁作用，而这些岛屿很晚才进入世界历史。直到公元3世纪，日本仍然是一个半部落地区，王室当局依托于其中的某一个宗族。中国文字和佛教在日本的国家形成之前即已传入。[619]日本国家的形成不会早于公元604年，很可能是在公元646年。当年日本王室发动了"大化改新"，这一规模宏大的改革措施旨在建立一个高度集中的官僚君主制政权，确切地说是像唐朝那样统治。但是，在日本的政治与社会现实中，部落内战依然激烈，于是新的政治秩序变得越来越有名无实。当日本在公元11世纪迎头赶上的时候，其政治体制已与中国截然不同，而是一种与欧洲更为接近的封建政体。

4. 移民与入侵

曾经摧毁或破坏古代文明帝国的那些因素继续阻止或至少是延迟

了后续国家的形成，这就是未开化部落的入侵浪潮。这些蛮族部落大多来自欧亚大陆的中心地区，也即著名地缘政治学家麦金德（Mackinder）所谓的"心脏地带"。从这里可以向南、东、西三个方向流动，它们就像是蒙昧主义的触须一样伸向整个大陆外围：中国、印度、波斯、中东与欧洲。

公元11世纪，欧洲北部和西部的王国，以及神圣罗马帝国内部的小邦国已经开始定居下来，伊斯兰教已经被逐出西班牙，东欧已经被基督教化并很快建立了自己的王国。但是，亚洲游牧民族的运动并未停止。在远东，蒙古部落之一的女真人从宋王朝手中攫取了中国北部地区，并建立了强大的女真人国家"金"。如前所述，突厥部落肢解了哈里发帝国，占领了大部分安纳托利亚高原，并在此建立了组织良好的塞尔柱突厥人国家，就像在埃及建立起奇异的"马穆鲁克"奴兵制国家（slave-soldier state）一样。

当所有这些国家，包括俄罗斯南部的新生国家都定居下来时，另一个来自北方草原的毁灭性力量又出现了。蒙古人铁木真统一了草原各个部落，建立起至高无上的"成吉思汗"统治。在成吉思汗及其子孙统治之下，中原地区悉被征服，宋王朝灭亡。波斯陷落后，由一个蒙古大可汗统治。蒙古人通过征服波斯，洗劫巴格达并处死哈里发，对西部形成了压力。蒙古人还击溃了位于安纳托利亚高原上的塞尔柱突厥人国家，迫使其领导人称臣纳贡。只有在蒙古人掉头转向叙利亚时，他们于公元1260年①在阿音扎鲁特②被马穆鲁克拜伯尔斯③打败。蒙古军队还曾深入欧洲，攻占了俄罗斯的南部和中部地区，并在伏尔加河畔建立了金帐汗国。他们还击溃了波兰人、匈牙利人以及日耳曼人的军队，[620]只是因为成吉思汗死后出现的王位继承问题才不得不撤出。

---

① ［译注］英文原文为1206年，这场战役的确切年份应为1260年，此处疑为原作者之误。
② ［译注］又译为"艾因扎鲁特"（Ain Jalut），是指公元前1260年9月在巴勒斯坦地区的加利利所进行的一场战役，蒙古军队在这场战役中被埃及马木鲁克的军队所打败，蒙古人南下进攻非洲的势头由此被遏制。
③ ［译注］即"Baybars"（约1223—1277年），埃及马穆鲁克王朝第四任苏丹，他统一了埃及和叙利亚的穆斯林，抗击并阻止了蒙古大军西征的势头，被后世尊为"伊斯兰教的捍卫者"。

蒙古人的征服中止了俄罗斯南部地区的政治演进,结束了哈里发的统治,使塞尔柱突厥人在安纳托利亚建立的国家土崩瓦解,并使东欧和东南欧地区的国家建构进程陷入混乱。在中国,当忽必烈皇帝(汗)的建设性统治结束之后,蒙古人也使整个国家陷入了混乱,最终导致了公开反叛。在残忍的冒险家朱元璋带领之下,中原汉族人将蒙古人赶到了长城之外,并于公元1368年建立了好斗的大明王朝。在安纳托利亚,土耳其领主们向拜占庭帝国开战,并于公元1393年在巴尔干和安纳托利亚地区建立了帝国,拜亚吉德苏丹(Bayazid)再一次将这里的塞尔维亚、波斯尼亚、保加利亚置于其枷锁之下。最后,亚洲游牧部落发动了另一次进攻。帖木儿蹂躏了波斯东部,打败了金帐汗国,1391年攻取巴格达,并于公元1402年打败了安卡拉的拜亚吉德苏丹。但是除了中亚地区外,帖木儿的征服在其死后荡然无存。在建立新国家方面,帖木儿的作为只是让奥斯曼帝国的巩固推迟了半个世纪,并通过肢解金帐汉国强化了新生的莫斯科大公国。

5. 中世纪晚期的国家体系

如果我们从公元8世纪开始算起,就可以有如下发现。

中国:实力强大的扩张主义者——唐帝国已延伸到了中亚地区;

哈里发:它使唐帝国对北非和西班牙的影响宣告终结,它过度扩张的官僚专制受宗教机构和持不同政见的反对派的限制,并受困于其庞大的统治地域;

拜占庭帝国:它是一个局限于巴尔干和安纳托利亚(在意大利有立足点)地区的东正教国家,也是一个官僚的世俗专制统治,它为了生存而与斯拉夫人、保加利亚人和阿拉伯人斗争。

欧洲西部正处于黑暗时代,它被短暂的日耳曼王权所覆盖。欧洲北部的斯堪的纳维亚依旧是处于部落状态的异教徒,易北河以东地区同样如此。直到17世纪才出现了具有持久性的政治体制,这里的政治基础都基于一个全新的原则:封建主义。

到公元1453年君士坦丁堡被土耳其攻陷时,形势已经大为不同。

在大明王朝统治之下，中国是一个统一、富足且充满活力的帝国。日本已经摆脱了它的模仿性，开始变成一个尚武的封建国家，但却饱受可怕的内乱之苦。印度仍然是一个小邦国的组合体。在中亚地区，帖木儿人仍在掌权，但其西部却是强大的穆斯林帝国——奥斯曼帝国。奥斯曼帝国的边界向西延伸至匈牙利和亚得里亚海，[621]长寿且奉行军国主义的奥斯曼帝国扩张了两个世纪之久。在欧洲东部，是进攻金帐汗国的莫斯科公国领地，它很快就攻占了乌克兰，建立了俄罗斯民族国家的最初形态：即像拜占庭那样君权高于教权的国家。波兰、匈牙利、波希米亚也建立了强大的王国。然而，在欧洲中部，从波罗的海到地中海，尚未出现拥有固定领土的国家，有的只是城邦和公国，其中威尼斯的权力至高无上。在欧洲西部，封建政体只是最后的剧痛。这里不同于中国，汉帝国的继承者们重建了国家统一，并实现了中兴；而西欧和北欧只是分裂成了今日我们所看到的民族国家，并且仍将继续保持下去。

第一部分
东 欧 与 中 东

第一章 公元 1000 年前后的拜占庭帝国

[623]当我们在讨论"拜占庭帝国"(Byzantium)和"拜占庭人"(Byzantine)的帝国时,这里的居民却从未这样称呼自己。他们称自己是"罗美伊"(Romaioi),称帝国为"罗美尼亚"(Romania)。拜占庭是君士坦丁在东方的新首都——君士坦丁堡之所在,也就是我们今天所强调的"新罗马"所在。起初,它只是独一无二的罗马皇帝的替代性首都,随后开始成为两个共治皇帝之一的都城所在。尽管 476 年后罗马已经不再有共治皇帝,但这并非史无前例的事情,仅只是意味着将有一个独一无二的皇帝从君士坦丁堡进行统治。其最大差别就在于:在公元376 年或 276 年后,北非、伊比利亚、高卢、不列颠开始陷于粗鲁的蛮族国王之手。不过,在这些省份以西,从多瑙河、经亚得里亚海到锡尔特海湾依然完好无损,仍然从属于同一个政权,由和以往相同的法律和统治方式进行治理。简言之,罗马帝国收缩了,但依然存在。它拥有着帝国中人口稠密、生活富庶且高度城市化的地区。

在这一时期,帝国机构中最具"拜占庭"特征的时期是公元 610—1204 年。在漫长的 6 个世纪当中,尽管一些政治机构出现了明显变化,帝国的王权也曾快速易手,但帝国政权的本质特征,它那几乎是我们所遇到的最纯正的宫廷型政体却从未改变。

1. 大事记

［624］拜占庭的早期阶段仍然是罗马帝国，它在查士丁尼统治时期（Justinian，527—565 年）达到了顶点。查士丁尼的侄子，一个目不识丁的士兵篡位者开启了拜占庭的新纪元。此人和大多数操希腊语的臣民不同，依旧使用拉丁语，作为严格的东正教徒，他将自己的信仰强加于叙利亚和埃及的基督一性论派（Monophysite），引起了后者的仇恨。对当代人来说，他的伟大无疑在于其外交政策。他不仅阻止了波斯人在东部的进攻，还在多瑙河击退了新的斯拉夫入侵者，并重新占领了意大利、北非和西班牙南部。他下令编撰的《罗马法汇编》是一座持久的丰碑，这部法典就像一个载体，不仅保存了罗马统治中独一无二的元素，而且将这些元素传递到了中世纪的西欧，使之成为绝大多数西欧国家法典的根基，一直到今天。

除此而外，查士丁尼的工作则比较零碎。斯拉夫人和其他蛮族人重新恢复了对于帝国北部的压力，新到来的伦巴第人恢复了半个意大利，在暗杀与篡位的混乱中，帝国的继承和存续最终陷于崩溃。正当帝国将要屈服于波斯的当口，非洲总督之子希拉克略一世（Heraclius I，610—641 年）取得了王位，决定性地打败了波斯人。然而，取得这些伟大胜利后不久，拜占庭帝国和波斯同时遭到了一群来自同一地区的蛮族人——阿拉伯人的攻击，向来安全的南部也受到了军事挑战。阿拉伯人的进攻所向披靡，他们攻下了整个波斯境内，直抵奥克苏斯河与印度河岸边，他们还夺取了帝国境内的西班牙、地中海南岸、埃及和叙利亚。公元 673—677 年，阿拉伯人逐年推进，步步围困君士坦丁堡。阿拉伯人的进攻最后终于被击退，但是帝国版图只剩下安托利亚心脏地带，多瑙河和亚得里亚海之间的巴尔干地区，以及意大利的部分地区。伴随着帝国崩溃的进程，旧的东罗马帝国逐渐淡出，帝国政治史上与众不同的拜占庭时代自此开始。

在外交领域，这段历史包括了拜占庭和来自东部、南部以及地中海岛屿穆斯林之间的无休止战争，以及后来同北部野蛮部族——保加尔人(Bulgar)、①马扎尔人、塞尔维亚人、俄罗斯人和佩切涅格人(Petchenegs)之间的斗争。这一切似乎还不够,它的对手们在 11 世纪还结成了第三股力量从西部发起了攻击,它们包括诺曼人、热那亚人、威尼斯人和十字军。

公元 717—718 年,阿拉伯人发动了对君士坦丁堡的最后一次围攻,建立伊苏利亚王朝的利奥三世(Leo III, 717—741 年)解除了这次威胁。但是国外的成功却被国内的宗教分裂所破坏。国家非常虚弱,以至于拜占庭帝国在巴尔干被保加尔人打败的同时,[625]阿拉伯人还建立了对海上的统治。这一时期还在支持圣像者和反对圣像崇拜者之间出现了消除圣像之争,它是高级军官和宫廷势力反对僧侣和平民之间的斗争。消除圣像之争持续了整整一个世纪,最后以圣像崇拜者和有形崇拜者的胜利而告终。消除圣像之争不仅是国家虚弱的来源,国家经济也因此而非常糟糕。在接下来的两个世纪中,瘟疫袭击了拜占庭的城镇,并使它们迅速开始衰落。一位阿拉伯地理学家在公元 9 世纪的观察中写道,安纳托利亚只有五座城市——以弗所、尼西亚(Nicaea)、阿摩利阿姆(Amorium)、安塞拉(Ancyra)和萨马拉(Samala)。②

随着伊琳娜皇后(Irene,797—802 年)被废黜,利奥王朝宣告终结。帝国的海上控制权又丧于阿拉伯人之手,并被保加尔人重创。但是在 10 世纪马其顿王朝(867—1057 年)时期,拜占庭帝国的军队在各条战线上都采取了进攻态势。这一时期的伟大帝王有:瓦西里一世(Basil I,867—886 年);罗曼努斯·雷卡平(Romanus lecapenus,919—944 年);瓦西里二世(Basil II,976—1025 年),由于他在打败保加尔人之后采取了恐怖政策,他又被称为"保加利亚人的屠夫"(Bulgaroctonos);尼斯福鲁斯·弗卡斯(Nicephorus Phocas,963—969 年),以及杀死尼斯福鲁斯·弗卡斯的约翰一世·齐米西斯(John I Tzimisces,969—976 年),后者还是打败阿拉伯人的伟大英雄。安条克重

---

① ［译注］今保加利亚人的祖先,系突厥人的一支,一般认为与中国史书中所提到的"匈奴人"有着较近的血统。

② 引自 C. Mango,《拜占庭:新罗马帝国》(Weidenfeld and Nicolson, London, 1980),第 73 页。

新收复了克里特岛和叙利亚。俄罗斯和巴尔干地区的基督化进程仍在快速推进。《查士丁尼法典》被再度修订为《巴西里卡法典》（Basilika Code，887—893 年），以便更贴近平民。商业和贸易也得到了大规模恢复。到 11 世纪，西方已鲜有城市可与之相媲美，这些西方城市无一不是商业凋敝、国家分裂。而君士坦丁堡则是世界上最为富足、强大且管理有序的城市，它的人口约有 200000 之多，是当时世界上无与伦比的商业与金融都市。①

但是自从约翰一世驾崩后，皇权被移交给了瓦西里二世的侄子及其配偶，帝国的军队和舰队开始垮掉。虽然哈里发此时已经全面腐朽，但是哈里发造成的威胁已经被另一个可怕的威胁所取代，那就是逐步向安纳托利亚东部推进的突厥部落。当时，拜占庭帝国只是把他们当作一个令人讨厌的麻烦而不是威胁，然而 1071 年罗曼努斯四世·狄吉尼斯（Romanus IV Diogenes，1067—1071 年）在曼西喀特却被突厥人大败。半个安纳托利亚和大量拜占庭军队尽入突厥人囊中。

曼西喀特之役是拜占庭帝国走向衰落的转折点。不过，这种说法只是马后炮。这是因为在当时除了突厥人，以及新成立的斯拉夫王国和意大利南部诺曼人的继续威胁之外，[626]在英勇且精力充沛的阿列克修斯一世·科穆宁（Alexius I Comnenus，1081—1118 年）、他能干的儿子约翰二世（John II，1118—1143 年）及其孙子曼纽尔（Manuel，1143—1180 年）的统治之下，拜占庭帝国很快就重新恢复了军事力量。只不过，帝国的政治制度和社会结构发生了微妙的变化。在安纳托利亚内部，地方名流们已经发展成为"大家族"，他们快速地榨干了帝国军队兵员赖以依靠的自耕农。军事贵族发现他们与京城官僚贵族之间的分歧也日益增多，事实上科穆宁就是他们在京城的代表。

科穆宁时代展示了拜占庭帝国巨大的恢复能力。不过，当 1176 年曼努尔一世在迈里奥塞费隆被突厥人大败之后，自曼西喀特以来长达上百年的恢复期宣告结束。当曼努尔 1180 年驾崩时，即位的只是一位

---

① S. Runciman，《罗曼努斯·雷卡平皇帝及其统治》（CUP，Cambridge，1963），第 21—22 页；J. M. Hussey，《剑桥中世纪史》（CUP，Cambridge，1966），第 79 页。

婴儿,于是围绕皇位继承的例行战争再度爆发。拜占庭帝国正是被叛乱、地方权贵们的逃离、诺曼人的侵略、保加尔人的暴乱,以及第三、第四次十字军东征所削弱。十字军并未抵近耶路撒冷,而是在1204年攻击了基督教的君士坦丁堡。攻陷君士坦丁堡之后,他们开始了历史上臭名昭著的纵火、强奸、劫掠等行径,并瓜分了拜占庭帝国。①

1204年标志着这一时代的结束。的确,拉丁人已被驱逐出去,帝国也得到了重建,但这已不再是此前的帝国。新帝国的版图不仅大幅缩水,而且比较贫穷,需要仰赖拥有武装力量的地方权贵们的善意。帝国也因为失去了贸易路线而变得贫困不堪,并时常遭受突厥人的威胁,它失去了一个又一个省份,直到最后变成土耳其帝国的臣属,面积也只及于君士坦丁堡及其近郊。1453年,土耳其军队攻入君士坦丁堡。新的加农炮击溃了长期以来抵挡众多对手的过时墙幕,曾一度成为伟大政治共同体的最后残余也从历史上消失了。

在考虑拜占庭帝国的国家特征之前,指出隐含于整个拜占庭历史之中的三个地理因素非常重要,因为这有助于解释拜占庭帝国的伟大与衰落。首先,君士坦丁堡形成了一个十字路口,它控制着从东方到西方的航路和自南向北的陆桥。它也因此而成了一个庞大无比的转口港。自从蚕种被偷运出中国后,君士坦丁堡就变成了一个巨大的纺织工业中心。[627]尽管阿拉伯人曾短时间地占领并打断过这一商道,而且还破坏了叙利亚商人的海运,然而帝国之失正是君士坦丁堡之所得。由君士坦丁堡经安纳托利亚或黑海港口城市特拉布松(Trebizond)的东方贸易逐步得到恢复。同时,北方贸易也发展了起来。哈扎尔人把奴隶和干鱼从草原带到克尔松(Cherson),俄罗斯人又会携带这些货物沿第聂伯河顺流而下。来自巴尔干和中欧的金属和琥珀也沿河流被带到了塞萨洛尼卡(Thessalonika)。所有这一切的政治意义就在于它使拜占庭当局可以征收大量的转运税(对原始农业社会而言,这是唯一简便的间接税征收方式),而且是以现金方式征收。君士坦丁堡充满了黄

---

① S. Runciman,《十字军的历史》第三卷(CUP, Cambridge, 1951; Peregrine, 1978年再版),第123页。

金,这些黄金使帝国政府有能力维持一支令人望而生畏的常备军,支持帝国对于蛮族人的精明外交。然而在当时,欧洲依然是原始而贫穷的自然经济,甚至连白银也很匮乏,更不要说各种金币了。在 11 世纪之前,正是君士坦丁堡的商业和制造业基础为拜占庭帝国的外交和征战提供了肌腱。后来,由于替代性商路的出现和意大利商船的崛起,这一切被彻底改变了。塞尔柱突厥人封锁了前往特拉布松和小亚细亚的商路,于是东方商路被迫南移到叙利亚,热那亚人和威尼斯人从这里把货物直接运往西方。当科穆宁为了快速筹集用以支付雇佣军的金钱时,他对意大利商人的让步破坏了拜占庭帝国的财政基础。这些意大利商人只需支付 4% 的关税,而其他所有人,包括帝国境内的臣民也要支付 10% 的关税。

但是,君士坦丁堡还有其至关重要的军事意义。阿拉伯人夺取了帝国境内主要的城市化区域,因此拜占庭后来只剩下两个比较大的城市:即首都君士坦丁堡和塞萨洛尼卡。君士坦丁堡拥有 200,000 人口,是拜占庭帝国的行政中心。它还曾一度成为巨大的转口港和帝国政治过程的核心,并且是拥有 300 座教堂和无数圣迹的一座"圣城"。谁拥有了君士坦丁堡,谁就等于拥有了拜占庭帝国。此时,海峡保护着君士坦丁堡免于阿拉伯陆军的攻击;但海峡非常狭窄,很容易被封锁。在城市唯一可能受到攻击的西面,君士坦丁和继任帝王们修建了庞大的城墙;这些堡垒化的城墙包括三部分,它们约有 190—270 英尺阔,100 英尺高。敌人一次又一次地从亚德里亚堡突入进来,但都被这些城墙所阻挡;故而在很长时间内,阿瓦尔人(626 年)、阿拉伯人(673—677 年,717—718 年)和保加尔人,都被迫退却而别无选择。然后,利用这个未被征服的人口和财富中心,[628]拜占庭的帝王们总是能够重整军队,恢复战斗,重新强化帝国的统治。

最后,虽然拜占庭帝国的命运取决于君士坦丁堡的不可侵犯,但后者的命运却取决于小亚细亚腹地。这里是东方商路所在,也是大量土地税的征收来源。其中最为重要的一点,这里还是帝国军队的兵源所在。当突厥人在曼西喀特进行蹂躏之时,突厥人也同时切断了拜占庭帝国的上述三个来源。一个世纪后,当突厥人在迈里奥费塞隆取得胜利时,帝国的损失再也无法挽回,一个分裂、虚弱的拜占庭帝国由此开始逐步滑向了附属国的行列。

2. 拜占庭政体的特征

和本书所描述的其他许多政治体制不同,拜占庭帝国的政治体制在统治艺术上没有任何创新。如果同它所发源的罗马帝国晚期政体和同一时代的中华帝国相比,拜占庭几乎只是一个纯正的宫廷政体。我们之所以将其收入本书,原因不外三点:首先,忽略它确实有点荒谬,因为它维系了同样的政治共同体,并持续了上千年之久(加起来一直到1204年),在另外两个世纪中也只是有一些形式上的改变。在统治史上,这样的持久性比较罕见,它需要我们单独进行研究。其次,它几乎是宫廷型政体的典范。最后,它能够从同时代的其他邻国中脱颖而出,同样值得我们对其政治体制的特质进行关注和研究。

在公元第10至第11世纪拜占庭帝国的全盛时期,正是西欧从黑暗的中世纪开始崛起之时。这一时期直到威廉征服英格兰时才告结束,其时法兰西只不过是一个地名而已,教皇和欧洲各国的帝王们正在忙着进行叙任权之战。我们不妨引用布莱赫尔的话:

> 在中世纪欧洲,拜占庭的独创性在于这样的事实:即直到13世纪之前,它独自保持了一个集权型的国家,其中央政府的决定可以抵达最为边远的省份,它能够将某一个单一的意图施加到说着不同语言,(有时候)甚至拥有不同利益的人口和种族之上。

拜占庭人的国家不同于古代的萨珊帝国,后者庞大的封建统治权是分散的;它也不同于建立在神权基础上的阿拉伯国家,尽管这些国家都曾从拜占庭那里借鉴了很多做法。拜占庭帝国从根本上也不同于西方国家,因为后者的国家和"公共性"概念都消失了。[629]因此,只有在拜占庭,某种程度上还有穆斯林国家"确实仍然存在行使国家权威并为之负责的官员……'国家'的概念与行使王权的地位混在一起,如果他们仅只是帝国官员的话，那么在理论上他们就会更加紧密地和皇帝联系在一起。但是，作为皇帝（Basileus）的仆人，他们在事实上就是'国家公共利益的奴隶'"。①

这种拜占庭国家非常类似于中华帝国和罗马帝国晚期。它是一个拥有高度结构化的常备军和官僚机构的宫廷型统治。然而，随着时间流转，当它开始出现某种程度的独立时，有两个因素要么缺失，要么从属于皇宫。其一是东正教教堂，尽管皇帝自始至终都占据着优势；其二是内部的土地贵族，一开始并不存在，但在9至10世纪逐步成长起来并开始向宫廷官僚机构提出挑战。

组织有序的教堂，以及土地阶层的存在可以对皇帝形成某种断断续续的微弱限制。更为重要的是，与中华帝国相比，拜占庭继承了罗马帝国晚期的法律约束。《查士丁尼法典》得到恢复，并和中国《唐律》有着完全不同的表现形式。中国的《唐律》几乎没有民法，其内容只是局限于刑事和行政法规，而《拜占庭法典》则包含了民法的内容。因此，它在司法体系范围内引入了财产权和契约的观念；尽管皇帝作为"活的法律"不受任何法律约束，并且可以在方便时修改法律，然而他也将遵照传统受到现行法律的制约。

由于没有为民众的不满提供制度性解决办法，这三个帝国的统治都要不时地面临民众骚乱或反叛。在中国，它以大规模农民起义的形式体现，有时候起义会遍及全国，这和罗马帝国与拜占庭帝国的情况迥然不同。在罗马帝国和拜占庭帝国，起义主要是由那些觊觎王位者所发动，或者是像"保罗派"（Paulicians）这样的宗教性反叛。但这样的起义相对来说比较罕见，事实上首都的骚乱和反叛非常普遍，这才是每一位帝王都必须密切关注的事情。

[630]现在，让我们根据类型学中所设立的标准，来归纳一下此类政体的特征：②

它是一个宫廷型政体，统治者的合法性有着超自然的来源，他是与

---

① L. Brehier，《拜占庭帝国的制度》（Albin Michael, Paris, 1949），第128—129页。

② 参见"概念性序言"。

基督使徒们地位相当的"同使徒"（Isapostolos）。的确，他是根据民众的拥戴推选而来，但这是一种"神灵"显现，而非一种"选择的"事实。

它的政治过程具有纯正的宫廷政治体制特征：一方面是日常军国大事；另一方面是无尽的宫廷阴谋，这一切都在皇宫内发生。皇帝与教堂、军队和街头市民的关系可能会对其形成制约，后者会在宫廷内寻找到力量与政治焦点。

皇宫内有两个先进的决策执行机构：一个是常备军，另一个是复杂的职业官僚机构。它们在11世纪开始形成了各自的利益和观点，宫廷政治也围绕它们之间的冲突而展开。

对皇帝而言，无论是在中央还是在地方层面，都没有程序上的制约；对地方政府而言，不管是在程序上还是在实质上，都只有非常有限的自主权。皇帝们只是根据传统，服从于某些特定的约束：比如对于他向教堂和宗教信仰施压程度的限制；皇帝被强制要求遵守现行法律，特别是民法。这就为生命、契约和财产带来了安全。

3. 帝国的版图

从广义上说，在大约公元1000年，拜占庭帝国的版图包括了小亚细亚，从亚得里亚海、爱琴海到多瑙河之间的巴尔干地区，意大利南部的部分地区，以及塞浦路斯和克里特的岛屿。整个领土叠加在一起，其人口规模可以达到2000万，用当时的标准来衡量，这是非常庞大的人口规模。更为重要的是，它建立了一个单一的政治单元，这和早期碎片化的西方封建统治完全不同。其政治事实的核心就在于：拜占庭皇帝从君士坦丁堡的皇宫进行直接统治，无需经过任何中介。但是，这种统治需要在地方上建立代理人。这些代理人就是"将军"（strategoi），他们负责管理的军区被称为"西姆"（theme）。据说这一组织形式是拜占庭皇帝赫拉克里乌斯（Heraclius）所创建，不过这一点还存在争议。看上去这一做法是在悄然出现后才被逐渐制度化的。

之所以如此，原因就在于波斯战争和其后阿拉伯征服所造成的军事后果。为了获取财富，拜占庭帝国必须以地方驻军取代此前雇佣来的常备军，[631]以适应失去埃及粮食供应后的灾难性后果。这一制度安排中的新要素是在将军辖区中定居的"农民士兵"（farmer-soldiers）：事实上，"西姆"最初只是军事单位。政府将土地租借给一些家庭并允许世袭，其前提是这些家庭也要提供世袭的军事服务，最初只设立了四个"西姆"，它们全都位于小亚细亚。不过，到10世纪末"西姆"的数量已达到26个，随后又增加了很多。其中一个原因是马其顿王朝时期帝国的扩张；另一个原因是皇帝担心将军们手中的权力过于集中，故而不断地对现有的"西姆"进行再划分。1204年君士坦丁堡陷落之前，"西姆"一直承担着作为帝国军事资源的功能。关于军事方面，我们后面还会提到，这里只是将其作为地方统治单位来进行分析。

将军们兼具军事和行政职能。其僚属既包括军事人员，也包括行政官员。"西姆"中还同时驻扎着中央政府官员，他们直接对中央政府负责，掌管着军队的花名册，并监管士兵薪酬的发放。此外，在诉讼方面，法官们要对京城的法庭负责。

它的税收体系也与众不同，税收的评估和征缴都是由中央政府官员（或者是取得政府许可的税农）来执行。①关于这一点，我们后面还会提及。

将军们对于中央政府的依赖可以从他们获得薪酬的方式上得到生动体现。在西部，一些次要的"西姆"可以从当地的财政收入中获得报酬，但是那些具有重要军事和政治意义的亚洲"西姆"却不能如此。这些亚洲"西姆"的将军们每年都会按照次序围在堆满金币的桌子旁边，依次从皇帝手中取得薪酬。②

4. 中央政府

4.1　皇帝：尊贵与权力

由于任期的不稳定性，皇帝权力非常之大。我们这里只谈论权力

---

① 　L. Brehier，《拜占庭帝国的制度》，第214页。

② 　同上，第134—135页。

问题;在下一节"政治进程"中,我会解释不稳定性问题。

[632]在拜占庭帝国,国家和皇帝,及其政府、军事机构是完全一致的。

> 皇帝由神所选出,处在神圣天意的保护之下。他是整个帝国政府的主人,是帝国军队的指挥官,是至高无上的法官和法律制定者,他还是教堂的保护者和真正信仰的守护人。他就战争与和平所做出的决定,以及他做出的司法审判都是决定性的,也是不可更改的,他所制订的法律来自于上神的感召。虽然皇帝必须遵守现行法律,但他有权颁布新法令,废黜旧的法令,为此他还必须遵守共同的司法需求。作为一国之主,皇帝在事实上拥有不受限制的权力,对皇帝资质的限制也仅限于道德观念和传统。只有在宗教事务上,皇帝们的专制主义才会受到真正限制。①

"在拜占庭帝国,君主权力至高无上的概念更为根深蒂固,比中世纪欧洲其他任何地方都更少遇到挑战。"②在拜占庭,君主就是和罗马元首一样的男性皇帝;他是军事独裁者,是充分展现专制权力的同义语;直到14世纪,他还是一个暴君;他是整个世界和宇宙的主宰(kos-mokrator),是世间万物的最高统治者,因为他是世界上唯一的皇帝。显然,神灵和天国也是朝廷的体现,皇帝就是"同使徒"(等于基督的"使徒们",因此便成为神圣的、超自然的力量);他是"泰奥斯"(theios),相当于罗马异教徒皇帝的"神"(divus);他是神圣的"哈奇奥斯"(hagios),他的宫殿也是"神圣的"。君士坦丁皇帝的贵胄曾写道,"在皇帝权力的命令与韵律中","可以看到造物主创造万物的和谐图景"。③皇帝的权威直接来自于上神,这是一个教条和公理。通过这种简便的方式,拜占庭人使皇帝至高无上的权威与频繁的皇权更迭相适应。事实上,正是

---

① G. Ostrogorsky,《拜占庭国家史》J. M. Hussey 翻译(Blackwell, Oxford, 1956),第218页。

② 《剑桥中世纪史》,第1页。

③ 引自原文,第7页。

上天选择了每一位帝王，这就解释了为什么不存在选择帝王的人类法则。皇帝或许是邪恶的，对神而言，他可能按照自己的智慧送来了一个"坏的"皇帝。如果皇帝被废黜，这就意味着上神的恩泽已经离他而去；同理，篡位者的失败也可以证明他违逆了上天旨意。这种循环的逻辑和古诗中的讽刺是一致的：

> 叛变永远不会成功，原因何在？
> 因为如果它成功了，它就不再是叛逆。①

[633]对于所有这些超自然的解释来说，其信念都是纯粹的实用主义：成为帝王本身就可以证明获得了神的授权。因此，"拥有"是对"正当性"的确认。这非常类似于中国人"受命于天"的理念。②这是一个非常不稳定的信条，因为它会让每一个人都来夺取皇位。无论他用何种手段获得皇位，一旦他被拥戴为帝王，他就拥有了神圣权力的唯一宝藏。

那么，皇帝们又是如何被"承认"的？在这方面，奉行实用主义思想的拜占庭帝国比中国还要糟糕，因为在世袭制原则占据主导地位的中国形成了长命王朝。但是，当拜占庭人承认世袭血统作为继位头衔的时候已经太迟了，即便此时它所采用的也只是一种柔弱的世袭制。相反，它继承了罗马帝国传统的选举原则。拜占庭帝国仍然拥有一个元老院，主要是为了选举皇帝。这个元老院包含了宫廷官员和政府部长们，他们全部由皇帝任命。不过，元老院已经失去了最初的立法功能，开始成为皇帝的一个重要顾问机构；事实上，由皇帝内部顾问和管理人员组成的会议也是元老院委员会的一种。元老院没有政治独立性，因此"选举"新皇帝只是一种仪式。由主教来为选举皇帝加冕逐渐成为一种传统，主教在这里扮演了一个"选帝侯"而非教堂领袖的角色。直到12世纪，皇帝接受膏礼才不再成为法定义务。拜占庭帝国的这两个做法为皇位继承带来了稳定性：首先，拜占庭帝国和罗马帝国一样，皇帝

---

① 作者为约翰·哈灵顿（Sir John Harington）爵士（1561—1612 年）。
② 已在前文谈到，参见原书第二部分，第五章。

可能会指定一名共治皇帝。其次,如果皇帝年幼或无力问政,摄政的皇太后会选派一名共治皇帝和他平起平坐,共同问政,以保留皇帝的遗产。拜占庭帝国两位最为成功的著名皇帝——罗曼努斯·雷卡平和尼斯福鲁斯·弗卡斯,就是通过这种方式继承了大统。

如果有人把松散模糊的继位规则和自我实现的"神圣代管"公式(它曾使最为残暴无耻的皇权抢夺合法化)联系起来的时候,就会证明皇权合法性的最常见模式都会变得不堪一击,令人难以信服。它会招致不间断的挑战,存在一天就算一天。因此,为了能够继续成为"紫衣家族",皇帝必须通过结果来使其统治合法化。

为了守住皇位,皇帝还必须是一位成功的勇士兼外交家。赫拉克里乌斯(610—641年)之后,皇帝亲自带兵指挥军队已是司空见惯,就像看到不成功的皇帝被废黜一样稀松平常。[634]芬利指出,利奥三世继位之后的150年里,"没有一个皇帝不是成功的军队领导人",①当然这有点言过其实,比如伊琳娜皇后就不是军事领导人。芬利还可以继续延长他的名单,至少可以到1025年瓦西里二世驾崩。这一传统由1081年的"武士"皇帝科穆宁所开创,此后一直延续了上百年时间。同样,军队在现任皇帝和挑战者的争夺中也至关重要。军队的拥护使许多伟大帝王得以身披紫袍:赫拉克里乌斯、利奥三世、尼斯福鲁斯·弗卡斯、阿列克修斯·科穆宁(Alexius Comnenus);它同时还吸引着许多野心勃勃的篡位者来抢夺王位,比如乔治·马尼埃斯(George Maniaces)、巴达斯·弗卡斯(Bardas Phocas)、巴达斯·思科里尔斯(Bardas Scleros),只是这些人都被忠诚的帝国军队所打败。

对于皇帝而言,保持与教堂之间的良好关系同样是明智之举。皇帝是教堂的领导人,当然他并不是教士(尽管一些皇帝曾宣称他们是教士),这就会产生一些令他无法回避的局限。这一情形和西方截然不同,罗马教堂是独裁的,它等同于世俗权力,而不是从属于它。宗教权

① G. Finlay,《拜占庭帝国的历史:716—1057》(1854,Everyman edn., Dent, London, 1906),第190页。

力与世俗权力之间的冲突曾被帕多瓦（Padua）的"帝国主义者"马西略（Marsigliod，1257—1342年）①和但丁，乃至许多现代历史学家们所公开谴责。但是拜占庭的帝王们却处于一种自相矛盾状态，确切地讲是因为和西方同行相比，他们在主教的任命和教义阐释方面有很大权力，当然也会面临更大风险。帝国的臣民们都是充满热情的神学爱好者。对他们而言，要想获得救赎，不仅要拥有正确的思想，还要遵从正确的宗教路线和礼仪，任何违背都将招致谴责。所以，当皇帝打算推行一些宗教信条的时候，他就会把自己置于反对这些信条的民众的最前沿。在这种情况下，皇帝通常会发现他将面临众多致命的政治反对。

在现实中，皇帝的工作只是捍卫现有的宗教理念与信条。在宗教上，皇帝是一个外行。皇帝任命主教，但需要征得教士们的同意，对于主教的解职也是如此，不过皇帝通常可以毫不费力地忽视教士们的反对意见。然而，皇帝不能撤销和更改教会委员会的决定。这是教堂上诉的最高法庭，只有它才可以阐明在信仰问题上的正确决定；但皇帝能够并确实曾对教会委员会施加过无法抗拒的压力。[635]问题在于皇帝这样做是冒险的。伊索利亚人利奥三世是一个伟大的战士，他恢复了帝国的国运，他给教皇写信说："朕乃帝王与教士。"②他正是基于这种力量才发动了反对圣像崇拜的斗争，即"消除圣像之争"。这一政策的后果是：他和继任皇帝都必须要对付主教、教皇、狂热的僧侣和君士坦丁堡街头骚乱中的普通民众。这一分歧一直持续到843年，西奥菲勒斯（Theophilus）皇帝的遗孀重新恢复了圣像崇拜。这一争论表明：在当时的环境中，如果皇帝足够强硬的话，他可以按照自己的方式影响宗教，但是他必须要考虑来自教堂圣会的抵制。同样，后者的偏见也会更为强大。有两个例子可以强化这一结论。阿列克修斯四世（Alexius IV，1204年）曾经让教士遵从拉丁礼仪，从而引发了民众反叛，最终被废黜。约翰八世在1439年佛罗伦萨大公会议上同意了两个教堂之间的联盟，然而他发现自己无法执行这一决定。1452年，尽管突厥人行

① ［译注］又译为"马西留"或"马西利乌斯"。
② 引自 A. A. Vasiliev，《拜占庭帝国的历史》英文第二版（Blackwell Oxford，1952），第257页。

将包围君士坦丁堡，君士坦丁十一世以遵从拉丁礼仪为代价换取西方支持，其目的只是为了让民众拒绝它。因为他们宁可被异族人统治，也不愿抛弃东正教的礼仪。

除了要成功地捍卫东正教之外，对于希望守住王位的皇帝而言，培育拜占庭人所谓的"爱心"同样明智。皇帝必须是"惹人喜爱的人"：智慧、慷慨、仁慈，在执行法律时又坚定不移。我们可以从迈克尔·普塞鲁斯对于君士坦丁九世的评论中看到这一点：

> 君士坦丁对于君主制特征的概念并不清晰。他没有认识到自己被赋予的责任，这些责任包括臣民的福祉，帝王必须监督王国内的行政管理，以便使之朝着正确的方向发展。对他而言，行使权力意味着依靠他的下人们来实现各种愿望，缓和紧张关系与争斗。至于公共管理，分配正义的特权，以及监督军队等，都被委托给别人来打理。这些责任中只有一小部分由他自己来承担。[1]

无论是上述特征中的某一项，还是其全部特征，都不足以保证皇帝维系皇位。仅举一例：迈克尔三世被他的一个同伴，[636]出身卑微、凶残且放纵的瓦西里杀死在卧榻之上，后者自此取而代之，成为拜占庭皇帝。宫廷中的变节早已不是什么新鲜事儿。这就需要我们关注政治进程，即解释叛变是如何发生的。

4.2　皇帝与政治过程

条条大路通向新罗马。一旦帝国境内出现不满和叛乱，国家往往会面临前途未卜的命运，在许多情况下这又是新王朝的起点。我们在讨论政治进程时必须要考虑皇帝决策的形成过程，以及什么人才能担任皇帝的政治程序。后者往往充斥于各种历史和编年纪事之中。按照惯例，前者往往因为相关管理文献的遗失而在很大程度上不为人知。

---

[1]　Michael Psellus，《十四条拜占庭法则》(Penguin Harmondsworth，1982)，第 179 页。

在何人应当成为皇帝问题上，通常是以典型的宫廷政治方式来实现。芬利在解释瓦西里一世的长时间统治时说到："他阻止了宫廷内讧和教堂中的党争，消弭了军队和民众中反对他个人权威的情绪与偏见。"①在政权不稳定性方面，我不知道是否还有其他政体可与之相比：我统计了公元 518—1204 年间的 65 位拜占庭帝王，其中至少有 28 位是通过篡权登基的。②在 395—1453 年间的 107 位拜占庭皇帝中，只有 34 位终老于床榻之上，9 位死于事故或战争，余者要么是被迫退位（无论请愿或是不请愿），要么就是被以投毒、闷死、缢杀、刺死、砍死等方式死于非命。1058 年，拜占庭共有 65 起分别发生在兵营、街头和宫殿的革命。③

皇帝通常被认为是所有重大政治决策的来源，事实上多数情况下他并不是。我们不妨引用迈克尔·普塞鲁斯对于君士坦丁九世无所事事的指责，他曾经描绘了这位拜占庭皇帝在一天当中的例行生活。我们可以想象，这位皇帝穿着华丽长袍和紫色靴子，由衣着光鲜亮丽的政府官员们前呼后拥地陪同着，行走在富丽堂皇的宫殿之中。普塞鲁斯还描述了 1042 年佐伊（Zoe）和狄奥多拉（Theodora）两位皇后共治时期的宫廷情形：

> 如果姐妹二人同时在场，当时的宫廷程序要求遵守先帝们的惯例。[637]两位皇后端坐在皇家法庭的中央，狄奥多拉轻微地靠姐姐后面而坐。在她们周围，是持节者和捧剑者，以及用内弧刃弯刀武装起来的官员们。一些特殊的宠臣和宫廷官员也会排列其中，她们的外围是第二层级的卫兵，这些卫兵均注视地面以示尊敬。卫兵的外围是元老院和特权阶层，以及第二等级阶层和部落中的人士，他们都按照一定的间隔和等级整齐地排列在那里。一切就绪之后，皇帝的另一项工作就开始了。这些工作有处理诉讼和公共利益问

---

① G. Finlay，《拜占庭帝国的历史：716—1057》(1854, Everyman edn., Dent, London, 1906)，第 190 页。

② 源自 L. Brehier，《拜占庭帝国的制度》，第 587—589 页。

③ C. Diehl，《拜占庭帝国：伟大与衰落》，N. N. J. Watford 译自法文第二版(1926)，(Rutgers UP, Rutgers, 1957)，第 128 页。

题,还包括分配金钱,接见外国使节、订立协议或者处理分歧,所有这些职责填满了皇帝的时间。大多数谈话由相关官员进行,在必要时,皇后也会以威严的声音发布诏令或做出答复,有时候她们也会接受来自专家的暗示,有时则依靠自己的判断力进行裁决。①

关于拜占庭帝国的政策制订问题,我们将会在本章的官僚机构部分继续展开讨论。在本节中,我打算分析宫廷政治的病理学,皇帝们通过曲折途径或暴力方式获得皇位,乃至被废黜。前已提及,这些皇帝们都会面临来自教堂、朝臣或将军们的危险,街头政治或大多数政治事件往往是两个或者更多因素共同作用的结果。这方面的案例非常之多,要想总结它们无异于撰写帝王政治史。因此,了解宫廷政治环境的最简便办法莫过于勾画出"武士"皇帝尼斯福鲁斯·弗卡斯的兴衰。

尼斯福鲁斯是老将军巴尔达斯·弗卡斯(Bardas Phocas)之子,他通过世袭方式获得了权位。当时的皇帝为罗曼努斯二世,皇帝有一个极其漂亮的妻子狄奥法诺(Theophano)。一些历史学家认为狄奥法诺出身高贵,另一些历史学家则认为她不过是个女侍者。罗曼努斯二世是一个放荡不羁的人,但他有足够的判断力去挑选能干官员。罗曼努斯二世解除了他父亲的大内侍(parakoimomenos)"瓦西里之鸟"(Basil the Bird)的职务,后者是一位非常能干但却肆无忌惮的宦官,也是一位私生子。罗曼努斯二世任命约瑟夫·布林加斯(Joseph Bringas)担任大内侍,约瑟夫·布林加斯有着辉煌的履历,曾一度担任"大司库"和舰队"大元帅"。约瑟夫·布林加斯和"瓦西里之鸟"也因此而成了死对头。

963年,罗曼努斯二世一命归天,只留下两个男童。他临死时让皇后狄奥法诺摄政,并指定约瑟夫·布林加斯继续管理整个帝国。为了除掉约瑟夫·布林加斯,[638]狄奥法诺开始求助于刚刚从阿拉伯人手中夺回克里特岛的尼斯福鲁斯·弗卡斯。布林加斯试图利用两位能干的副官——约翰·齐米西斯和罗曼努斯·库尔卡斯(Romanus Curcuas)

---

① Michael Psellus,《十四条拜占庭法则》,第156页。

共同密谋反对尼斯福鲁斯。然而，两位副官却揭露了布林加斯的阴谋，并且迅速宣称他们指挥的军队将拥立尼斯福鲁斯为皇帝。尼斯福鲁斯率众来到其支持者发动骚乱的城市。此时，布林加斯试图逮捕尼斯福鲁斯的父亲巴尔达斯，但是却被另一场骚乱所阻止。正当此时，曾担任过先皇"大内侍"的"瓦西里之鸟"派出了 3000 名私人扈从冲上街头，经过三天骚乱和激战之后，尼斯福鲁斯顺利地进入了城市并加冕为帝。

五个星期后，狄奥法诺嫁给了尼斯福鲁斯。关于狄奥法诺的动机，历史学家们仍然众说纷纭。有人认为她这样做是为了保护两个孩子，也有人认为她贪恋皇后之位，只是没有人相信她这样做是为了爱情。因为对于年龄只有 20 岁的她而言，和尼斯福鲁斯之间存在着整整 30 年的差距。第二种判断明显来自一位隐士，他无法理解一位上了年纪的人何以能奉承并俘获一位年轻貌美的女人的芳心，尤其是此人还曾是一位杰出的战士。

作为帝王，尼斯福鲁斯非常成功地发动了反对其敌人的斗争，特别是针对叙利亚的穆斯林。但是这些斗争代价高昂，他通过苛刻的财政制度来维持军事力量的做法激起了民众和教堂的反对。他异常残忍地镇压了国内骚乱。即便在最好的时候，尼斯福鲁斯也是一个神秘忧郁之人，后来又患上了妄想症。为了阻止敌人攻击，他加固了布科列昂皇宫，将自己单独关在其中。此时狄奥法诺开始痛恨尼斯福鲁斯，并将自己委身于约翰·齐米西斯将军。据说，狄奥法诺用计杀害了她的丈夫，她期待着约翰·齐米西斯能够娶她为妻，这样她就能够继续担任皇后。但不管怎样，正是狄奥法诺和女佣们从城墙上放下篮子，让约翰·齐米西斯和同谋者得以进入宫殿，接近了皇帝正在修行的房间。房门没有上锁，尼斯福鲁斯正在房间酣睡，她们向约翰·齐米西斯一伙指认了他，使这些人的阴谋能够得逞。尼斯福鲁斯被谋杀后，狄奥法诺把他的尸体从窗口扔了出去，地面上白雪皑皑，这样所有的人都知道皇帝已经驾崩。于是，约翰·齐米西斯就在皇宫内加冕称帝！

或许需要补充的是，大主教后来禁止约翰·齐米西斯迎娶狄奥法诺，于是她被扫地出门，在一个修道院中了却余生。"瓦西里之鸟"则重返皇宫，担任约翰·齐米西斯的"大内侍"。

4.3 官僚机构

4.3.1 组织与功能

[639]"拜占庭"曾一度成为一个关于"阴谋"的家喻户晓的表述,比如"拜占庭外交"、"拜占庭阴谋"、"拜占庭官僚机构"等,这真是既复杂又让人难以理解。我们迄今并不了解这种像迷宫一样复杂的管理是如何被付诸实施的。正如《剑桥中世纪史》所承认:"我们仍然缺少拜占庭帝国晚期统治机器的全面图景。"①

或许它并不像我们想象中的那么复杂,但它看上去又的确非常复杂,因为它的荣誉性等级和功能性等级的次序是不同的。第二个原因是那些拥有美妙绝伦的荣誉性新头衔被源源不断地制造出来。第三个原因是"头衔通胀法则"②发挥了强大作用,因此我们必须时刻提防被一些华而不实的头衔所混淆,因为它们的功能早已丧失,而一些名称看似卑微的职务却非常重要。

许多旧的拉丁头衔来自罗马帝国晚期,但是官僚体系的结构已经不再是金字塔状了。在金字塔结构中,每一个级别的高级职位都可以逐级涵盖并监管下级官员。相反,在拜占庭的行政体系中,高级官员们可以直接向皇帝负责,这些高级官员的数量大约为 60 人。同样,各军区中的将军们也直接听命于皇帝。

所有重大事务一律在皇宫中裁决。皇帝代表了所有帝国权力的集中,统治中心便是皇帝的居所——皇宫。因此,"一旦成为皇帝居所,他的家族和家庭都会成为统治中心。帝国政治会议将会在此召开,皇帝也会在这里分配正义,组织管理机构,并根据罗马帝国的传统发布政令和对外联络,同时接受官员们的奏请"。③布莱赫尔指出,拜占庭制度的"复杂性"和"创新性"在于"皇宫主导了帝国的整个行政组织"。④严格

① 《剑桥中世纪史》,第 32 页。

② 一个连续的倾向是在官职头衔膨胀的同时,它们的影响力却在消失;参见前文第 490—491,573—574 页。

③ L. Brehier,《拜占庭帝国的制度》,第 80 页。

④ 同上。

来讲，拜占庭帝国没有"公共官员"，只有皇帝的奴仆。

帝国的核心官员包括两类：纯粹的荣誉性官员和功能性官员。前者被划分成 18 级帝国官员，其中地位最高的四个级别只限于皇室家族。[640]与之并列的是 14 级普通官员，主要限于宦官们。关于这些宦官及其在中央政府中所扮演的角色，我们将在下文进一步分析，这里需要强调的是他们并不逊色于其他男性官员。相反，拥有"贵族"（patricius）头衔的太监地位要高于其他男性贵族！宦官们在政府中扮演了世所公认的核心角色。

帝国的中央政府只包括行政机构，军事指挥官们则从属于其他独立的军事机构。由于存在着 60 个不同的行政部门，我们很难系统地去描述它们的等级化管理。比较重要的部门是各种各样的办公室，其中最为重要的是财政部门。我们已经确切地知道，在古老的农业社会政治体制中，除了维持秩序和管理司法之外（实际上，两者都不需要太多的花费，司法还是一件有利可图的事情），还有两个主要的政府职能：即军队和供养军队的金钱。

财政部门的最高官员是财务大臣，然后是"书记官"们。财务大臣负责土地税，并控制着负责评估和征缴这些税收的部门。负责军粮的官员是武装部队的军需总监。负责监管整个财政部门的首席财政官员是财政大臣，他被称为"萨克拉里奥斯"（Sakellarios），有时候又被称为"伟大的萨克拉里奥斯"，到 11 世纪末他又成了大会计师。负责帝国邮政事务的官员是邮驿大臣，其职责包括处理外国使节的礼物和情报事宜，后来逐渐演变为帝国的外交部门。

60 多个政府部门之间难免会出现职能重叠，这需要大量的跨部门协调与文书工作。跨部门协调主要是由"普罗托色克雷"（protoasekretis）领导下的国家登记处进行。和他一起承担这项职能的还有"皇家御墨官"（Imperial Inkstand），后者在皇帝签署文件时手持笔墨在一旁侍奉。这项工作看上去有些滑稽可笑，但事实上这却是一个非常重要的高级职位。因为他实际上拥有和联合署名类似的职责，如果他缺席的话，任何文件都无法签署。同样，他还可以和皇帝保持不间断的个人联系。因此，这一职位往往由出身良好的人充任。比如，在迈克尔三世统治时期,这一职务由狄奥克提斯托斯(Theoktistos)担任,后者还同时兼任邮驿部长,也就是外交部长的职务。586年他遇刺后,这一职务开始由皇帝的叔叔巴尔达斯担任。

　　了解了这些较为重要的角色之后,我们在分析拜占庭的决策传统时就会更容易一些,尽管我们还没有谈到无处不在而又神通广大的宦官们。[641]原则上,皇帝独自进行统治,他没有向维齐尔或是首相这样的官员移交权力。但在政治实践中,他需要进行咨询,他的一些顾问们就可以对他施加很大影响,这些人就会成为事实上的首相,尽管这些顾问们只拥有非常卑微的头衔,甚至根本没有官方头衔。这就是宦官机构何以进入政治过程的原因。

　　皇帝不会轻易进行决策,除非要求国家登记处提供报告并对事件进行充分研究。然后他会在自己的私人空间——"寝宫"中进行咨询。一旦形成决策,他既不会自己拟定诏书,也不会请私人秘书代劳(这很可能会成为另一个伟大生涯的开端,就像迈克尔·普塞鲁斯的例子一样)。然后这些命令会被送到国家登记处,该机构和其他部门无异,它设有"御墨官"和"奏折守护官",二者又都设立了专门的官僚机构。皇帝所有活动都要经过国家登记处的"普罗托色克雷"副署,以确保其有效性。然后才会被送往有关部门登记执行。

　　在公开层面,所有这些帝国行为都需要法律地位。尽管皇帝被认为是"活的法律",他同样不能恣意妄为。《查士丁尼法典》中有这样一段话:"因为我们的权威依赖于法律权威,因此依照法律顺从国王大于皇权本身。"[①]皇帝的权力实践受两个概念主导:其一是它必须具备法律权威;其二他必须满怀仁爱之心进行统治,即为了臣民之"善"而进行统治。

　　现在让我们一起来看拜占庭独一无二的统治特征,即宦官在其中所扮演的核心角色。1204年之前,整个帝国中存在着一个明显的事实,那就是在皇帝之下,首相之令可以主导整个帝国事务,但对于宦官却是例外。拜占庭和中国的最大区别在于:中国的宦官们自始至终都

――――――――――

① 引自《查士丁尼法典》第一部分,第14条,第4款;参见《剑桥中世纪史》,第14页。

是皇帝和普通官员，也就是皇帝和"士大夫"们之间的一个"入侵者"。中国的宦官们从未被后者接受，也从未实现制度化，他们始终是反制度性的（anti-institutional），因为在宦官和官僚机构之间存在着莫大的仇视。相比之下，拜占庭帝国的宦官们被完全融入了正常的统治结构之中，他们拥有某些特定的高级职位和荣誉性头衔。[642]他们是独一无二的，虽然亚述人和波斯人的太监们也可以自由地获得高级职位，但只有在拜占庭帝国，宦官们才被提升到了高度威严的官方等级秩序之中。

> 斯蒂芬·任西曼评论说，人们在讨论宦官时，往往习惯于讨论他们道德败坏的影响，像吉本这样健谈的历史学家们又津津乐道于太监和女人生活中的阴谋、懦弱，以及狂暴无常等伪善之言。这样的普遍化分析是历史学家的耻辱。如果你制造了男人、女人和太监三种毫无弹性的人物类型，那么你就无法解读历史。①

太监们的崛起与帝国的诞生是同步的。在第 6 世纪，意大利的征服者纳尔塞斯大将军就是一个宦官。到 10 世纪，太监们开始赢得了相对于其他官员的优势，许多最为重要的高级职位，包括传教士之职，都由太监担任。为了在政府中获得晋升机会，许多父母甚至将亲生骨肉阉割后送入宫中，在这一点上拜占庭帝国与中国并无二致。

但是宦官们不可能紫袍加身，这也是皇帝授予他们高级职位的主要原因之一。此外，还有其他一些原因。比如，出身于有权势大家族的宦官并不常见（只有君士坦丁七世的大内侍"瓦西里之鸟"是一个例外，因为他是罗曼努斯·雷卡平的私生子），因此他们可以轻易地被清除而不会在朝廷引起骚乱。而且，宦官们不能组建家庭和生儿育女，因此不存在西欧封建政治体制中那种职位世袭的风险。最后一点和吉本的可笑评论恰恰相反，②许多太监都是精力充沛的优秀

---

① S. Runciman，《罗曼努斯·雷卡平皇帝及其统治》，第 31 页。

② E. Gibbon，《罗马帝国衰亡史》，第 19 章。

管理者。

　　无论是在陆地还是在海上，太监们在战争中都是令人望而生畏的战士。在6到12世纪，超过40位将军和元帅都是宦官出身，他们中的许多人都是常胜将军。皇帝任用他们征战疆场，或是担任军区中的将军。因为他们不同于其他男性将军们，他们从不利用军事反叛对皇权构成威胁。

　　宦官们在行政事务中的角色甚至会更大一些。

　　　　皇帝整日被强大的权贵们簇拥着，每一个权贵都相信：只要时机来临，自己就可以紫袍加身，君临天下。因此，皇帝已经习惯于把每一个才能出众、职位显赫的人当作觊觎皇位的野心家。相反，和宦官们在一起的时候，这些皇帝才会觉得非常安全。[643]无论获得何种权势和荣耀，这些宦官们从来都不会梦想身披紫袍。……这主要是因为他们往往来自卑微的家庭背景。①

　　有三个职位通常被宦官们所占据，这三个职位从低到高依次为：皇产司总管、财政大臣和大内侍。第一个我们或许可以称之为"圣装库的首席书记官"，和西方封建君主一样，圣装库充斥着各种珠宝、现金和金银，以备皇帝之需。在9到10世纪时期，这一职位无一例外地被宦官们所把持。尽管皇产司总管可以经常觐见皇帝，但是他和"大司库"不同，他并不具备类似的政治角色。

　　"大内侍"是拜占庭帝国中的高级职位：他是帝国的大总管，是皇帝之下的首席执行官。这一职位来自罗马帝国晚期的"圣寝官"，在希腊语中意味着靠近皇帝就寝的人，事实上他就像是皇帝身边的侍卫太监。这一职务是非正式的，只授予皇帝的心腹。许多大内侍能力超群，比如约瑟夫·布林加斯，还有他的劲敌"瓦西里之鸟"。唯一的例外是迈克尔三世，他曾将这一职务授予其宠臣瓦西里。除此之外，这一职务通常

---

① 　R. Guilland，"拜占庭帝国的太监"，《拜占庭研究》，1944年第二期，第185页；1945年第三期，第179，215页。

为宦官们所专有。迈克尔三世的例外是一个致命错误，因为这让瓦西里可以出入他的寝宫，使得瓦西里在谋杀他之后自行称帝。至此，我们可以看出，为什么任西曼会总结说宦官的角色事实上就像是"帝国的政府"。①

4.3.2 人事

帝国官员的资质并不复杂：它所需要的只是文学、法律技巧和良好的教育。9世纪文学复兴之后，希腊教育开始成为官员们晋升的主要敲门砖。相比之下，军事贵族们往往"不能写出哪怕是一句没有语法错误的希腊语句子"，②于是这些军事贵族与政治贵族之间爆发了灾难性的冲突。几乎所有的高级职务都由知识分子把持。不少皇帝都为此进行了努力，他们重新倡导学习法律与人文知识，并建立了君士坦丁堡大学，这一切都旨在为帝国培养行政官员。不过，拜占庭帝国的做法既不系统，也不固定。[644]它一点也不像同一时期中国所采取的公开竞争的科举考试体系，③但是它与绝大多数邻国形成了鲜明对比。原则上，帝国官员的招募是公开的：许多出身卑微的人也可以获得高级职位。但是在我们所讨论的这个阶段，特别是联系到9世纪晚期帝国立法中的变化，不难看出裙带关系和家族传统已经将帝国的高级职位转换成了一个日益扩大且联系紧密的政治贵族群体。

在罗马帝国晚期，通过出让投票权而获取官职已成为常态。拜占庭帝国试图压制这一倾向的做法被证明徒劳无益。因此，在利奥六世（Leo Ⅵ，886—912年）统治晚期，对于购买官职的人，依照其薪水的比例收取固定税收。这更像是法国大革命前旧制度下的"波莱特"（paulette）：④政府接受公众的借款，购买者就像是拿资本在进行投资，尽管回报率很低。

官员们和士兵一样，按年份获得其薪水"罗加"（roga），这一用法源

---

① S. Runciman，《罗曼努斯·雷卡平皇帝及其统治》。

② 《剑桥中世纪史》，第81页。

③ 参见原书第三部分，第三章。

④ 参见原书第三部分，第六章。

自对某种按级别亲疏授禄的期待。它们通常还被用于指代其他报酬：比如费用或定量配给，以及阶段性的礼物等。我们前面已经提到，所有这些都由皇帝亲手转交。当然，这一做法只适用于居住在君士坦丁堡的官员。京城之外的官员，比如西部军区的将军们，则没有薪水，而是收取特别税收作为替代。

官员们的地位无比显赫。他们身着制服，就像中国的士大夫官员一样。高级官员们依照优先次序被授予礼节性长袍。皇帝极力阻止官员们滥用权力。自查士丁尼时代开始，官员们就必须对着《福音书》发誓，保证在参与管理时毫无欺诈行为。他们被禁止接受任何礼物，在任期结束后他们还要在原地待上至少 50 天时间，并且被禁止迎娶当地女人。为了防止他们在当地"扎根"，若非上级允许，他们在任职期间，严禁在当地建造房屋。利奥六世统治时期废除了这些规定，从而给帝国带来了灾难性后果，因为假以时日这些高级官员们就开始拥有房屋和财产，转而变成了土地所有者。通过这种方式，作为大土地所有者的政治贵族开始出现。在 11 世纪，他们开始在帝国事务中获得了支配地位。这些高级官员反对扩张主义，并搞垮了陆军和海军，这最终削弱了拜占庭帝国。[645]政治贵族们所采取的政策引起了与传统军事贵族之间的公开冲突，后者一贯轻视他们，两派之间的内讧又加速了帝国的毁灭进程。

5. 政府职能

5.1 防务：武装力量与外交

5.1.1 陆军

至少在 11 世纪中期之前，拜占庭陆军仍是欧洲最为高效的军事机器。它是国家的基石，在军队急剧衰落之前，国家并未开始走向毁灭。总的来说，帝国军事机构包括三部分：第一部分由大城市中的近卫军团（tagmata）组成。四个军团中，最为重要的是"宫廷禁军"（scholae），其指挥官统辖着都城内的其他武装力量。10 世纪时，它在皇帝缺席的情况下可以指挥整个驻军。在其他大城市中，步兵军团——特别是皇帝的"私人卫队"尤为重要，其成员主要是外国雇佣兵，大多数为挪威人和盎格鲁—萨克逊人。所有这些军事力量都能够与皇帝或其代表协同作战，他们是能够高度机动的战略预备队。

帝国的大部分军队是驻军，它们是驻扎在每个军区——"西姆"中的武装力量，主要由将军指挥。每个军区中的军队标准规模为 4000人，它们就像 17 世纪之前的欧洲军队那样被组织起来。关于驻军规模，最常见估计是：他们在 10 世纪时大约有 120000 人。① 但这又涉及综合战斗力问题，因为只有不超过 30000 人可以随时冲锋陷阵。事实上，大多数驻军部队只有这一规模的一半或三分之一，这又取决于他们所面临的敌人及其进攻的特征。

驻军招募是拜占庭军队最为原始的特征，它在曼西喀特之战和安纳托利亚"西姆"体系毁灭之后依然能够幸存。根据世袭义务，那些拥有土地的家庭需要在帝国征召时提供全副武装的重型骑兵，包括马匹和武器。因此，这一制度是由紧紧依附在土地上的自耕农所组成。服役的士兵虽然也领取津贴，但为数甚少；另一方面，军官们却得到了丰厚奖励。[646]按照"西姆"体系的招募制度，后世皇帝们的某些特定政策就比较容易理解了。比如，后世皇帝们的一项努力就是阻止大土地所有者买光农民的全部土地；他们的另一项努力就是在被毁坏地区重新安置来自帝国其他地方的人们，事实上其中有许多属于战犯。

帝国武装力量的第三部分主要是"边防军"（akritai），它们最好被译成"边疆卫兵"。"边防军"往往被部署在存有争议的边疆地区，拜占庭皇帝在这里设置了专门的军事行政管理区划"兵站"（kleisurae）。兵站往往包括一系列堡垒，边防部队利用这些堡垒对敌人发起攻击或者抵御其入侵，其情形和后来土耳其的蛮族非正规军差不多。

拜占庭帝国的上述三部分武装力量会根据同一个军事战略规划协同作战。它们用烟火和其他可视信号作为敌人入侵的预警。如果敌人突破了边防军和边防堡垒，地方上的步兵就会被征召起来切断敌人退路，轻骑兵也会拖住敌人，以便为将军们征召各军区的主力部队赢得时

---

① 《剑桥中世纪史》，第 39 页。

间。与此同时,相邻军区也会在收到警讯后征召驻军,加入到防御和反击战斗中来。皇帝及其助手指挥下的京城卫戍部队则会担任战略预备队。

帝国精锐部队是装备有长矛和弓箭的重装骑兵。轻骑兵实际上是马上的弓箭手。步兵们则利用长矛和战斧作战,他们携带着用以挖掘壕沟、宿营做饭等影响快速行进的辎重车辆。有时候,可能还会有携带着弹射器、火石、箭和希腊火等装备的炮兵车队相伴而行,这些围城装备非常先进。帝国军队还专门配备了医疗分队,其成员会从每一位在战场上康复的士兵那里获得一份奖励。

拜占庭人对待战争的方式完全不同于西方封建武士。从根本上说,帝国是防御性而非扩张性的。它不会为了战争而战争,而是通过一切手段,比如外交、联姻和重金收买等手段竭力避免战争。将军们被告知,若非在数量上占据优势,绝对不能卷入战争。这里没有荒唐的骑士制度:诡计、伪装和背信弃义等所有欺骗手段都是允许的。莫里斯、利奥六世和尼斯福鲁斯诸皇帝都曾撰写过关于军事科学的重要经典,专门论述如何针对不同敌人应用不同的军事策略。

前面提到的"西姆"军队在瓦西里二世时期曾经取得了极大成功,此后开始走向衰落。帝国权贵们大肆购买农民,并将他们转变成依附农,[647]曼西喀特之战中突厥人又夺取了安纳托利亚。后世帝王们开始转而使用雇佣军,并大大扩展了潘诺尼亚制度(pronoia system)。在这一制度下,作为对短期赠予土地的回报,土地所有者可以在需要时提供固定数额的士兵。潘诺尼亚制度和穆斯林国家,特别是马穆鲁克埃及的"伊克塔"(iqta)相似。但是在拜占庭帝国,土地所有者可以对佃户行使当地司法权。

5.1.2 海军

正是帝国海军的卓越表现才打败了阿拉伯人对于君士坦丁堡的进攻。帝国海军的巅峰时期始于公元649年叙利亚阿拉伯统治者穆阿维

---

① 参见原文,第659页。

耶自海路进攻君士坦丁堡，止于 960 年拜占庭重新夺取克里特岛，并建立了对东地中海无可置疑的控制权。

公元 1000 年左右，帝国海军主要由大城市舰队和军区舰队组成。后者包括南部安纳托利亚海岸的凯比利奥特（Cybyrrheot）军区和爱琴海军区，它们通常由地方上的将军和总督维持。大城市舰队通常由中央政府资助，规模上也远远大于其他整个舰队之和。舰队的主要职能是巡逻，它在都拉佐（Durazzo）、达尔马提亚（Dalmatian）海岸、西西里外围和海峡地区都拥有基地。海军主要由军团长指挥，并被编成 3—5个舰队，每一个舰队都由一名舰队指挥官负责。军区舰队装备有同样类型的战舰——"道蒙船"（dromons），这是一种双排桨动力的重型战舰。较为轻型的战船是"帕姆菲力"（pamphyli），主要用以巡逻和击退敌人进攻。凯比利奥特军区是其中最为重要的一个，这部分是因为该地区水兵的质量和数量素来享有美名，部分则是因为它位于亚达那（Adana）和塔尔苏斯（Tarsus）酋长国的前沿。

除了从凯比利奥特地区招募海军外，拜占庭帝国还会从定居于帝国境内的某些特定外族群体中，比如黎巴嫩山区的马尔代特人（Mardaites），以及像俄罗斯人这样的雇佣兵中招募水兵。910 年，帝国舰队拥有 60 艘道蒙船和 40 艘帕姆菲力船，军区舰队拥有 42 艘道蒙船和35 艘帕姆菲力船。一艘道蒙船可以装载 230 名水手和大约 60 名武装人员，帕姆菲力船只能装载 160 人。包括水手在内，整个帝国的海军力量约为 35340 人。

海战中的胜利往往难以预测（在中世纪，热那亚和威尼斯之间的漫长争斗就是证明）。利奥六世在《战术》一书中就曾给他的海军指挥官和将军们提出了很多建议。海军元帅们也要和陆军将领一样起誓：[648]若非必要或力量占据优势，绝对不能轻易开战。但是拜占庭海军对于敌人的巨大优势是战术性的，因为拜占庭只是掌握了"希腊火"的秘密。这一秘密被保守得非常好，到现在我们还无法确切知道这种物质是什么。它是一种高度易燃的物质，包含有硫磺、石脑油和硝石。它以榴弹的方式投掷，可以立即引爆并迸发出火焰；或者是通过装备在船上的推进装置的金属管进行喷射，然而我们对这种装置同样知之甚少。

简言之,它被当成了我们今天的燃烧弹或火焰喷射器来使用,这在当时威力无比。拜占庭人正是利用希腊火摧毁了阿拉伯人围困君士坦丁堡的舰队,并在 860 年摧毁了俄罗斯人的 200 艘舰船。

5.1.3　外交

拜占庭人曾被一波又一波的敌人所包围,这些敌人中有许多是落后的游牧部落,还有一些是组织良好的埃米尔和诺曼人军队。不过,拜占庭人和中国人一样更倾向于谈判而不是作战。他们热衷于分化敌人。他们通过商人、传教士和前线指挥官带回的情报进行仔细分析和研判。君士坦丁七世在《帝国行政论》一书中也描述了邻近帝国的详细特点。拜占庭人在上述问题上的好奇心和知识都超过了罗马帝国。

所有资源都会被拜占庭帝国用来推进其外交政策,其中黄金是最为重要的东西。每一个特殊季节都会有一些特殊联姻,比如狄奥法诺公主和神圣罗马皇帝奥托一世之间的结合。接受对方使节的盛大仪礼对于动摇蛮族首领的侵略野心至关重要。

外邦人被引入皇宫中的朝堂,他们要穿过身披闪亮铠甲的帝国卫兵,经过衣着华贵的达官贵人们。最后一道幕被拉开,身披紫袍的皇帝端坐在其中。黄金制成的咆哮雄狮在两侧注视着皇帝宝座,镀金树上的机械鸟在低声吟唱。异邦的特使还要按照规定做三次俯卧,皇帝的宝座被抬升起来以显示拜占庭君主的不可接近性。[①]

5.2　司法与安全

5.2.1　警察

拜占庭帝国没有设立单独的警察力量。每一个政府机构都拥有自

---

① 《剑桥中世纪史》,第 51—52 页。同样的情形也发生在中国的朝堂之上,事实上这是一种标准的实践,即权力的"米兰达"(miranda)。

己的职能部门，其中最为重要的那些部门往往是拥有司法和行政权威的机构，比如军区中的将军和邮驿大臣，后者控制着帝国的驿站系统，其雇员往往同时兼任警察。君士坦丁堡也建立了总督控制下的武装力量，关于这一点我们后面还会提及。

有关帝国警察如何进行工作的信息非常匮乏。在 9 世纪，军区中的警察由将军们管辖，当时还存在着一种流动的乡村警察，主要是缉捕强盗、逮捕间谍，并抓捕逃亡的奴隶。拜占庭对于边境地区的监控尤为严厉，没有护照的人将会被立即逮捕，并接受残酷的审讯。打算隐居寺庙进行修行的僧侣路加（Luke）在穿越边境时曾被一队拜占庭士兵抓获，士兵们询问他的身份、来源以及出游的目的。当他虔诚地回答说他是"基督的奴隶"时，士兵们误以为他是一名逃亡奴隶，毒打之后将其投入了大牢。[1]

邮驿大臣拥有一批间谍人员，他们在边疆省份和帝国境内进行查访，并不断地向上级进行汇报。拜占庭皇帝自始至终都维持了一支秘密警察队伍，用以搜寻和发现帝国境内的阴谋。

5.2.2　司法体系

拜占庭帝国给我们留下了罗马法律——《查士丁尼法典》。它是罗马法律传统的继承者，它保持了罗马法的基本特征，这正是旧罗马独特之处。[2]《查士丁尼法典》用拉丁文书写而成，后来浓缩成希腊文出版。此后开始被称作《法律汇编》，但它在很多方面都背离了《查士丁尼法典》。10 世纪时，拜占庭皇帝瓦西里一世和利奥六世废除了《法律汇编》，重新回归查士丁尼的法律传统。从这些法律中摘录而成的一个手册出版后，拜占庭帝国的所有法律又被汇集成为《巴西里卡法典》出版，它成了此后拜占庭帝国的全部法律基础所在。

马其顿王朝的皇帝们同样深知司法体系的混乱。瓦西里一世向法官们支付很高的薪水以便使他们保持独立，[650]对法官的资质要求是

---

[1]　L. Brehier，《拜占庭帝国的制度》，第 202 页。文中的这一整段都基于布莱赫尔的描述。

[2]　参见下文第二部分，第七章。

他们能够熟诵整个法典的四十个章节。他还在京城组建了法律援助机构，以资助那些向富豪或是官员起诉的穷人。利奥六世同样热心于此。每一届法官们在毕业典礼时，都必须发誓要坚持真理而非谬误，他们的判决也必须手写后亲自署名。

皇帝是至高无上的法官，有时候他亲自审理案件。不过，有时候则由大主教来主持王室法庭审判。这是整个帝国上诉的最高法庭，其首要关注是叛国罪。大法官们也会建立法庭，审理遗嘱、婚姻等案件。另外两个专门法庭后来被合二为一，主要审理宫廷官员们的分歧和官员等级纠纷。

利奥六世及其继任者在君士坦丁堡设立了大学和法律学校，至于这所法律学校是否隶属于大学这一点目前并不清楚。但是二者持续的时间不长。法律教育具有高度技术性，就像今日教授英语习惯法一样，它主要由律师和公证人两个职业行会所掌握。二者规定了入行标准。比如，公证人行会有 24 人，由他们来确定申请入会者的资质是否符合要求，这些要求包括：良好的书法、教育背景、雄辩术，以及是否能够用心牢记《法典》的 40 个章节。这两个行会为未来的法学家提供了来源：这些法学家要么是通过见习律师的身份，要么是通过跟随法学教授学习而入行。

拜占庭的民法总体上遵循了《查士丁尼法典》，但其刑法是一个例外。死刑只能通过剑来执行（这就消除了其他刑罚的痛苦），用其他残损肢体的刑罚来代替死刑也是常事，比如割掉犯人的耳朵、鼻子、舌头，砍去双手，挖去眼睛等。据说，这样做的目的是为了宽恕生命。但布莱赫尔认为，这只是表明他们受到了突厥人、阿拉伯人、波斯人和叙利亚人野蛮做法的影响，后者从远古时代就已经习惯了这种做法。他评论说，连最为温文尔雅且好学的君士坦丁七世在崇尚人性的同时，也会毫不留情地挖去他所不信任的人的眼睛。他还举例说，帝国高级官员也会在皇帝的命令下惨遭毒打（类似例子也曾发生中国的朝堂之上）。它可以为了最为简单的习惯法犯罪而去扣押寺庙中的人。对于这种苛刻的刑法机制的唯一矫正使是皇帝的怜悯[G51]和教堂庇护，而教堂庇护权是主教们通过坚韧不拔的努力捍卫而来的。

5.3 税收

拜占庭帝国的税收不但沉重、严厉，而且比较复杂和集中。在财政大臣控制之下，税收官员们设立了一打相关机构，每一个机构都由一名书记官担任总管。其主要部门有：核查军区财政的机构，提供并掌管税收检查官的部门，在这些机构之下则是征税人。这些只是指"公共领域"的官员。武装部队的人事和薪酬则由独立的军队行政机构来打理，皇室私产至少由三名不同的官员来分别打理，他们分别是：萨克林（sakellion）、维斯塔瑞姆（vestiarium）、埃迪肯（eidikon）。值得一提的是，"公共领域"和"私产领域"的区分有时候并不那么严格，因为皇帝也会将皇室私产用于公共目的。最为著名的例子是 949 年尼斯福鲁斯·弗卡斯对于克里特岛的远征，这次行动完全是由维斯塔瑞姆所资助。

5.3.1 直接税收

拜占庭帝国的"赛诺恩"（synone）是一种土地税，只对土地所有者产生影响。"火炉税"（kapnikou）是一种家庭税，农民可以通过逃亡来避开这一税收。市民们以各种方式缴纳"城市税"，比如对葬礼的征税，但他们同样也要根据收入缴税（这必须要对收入进行非常粗略的评估）。土地税主要根据土地质量和收成，比如红酒、橄榄、牧场等进行评估后征收。为了最大限度地减少逃税行为，比如防止农民通过抛弃土地来逃税，拜占庭采取了一种集体担保体系——"联保制"。整个领土被税务审核员们分成不同区块，每一个区域按照不同税率征税。所有居民都有义务缴税，废弃的土地将会被归还给国家。那些不能缴税的农民将会被招募入军队，他们的邻居将会支付他们一笔金钱，并代为缴纳税收。

此外，民众还必须提供劳役服务。比如，那些毗邻驿站的民众必须提供马匹和骡子，并向使用者提供吃喝。民众还必须为军队和官员提供住处，并将仅有的一点食物拿出来。这些服务都可以折算成现金。

土地税制度需要一个全面的土地清册，[652]这需要通过军区的土地清册进行编纂，后者非常详尽。土地清册中注明了所有需要缴税的财产,以及每个家庭财产的特征、位置、人口,以及每位需要纳税的农民的家庭状况,牲畜数量,等等。那些无需缴税的内容则另册登记。这些军区的土地清册由检查员们定期更新,每一个军区设有一名稽查官,每一个区域都设有专司评估的职员。在这些职员中,最为重要的官员是"阿纳格拉菲斯"(anagrapheus),其职责主要是调整财税分区以便于与纳税人的数量相适应。征税工作曾长期由地方委员会中的议员们掌握,现在开始由领取薪酬的官员们负责,有时候则交由税农们打理。

5.3.2　间接税收

拜占庭帝国专业化的财政机构和精细的土地清册并未导致繁琐和不公正后果。其原因和其他所有前现代社会土地税制度一样,通过作物和牲畜来对土地进行评估具有内在困难,政治和官僚机构也不愿定期审查土地清册。①幸运的是,拜占庭帝国和伊斯兰国家一样具有其他财税资源,而这种资源在中世纪早期的欧洲几乎完全没有。由于拜占庭是一个硕大无比的商业中心,这使它有可能征收贸易关税和商船税。商业税往往按照船上货物的价格来计算,并由海关官员直接征收的其他费用作为补充。这些关税是无法逃避的,拜占庭帝国的每一个港口都设有税务官。

5.4　君士坦丁堡的治理

对于拜占庭人而言,君士坦丁堡是一个"大城市",其人口大约有200000(约 950 年)。一方面在城市的贫民区,充斥着乞丐、娼妓和流浪者;另一方面则是王公贵族和富商大贾们富丽堂皇的宫殿与豪宅。皇宫是最大的商业公司,也是一个制造业中心。它拥有一个铸币厂,并对金银实行垄断。城市中绝大多数丝织品由这里生产。它大批量购进食物,然后低价售给各手工业行会。由于需要供养庞大的人口,负责食物供应的官员们便被赋予了特殊的重要性。[653]其他行会专职于丝绸

---

① 参见"概念性序言",6.3(税收与勒索),部分是基于 G. Ardant 的著作《税收的历史》(Fayard, Paris, 1971)。

的生产，公证人、货币兑换商和金匠们都通过行会执行机构被组织起来。它们乐于承担任何政府移交的功能，它们的整个活动由城市中的总督来掌控。比如，在食物供应之类的重要问题上，总督将会规定交易数量，同时监管食物质量，并确定食物的买卖价格。它一方面采取措施鼓励进口，另一方面对食物出口施加一定控制。

总督还同时担任警察首长。他负责对商铺颁发许可，负责称重和测量，遵守礼拜日传统，以及防火等工作。他还负责公共秩序，这并不是一件轻松的工作，因为伴随有大量暴力的城市骚乱经常发生，城市边缘地区居民的生活往往非常糟糕。在 10 世纪左右，估计穷人大约有30000 人，罪犯和小偷的数量可能与此相当，更不要说大量的妓女了。为了保持公共秩序稳定，食品价格需要补贴。穷人们居住在真正的城市棚户区中，这里纵横交错、垃圾遍地，到处都是粪便与污秽。城市乞丐、退伍士兵、逃亡的农民等长期流离失所的人穿梭其中，他们居无定所，常常露宿街头。伤寒和天花等疾病非常普遍。政府为了维持社会秩序不得不高度戒备。除了市民监督之外，孔武有力的帝国卫兵经常在街头巡逻，市区内通常很早就执行宵禁，任何违令者都会遭到毒打。

不过，慈善行为在一定程度上有助于缓解这种悲惨局面。皇室家族和其他富有市民捐献并提供了医院、孤儿院和养老院。最大的慈善提供者是教会，它不仅拥有大量财富，而且具有慈善施舍的信仰。教会时不时地向穷人施舍食物或金钱。有时候，危机也会推动慈善行为，特别是在缺乏食物的寒冷冬天，总会有一些定期的食物分配和施舍。主要的施舍和分配是在纪念城市创建的竞技活动中，大量面包和蔬菜被堆积在竞技场上，同时还会向人群分发鲜鱼产品。

6. 评价

6.1 防务

［654］军事历史学家们对于拜占庭军队的过度美化令人难以忍受。拜占庭帝国的军队的确成功地守卫了它的边界，只是在失去叙利亚、埃及、非洲、意大利，以及西西里和克里特（一度失去）之后，它才在多瑙河

一线屈从于斯拉夫人和保加尔人。帝国的武装力量还成功地守住了小亚细亚和巴尔干南部地区。但即便是在这些地方,帝国军队在大战中失利的次数和胜利的次数也一样多。

有时候这主要是因为糟糕的军事指挥,比如811年保加尔人打败尼斯福鲁斯一世,965年西西里远征的失败便是如此。有时候则是因为战场上的背叛,曼西喀特之战的失利就与猜忌有关。但主要原因则是军队纪律涣散,士气低落,有时候士兵会在战场上临阵脱逃。帝国军队之所以会杀死莫里斯皇帝,主要是对薪酬问题心存不满。在帝国历史上,一些士兵也坚信:通过支持其领导人攫取皇位,自己可以得到快速升迁。

某种程度上说,士气低落主要是因为军队由兼职士兵组成,他们在战争结束后就会重新拿起耕犁。因此,这些士兵作战技能有限,缺乏战略思考,也没有常备军那种根深蒂固的纪律观。而且,他们也不具备古罗马人面对汉尼拔时的那种爱国情怀。其民众都是从边远地区定居于此的大杂烩。或许士兵们的共同情感在于东正教信仰,他们往往怀揣圣像,高唱着《三圣歌》投入战斗。这一信仰激励着他们去反对穆斯林和法兰克人,但是唯一希望在十字军战争中反对哈里发的皇帝——尼斯福鲁斯又被教会所拒绝。无论如何,这些新近才定居于拜占庭境内的民众对宗教并不虔诚。基于这些原因,帝国的胜利只能依赖于军事指挥官个人。

不管怎样,这些武装力量使拜占庭帝国得以完好无缺地苟延残喘了600年,这是一个很长的平安时期。如果不强调帝国军队的巨大成就也是不公正的:它面临的军事压力从未中断,这些压力分别来自北面、南面和东面,最后是来自西面的十字军。在曼西喀特惨败之前,除了在完成使命方面的许多挫折外,拜占庭军队是一支脆弱的但不可预知的战斗力量。即便在后来,也主要是内战和政治混乱导致了帝国的决定性失败。

6.2 安全与稳定

拜占庭政体的最大缺陷来自于那些导致军事反叛,乃至内战[1]的

---

[1] 举例来说,971年巴尔达斯·福卡斯;976年,瓦西里二世对巴尔达斯·思科尔洛斯;1043年,君士坦丁九世对马尼亚克斯(Maniakes);尼斯福鲁斯和他的仇敌,这种争斗在1078—1118年几乎从未中断。

长期诱因，这部分是因为它没有固定的继位规则，部分是因为野心勃勃的将军们可以轻易地建立忠诚于自己的部队，并且赢得皇位本身就可以证明自己是"天命所归"。那么，它是否比当时西半球的绝大多数政体存在更多漏洞？在拜占庭，被废黜或被谋杀的皇帝数量肯定超过了西欧国家，因为后者早已确立了王位世袭制和长子继承制原则。但是皇帝被废黜并不意味着内战，拜占庭的内战也并不比其他西方国家松散政体之下的内战更为显著。无论是否存在内战，拜占庭帝国都比任何西方的君主统治更为稳定、单一，也更有内聚力。它相对于查理曼大帝和法兰克王国来说尤其如此，更不要说其他优柔寡断的后续国家。

如果我们对皇位稳定和体制稳定进行区分，关于西方国家和拜占庭帝国的比较会更有意义。西欧经历了一系列显而易见的制度变革，最早有别于其他地方的便是其流动性。在拜占庭帝国，所有的骚乱、宫廷暗杀、军事政变和内战，都只是关乎谁将成为皇帝。在经过了全部的皇位更迭和兴衰变迁之后，它的政权体制最终也没有发生变化。在这方面，唯一可与之相比的政治体制是中华帝国。中国的政治体制在某种程度上比拜占庭帝国更为稳定，中华帝国的王朝原则是不容更改的，因此皇位也是稳固的。另一方面，中华帝国又被一次又一次的大规模起义所扫荡，这也是拜占庭所不能相比的。我的结论是：考虑到生命安全及自我分裂等因素，[656]基于上述一个乃至更多原因，拜占庭帝国要比西欧和东亚国家好一些。

6.3　官僚机构与公共管理

尽管帝国领土的统一高度依赖于武装力量，但拜占庭持久的政治内聚力则来自其庞大的、高度分化的职业性官僚机构。我们今天可以轻易地指出帝国中央政府的缺陷：独立办公机构的多样性；多个自治机构来征收并分配国家财政；一些官员集几个部门的大权于一身，这些官员会从一个重要职务很快转换到另一个重要职位。毫无疑问，中央政府运作缓慢且非常复杂。但这是当时的普遍性问题，拜占庭在这方面已经远远领先于早期西欧封建君主制下的原始行政管理体制，它比穆斯林国家更为规范、更强调法律制约。唯一可与之相比的恐怕只有中华帝国的官僚机构，后者更为庞大，也更为复杂，但同样非常臃肿迟缓。

不幸的是，拜占庭帝国的官僚机构和当时其他国家的官僚机构一样，也存在着腐败和贪婪等特征，法庭上关于玩忽职守的案例不胜枚举。然而到大约1000年前后，在世界其他地方通过一些法律来起诉政府官员也已经成为可能。

6.4　合法性与法庭

毫无疑问，拜占庭是一个强调法律约束的国家：尽管皇帝自身就是法律之源，他也要受到传统习惯法的有力制约。复杂的民法条款规范了皇帝个人利害关系，人们可以根据这些法律条款反对政府官员，就像希腊和罗马时代一样，最终还出现了被社会认可的职业公证人和拥护者。所有这些都优于西欧的原始政治体制，因为后者甚至还没有一部封建法律，更不要说去重新发现《罗马法》了；在帝制中国，唯一的民法也仅只是习惯法，因为《唐律》的内容只是局限于行政和刑事方面，"民告官"几乎是不可能的。在帝国时代，问题并不在于没有法律或是法庭腐败，而在于法律的繁琐和训练有素的执法官员的强辩。到11世纪，整个拜占庭司法体系被堵塞，法庭程序变得非常缓慢。[657]皇家法庭已经不堪案件的重负，在军区法庭中，律师们已经开始习惯于延长司法程序：他们会挑剔文件细节，拖延回复的时间，挑战法庭的司法权限，以便使案件被转移到其他法庭，然后再故伎重施。其中有一个这样的案例：已经过世的大主教尼科德米亚（Nicodemia）的侄女安（Ann），和凯撒利亚的大主教斯蒂芬（Stephen）之间发生争执，二者都宣称拥有继承权。这个案件从一个法庭被转到另一个法庭，被转手了四次，最终在皇室法庭得到解决。①

我们早已谈到拜占庭刑律的残酷程度。然而，中国的惩罚更为残酷，哈里发国家的刑律在某些方面更是糟糕得难以形容。也许我们的确会感到疑惑：割掉犯人的鼻子、双手和让他求生之间是否存在

① L. Brehier，《拜占庭帝国的制度》，第189页。

很大区别？比如，用绳索吊着那些受谴责者的脖子直到半死，然后再切掉其内脏焚烧，在犯人被砍头之前让其目睹这一切，最后将其尸体四分五裂。这就是英格兰对于叛国者的惩罚。事实上，直到18世纪欧洲人对于这些死亡和折磨都是漠不关心的，这让今天的民众看来有点不可思议。

最后一点，拜占庭和同时代的其他政体一样，它对于被怀疑为叛国者的惩罚是一个法律例外。在这一点上拜占庭和其他地方毫无二致，它对于叛国罪嫌犯进行审讯的法定程序经常遭到践踏。除此之外，拜占庭对于叛国罪的惩罚和刚才提到的英格兰绞刑、分尸等没有区别，而且往往会更加残忍。考虑到拜占庭刑罚异常残酷的基调，我们对于它处置叛乱和叛国者的残忍毫不意外。安娜·科穆宁为我们描述了一位名叫迈克尔的人在谋害皇帝失败被捕后所遭受虐待的惨状。

> 根据皇帝命令，迈克尔·阿尼玛斯（Michael Anemas）和其他主要叛乱者被剃光了头，刮去胡子，沿集市游街示众。他们的双眼已经被挖出。负责押送游街的官员不断地攻击他们，他们身穿麻布衣服，头上被饰以牛羊内脏做成的王冠，然后被放在牛背上（被侧放而不是正跨在牛背上）穿过皇宫。走在他们前面的是持节者，他根据周围环境变化唱着不断变换的滑稽调子。不同年龄的人们都争相一睹为快。①

6.5 税收与公共财政

拖欠税收是教堂庇护地拒绝承认的三条罪状之一。与罗马时代一样，拜占庭的征税人每年都会在一队士兵的伴随下来到村庄。税吏们对于要求减免税收的呼吁充耳不闻，他们会现场鞭笞那些拖欠税收的人，同时扣押他们的财产。一些拖欠税收的人会被投入监牢，在被羁押

---

① Anna Comnena，《阿历克塞传记》，E. R. A. Sewter 翻译，(Penguin, Harmondsworth, 1969)，第 385 页。

期间遭受毒打和折磨。在塞浦路斯,有一个能够得到证实的案例:这些征税人向欠税者放出了凶猛的恶犬。当政府开始雇佣税农以取代帝国征税代理人时,情形变得更为糟糕,因为这些税农会扣留纳税人应当交给国库的税收与实际征缴的税额之间的全部差额。

这种可怕的税收政策引入了金钱,而金钱又捍卫了帝国。这体现了拜占庭统治和西方封建政权之间的根本性差别:在西方封建体制中,统治者没有绝对的财政权。除了统治者自己产业内的财政收入外,他获得军事服务的唯一途径便是用政府赠予土地的方式购买服务。假以时日,这些接受赠予土地的骑士或者男爵就会想方设法减少军事服务,同时设法获得拥有世袭土地的权力。一旦国家储存的土地被用光,君主扩大土地来源的唯一办法便是将贵族们的封邑充公没收,但这在军事上是不可能的,因为正是这些权贵们为君主提供了武装力量。除此而外,这些君主就只能到国外去征服新土地,但这一过程很快就会周而复始。因此,没有哪一个封建君主能够维持常备军或海军。小规模的战斗可以进行,但是要进行大规模作战,双方都需要休战,以便筹集资金。而在拜占庭的金钱经济中,皇帝以金钱的形式亲自付给权贵和官员们报酬,这种付酬方式与皇家领地没有关联。因此,拜占庭能够建立常备军和海军,帝国军事作战能力也可以维持较长时间,而不是像在西方封建制度下时断时续。直到1204年帝国分裂之后,安纳托利亚的地方贵族们也从未去仿效它们的西方封建同行。这也是为什么拜占庭帝国能够长时间维持统一和连贯性的原因。

6.6 民众的状况

君士坦丁堡和其他各省之间的社会状况存在很大差别。首都的上层阶级由接受过良好教育的官僚贵族组成。商人和手工业阶层在政治上和经济上软弱无力,因为政府通过行会规范着他们的所有交易活动。然后是普通民众阶层——包括各种各样的工匠,最底层是大约5%左右的各色人等,他们长期生活在城市外围,和今日拉美大城市以及印度的贫民窟差不多。

然而,在10世纪以前,乡村的情况要好一些。小自由农聚居在乡村或城镇中，它们拥有 50—500 名居民不等，民众在邻近的土地上劳作，虽然生活艰辛，但是要比君士坦丁堡的贫困阶层好很多。当富有的土地所有者和自耕农之间的社会分化开始逐步扩大时，所有这一切在 9 世纪发生了变化。这一现象和许多因素有关。其中一个原因是新的立法允许官员们悉数购买当地土地；另一个原因是这种现象在每一个早期农耕社会都曾无情地发生过：由于沉重的税赋是一成不变的，一旦农业收成不好，自耕农们就会被迫出售自己的土地，以换取作为依附农身份继续耕作的权利。我们已经在早期希腊、早期罗马共和国和中国看到了类似的过程。在拜占庭，土地购买者都是所谓的"权贵"，被迫出售土地的人往往都是穷人。这一现象削弱了军队招募兵员的基础，嗣后的拜占庭皇帝曾试图通过立法来保护小农，但于事无补。这些依附农非常像罗马帝国晚期的隶农。他们被束缚在土地上，并且是世袭的。

沉重的税收产生了像中华帝国和罗马帝国一样的后果。农民们开始离开土地逃亡，他们逃往城市，甚至逃到国外。这毫无疑问又会加重那些没有逃亡的农民的负担，因为他们必须要填补因逃亡出现的税收缺口。一个关于剥夺的恶性循环由此开始。

6.7 自由与正统

拜占庭帝国中存在奴隶，但是我们并不知道奴隶的数量有多少。奴隶们无一例外地在城市工作，而不是像西方的罗马帝国一样在大庄园里工作，因此他们在无形中压低了独立工人的薪水。隶农们的新一代——依附佃农，[660] 只能在理论上是自由的；政府也承认在奴隶和依附佃农之间的选择余地甚小。除了这些农奴和奴隶，皇帝的臣民在法律面前一律平等，因为贵族（nobiliores）和卑贱者（humiliores）之间的界限已经消失。我们很难对拜占庭帝国中普通民众的自由度和相邻政体中的情形进行可信的比较，不过在 11 世纪，他们看上去相当不错。农奴制在封建君主制下更为普遍，城镇的半自治依然遥遥无期。拜占庭农村人口的状况与一些哈里发国家的农民根本无法相提并论。①

---

① E. Ashtor，《中世纪近东社会经济史》(Collins, London, 1976)，第 157—159、169—173 页。

和同时代的其他绝大多数政体相比，拜占庭帝国的民众在思想和言论上更少自由。我这里并非指政治上持不同意见的权利，而是指宗教、艺术和哲学上的自由。这些都被无处不在且令人窒息的希腊东正教教会所扼制。宗教在历史上的至高无上地位是不均衡的，拜占庭帝国的宗教统治同样如此。①帝国境内到处都是传教士与僧侣。在 11 世纪，"安条克的约翰"(John of Antioch)估计，帝国境内半数以上的土地隶属于教堂。②

宗教进入了拜占庭人生活的各个层面。他们的节假日是宗教性节日；竞技场上的比赛往往以圣歌开始；商业合同上也往往显示着十字军的标识。③在一个到处都充斥着宗教的时代，希腊东正教尤以固执、偏狭、保守和反启蒙主义而著称，它的口号是"一个上帝，一个帝国，一个宗教"。东正教不仅要求所有帝国境内的臣民都成为基督徒，而且还要赞同其对于"三圣一体"的关系及其深奥理念的界定，即使是最轻微的背叛也会被当作异端。④

无论它如何提升了宗教质量，东正教对帝国带来了非常有害的政治和文化后果。[661]正是"一个上帝，一个帝国，一个宗教"的狂热使这个末日帝国卷入了自我毁灭的破坏圣像崇拜之争，这疏远了西部地区对于帝国的军事支持，并驱使像保罗派和鲍格米勒派(Bogomils)⑤这样的"异端教派"与敌人合作。它是知识分子和人文主义的死敌。它将希腊文学和教育当作异教信仰——而后者不仅容易学习，而且已经成为每一个有教养的拜占庭人的教育组成部分。登基之后的利奥三世曾写信给一位古典拜占庭主义者(Byzantinist)说："在将近 5 个世纪的时间里，专制权力被赋予给了一个仇视人文知识分子发展的统治体系。"⑥

① S. Runciman，《罗曼努斯·雷卡平皇帝及其统治》，第 25、27 页。
② Ostrogorsky，《拜占庭国家的历史》，第 122 页。
③ T. Ware，《东正教会的历史》(Penguin, Harmondsworth, 1980)，第 43 页。
④ C. Mango，《拜占庭：新罗马帝国》，第 88—89 页。
⑤ [译注]又译为"波高美尔派"。
⑥ Finlay，《拜占庭帝国的历史》，第 183 页。

或许有人会反驳说，宗教偏执与迫害是这个时代的普遍特征，但是这种说法并不正确。在伟大的中华帝国境内并不存在宗教迫害。伊斯兰教在敌视其他宗教的同时，也容忍了它们，或许它有些不情愿，但它在必要时向其支持者提供了二等公民的地位。值得一提的是，拜占庭帝国的继承者——奥斯曼帝国在允许帝国境内各个群体以自己的方式进行崇拜时也毫不费力。尽管西欧的天主教在弘扬自身和反对敌人方面同希腊东正教一样狂热，但它仍是一个较为广泛的信仰，它能够容忍、吸收、适应不同的东西，最终被融合成为一个具有广泛性的宗教，许多新宗教运动都从中产生：无论是寺庙、天主教会修士，还是军事、慈善活动，以及教义秩序等无不如此。

> 我们并不改变父辈所划定的边界：我们保守我们所接受的传统……因此，我们恳求上帝的子民，信仰的羊群，牢牢固守基督教的传统。逐步放弃我们所传承的东西将会破坏信仰的基石，不久将会推翻整个信仰的架构。①

这就解释了为什么当罗马教会产生经院哲学的时候，当伊斯兰教孕育了诗歌、科学和算术的时候，当中国的宋王朝开始对儒家学说进行重新阐释的时候，拜占庭的知识发展却患上了罕见而令人厌恶的不孕症。其中最为重要的一点就在于：艺术在拜占庭帝国境内只是"宗教的婢女"。

7. 结论：拜占庭政治制度的遗产及其重要性

[662]拜占庭帝国为莫斯科大公提供了一个关于独裁统治的生动版本和内在借口。而且，它以希腊东正教堂和顺从于世俗权力的形式转变成为一个政权的关键支持。但是，二者存在直接联系的思想可以

---

① St John Damascene(675—749)，N. H. Baynes，《拜占庭帝国》(OUP, Oxford, 1925)，第75页。

得到例证，比如"沙皇"头衔就是一个双头鹰设计。即便是菲洛修斯(Philotheus)关于"两个罗马已经沦亡，第三个罗马将会屹立不倒，将来也不再会有第四个沙皇"①的思想看上去似乎也同样如此。另一方面，拜占庭的政治制度和继任的奥斯曼帝国之间存在着直接联系。②但是拜占庭在历史上的地位并非由于这些原因，也不在于它的统治实践和理论创新。正如我们在本章开头所提到的，事实上它是我们所认识的宫廷政治原型。拜占庭之所以比帝制中国更为原型化，原因就在于拜占庭帝国的皇帝们非常热衷于战争与民事政策（只有很少的例外），在中国只有少数帝王们才会如此，特别是清朝早期的几任帝王。大多数中国皇帝都听从了儒家关于"天命所归"的消极无为思想，其结果被官员们"中立化"了。③

关于这种纯粹的独裁统治的长期存在问题，我们不妨引用伯里的观察：

> 事实上，在拜占庭帝国的词汇中，并没有宪政史这个东西，因为它既没有演进也没有革命。其君主体系的关键部分没有改变，它成功地说服了民众的思想，并提供了一个关于独裁统治长期存在的精彩画面。④

帝国中的大量反叛和阴谋旨在改变君主，而不是统治制度。这并不是说，它们只代表了个人野心，而不反映其他东西。自瓦西里二世（1025年）驾崩之后，无休止的宫廷阴谋掩藏了官僚贵族和军事贵族之间的实质性冲突，但是他们采取的斗争形式并不是通过挑战或试图说服这些独裁者，而是直接废除或替换他们。

在长达上千年的时间里，拜占庭帝国都是欧洲最为重要的文化和

---

① D. Obolensky，《拜占庭联邦》(Cardinal edn. , 1974；Weidenfeld & Nicolson, London, 1971)，第 468—473 页。

② C. Diehl，《拜占庭帝国.伟大与衰落》，第 290—291 页。

③ 参见下文第三部分，第三章。

④ J. B. Bury，"罗马帝国晚期"，《不列颠百科全书》(第 11 版，1910—1911)，第 519 页。

教育中心。它拥有一个优秀的法律体系，一个高度负责且分工精细的行政体系，以及同样训练有素、组织严密的常备军。[663]它的经济和财政制度高度发达，帝国的金币担当了国际货币的角色。与中世纪晚期的封建国家不同，拜占庭帝国在整个生命周期内从未停止偿还债务。在帝国的核心区域内，它向民众提供了高层次的安全，它保护民众的财产权，遵守并强化可预见的法律规则，改善民生标准，哪怕是穷人。皇帝是拜占庭帝国的中枢机构和发动机。皇帝通常会努力地工作，他不仅会感受到这种责任，而且也在践行这种责任。在所有这些层面上，如果和同时代其他国家相比的话，拜占庭帝国都处在一个较高的发展阶段。因为就欧洲而言，当时几乎根本不存在国家。

对于拜占庭政权的一个重要指责是其财政政策的粗放性，但是它并不比欧洲的农奴，以及穆斯林帝国和中华帝国治下民众所遭受的剥削更为苛刻，它还赋予金钱以更多价值。其财政政策是偿还核心地区防御的必要代价，在 904 年阿拉伯人攻陷塞萨洛尼卡和 1204 年十字军在君士坦丁堡大肆劫掠、偷盗、强奸和杀戮的时候，帝国在防卫实践中的失败被耸人听闻地四处传播。最近的一部作品认为，拜占庭帝国的衰落源自过度的海外承诺，这最终损害了其国家经济。①事实上，拜占庭的例子与此根本不符。拜占庭帝国的崩溃并非因为经济上的破产，而是其边疆的沦丧和主要军事人力资源的丧失。其最终被削弱也并非源于四处扩张，而是因为领土收缩。

拜占庭的真正致命缺陷并非经济，而在于政治。这主要是因为它在皇位继承问题上的公开性，及其自我失败的政治公式：无论是谁，只要拥有了皇位，就会拥有正义与神圣的头衔。在中国，"受命于天"的类似理念被世袭制原则所化解，在拜占庭却引起了最具毁灭性的内战和战场背叛。正是王位争夺让拜占庭的军队在曼西喀特纠结不已，最终导致了战场上的惨败。这方面的权威学者伯里认为，拜占庭的传统融合了"王朝的和选举的两个原则"，并使国家能够在这两个领域中都表

---

① P. Kennedy，《大国的兴衰：1500—2000 年的经济变迁与军事冲突》（Unwin Hyman, London, 1988）。但公平而论，肯尼迪在论证的例子中并未谈及 1500 年之前的政体。

现出色。"与那些完全采用王朝世袭制的国家相比,它的无能君主要少一些;[664]和那些统治者每更换一次就意味着一场选举的国家相比,它也更少权力斗争。"①我们很难看到谁能证实此类不计后果的反事实(counter-factual)现象,事实上这也是不可能的。对我们来说,那些关于罢黜、谋杀和内战的描述就构成了一个具有说服力的反驳。

---

① H. Temperley ed. ,《J. B. 伯里论文集》(CUP, Cambridge, 1930),第106页。

第二章　哈里发帝国(约公元900年)

[665]"哈里发帝国"是由先知穆罕默德(逝世于公元632年)的继任者所建立的穆斯林国家。称它为一个"帝国"可谓恰如其分,因为它完全符合界定一种"政体"①的两个条件:第一,哈里发帝国的居民臣服于"同上主义者"(particularist)的统治。起初他们被一小撮穆斯林阿拉伯人所统治,后来又受到穆斯林少数民族的统治;第二,哈里发帝国的疆域极其辽阔。它包括了先前曾被西哥特人统治过的西班牙,拜占庭帝国占领过的北非、埃及和叙利亚,以及萨珊王朝治下的伊拉克和伊朗,乃至撒马尔罕和印度库什等地区。哈里发帝国辽阔的疆域,加上它所拥有的大量财富和民众,以及长达230年的寿命,都值得我们在书中详加描述,然而哈里发帝国还有其他更重要的领域值得我们关注。尽管哈里发帝国是一种宫廷政治制度,但它却与迄今为止的所有王国都迥然有别,只有两个古代犹太王国是一种例外。尽管哈里发帝国的政体与古犹太王国存在类似之处,但二者在规模上的巨大差异,以及哈里发帝国通过征服其他国家而立国的事实,又使得哈里发帝国与面积狭小,积贫积弱的犹太王国有着天壤之别。哈里发帝国的独创性和与众

---

① 参见"概念性绪论"中的定义,原书第8—9页。

不同之处就在于它是伊斯兰国家。

哈里发帝国的重要性还在于其他两个原因：其一，哈里发帝国在它所立国的这片广阔的文化区域内，为后代留下了永恒的政治遗产。以马穆鲁克埃及和奥斯曼帝国形式出现的继任国家虽然同为伊斯兰国家，但却更具活力和持久性。其二，在统治者个人、整个哈里发王朝以及政治共同体的快速频繁更替过程中，无论是哈里发帝国还是其继承者，有两方面内容始终没有改变。它们分别是最初的阿拉伯—伊斯兰征服国家和宫廷型政体中所产生的社会文明与文化。[666]尽管江山易主，王朝更迭，这两点始终未曾被撼动。事实上，两者之间还相互支撑，互为依存。

接下来有必要介绍一下伊斯兰教。伊斯兰教是哈里发帝国的核心，但即便是一部大部头著作恐怕也难以厘清伊斯兰教①的特征。我们这里只能粗浅地进行介绍，但这些介绍又是必不可少的，因为如果不就伊斯兰教作简要介绍，读者将无法理解本章其他内容。

伊斯兰教是真主传授给先知穆罕默德的宗教，其教义被收录在《古兰经》的6000余章节中。伊斯兰教的传播并非直接通过武力和征服来实现，但确实曾得益于二者的支持，这一点尤为重要。如果说基督教的典范在于受难的神性，那么对伊斯兰教而言，其典范就是武装起来的先知。

伊斯兰教是一个救世的宗教，也是一个关于个人虔诚的宗教。在伊斯兰教中，每一个宗教共同体成员都可以通过真主对于先知的启示平等地参与宗教生活，这一宗教共同体便是"乌玛"。穆罕默德在接受真主启示过程中的第一个政治举动就是通过共同的盟约和协定，通过"乌玛"把信众凝聚起来。由此，伊斯兰教和犹太教、基督教一样发展成为一个出类拔萃的"卡哈尔型"（kabal-type）宗教。

《古兰经》开篇写道：

---

① 在诸多介绍伊斯兰教的优秀作品中，阿尔弗雷德·纪尧姆（Alfred Guillaume）的《伊斯兰教》（Penguin, Harmondsworth, 1954）篇幅短小但却使人信服；另外马莱斯·鲁斯文（Malise Ruthven）的著作《世界上的伊斯兰教》（Penguin, Harmondsworth, 1984）虽篇幅略长，但颇具教育意义。

奉至仁至慈的真主之名

一切赞颂，全归真主，全世界的主，

至仁至慈的主

报应日的主。

我们只崇拜你，只求你佑助。①

伊斯兰教是完全彻底的一神论，这一点是毋庸置疑的。

除了安拉，别无神灵

绝对的主，永恒的主

主永不停息

天地万物均归真主。②

真主安拉是精神上的、超然的，也是不可言喻的。穆斯林被禁止制作任何有关真主的造型。有人认为"安拉"比犹太教所信奉的"上帝"更具有唯一的超然本质，因为犹太人通常称上帝为"上帝，吾主"（Adonai Elobanu），[667]或者说"吾父，吾王"（Ovenu Malkanu）。通过这种方式，犹太教将抽象而遥不可及的神性与个人存在的感受结合了起来。

真主对穆罕默德的启示是终极性的。此前上帝也曾通过其先知摩西、耶稣等传达启示，然而犹太教徒以及随后的基督徒却把上帝的启示搞混了。这次真主所寻找到的先知可以领悟并正确传达纯粹的、原汁原味的真主启示。穆罕默德是真主的"封印先知"。真主启示的终极性（finality）在公元九世纪《古兰经》尚未创世之前的宣告中得到强化，因此它与真主一样永存，一样不

---

① 此处引文摘自《古兰经》译本，A. J. Arberry 翻译（Oxford，1964）。

② 同上。

可改变。

要成为完全忠实的穆斯林，条件非常苛刻。我们在后面将会谈到，忠实的穆斯林需要遵守许多繁文缛节。但如果只是想成为穆斯林或是加入乌玛却很简单。任何人只需当众重复一次信仰的表白"夏哈达"即可："我立誓除真主外，再无其他的主，穆罕默德是安拉的使者（使者有时译作'信使'或'使徒'）"，这样他在名义上就成了一位穆斯林。这一宣言就是伊斯兰教所谓的"五大支柱"之首：信仰的证词；第二是祈祷，即"撒拉特"，穆斯林需每日向着伊斯兰教圣地麦加的方向礼拜五次；第三是强制性缴纳施舍物"扎卡特"，这是一种有效的用以慈善目的的税收；第四是每年要在斋月中履行斋戒义务；最后一个是"朝觐"义务，除了赤贫者或身有残疾的穆斯林，每个穆斯林一生都必须到麦加朝圣一次。

对于忠实伊斯兰信仰的穆斯林来说，这"五大支柱"只是最基本的义务。要成为一个完全的穆斯林，信教者必须在日常行为当中履行大量详尽的规定，哪怕是最为隐私的琐事。穆斯林所要遵守的教义首先建立在《古兰经》各章节基础之上，然后是经过证实的先知言行记录——《圣训录》，最后是在公元９至１０世纪由博学多识的"乌勒玛"（ulema）①所作的阐释。其最终结果便是"沙里亚"律法。在基督教文明中并没有可与之对应的内容，因为基督教中没有要求个人必须时刻遵守的规则。但犹太教与伊斯兰教一样，它们都通过大量繁琐的规则来约束信徒们的日常行为。犹太教的宗教规范主要建立在《摩西五经》《先知书》，以及多少个世纪以来拉比们通过断案所积累而成的《哈拉卡》（口头传统）与《塔木德》。这些后来的犹太法典是如此伟大，无所不包，以至于到公元１６世纪还出现了专门为家庭主妇们准备的删节版：直到今天虔诚的犹太教徒还在用它们来指导自己的言行。

[668]所幸基督教、犹太教和伊斯兰教之间的神学差异并非我们关注的重点，其政治含义才是我们的主要兴趣所在；其中以基督教为一

---

① [译注]又译为"乌理玛"等，指穆斯林学者，或伊斯兰宗教与法律方面的权威。

方,伊斯兰教和犹太教为另一方。犹太教和伊斯兰教的政治影响有其相似之处,主要体现在三个方面:首先,犹太教和伊斯兰教都规定了完整的生活方式,它们被称之为"一个社会秩序的蓝图,一套永恒的、神圣的、独立于人的意志之外的规则,这套规则又界定了正常的社会秩序"。① 其次,对于所有信徒而言,这套被书写下来的神圣法则并非遥不可及。即便是最为普通的信徒,也可能会得到超凡脱俗的虔诚者和博学之士的辅助,但这些人并未形成一个更加接近上帝的特权阶层,也谈不上是上帝和凡人之间的中间人。他们的学识和虔诚是额外的能力与职责。与之相对应的是,无论伊斯兰教还是犹太教(自圣殿被毁以后)都没有设立任何专门的教会组织。最后,作为上述两个特征的必然结果,穆斯林政治社会和古代犹太王国一样都陷入了窘境,我们已在本书第一部分第五章对此进行了描述。因为神圣律法掌控了社会生活的各个方面,统治者除了捍卫宗教礼仪和实施宗教法则之外,在其他问题上反而成了一个累赘。或者,唯一的合法政治统治者就一定是能力超凡的统治者,因为他是上帝统治世间万物的载体。这就意味着"国家高于教会"。此外,还有至为关键的第三种方式。正如在古代犹太王国所发生的那样,至高无上的统治权威可以被一分为二,统治者手中的部分权威可以被撤回。然而,在他自己的统治权限内,无论统治者何等专制与武断,他都可以继续进行统治,他的臣民也会容忍这种统治。正如我们即将看到的,穆斯林乌玛在其成立之初的半个世纪中,就发现自己正面临着上述三种选择。

1. 哈里发帝国兴衰大事记

穆罕默德时期(约公元 570—632 年)

约公元 570 年/580 年	穆罕默德诞生
约 612 年	穆罕默德开始他的使命
622 年	穆罕默德与追随者迁至麦地那。

---

① E. Gellner,《穆斯林社会》(CUP, Cambridge, 1981),第 1 页。

| 630 年 | 穆罕默德和信众胜利返回麦加。 |
| 632 年 | 穆罕默德去世。 |

四位正统哈里发时期（公元 632—661 年）

[669]632 年	阿布·伯克尔
634 年	欧麦尔
644 年	奥斯曼
656 年	阿里
	帝国奠基时期，阿拉伯人夺取叙利亚、美索不达米亚、伊朗、埃及和昔兰尼加。
657 年	穆阿维耶（叙利亚的统治者，又译"穆阿维叶"）和阿里之间爆发隋芬（Siffin）之战。哈瓦利吉派（Kharijite）退出。
661 年	阿里身败战死，穆阿维耶即位担任哈里发，倭马亚王朝建立。

倭马亚王朝（公元 661—750 年）

680 年	卡尔巴拉（Kerbela）战役，阿里之子侯赛因战败后被处决。"什叶派"（阿里党）形成。
705—714 年	帝国从首府大马士革开始进一步扩张：逐步占领布哈拉和撒马尔罕，乌浒河和药杀河谷地，以及北非、西班牙等地区。
约 700 年	对倭马亚王朝的"宗教反抗"兴起，并被当成了邪恶的残暴势力。
743—750 年	反抗倭马亚王朝起义。阿布·穆斯里姆（Abu Muslim）的活动。
750 年	倭马亚王朝倾覆。阿布尔·阿拔斯当选为首任哈里发。

阿拔斯王朝初期(公元 750—861 年)

750—842 年	从巴格达开始，帝国开始达到巅峰时期。伟大的哈里发有：
754—775 年	阿尔·曼苏尔
786—809 年	哈伦·赖世德
813—833 年	阿尔·麦蒙
833—842 年	穆阿台绥姆(al—Mutasim)
750—855 年	伊斯兰教法各学派百花齐放、诸家争鸣。哈乃斐(死于 767 年)，马立克(死于 795 年)，沙斐仪(死于 800 年)罕百里(死于 855 年)
833 年	穆阿台绥姆在萨马拉建都，以安置他的突厥奴隶卫队。突厥人的奴隶军队由此而始。
756 年以后	哈里发权威在周边地区开始逐步瓦解
756 年	在一位倭马亚王朝幸存者的领导下,科尔多瓦埃米尔公国独立。
789 年	摩洛哥伊德里斯(Ideisid)王朝
800 年	突尼斯艾格莱卜(Aghlabid)王朝
821 年	呼罗珊塔希尔(Tahirid)王朝

阿拔斯王朝后期(公元 861—1258 年)

861 年	突厥士兵谋杀了穆塔瓦基勒(al—Mutawakkil)，并宣布蒙塔西尔(al—Muntasir)继任哈里发。
861—870 年	突厥埃米尔的军事政变决定了五位继任哈里发的废立。
[670]869—883 年	伊拉克南部的"赞吉"(Zanj)黑奴起义。
891—906 年	卡尔马特人(Qarmatian)起义。
867—969 年	阿拔斯帝国瓦解

867 年	伊朗南部萨法尔（Saffarid）王朝。
868 年	埃及图伦（Tulunid）王朝。
875 年	位于乌浒水（Transoxania）和呼罗珊（Khorasan）的萨曼（Samanid）王朝。
909 年	法蒂玛（Fatimids）人夺取突尼斯，并于 969 年建立了反对哈里发和帝国的王朝，定都开罗。
945 年	布夷人（Buyids，一个信仰什叶派的蛮族）进入巴格达，使哈里发成为傀儡。
1055 年	布夷人被塞尔柱突厥人击败并取代，塞尔柱突厥人的领袖获得苏丹头衔。
1258 年	旭烈兀汗率领蒙古人入侵巴格达，哈里发及其家族被诛，巴格达的阿拔斯哈里发王朝遂亡。

2. 阿拔斯帝国的优势与缺陷

2.1 优势

哈里发帝国的首要资产在于其财富。它建立了一个硕大无比的公共市场，因此对外贸易得以大大增加，帝国的商人们远涉印度、东印度群岛，乃至中国广州。来自非洲矿山，以及教堂和宫廷的黄金大量涌入。来自阿富汗和伊朗东部矿山的白银也大量涌入。与此同时，帝国人口也开始出现大幅增长。它的一些城镇，包括一些新建城镇在内，其规模之宏大都远甚于同一时期贫穷、破落的欧洲城镇。埃及首都弗斯塔特城（Fustat）在公元 9 世纪时估计约有 10 万居民，库法（Kufa）约有 15 万居民，巴士拉约有 20 万居民，巴格达的人口估计在 30—56 万之间。[1]

哈里发帝国的另一个资产在于其军事实力。在最初的征服行动

---

[1] E. Ashtor《中世纪近东社会经济史》（Collins, London, 1976），第 90—91 页。他估计伊拉克人口当时约为 1000 万，叙利亚人口约为 3000—3500 万，埃及人口约为 4000—4500 万。需要强调的是，所有这些都是估算而来的推测性数字。

中，这些野蛮的马背民族是如何打倒了浴血奋战的大国军队？这一点令历史学家们感到困惑和吃惊。[1][671]此后的征服过程相对容易，因为直到公元 10 世纪，哈里发帝国唯一需要面对的庞大对手只有拜占庭帝国。如前所述，拜占庭帝国自然倾向于继续抵抗。至于欧洲，突袭骑兵仍处于早期发展之中；而在中亚，哈里发仅需和部落性的蛮族进行斗争。

哈里发帝国的第三个力量在于它无需创造出一套行政机构。相反，它继承并融合了拜占庭和萨珊王朝先进的官僚机构，甚至连雇佣的人员都没有变动。因此，在行政管理机构方面，比之于短命的查理曼帝国或神圣罗马帝国的奥托王朝，哈里发帝国具有无与伦比的优势。

哈里发帝国的另一个力量来源就在于它创造了一个新社会和一个新的"文明中心"，其意义是无法估量的。"伊斯兰文明是野蛮人征服了这片具有古老文化传统的土地之后的产物。这在历史上是独一无二的。"[2]阿拉伯人并没有瓦解或同化被征服地区的本土文化，这一点和中国北方游牧部落进入中原地区以后的行为有所不同（见后面第三，四章）。相反，他们却使当地居民实现了阿拉伯化和伊斯兰化，而且这一过程尤为迅速。在征服时期入侵许多古代帝国的阿拉伯人可能只有10—20 万人，[3]684 年哈里发帝国中只有 3％—4％为穆斯林。但是到了公元 820 年，半数伊朗人口已皈依为穆斯林。到离我们较近的 11 世纪时为止，伊朗、美索不达米亚，很大程度上还有叙利亚，几乎都已经完全伊斯兰化了。埃及的科普特人被证明对于"伊斯兰化"更有抵抗力，大多数西班牙人也对他们的信仰和语言保持了忠诚。

在创造全新的伊斯兰文明过程中，阿拉伯语是伊斯兰教之外的另一支巨大力量。这些侵略者认为阿拉伯语是神圣的——是完全属于阿

---

① 关于这一问题的批评，至少有 11 种理论，参见 F. M. Donner，《早期伊斯兰征服》(Princeton University Press, Princeton, 1981)；F. Gabrieli，《穆罕默德和伊斯兰征服》(Weidenfeld & Nicolson, London, 1968)；G. E. von GrÜnebaum，"伊斯兰文明的来源"，P. M. Holt, A. K. S. Lambtan and B. Lewis 主编《剑桥伊斯兰史》第二卷(CUP, Cambridge, 1970)，第 469—510 页。

② P. Crone and M. Cook，《伊斯兰世界的形成》(CUP, Cambridge, 1977)，第 73 页。

③ C. Cahen，《中世纪穆斯林民族史》(Damascus, Syria, 1977)，第 175 页。

拉伯人自己的语言,真主选择这一语言给阿拉伯人传达启示。(这也是为什么《古兰经》在很长一段时间里没有其他译本的原因,即使是在非阿拉伯语的穆斯林国家里也是如此)。伊拉克和叙利亚很快采用了阿拉伯语,因为这里的民众早已使用相同语系的语言。但是大多数埃及人仍使用科普特语,直到公元13世纪这一语言突然被废止。在伊朗,一种波斯人的当地语言在公元9世纪重新露面,并在鲁达基(Rudaki,卒于公元940年)、斐尔杜西(Firdausi,940—1020年)和奥马尔·海亚姆(Omar Khayyam,约卒于1123年)的诗句中逐渐萌生。然而,阿拉伯语作为宗教语言,某种程度上还作为哲学语言继续存在。

[672]最后,作为习惯法的"沙里亚"将所有这些因素结合在了一起。它对每一位穆斯林的日常家庭生活,哪怕是最微小的细节都作了规定,而且通过进一步扩展控制了所有非穆斯林群体。简言之,有四个因素的结合使得哈里发帝国能够卓尔不群:即财富、士兵、官僚和文明,前三个因素都要由这个全新的、深邃的、内容丰富且富于创造性的文明来支持。

哈里发帝国中还存在着另外一种力量,即统治阶层逐步被重新强化。伊斯兰教所具有的渗透性力量缔造了一个恢弘的文化世界;但与此同时——入侵者们完全没有预料到的是——它还重新进入了被征服民族管理自己国家的精英群体之中。一开始,这些阿拉伯部落只是简单地作为剥削性统治阶级行事,他们利用当地管理者为自己榨取资源。然而,一旦阿拔斯王朝统治者们给予越来越多的非阿拉伯穆斯林以阿拉伯—穆斯林地位时,伊朗的贵族、乡村士绅,以及世袭官僚家族又开始重新参与到政府事务当中。这一过程强化了帝国的统治梯队,帕累托称之为"精英循环"。统治阶层吸收了社会底层中最为活跃且最能干的精英,从而在增强自身力量的同时又削弱了其他社会群体。[①]

2.2 缺陷

除了这些明显的令人望而生畏的力量之外,哈里发帝国在大约

---

① V. Pareto,《社会学论集》,Bongiorno and Livingston 译为《意识和社会》(New York, 1963),第 2053—2059 页。

300 年的时间里就宣告土崩瓦解。因为从一开始，它就存在着三个致命缺陷，其中最为明显的缺陷是帝国的过度扩张。它从中亚一直扩张到了比利牛斯山脉——而且是在一个依靠马匹作为最快捷的陆地交通工具的时代。其领土的广阔性体现在它通过各省特命全权长官来进行治理的粗糙管理模式上。各省长官统领本辖区内的民事与防务，同时还负责征税并将其转运到都城，他们是帝国统治的关键人物。如果有一个省份的总督发生叛乱，那么中央政府就会失去他所管辖的省区，连同辖区内的军队和税收。这样的损失将会进一步削弱中央政府强制其他省份顺从的能力。但无论如何，帝国军队的行动都非常迟缓。据说一名信使仅用 3 天时间就跑完了从雷伊①到木鹿（Merv）之间的 750 公里路程！② 我们还知道，在当时利用快马接力奔走 4 天的行程，需要比赛用骆驼行走 10 天，而部队行军则至少需要走 60 天。③[673]据此推算，装备有马匹的步兵每天大约可以行军 25 英里，所以一支军队横穿整个帝国约需 200 天。

哈里发们主要通过三种途径来确保官员顺从：一是通过官员对于哈里发权威的尊敬；二是通过不择手段地玩弄权术；三是通过武力。瓦立德一世（al-Walid I）之死（公元 715 年）标志着哈里发权威无可争议的时代已经终结。从公元 715 年到哈里发阿尔·马蒙（al-Mamun，813—833 年）统治时期，是哈里发与地方官员们互相影响和调适的阶段，或者说是哈里发镇压叛乱官员的阶段。第三个时期从穆台瓦基勒即位，或者可能从赞吉叛乱（868—883 年）开始，中央政府已经没有能力镇压自行其是的地方官员和叛乱：如萨法尔叛乱，其结果便是帝国开始逐渐瓦解成几个独立国家。就世俗统治而言，哈里发已经名存实亡。

帝国灭亡的原因还在于其第二个缺陷，即帝国成员之间的异质性。哈里发帝国自始至终都处在无休止的内乱之中。相比之下，拜占庭帝

---

① ［译注］即"Rayy"，又译为"赖伊"、"拉伊"等，是古代波斯帝国一座城市名称，位于今伊朗首都德黑兰附近。

② 这是在 811 年的情况，M. J. Goeje，"哈里发政权"，《大不列颠百科全书》（第 11 版，1910），第 46 页。

③ Tabari，《阿拔斯王朝黄金时代的编年史》，H. Zotenberg 翻译（Sinahad，Paris，1983），第 183 页。

国则显得坚如磐石。比如，倭马亚王朝自始至终都被阿拉伯领主们从阿拉伯半岛带来的部族世仇所困扰。"在哈里发帝国的领土上，随处可见拉比亚和艾兹德联合起来对抗泰米姆部族和伯克尔部族。这种对抗很快就发展成为南北阿拉伯之间的对抗，以及盖斯和凯勒卜之间的对抗。这些令人痛苦的争斗是我们现在所无法理解的。"①

随着阿拔斯王朝中阿拉伯人的衰落，这些部族之间的对抗消失了。但是教派冲突却没有随之消失，它从帝国成立之初就一直存在。地方性的宗教反叛常常能反映出社会的分歧与不和，比如伊斯玛仪派中的卡尔马特人，它是什叶派中的一个极端派别，该派别期待阿里的后裔"隐遁伊玛目"重新转世。它在公元９世纪时使阿拉伯半岛、叙利亚和美索不达米亚南部地区恐怖化。卡尔马特人和早期基督徒一样，相信"共产主义的"社会，他们甚至要据此建立一个共和国。公元833年，一个名叫巴贝克（Babak）的人成了异教徒领导人，他在被击败之前曾经攻占了整个阿塞拜疆。[674]要想把宗教、政治、经济和社会等方面分离开来将会非常困难，因为三者通常一起出现。例如，卡尔马特派可以被当作是笃信共产主义千禧年的伊斯玛仪派狂热信徒，或者是反对城镇居民的贝都因人，事实上它两者兼有。到目前为止，各种研究表明社会和经济压迫是伊拉克南部黑奴发动赞吉起义的最主要动因。起义领导人阿里·伊本·穆罕默德（Ali ibn Muhammad）像其他宗教领袖一样，是另一个宣称自己是"马赫迪"（Mahdi）②的人。③经过14年艰苦战斗，赞吉起义才被镇压下去，但这次起义仅仅是数不胜数的经济和社会起义中最为壮观的一次。关于税收的反叛更为频繁和普遍，此处不再一一赘述。④

所有这些因素，宗教、政治、社会和经济等因素都相互作用，互相促

---

① G. E. von GrÜnebaum，《伊斯兰文明的来源》，第69—70页。

② ［译注］意为"救世主"。

③ 阿里和他的信条有许多矛盾之处。参见 H. Laoust，《伊斯兰的分裂》（Payot, Paris, 1977），第95—96页；许多细节可参见 E. Ashtor《中世纪近东社会经济史》（Collins, London, 1976），第116—118页，但需谨慎对待上述资料。

④ 关于更为重要的抗税起义简表，请参见 E. Ashtor《中世纪近东社会经济史》（Collins, London, 1976），第68—69页。

进，但是哈里发帝国的第三个重大缺陷使这些因素完全失去了约束：那就是哈里发统治的合法性缺少任何严格而明确的传统惯例。哈里发是什么？哈里发是如何被认可的？谁有权来承认哈里发？关于这些困惑，我们将会在后面讨论帝国中央权威时作为主要问题加以探讨。

3. 政体的性质：比较和对照

首先也是最为重要的一点：哈里发帝国属于宫廷型政治体制。它的政治体制属于中华帝国、罗马帝国晚期以及拜占庭帝国所代表的宫廷型政治制度的范畴，但它又不同于它们之中的任何一种。

哈里发帝国与西欧封建制度也有所不同，其地主阶层并不等同于统治阶级，反之亦然。公元 10 世纪后期和 11 世纪广泛采用的分封地产“伊克塔”是一种圣俸，而不是封地。受封者即“穆克塔”（muqta）可以获得其领地上的地租，作为条件他必须要在军队中服役。国家可以将这些领地收回，事实上这些领地也经常被收回。同时，“穆克塔”不能在自己的领地上行施裁判权。从这些方面来看，它完全不同于欧洲的封建制度。①第二个显著特点是，哈里发国家（下文提到的两个除外）及其后继国家都没有成为地域性的民族国家。[675]穆斯林关于“乌玛”的概念在阿拉伯人当中具有普遍性，伊斯兰律法“沙里亚”无所不在的权威妨碍了上述进程。在阿拉伯人征服的所有土地上，只有两个国家（西班牙和伊朗）在公元 9 世纪民族主义观念出现之前变成了民族国家。这两个国家的人们使用非阿拉伯语言，拥有自己独特的宗教信仰体系（例如伊朗信奉什叶派教义）。在这些地方，民族国家产生的基础即在于其共同的语言和宗教，而这同样是在《威斯特伐利亚条约》下形成欧洲国家体系的基础。②

---

① 关于“伊克塔”方面最完整的著作是克劳德·卡恩《13 世纪伊克塔的演变》（1953 年首版），第 25—52 页；后在《穆斯林民族》中再版，第 232—269 页。在 13 至 14 世纪，有些“穆克塔”获得了对于领地的司法权和世袭权利，因此与欧洲封建主义更加相似——具有讽刺意味的是，同一时期欧洲的封建主义制度正在逐渐消失。

② 但是西班牙和伊朗不同，它并非信奉伊斯兰教的民族国家，而是在停止信仰伊斯兰教之后才变成了民族国家。

　　当时的哈里发制度是不折不扣的宫廷政治体制。阿拔斯王朝的统治者们把阿拉伯贵族排挤出了统治阶层，并用"服务型贵族"代替了他们。这样，为统治者提供服务的就只有受雇佣的专业官僚机构和新建立的常备军。用尤利乌斯·威尔豪森的一句精辟的话来说，就是"国家缩小到了宫廷的尺寸"。①在宫廷中，并没有拥有土地的世袭贵族可与之相抗衡。虽然宗教机构确实很有影响力，但它并未以教堂形式组织起来。宫廷作为政治决策中心，是完全独立自主的。

　　但是，哈里发帝国与前面提到的几个帝国有许多显著差别。首先，它是一个"征服"帝国。在我们所考察的大部分时间里，哈里发政府仅仅是进行简单的军事占领。它是一个由阿拉伯部落首领构成的政府，这些部族首领们往往凌驾于原有的政府行政管理部门之上，使自己成为一个具有排他性的种族/宗教军事阶层，并且像寄生虫一样寄生在所占领国家的民众身上。在当地民众皈依伊斯兰教，并取得与阿拉伯穆斯林平等地位之前，阿拉伯霸权已经持续了上百年时间。公元750年阿拔斯取胜之后，当地居民的皈依成为一个发展趋势。（阿拉伯人在失去政治优势之后的很长时间里还保持着优越的社会地位）

　　哈里发的第二个特色在于它不仅仅是一个普通意义上的剥削性帝国。在这里，"剥削"的含义是指它从治下臣民手中的索取远远多于对他们的回馈。阿拉伯人的首要动机是跟随部落首领（他们自己当然都是宗教狂热分子）掠夺战利品，这些战利品为数甚多。其次，哈里发所引入的税收系统故意将阿拉伯人排除在纳税臣民序列之外。其他的非阿拉伯臣民为他们效力，而阿拉伯人则成为一个纯粹的食利阶级。它所征缴来的税收也很少以公共工程形式回馈给民众。在伊拉克，哈里发们延续了萨珊王朝时期的运河修建和灌溉工程，[676]但是他们对土地征收了重税。在美索不达米亚北部，特别是在叙利亚，他们忽略了用以疏导雨水的梯田建设。他们对农业造成的实际影响便是可耕地和农业产量的局部下降，这一情况在11世纪时进一步恶化。②

---

①　I. Wellhausen，《阿拉伯帝国及其衰落》(Berlin, 1902; Calcutta, 1927)，第348—350页。

②　E. Ashtor，《中世纪近东社会经济史》(Collins, London, 1976)，第45—66页;. A. Hourani，《欧洲人思想中的伊斯兰教》(CUP, Cambridge, Mass., 1991)，第103页。

这些新的统治者首先是作为阿拉伯人而非穆斯林（二者起初是同等的）歧视他们的臣民，这种歧视体现在经济、社会层面，当然还有政治歧视。这些臣民可以作为"迪米人"（dhimmis）（受保护民族）在宗教领袖的带领下信奉本民族宗教，安全地从事经济活动，但他们需要为此缴纳特别的税收。帝国中的穆斯林则只需缴纳"扎卡特"，这是一种相当轻的慈善税；而"迪米人"则需要缴纳土地税和人丁税。此外，"迪米人"还要蒙受一些人身侮辱：比如，"迪米人"外出旅行时必须将自己的完税收据挂在脖子上或是手腕上——否则就会被投入大牢。作为"迪米人"需要付出的第二个代价是不得进入政治和行政部门，但在实践中这条禁令常常被忽视。第三个障碍存在于司法层面，即在法律面前，"迪米人"无法获得平等待遇。但凡涉及"迪米人"和穆斯林之间的案子都将依照伊斯兰宗教律法来审判，而法律不允许"迪米人"提供指控穆斯林的证据。在哈里发帝国的许多地方，"迪米人"需要穿上与众不同的服饰，以谦卑的姿态屈身服侍穆斯林，为他们避让道路。无怪乎大量被臣服的民众，后来绝大多数都更愿意加入穆斯林社团"乌玛"。不过需要强调是，在这一时期穆斯林仍然是整个人口中的少数派。[1]因此，尽管阿拔斯王朝统治者结束了排外性的阿拉伯霸权，但直到这一时期结束为止，穆斯林对占人口多数的非穆斯林的歧视从未停止。[2]

关于哈里发制度区别于其他宫廷政治体制（罗马帝国将是一个极好的例子）的第三个特征，我们此前曾有过评论，那就是它缺乏一个世袭性的、具有领土自治权的贵族。相反，阿拔斯王朝时期的服务型贵族开始取代了阿拉伯酋长们。随着时间推移，他们所拥有的许多职位开始变成了世袭性官职，或者是事实上的官位世袭。[3][677]但是他们已不再像此前的部落首领那样可以为所欲为。如果一个服务型贵族的家族在其所把持的职位上过于自负的话，他们就会面临哈伦·赖世德屠

---

① 似乎没有人知道确切的比例。布里埃特推测：在公元 820 年仅有半数伊朗人为穆斯林，埃及人当中的穆斯林比例也只有四分之一。参见 R. W. Bulliet，《中世纪皈依伊斯兰教》（Harvard UP, Cambridge, Mass. , 1979），第 44、83、97、109 页。

② 在穆斯林国家，迪米人的地位一直存在到 19 世纪，个别地方直到 20 世纪还存在。

③ 参见 Patricia Crone，《马背上的奴隶：伊斯兰政治体制的演变》（CUP, Cambridge, 1980），第 173—196 页。

戮巴尔马克(Barmecides)家族一样的结局。

哈里发制度的第四个特征也使之有别于其他所有的宫廷政治体制,除了微小而短命的以色列与犹大王国外。这一特征来源于人们经常所说的"宗教性制度"。这一刻意含糊的词汇被用来指代特殊的模糊性:哈里发帝国中不存在有组织的教会,也不存在宗教阶层。我们不妨这样理解:在哈里发帝国中,一些人学识渊博且非常虔诚,足以在信仰方面引导别人,这些人被称为"乌勒玛"(ulema)(源于词根"ilm",意思是"学识")。乌勒玛给缺乏学识的信徒以指引——但只是在信徒们自愿的前提下。这些乌勒玛相当于后圣殿时代犹太教中的"拉比们",后者就是更早些时候的犹太先知们。在伊斯兰教中,穆斯林生活的各个方面都围绕着宗教被组织起来,因此作为宗教信仰引导人的乌勒玛,显然可以对教徒们的言行施加重要影响。不过,他们并未形成一个阶级、一个阶层或是一个团体;他们仅只是一个社会类型的人。即便他们达成了共识,也不存在制度上和宪法上的表达渠道。无论如何,都不存在保证他们达成任何共识的制度和宪法,哪怕是传统的模式:每一个乌勒玛都可以形成自己的看法,他的乌勒玛同行都不能约束其观点。简言之,尽管可能会存在一个"正统的"乌勒玛,实际上也确实存在,但却是非官方性的。

由于乌勒玛对信徒们有着巨大影响力,他们的共识将有助于哈里发获得合法性,同样也可以使哈里发"去合法化"(de-legitimize)。倭马亚王朝的倾覆有力地证明了这一点。持有不同政见的乌勒玛能够并且确实为反叛者提供了宗教合法性,以共同反对"首都中的伪哈里发"。在帝国成立之初就存在的那些坚定的反对派迟早会反叛,其中一些还成功地建立了独立国家。这些国家中的哈里发,不同于欧洲或者拜占庭帝国的国王和皇帝,无需同一个有组织的阶级对抗或妥协,但是他们要面临一个无形的多头政治,这种多头政治通过九头蛇的无数蛇头不时发作,并且贻害无穷。所以,尽管哈里发的"宗教机构"不同于基督天主教或东正教教堂,无法给哈里发施加制度层面的制约,但却可以给火山喷发般的暴力施加宗教制裁。帝国臣民和宗教信徒两种角色之间的冲突没有体现在和政府的制度性对话上,而是表现为由宗教引发的无休止的骚乱、反叛和革命。

[678]由于前面提到的伊斯兰教特征，这种对于宗教政治暴力的倚重被强化了。原则上，神圣的伊斯兰律法足以指导世俗事务，唯一需要的只是对其进行正确阐释。这就把哈里发推到了与犹太政治体制相同的困境：要么是法治，要么是"国家高于教会"，或者采取古代犹太政治体制中的主权对分，一部分权力归乌勒玛，另一部分（这部分应该是严格的政治性权力）属于统治者。最后一种做法曾经是犹太王国的政治实践，尽管这些王国曾采用了一些不同的方法和路径，但它也是穆斯林的解决方案。

哈里发帝国与罗马、拜占庭，甚至同时期的欧洲之间的重要区分还在于它们的律法。在所有这些政治体制当中，君主们都要"遵从法律的约束"。此外，用来约束哈里发的法律也把公私活动区别开来，因为这些国家都具备了与"自然人"相对的"法人"概念，它们都允许民众通过各种机构，利用法庭公共权威提起诉讼或被控告。在法庭上，诉讼过程中的臣民和君主一样享有平等地位。

不同于基督教的是，伊斯兰教并非成长于业已存在的复杂的法典当中，而是在阿拉伯部落法中发展而来的，这当然会不可避免地受到《古兰经》的影响。它没有形成"国家"的概念。如果哈里发确实要"遵从法律的束缚"，它和我们刚才提到的政治体制中的主流也有着根本不同：统治者在自己的权威中并不是"遵从法律的约束"，而是在执政过程中做出自己的判断，臣民反对统治者的权利尤为不稳定。①

3.1 小结：政体的特征

我们需要稍做停顿，按照惯例来分析哈里发政治体制的主要特征，正如我们已经提到或将要详细阐述的内容那样。

（1）它是一种宫廷类型的政治体制，但却比拜占庭受到了更多的限制。只有当哈里发获得了真主安拉的授权，或是作为安拉代表的时候，②哈里发的权威才是"神圣的"、"超自然的"；或是如其称号所示：他

---

① 参见原书，第 693 页。

② P. Crone and M. Hinds，《真主的哈里发：第一个伊斯兰世纪中的宗教权威》（CUP, Cambridge, 1986）。

是"真主在世间的影子"。但是他的权威和被认可过程笼罩着模糊性。

[679](2) 它是在皇宫进行最终决策的宫廷政治体制,绝大多数人并不参与决策,他们的功能仅仅是服从。阿拔斯王朝统治者无需应对封土贵族阶层,而是由各自的朝臣们来服侍。但是其政治过程与拜占庭帝国大相径庭。重大决策的确来皇宫中的哈里发,但是在事关谁来进行决策,谁应当成为哈里发之类的关键问题上它又不同于拜占庭帝国的皇宫中心决策体制。相反,这些事情往往是在皇宫之外的地方性或宗教性起义中决定的。

(3) 哈里发拥有两个专业化的决策执行部门。它有效地继承了拜占庭和波斯萨珊王朝的官僚机构——"迪万"(diwan);750 年后,帝国军队也开始成为一支常设性武装力量。

(4) 在皇宫中,哈里发没有任何程序上的制约。他的话就是法律。但是他允许各省统治者拥有几乎所有的程序性自主权,以及广泛的自主裁决。因此,哈里发帝国和拜占庭帝国截然不同,它是一个高度分权的政治体制。而且,哈里发事实上也是受限制的。这反映在前面已经提到过的权力对分问题当中。对哈里发而言,由于其权力不存在程序上的制约,因而他在自己的权限范围内仍享有绝对的专制权力。尽管他具有专制性,他的权力还是要受到两个方面的制约:一是它在草根层面对于"名流"阶层的合作需求,这一点对于所有前现代社会都很普遍;二是伊斯兰社会的特殊性。伊斯兰教的宗教律法"沙里亚"具有高度的说服性权威,即便是在哈里发命令发挥作用的地方也是如此。

4. 帝国的版图

4.1 正式机构

在哈里发帝国的地方统治架构中,它利用了拜占庭和波斯萨珊王朝遗留下来的行政机构,由各省总督们作为全权代表行使权力。这是一种原始的帝国治理方式。到目前为止,在我们所讨论的所有帝国中,它与绝大多数拥有总督辖地的阿契美尼德波斯比较接近。[680]哈里发帝国实际上是一种由各省及其附属的下级单位组成的联邦。所有前现代国家在一定程度上都与此类似，但哈里发帝国比晚期的罗马、拜占庭帝国，特别是中华帝国更为松散。哈里发帝国的这一临时性特征，可以在它仅用了 20 年时间就形成帝国的速度中找到合理性，不过我们还可以简要叙述那些被保留下来的少数细节。

起初，只有少量较大的省份内部拥有次一级行政单位。叙利亚省包含了从托罗斯山脉到加沙之间的地区，这些地区被划分成四个军区（后来又变成五个）：巴勒斯坦、约旦、大马士革和希姆斯，这一地区由哈里发自己任命的总督来统治。伊拉克省被分成库法及其属地（美索不达米亚和伊朗西北部地区）、巴士拉及其属地（伊朗其他地区以及咸海的河间地带，大致上是前苏联的乌兹别克斯坦、哈萨克斯坦南部及信德地区）。有时候库法和巴士拉由各自的总督分别管理，有时候则由一位共同的总督来治理。负责治理上述两个地区的总督还将掌管前波斯帝国的全部版图，事实上可能更多。马格里布地区包括了埃及、北非和西班牙。最后是阿拉伯地区，它被划分为麦加、麦地那、阿曼和也门等地区。在叙利亚之外，哈里发会另行任命总督，然后总督们再相应地任命下属官员。

一俟帝国巩固，这些较大的省份就开始被分割成较小的省份，地方上的统治也得到了强化与规范。地方上的统治者是埃米尔或将军，哈里发同时还会任命一个征税官或"代理人"来征集税收。二者之间的关系随着时间而起伏不定。有时由两个人分别担任上述职务，有时会由一个人同时兼任。在倭马亚王朝，总督的任职总是非常短暂，而且时常会被突然免职。但在一些偏远省份，事情就不是那么简单了。因为在这些边远省份，在旧总督未被免职前或继任总督未就任之前，总督们在事实上都是独立的。因此，继任者可能会发现他遭到了现任总督的抵制，743 年西班牙的阿布·哈特尔（Abu'l Khattar）事件就很好地证明了这一点。

除了征税官由中央政府任命外，总督们可以任命所有地方官员。其中最重要的是对警察局长和法官的任命。在省以下的层面，统治架构各不相同。城镇分别由一些"头人"来代表，他们的头衔因地而异，并且往往被分为几个区域，每个区域都会推选出各自的长老。乡村将会由"本地头人"来代表，在埃及他们被称为"马祖特"（mazut）。[1]
[681]在广大部落地区，统治者将会通过他们的酋长来打理部落
事务。

随着时间推移，哈里发帝国的军事和政治权力从中部转向了东
部，这一变化体现在帝国首都的迁移。哈里发的首都起先是在麦地
那，但在征服之后就搬到了更靠近中心位置的大马士革。然后，阿拔
斯在拥有伊朗人土地之后，哈里发帝国的首都又迁到了伊拉克的巴格
达，有一个时期还曾在萨马拉建都。事实上，只是因为巴格达发生的
一次暴力反叛才阻止了伟大的哈里发阿尔·麦蒙在帝国东部边陲的
木鹿建都。

4.2　人文地理

在讲述人文地理的有关情况之前，首先需要对帝国人文地理的三
个特点有所关注。

首先是城市与沙漠之间的关系。虽然游牧部落在帝国征服过程
中扮演了重要角色（或许存有争议），伊斯兰教却是由城市居民所建
立的，而且是以城市的生活方式和条件为前提：其证据就是众所周知
的礼拜日祈祷，宣礼人从宣礼塔进行召唤，斋月结束后首日解除斋戒
等。正是城市形成了伊斯兰化和阿拉伯化的核心，并创造了全新的
伊斯兰文明：公共浴池、市场、清真寺与宣礼塔。商人被认为优于农
民的看法并非毫无意义。当然需要强调的是，在西方人看来有些浪
漫的贝都因人，实际上被许多人厌恶地看成是最为糟糕的"社会渣
滓"。伴随着哈里发的成功征服，大量的阿拉伯部落被输出到帝国境
内其他地方，于是一种奇怪的人口统计学悖论随之产生：贫瘠区域的
部落化和城镇的多元化，以及城市生活的发展同步进行。毫无疑问，
游牧部落与当地居民之间是格格不入、互相仇视的。伊本·哈尔顿
（Ibn Khaldun）[2]将沙漠游牧部落和城镇居民、有教养者之间的冲突

---

[1]　R, Levy,《伊斯兰的社会结构》(CUP, Cambridge, 1957)，第34页。

[2]　伊本·哈尔顿（1332—1496年），《历史学导论》，N. J. Dawood 主编，F. Rosenthal 翻译
　　　(Pantheon Books, New York, 1967)。

看作是政治进程的基本动力。他认为：一个政治过程的周期始于沙漠叛乱，然后是部落征服城市，接下来城市又吸引着部落。因此，一个新的沙漠反叛就开启了一个新循环。这一理论得到了盖尔纳的支持，他进一步将其细化，[682]他还认为这一理论不适用于埃及马穆鲁克王朝和奥斯曼帝国。其他伊斯兰主义者则坚持认为此理论只是完全适用于北非地区。①

哈里发帝国人文地理的另一个特征是其地形和人口分布的不均衡性——在我们谈论过"阿契美尼德"帝国之后，这一特征并不令人奇怪。哈里发帝国中拥有像卡维尔盐漠（Dasht-I-Kavir）一样的大片不毛之地，在这些地区根本没有生命存在，而在干燥或半干燥地区则布满了羊群和流浪的贝都因人的黑帐篷。其他地方的崇山峻岭则为持不同政见者和反叛者提供了据点。因此，这里的很多区域山高皇帝远，远非公共权威所能及。而且，这些地区的乡绅和部落酋长都变成了穆斯林，至于其他地方，仍像以往一样进行统治。

哈里发的统治就是在这样的人文地理中进行的。

4.3 非正式组织

与我们在前文提到的观点不同的是，有人断言"帝国各个省份由哈里发派去的总督们进行统治。若非被主人解职，他们的权力是绝对的。如果当地居民被误导而试图发动叛乱，呼罗珊大军就会被组织起来对他们进行惩罚。简言之，这一体系是一个绝对的军事独裁"。②此外，"霍布斯主义者"（Hobbist）有关政治体制的观点似乎也得到了 11 世纪伊斯兰法学家阿布·穆罕默德·安萨里（Abu Muhammad al-Ghaza-li）③所倡导的无为主义（quietism）理论的支持。

这并非关于其政体是如何运作的分析，也并非所有前现代政体都是如此，尤其是那些广泛的、通常被我们称为"帝国"的高度异质性政治

---

① E. Gellner，《穆斯林社会》（CUP, Cambridge, 1981），第 1—87 页。

② H. Kennedy，"早期阿拔斯王朝的中央政府和地方精英"，《非洲和东方研究杂志简报》，44（1988），第 26 页。

③ 参见原书，第 693 页。

体制。但事实却是：当时的中央政府全职官员数量非常有限，无法连续有效地实施像今天政府所进行那种社会治理。在很多情况下——即便是在当下的官僚政治体制中——政府都不得不组织较低层级的政府，或是与当地的管理外行们进行合作。在当时极端不平等的社会中，这些人也就不可避免地因为其出众的学识、虔诚、家世或财富而被民众当成是"天然的"领导人。正如我们已经看到的那样，这种人在中国被称为"士绅"，在罗马帝国被称作"尊贵者"，在拜占庭帝国则是"名流"，[683]在英格兰则属有名的"布森"、"乡绅"、"绅士"之流。在哈里发帝国，他们被尊为"显贵"（notables）。

成为帝国"显贵"的资质因时间、地点的不同而有所变化。中世纪的尼沙布尔（Nishapur），乌勒玛和学者们受到了特别敬重，以至于想做地方官员的富人们会利用金钱来换取宗教名望，这有点像中国清代那些中等收入的地方士绅阶层期望通过科举考试而成为当地领袖一样。在有些地方，富有的土地拥有者很可能会拥有大量可供任意驱使的家臣和扈从；在另一些地方，比如大马士革，同样富有的先知后裔们拥有很大影响力；而在其他一些地方，比如在摩苏尔，当地谢赫们对部落中的追随者也有着很大的政治影响力。①

这些群体正是各个行省或重要城市的总督们所要依赖的对象。历史文献中对于公共管理的描述是不言自明的：除非官员们能够赢得公众认可，否则他们必须使用胁迫和威胁的手段来维系统治；如果长期不停地采取这些手段，不仅代价高昂、而且会耗费时日，并最终导致自我失败。统治者们对于其他地方名流的依赖还有着更多特殊原因。大多数统治者的任期只有一到三年，他们对于地方上的事务总是陌生的。②与此同时，绝大多数总督们还面临着另一种困难，即正规的地方守备军队规模很小（如果有的话），而中央驻军极少派驻各省（突尼斯和呼罗珊是两个例外）。相应地，如果地方统治者想要从部落中征税，或者击退来袭者，乃至镇压抗税者，他们只有借助于民兵。因为民兵队伍具备一

---

① 此处文献引自 H Kennedy，"早期阿拔斯王朝的中央政府和地方精英"，以及 B. Shoshan 的《中世纪伊斯兰的贵族政治》（《亚非研究》，Haifa，1986）。

② 这一点就像在中国一样，结果也比较雷同，参见原书第 766 页。

定规模：比如，在摩苏尔有 2000 人，在埃及有 5000 人。①在社会高度分化的情况下，这些民兵总是由当地社会中的"显贵"指挥，哈里发帝国也不例外（英国军队在近千年的时间里都是民兵，而且我们通过观察谁控制着本郡税收的情况，就可以识别任何一个时期内当地社会精英的构成情况）。例如，在埃及，民兵部队指挥官都是由统治者从当地"有头脸的人"（wujuh）中间挑选而来；②由于政府所要依赖的武装力量由当地精英掌管，统治者只能仰仗于他们而别无选择。有一个关于埃及的极端例子，一位不受欢迎且极其粗暴的官员因为在征税过程中毫无怜悯之心，激起了民众的反叛。不幸的是，[684]他还疏远了当地的社会显贵们。而后者又掌管了民兵武装，因此当那位官员带领民兵镇压反叛的时候，却发现自己已经被抛弃了。③

至于帝国在乡村层面的管理情况，我们没有相应的信息，但类似的关系也同样适用。在一些地方，大土地所有者们往往会对征税负责。于是，在整个梯形统治结构中，从哈里发帝王一直到乡村，政府在一定程度上都需要当地精英合作。毫无疑问，乡村层面的精英肯定不是非常显赫的名士，但是在某种程度上，位于梯形架构顶端的人也必须放下身段，来满足这些地方名流们微不足道的欲望。

这在政府外派官员和地方名流们的结合处具有重要意义。一名激起抗税反叛或骚乱的总督或市长对其上司而言已经毫无用处，他也将因此被解职。因此，这些官员必须同当地民众"搞好关系"。但是如果他们通过支持当地民众的利益而讨好他们，这同样会成为被政府除名的理由。如果地方官员花费很多时间去了解地方事务，那么他会倾向于"本地化"，甚至会挑战中央政府的权威。然而如果政府通过轮换任职来阻止官员们被当地同化，并确保他们始终是当地的陌生人的

---

① H. Kennedy，"早期阿拔斯王朝的中央政府和地方精英"，《非洲和东方研究杂志简报》，44（1988），第 31—35 页。

② 同上，第 35 页，"Wujuh"原意为"面容"。

③ H. Kennedy，"早期阿拔斯王朝的中央政府和地方精英"，《非洲和东方研究杂志简报》，44（1988），第 34 页。这位总督便是穆萨（Musa），他在阿詹辛拉的残暴行为为其赢得了恶名，基督徒邓尼斯曾经记述了他的行径，原书第 722—723 页另有论述。读者或许乐于知道，这个残暴之人最终得到了应有的报应。

话——就像哈里发所做的那样——那么他们将会对地方上的权力结构一无所知（事实上他们经常不理解当地的语言），这样一来他们将不得不依靠当地社会名流进行统治。

在哈里发帝国，所有这一切与任何前现代帝国一样，无论其规模大小，在官员和地方民众层面之间的权力控制并不协调，而且往往会不择手段。

这并不意味着哈里发不是专制君主，或者其政治体制不应当被认为是专制性的。专制主义包括独裁者"在事实上而非理论上的能力，独裁者能够不经过相应的法律程序，按照自己的意志夺取任何一位臣民的生命、肢体、自由、及其财产"。①但这并不意味着在前现代国家中，前面所述的独裁者的行动自由可以在任何时候应用于任何阶层或任何事件。此类专制政府最好被称作"极权主义者"。但是后一种政治体制的物质前提直到本世纪才存在。简·敦巴宾在她关于中世纪早期法兰西的研究中已经对此做了很好说明：[685]"把政府与个人控制区分开来的因素就在于其持久性特征。被统治就是要根据固定的规则去臣服于一个权威的规范性压力。从这个意义上说，那种认为在 19 世纪之前没有人被统治的看法是存在争议的。"②

5. 哈里发

5.1　哈里发

穆罕默德是具有"神赐魅力型"统治者的真实原型，这就是为什么继承他的那些哈里发们在性格和角色方面总是很成问题。穆罕默德毫无限制性的权威可以在任何地方发挥作用，其合法性就在于统治权威本身。

但是，穆罕默德已经仙逝，谁能够来继承他的权威？以何种头衔

---

① 参看"概念性绪论"，第 66—70 页。
② J. Dunbabin，《法兰西的形成：843—1180 年》(OUP, Oxford, 1985)，第 277 页。

和权力来继承他？原则上，伊斯兰社团只能是法治性的社团，是一个根据神圣律法而非人来治理的法治型政府。但是这显然过于简单化。由于神圣律法是不会言语的，于是讲述神所传授的启示便落在了某些人身上；相应地，这些人就能对此施加影响。那么，这两项职能被授权给了某一个人（比如穆罕默德自己），或者是依赖于两个不同的人或团体？

马克斯·韦伯对整个过程进行了理论阐述。他指出："在其纯粹形式当中，'魅力型'权威可能只存在于'最年长者'之中。"一旦具有"神赐魅力"的个体的权威消失，要继续维持其魅力的话，要么"使其传统化"，要么"使其成为惯例"，或者两者兼用。韦伯还列举了造成这种情形的多种模型。在哈里发帝国的统治实践中，在决定继任者的问题上共有三种模式发挥了作用。在其中一个模式中，具有"神赐魅力"的领导人自己指定了继承人，比如摩西（据说）选定了约书亚就是如此。另一种模式是由亡故领导人的随从来指定继承人。韦伯列举了教堂中筛选主教并为其加冕的原始模型；在哈里发国家，类似的皇位继承通常由六名高级顾问（先知的同伴）——"舒拉"来执行。[1]最后一种选择才是世袭性传承。现实中，哈里发的帝位传承糅合了三种方法。但这没有任何预先性的设想；相反，这些先知们出乎预料的突然死亡总会给他的侍从们留下一片混乱，而继承人往往是在一个自我任命的贵族委员会匆忙召开的秘密会议上进行争吵的后果。[686]只有当他们之间达成了共识，宣布的候选人才能赢得民众拥护。

这一系列蹊跷而特殊的事件为后来代表伊斯兰教主流的逊尼派确立了三个先例。它们是：继任的哈里发必须来自古莱希部落，因为先知穆罕默德就来自于这一部落；官员是选举性的；提名新哈里发的特权掌握在主要贵族手中，这些贵族具有"收放之权"，他们的任命可以得到公众批准。当生命垂危的阿布·伯克尔成功地敦促其同伴们推选欧麦尔担任哈里发时，他确立了第四个有关哈里发继承的先例，即在任哈里发

---

① Max Weber，《转型中的选择》，W. G. Runciman 主编，E. Matthews 翻译（CUP, Cambridge, 1978），第 246—248 页。

所指定的继承人也是可以被接受的。

在哈里发继承问题上，还出现了一个更加不利的因素。欧麦尔被刺杀后，"舒拉"任命了先知的一个女婿——欧斯曼担任哈里发，从而忽略了穆罕默德的堂兄和女婿阿里的主张。但是欧斯曼也在哈里发任上被暗杀，所以阿里最后成功地继任了哈里发之位。在野心勃勃的叙利亚总督——与被暗杀的欧斯曼同样来自倭马亚宗族——穆阿维耶看来，阿里在追查凶犯这件事情上并不热心。于是，穆阿维耶带头向阿里的哈里发头衔发起了挑战，最终废黜了阿里并继承哈里发之位。在我们看来，穆阿维耶继承哈里发之位是一种纯粹的篡权，但当时的人们并不这么认为，因为这可以得到前述几个先例的支持。在阿拉伯人看来，血亲复仇是完全合法的。值得一提的是，穆阿维耶还得到了"舒拉"委员会的承认，并且还得到了耶路撒冷和其他地方民众的拥护。

根据世袭制原则，从661年起遴选继任哈里发的主要方法就是由现任哈里发指定：穆阿维耶与继任者将哈里发之位在自己家族中保持了90年。但是推选性因素也被保留了下来，在位的哈里发必须要得到将军们对于其决策的认同，同时他还要得到乌勒玛的批准。

有关推选哈里发的争议性做法——尤其是倭马亚家族和阿里家族之间的分歧——促使很多穆斯林回归了第一个原则。通过伊斯兰信仰的内在特征，每一种政治立场都会受到某些宗教派别的拥护，每一个宗教派别也都会促进某些政治立场。考虑到伊斯兰教的特质，这些宗教派别之间的分裂是不可避免的。这些分裂往往沿着前述断层线（法治政府；政权高于教权；权力对分）之中的一个或更多展开。

首先是哈瓦利吉派的立场。该派主张的本质在于：伊斯兰社团本身便具有超凡之处，伊斯兰教的神圣律法也是超然的，因此统治者仅仅是信仰的临时性工具。统治者只是为了保证法律得到适当的遵守。[687]哈瓦利吉派信徒具有极端虔诚和暴力狂热的特质，它认为不虔诚的教徒就不应当成为穆斯林，因此必须要被杀死。仅仅诵读"夏哈达"

并不能使一个人成为穆斯林，教徒还必须多做善事，通过这些才能判断一个人是不是穆斯林。从这里可以看出，哈里发价值的唯一标准就是虔诚。无论哈里发是黑人、白人，还是贵族和平民，这些并不重要。这些观点使哈瓦利吉派反对任何世袭性的哈里发，特别是反对那些认为哈里发必须来自古莱希部落的观念。他们要求通过推选产生哈里发，而推选的唯一标准就是虔诚。这一观点和伊斯兰教的第六个支柱（参见原书，第698—699页）"吉哈德"（圣战）思想一起，使哈瓦利吉派成为反对阿里、倭玛亚和阿巴斯等统治的狂热反叛者，他们的叛乱不仅频繁、血腥，而且非常广泛。

与之形成直接对比的另一派观点认为：理想的统治者是能够与神性相通的超凡独裁者。对他们来讲，哈里发是真主安拉旨意的传达者，他曾得到过安拉的神圣启示，因此是《古兰经》绝对可靠的解释者。他们的理想便是国家高于教会：也即真正的统治者需要集最高的世俗和宗教权力于一身。[1]这种观点在被统称为"什叶派"的各派系中是很普遍的。

"什叶阿里"（shiat Ali）这个术语代表了"阿里党"。我们需要再一次回到倭马亚—阿里的冲突问题上。那些被打败的阿里拥戴者们相信，在阿里身上有着古莱希部落所特有神圣魔力，这是其他任何地方都不存在的。阿里逝世后，这种信仰被转移到了他的两个儿子身上。阿里的一个儿子侯赛因也拿起了武器，但却于680年在卡尔巴拉战场上被打败并被处决。正是这个侯赛因成了殉道者的典范，直到今天什叶派教徒还会在大街上用自我惩罚的仪式来纪念侯赛因的祭日。然而侯赛因之死并未结束这一切，因为什叶派信徒又把这一信仰转移给了阿里的后代；这样，他们不仅变得为数众多，而且更加危险，因为次第发生的事情引导他们陷入了"弥赛亚主义"（messianism）。什叶派信徒和逊尼派一样，一般把救世主"弥赛亚"（希伯来语中的"受膏者"）称为"马赫迪"（受到神灵引导的人）。

---

[1]　P. Crone and M. Hinds，《真主的哈里发：第一个伊斯兰世纪中的宗教权威》（CUP，Cambridge，1986）。

　　"弥赛亚主义"主要是因为什叶派信徒把经过代际传承的阿里后裔当成了真正的"伊玛目"，也即伊斯兰社团"乌玛"中真正的世俗和精神领袖。765 年，一些什叶派教徒把第六个伊玛目的一个儿子伊斯玛仪尊为阿里的继承人，他也因此成为第七位伊玛目。这显然不是多数什叶派教徒的观点，因为他们把伊斯玛仪的一个兄弟当成是真正的继承人。拥护伊斯玛仪的教众认为他的儿子可以变成救世主"马赫迪"。因此，他们有时也被称为"七伊玛目派"或"伊斯玛仪派"。[688]他们中间的一些派别日益强硬、毫不妥协，并倾向于根本而彻底地重塑伊斯兰社会，将哈里发权力分散于秘密社会之中。久而久之，伊斯玛仪派的分裂进一步加剧。其中一支发展成了今天的德鲁兹（Druzes）派；另一个分支尼扎尔派（Nizaris）派则产生了臭名昭著的阿萨辛党（Assassins）；另一支更不稳定的伊斯玛仪派分支就是"卡尔马特"。

　　伊斯玛仪的其他兄弟得到了大多数什叶派教徒的拥戴，其宗族一直延续至第 11 代后裔。公元 874 年，他的儿子在孩提时代失踪，然后再也没有被找到。然而，信仰者并不相信他的死亡，他们坚持认为他会再次出现，于是这个失踪的孩子就成了第 12 位继承人（与"七伊玛目派"相对）。由此开始了所谓的"大隐遁"时期，于是"隐遁伊玛目"的概念开始出现，人们相信他将会以"马赫迪"的身份重现。但是在此期间，他将由在现世中引导信众的"穆智台希德"（mujtahidu）来代表，"穆智台希德"是指经过学习后的奋斗者，这便是伊朗的国家宗教正统所在。

　　因此，"哈瓦利吉主义"（Kharijism）代表了神圣律法的胜利，它使统治者成为多余。什叶派的胜利主要是对于统治者个人而言，但是绝大穆斯林属于逊尼派。

　　"逊奈"（Sunna）是指因循守旧的行为，即遵从"我们的祖先之法"。其信仰和实践都来源于《圣训录》或学识渊博的乌勒玛对先知言行的汇集与阐释，他们的工作建立在多数人的共识基础之上。在大多数逊尼派信奉的教义中，他们接受了乌勒玛和哈里发之间平分权力的做法。我们将会在后面讨论这一问题。

我之所以在宗教派系上花费大量笔墨，是因为它们能使哈里发始终处于篡权、反叛、内战以及分离的连续混乱状态，就像结果所显示的那样。

5.2 专制主义及局限

5.2.1 天规

为什么平分政治权力的做法只能在伊斯兰教神圣律法"沙里亚"的背景下才会得到认可？"沙里亚"已经远远超越了西方人所谓的"法律"的范畴。换言之，它是由一套允许或禁止教徒做某事，并带有对未遵从者的惩罚的规则。"沙里亚"所揭示的正是真主的意志，它是"关于宗教义务的无所不包的载体，是安拉对每一位穆斯林生活各个层面进行指示和规范的集大成者"。①[689]同样"沙里亚"还涉及到宗教仪式和宗教崇拜，以及教徒的日常生活。而且，与西方法律中黑白分明地指出哪些行为是被允许的，哪些是被禁止的做法不同，伊斯兰教法涵盖了义务性的、劝告性的、无关紧要的、应该谴责的以及被禁止的等各个层面的内容。因此，"沙里亚"教法是神的戒律，它并非哈里发们所创造，而是在哈里发出现之前就已经存在。原则上，"沙里亚"教法并非穆斯林社会所拟定；恰恰相反，正是"沙里亚"教法塑造了穆斯林社会，它通过各种细微的个人行为规范塑造了穆斯林社会，并给他们打上了关于社会分层和价值观的烙印，后者又使他们具备了今天我们能够辨认的"伊斯兰"或"穆斯林"等与众不同的特征。"沙里亚"作为真主意志的体现，只能被阐释和解读，但永远不能进行修改。

伊斯兰律法是真主的指示，穆斯林的法律体系包含了对这些条款的新发现。其中，最为明显也无可争议的来源是《古兰经》，但在大多数情况下，《古兰经》中的词句只能提供指导性原则。不过，在经历了一个不太长的时期后，新统治者们将借鉴而来的各种不同素材充实其中，这些内容既有征服之前的阿拉伯部落元素、当地的习惯法，也有罗马—拜占庭律法、犹太律法、以及倭马亚王朝的管理实践等，虽然这些本身并

① J. Schacht，《伊斯兰法律概述》（OUP, Oxford, 1982），第1页。

未建立在上面所罗列的诸要素基础之上。①除此而外，这些言行的重要性可以归因为先知本人和早期权威的法理学家们的"圣训录"和"口头传统"，后者与犹太律法中的"哈拉卡"相当。

世俗的乌勒玛学者们翻译并释读了《古兰经》，但是不同地区所接受的传统却大相径庭。所以，被当作法律的"沙里亚"文本在不同地区或不同乌勒玛"学派"中也是不同的。正是在这一阶段，一些尤为博学且术有专攻的乌勒玛试图将所有这些要素进行系统化，在这些法学家当中，最有影响力的当属沙斐仪学派。

沙斐仪（767—820年）掌握了法学思想的现行要素，并用新的方法把它们进行系统化重建。他通过清晰地辨识这些法律来源及其关系的做法实现了这一点。其来源便是所谓的法律"四根"：第一个显然是《古兰经》；第二个是"圣训录"或先知穆罕默德言行录；第三个来源是"类比"（qiyas），在前两个法律来源无法解决的特例中，类推就开始起作用。[690]如果所有这些法律原则被使用之后，对处理结果仍然存在争议，那就要由"公议"（ijma）来解决，它主要代表了一种共识，尤其是乌勒玛们的一致看法。在后来的岁月中，与其他那些指派给沙斐仪的《丽撒拉合》（*Risalah*）相比，最后一个来源在穆斯林法学中发挥了更为显著的作用。

沙斐仪的工作并未确保伊斯兰律法的一致性。在伊斯兰教的律法当中，仍然存在四个较大的法学"学派"，但他们只是在沙斐仪所拟定的法律标准的细节上有所区别。我们或许应该补充一点，由于这个天衣无缝的"沙里亚"教法网络在穆斯林生活中是一个至高无上的全面代表，因此沙斐仪的统合工作比哈里发（及其继承人）的任何举措都更有价值。比如，我们仅列举两个西方人比较熟知的名字——哈伦·拉希德或萨拉丁就可发现这一点。

通过这种办法，学识渊博的乌勒玛们能够利用《古兰经》中稀疏而

---

① 这一问题极具争议。长期以来，沙赫特的《穆罕默德司法的起源》（OUP, Oxford, 1950）被认为是该领域的经典著作。最近的著作是 P. Crone 的《罗马、行省与伊斯兰法律》（CUP, Cambridge, 1987），其第一章（标题是"国家领域"）是该领域中受人尊敬的批判性研究，而且包含了对沙赫特的重要批评。

细微的指令编织出一个可以覆盖人类全部困境的最为复杂的法律网络，无论这看起来是何等困难。①但是这些途径与西方社会构建法律体系的做法完全不同。在西方社会，法律成长于法院的司法实践，以及在司法实践中对法律的矫正。但伊斯兰教法"沙里亚"并不是成文法的汇编，它是对于理论和演绎过程中的法律概括，是一个关于"法理学家律法"的极端例子。②在"沙里亚"律法中，法律并非由作为立法者的国家所缔造，而是法律科学的产物，并可见诸于伊斯兰教法学家们的教科书。

在伊斯兰法学家们的全盛时期（750—850 年），他们在将伊斯兰教法运用于特殊案例方面非常富于创造性。伊斯兰教法学家们努力寻求解决问题方法的活动就是"伊智提哈德"（ijtihad），即"创制"活动，它通常体现为"独立判决的权力"。但全盛期过后，伊斯兰教法学家们的各种意见分歧减少了，"创制"也随之衰微：由于仍然需要应用法律，因此法律思想得以继续。但已经不再建立新的法律学校，也没有人来自新的法律学校，绝大多数毫无创意的法学家开始沦落到亦步亦趋的"模仿"地步，每一个法学家都去接受并遵从此前早已确定了的法学教条。③

随着伊斯兰法律的僵化，法学理论和实践之间的鸿沟在现实世界中进一步扩大，伊斯兰教法学的标准化（反对实证主义）特征开始比以往更为显著。伊斯兰法律已经达到了被称为"教条主义者的孤立主义"的程度，[691]它开始"与实际的法律实践相脱离，并且成了一种内省的科学"。④

由此形成了这样的情形：

伊斯兰教法"沙里亚"是……真主所赐予……它不能用人类的

---

① 参见 N. J. Coulson，《伊斯兰法律史》（Edinburgh UP, Edinburgh, 1964），第 81—82 页。

② J. Schacht，《伊斯兰法律概述》（OUP, Oxford, 1982），第 209 页。

③ W. B. Hallaq，"创制的大门关了吗？"《国际中东研究杂志》，1984 年第 16 期。

④ N. J. Coulson，《伊斯兰法律史》（Edinburgh UP, Edinburgh, 1964），第 82 页。

立法来改变。人类对伊斯兰教法的唯一支配就是对它的阐释,并且对法律的阐释也被包含在了对它的应用和创新之中。唯一获得授权的伊斯兰教法阐释者便是乌勒玛……。①

哈里发们适时地建立了"沙里亚"法庭,由训练有素的法学专家——卡迪(qadi)来指导和运作。但由于很多伊斯兰教法不合适或不适应国家机器的运转,哈里发们还专门建立了旨在处理诉讼官员案件的法庭,这便是"行政法庭"——"马札里姆"(mazalim)。该法庭成立的目的旨在纠正帝国在行政管理方面的不足,"马札里姆"法庭吸引了与国家治理事务有关所有社会阶层。正是通过这些步骤,帝国在拥有一整套法律,即伊斯兰教法"沙里亚"的同时,还拥有两个独立的司法体系:一个是伊斯兰教法体系;另一个为非伊斯兰教法(不是反教法的)的哈里发司法体系,后者并不接受乌勒玛在伊斯兰法庭上一贯享有的司法定义权。而且,后者在处理宗教、家庭和大部分民事案件的同时,还拥有像警察、税收、刑事司法以及军国大事等哈里发权限内的案件(关于二者没有完全分离的事实,我们将在下文中提及)。

乌勒玛们主张通过将两种体系合并的办法,调和哈里发的权限与超然而无所不包的"沙里亚"权威:其一,哈里发作为伊玛目,是所有穆斯林必须遵守的"沙里亚";其二,哈里发拥有"至高无上的保护公共利益的广泛义务,……因此忽略了根据时间和环境来决定将真主的旨意影响伊斯兰社会的判断"。②因此,他们曲解了伊斯兰教法"沙里亚",以便让哈里发们的活动事后获得合法化,并最终设计出了"西亚萨"(siyasa)伊斯兰教法理论。该教义确认了哈里发彻底掌握着"完全使用伊斯兰神圣律法"的决定权,只要伊斯兰教法"没有给他设置任何限制"。③但正如格吕纳堡(Grünebaum)在补充评论中所说,"这是一种(阿拔斯王朝)从未打算控制的模糊性"。因为在原则上,[692]"沙里

① W. M. Watt,《伊斯兰政治思想》(Edinburgh UP, Edinburgh, 1964),第94页。
② J. Coulson,《伊斯兰法律史》(Edinburgh UP, Edinburgh, 1964),第129—130页。
③ G. E. von GrÜnebaum,"伊斯兰文明的来源",第85页。

亚"会在什么地方不设限制?[1] 如何才能出现"'沙里亚'并不适用的法律领域"?[2] 最为经济的解释只能是:"法学家们通过维持谎言而使这份糟糕的工作妙不可言,即在马札里姆法庭的判决中,哈里发是在'沙里亚'所许可的有限范围内行使了自己的权威。"[3]

在涉及统治事务上,似乎是基本法赋予了统治者彻底、明确而永久性的权力,哈里发可以选择他喜欢的时间来处理他愿意做的事情。换言之,对于政府来讲,"沙里亚"可以与宪法相比肩。而在宪法所包含的条款中,统治者可以根据自己的意志发布诏令,这些诏令则可以搁置宪法中的某些条款。

那么,哈里发是不受法律限制的专制君主吗? 如果是,表现在哪些方面? 显然,由于哈里发看上去可以在自己权限内做任何他想要做的事情,我把这种情况称为乌勒玛和哈里发之间的权力对分,二者在自己的权限内都是至高无上的。一个相反的观点认为,由于"逊尼派的方法剥夺了哈里发对于他自始至终所遵守的法律的定义权,正是这些学者们成功地把一个专制君主转变成了一个立宪君主"。[4]持这种观点的学者把这一问题当成了一个与实践相对立的理论问题,虽然原则上"沙里亚"教法控制着哈里发的一举一动,但却没有相应的机制来实现这一点。[5]但是,仅仅颁布一部宪法本身并不意味着立宪。"沙里亚"当然是一部宪法,但如果它是一堆故纸,怎么能说哈里发受到了它的束缚呢?

那种认为哈里发律法的缺陷在于缺乏捍卫宪法机制的论点也是站不住脚的。那么,究竟是什么阻止了哈里发在"卡迪法庭"上侵犯或替代法律? 为什么哈里发不能像在皇宫和"马札里姆法庭"中的权力那样

---

[1] 穆斯林在表达这一问题的方式和解决问题的方法上差别很大。例如,一些人认为"沙里亚"教法天衣无缝,能够被用于哈里发和卡迪法庭的权威;另一些人则反对如此。比如,认为哈里发的法庭并不受"沙里亚"束缚。(W. M. Watt,《伊斯兰政治思想》,第 94 页)

[2] R. M. Savory,《伊斯兰文明概述》(1976)。

[3] 同上,第 58 页;W. M. Watt,《伊斯兰政治思想》(Edinburgh UP, Edinburgh, 1964),第 96 页。

[4] P. Crone and M. Hinds,《真主的哈里发:第一个伊斯兰世纪中的宗教权威》(CUP, Cambridge,1986),第 108 页。

[5] 同上,第 109 页。

绝对？答案与保护他们的机构毫无关联。"卡迪法庭"受到了公众舆论的保护。在整个历史上，有许多"专制的"君主都要服从于类似的限制性因素，尽管没有机构去强迫他们这样做。习俗、传统或宗教信仰都能够使他们这样做。

［693］至于认为哈里发是一个"立宪君"主的第二个论点，我们只需创造一个新术语来描述维多利亚女王。

至于第三种辩护的论点，即认为哈里发虽然在自己权限之内享有绝对权力，但由于"沙里亚"的授权，哈里发的这种权限也是"宪法化"的权力。这等于是说，如果一个统治者颁布或继承了一部授予其无限权力的宪法，那么这就会让他成为一位立宪君主。

哈里发很少干预"卡迪法庭"，在这个意义上，我们可以公平地说哈里发同样"遵从法律的约束"。但这显然并非哈里发敕令和法令中的实际情形，二者拥有完全的法律效力。人们可能无法用严肃的文字来称呼它，因为唯一的法律就是"沙里亚"，而后者是不能更改的。就这些法律本身而言，哈里发从来不受其制约。哈里发可以按照自己的意愿轻易夺取任何一位臣民的生命、自由或财产，而且他确实根据自己的需要和爱好这样做了（参见原书，第719—720页）。这一点非常明显，以至于伊斯兰主义者毫不犹豫地使用了"专制主义"①和"绝对专制"②两个词汇。霍吉森曾写道："专制主义精神与'沙里亚'截然相反。伟大君主哈里发的旁边往往站着刽子手，后者可以根据哈里发的一句指令而让人头落地。这里不存在关于穆夫提、卡迪和穆罕默德的教规'逊奈'之类的问题。"③

哈里发在自己权限之内拥有绝对的专制权力，其臣民的地位也非常不稳定，它几乎等同于完全放纵自己权力的专制主义。"或许这在事实上是正确的，这一点最终在学者们对于不顺从的谴责中被承认，甚至

① M. G. S. Hodgson，《伊斯兰的发展》第一卷，《伊斯兰教的古典时代》(University of Chicago Press, Chicago, 1974)，第347页。H. A. R. Gibb，《宪法组织》，Khadduri and Liebesny 主编《中东的法律》第一卷(Washington, 1955)，第19页。

② J. Schacht，《伊斯兰法律概述》(OUP, Oxford, 1982)，第49页。

③ M. G. S. Hodgson，《伊斯兰的发展》第一卷，《伊斯兰教的古典时代》(University of Chicago Press, Chicago, 1974)，第347页。

于在政治权威并非通过合适途径建立的时候也是如此。"①在"可怜的屈服中，（他们坚持）顺从主要是因为政治权力，无论其自然属性如何……甚至最不虔诚、暴虐的政权也比内乱要好"。②"六十年的专制也甚于一个小时的内乱。"③这种观点的拥护者要比我们晚一个时期，但他们只不过使政治现实中的过往事实变得合理化："对于一个无恶不作的野蛮苏丹而言，只要他能够得到军事力量的支持，不仅废黜他存在困难，即便是打算罢黜他的企图也将导致无法承受的内乱。大多数必要性存在于对他的顺从或拥有上面，特别是那些根据命令要求顺从他的人。"④[694]这并不意味着哈里发们不接受特定的政治限制，现在我们必须开始讨论这方面的内容。

5.2.2 专制主义及其制约

王权和权力

哈里发的权限涵盖了公共政策的绝大部分领域，因此他的权力是彻底而全面的。哈里发和作为"同使徒"的拜占庭皇帝一样，其职责往往笼罩在圣洁之中。通常由他或代表他的人引领圣会上的祈祷者，祷告者也会在清真寺中为他祈祷。哈里发是真主的化身，是真主在世间的影子，也是信徒们的指挥官，还是错误的矫正者。要想准确地表述出哈里发的权力之大非常困难。关于这一点，我建议阅读《一千零一夜》这本书，其中的内容看上去琐碎而残暴，不过它给人留下的印象是：正确的内容要多于错误部分。勾画哈里发巨大权力的最直接办法就是描述他的皇宫。

哈里发宫殿是大量财政税收和丰饶的战利品流入的中心，同样是向外辐射帝国政治权力的核心所在。一份阿拉伯文献⑤描述了917年拜占庭使节拜谒穆克塔迪尔（al-Muqtadir）的情景：拜占庭使节经过硕

---

① N. J. Coulson，《伊斯兰法律史》（Edinburgh UP, Edinburgh, 1964），第83页。

② 同上，第133页。

③ H. A. R. Gibb，《宪法组织》，第15页。

④ 引自al-Mawardi，Gibb《宪法组织》，第19页；参见 P. J. Vatikiotis，《伊斯兰教与国家》（Routledge, London, 1987），第34页。

⑤ 引用并归纳自 D. And J. Sourdel，《伊斯兰古典文明》（Artaud, Damascus, 1968），第335—342页。

大的马厩来到动物园,然后进入新皇宫。这座新宫殿位于一座花园当中,混杂在400棵椰枣树中间的水银池闪闪发光;然后来到天堂般的宫殿群中,这里有11座宫殿前后相连,直到毗邻救赎亭的第90个庭院。他们被允许在这里坐下来休息,并开始喝一些冰凉的果子露饮料。记录者还描绘了宫殿中各种富丽堂皇的装饰:墙上挂着38000幅织锦,地上铺展着22000条地毯;远处是蜿蜒的小溪和喷泉。最后是在皇宫内举行拜谒仪式,地点在皇宫的王冠之所在。哈里发坐在由最为珍贵的石头制成的两排九根梁柱中间。使者们躬身亲吻土地之后,一些自动装置向他们指明了应该站立的位置。哈里发突然做了一个手势,瞧!地面上涌现出了一棵树,这棵树高及屋顶,机械鸟在金属制成的树枝上转动、鸣叫,并喷发出阵阵的麝香和玫瑰香味。①

　　这个帝国中最为珍贵、复杂且至高无上的物质和精神表达主要服务于三个目的:[695]首先,它包括了哈里发行使公共义务的会客厅和谒见室,以及需要寄宿于此的诸多侍从住所。其次,它还包括了警卫室,以及为他们配备的警卫们的住所。最后,它还包含了哈里发的私人住所和后宫所在地。后者的规模更为庞大。有资料显示,穆塔瓦基勒的后宫内有妇女12000名。不过,另一个版本提供的数字只有4000人;而更令人惊讶的是,一份手稿认为后宫人数只有400名!②

　　这些宽敞无比、装饰华美的建筑中住着哈里发家族的众多成员。在公元第918—919年的皇宫预算清单中,列出了专业工匠、奴隶、自由人,各种宦官、宫廷官员,特别是司库"哈吉卜",以及指挥官"大卡迪",最为重要的是维齐尔。尽管目录简洁,但它显示了高级官员和公共职位是如何被融合成为琐碎而卑微的哈里发奴仆的情形。

　　　　警卫和其他类似职位,比如门卫;忠实的乡下以及外国雇佣
　　兵;黑人(大部分奴隶来自埃及、麦加等地);哈里发的自由民(他们

---

① 引用并归纳自 D. And J. Sourdel,《伊斯兰古典文明》(Artaud, Damascus, 1968),第342页。

② A. Mez,《伊斯兰教的复兴》, S. Baksh and D. Margoliouth 翻译,(Jubilee Printing and Publishing House, Patna, India, 1937),第142页。

主要担任皇宫司库，旅行向导）；哈里发步行或骑马时的私人护卫；17个阶层的官员，包括使者、诵经人、宣礼者、占星家、斟酒人、弄臣，等等……以及官殿的送水人、面包师等；私人奴仆；工匠和技工（裁缝师、漂洗工、鞋匠、毛皮商等）；朝臣、医师、猎人等。①

正式的政治过程：哈里发的一天

在公元9世纪时，哈里发们往往与维齐尔一起工作，虽然维齐尔的权力仍然时大时小。②维齐尔是"哈里发的伙计"，这意味着他不仅要将法律应用于财政事务，解决技术性的行政问题，而且要根据哈里发的个人意志和决定行事。这些事务涉及到警察、强制性司法，所有的财政与金钱问题，包括薪金和退休金的比例、罚款与没收充公物资，以及所有被吸引到"马札里姆法庭"的公私诉讼。哈里发是外交与军事行动的首脑，[696]他任命或解雇所有的代理人、埃米尔，各省警察、驿站、财务方面的官员，以及卡迪法官等。③若非哈里发所派出的代表团，任何人在帝国的任何地方都不能行使权力，这是一条最为主要的原则。在所有这些事务中，哈里发都与维齐尔一起工作，而倭马亚王朝的哈里发们则通过向各种贵族集团咨政议政进行统治。

我们从泰伯里④的描述中（其中一些被怀疑是虚构的）可以勾勒出一个负责任的哈里发劳作一天的场景。

曼苏尔（Al—Mansur）在一天当中都忙于规定要做和禁止做的事情，任命和解聘官员，确保对边境的保护以及道路安全，检查土地税问题以及由此产生的花费，帮助民众减轻贫困、仁慈地引导他们保持平静与稳定。晚祷之后，他检查来自边界以及其他地方

① R. Levy，《伊斯兰的社会结构》（CUP, Cambridge, 1957），第324页。

② D. And J. Sourdel，《阿拔斯王朝的维齐尔：749—936年》（Damascus, Syria, 1959—1960），第630—631页。

③ 并非总是如此。有时候总督们也会任命官员，就像前文第680页所描述的那样。参见R. Levy，《伊斯兰的社会结构》（CUP, Cambridge, 1957），第339页。

④ ［译注］本名穆罕默德·伊本·哲利尔（Muhammad ibn Jarir al-Tabari, 838—923年），号"艾布·贾法尔"，又译"塔百里"，著名伊斯兰经注学家、圣训学家、法学家和历史学家。

的信件，并向当天调查这些问题的密友询问有关情况。就这样一直到深夜，直到他的心腹离开以后，他才能上床就寝……。①

9世纪中叶，维齐尔每天仍然和其他大臣一起出入宫殿，并和他们一起在会议上面见哈里发。他会把相关文件提交给哈里发，然后接受并记录哈里发要他传达给相关部门的指示。在整个会议过程中，他都要站立着，有时甚至还要携带自己的文房四宝。②到9世纪末，维齐尔已经成为哈里发和政府之间唯一的中间人。这一象征性高位说明维齐尔已经获得了相对于军事指挥官的优势。维齐尔在富丽堂皇的城市官邸中工作，只在官方的觐见日才到皇宫里面去，对于绝大多数重要的国家大事，他都会与哈里发进行非正式商议。但是，维齐尔在政府中的权力越膨胀，他的任期也就越不稳定。哈里发已经放弃了对日常事务的控制，并把权力交给了首席大臣"维齐尔"；对于哈里发而言，要想改变这一进程，只能解除维齐尔职务而另行任命。这种结局都在维齐尔们的预期之中。因此，当哈里发在召见维齐尔时，他们往往会问道："我要穿正式服饰还是便服？"③哈里发利用强权解除维齐尔的最著名例子莫过于哈伦对于巴尔麦克家族的铲除，[697]这一事件非常有名，并且臭名昭著，以至于逐渐变成了阿拉伯的民间传说（被适当地加以润色）《一千零一夜》中的内容。④

解雇维齐尔成了司空见惯的事情。一位失宠维齐尔的命运常常是被重罚，或资产充公。而且很可能会在监狱里度过余生，并面临被拷问乃至被处决的命运。因此，维齐尔们经常会通过与后宫或将军们勾结，或者三者共同勾结，玩弄至今仍很常见的宫廷政治来巩固自身地位，甚至可以在必要的情况下废黜哈里发本人。这些做法丝毫不令人奇怪，这种现象也促使我们思考病态的哈里发政治过程。它与拜占庭帝国的

---

① 引自al-Tabari(III)，D. And J. Sourdel，《阿拔斯王朝的维齐尔：749—936年》(Damascus, Syria, 1959—1960)，第402页。

② D. And J. Sourdel，《伊斯兰古典文明》(Artaud, Damascus, 1968)，第367页。

③ 同上，第369页。

④ 《一千零一夜》，Dr. J. C. Mardrus 翻译法语版(Routledge, London, 1947)，第707—723页。

情形有很大不同：在哈里发帝国，通常宫廷内部的阴谋和地方上对于哈里发权威的反叛联系甚少，或者几乎没有联系。

5.3 政治过程的病理学

5.3.1 有缺陷的哈里发头衔

在哈里发帝国的政治实践中，哈里发职位是世袭性的。哈里发会指定其家族中的一员，通常是他的儿子作为继承人；如果哈里发在去世之前没有指定继任人选，那么一个自我任命的宫廷贵族集团就会从哈里发家族成员中进行提名。这两种提名过程都要经过一个"被认可"的过程。

当一位哈里发指定继任者的时候，他需要采取措施赢得绝大多数有影响力的地方总督和其他将军、官员们的赞同，同时获得乌勒玛们的同意也是绝对必要的。关于这一点，泰伯里等历史学家曾列举过很多生动的例子。但这两种情况都存在问题：首先，当政的哈里发可能更偏好他的某一个儿子，实际上这几乎是必然的，而这有可能会引起宫廷阴谋或内战；其次，遍及哈里发帝国的众多乌勒玛中，谁才能被赋予批准哈里发继任的资格？逊尼派法学家最终制定了一套复杂的规则，但唯一重要的一点是：继任哈里发必须是古莱希部落的成员。[①]剩余的全部工作便是让既定事实合理化。事实上，哈里发在指定了继承人并确保贵族们同意之后，[698]他会让首都中的乌勒玛们做同样的事情，使哈里发继承成为不可避免的结果。[②]因此，在事实上，整个过程并不是一种合法的决定，而是一种特殊情形。

当现任哈里发没有指定继承人的时候，伊斯兰教法学家们认为"在候选人的选择问题上，伊玛目们应获得授权"，这样他们就可以对候选人的资质进行选择。但是在事关哈里发候选人资质的问题上，整个努力似乎毫无结果。因为在实践中，任何抢得先机的权贵集团都可以对

---

① 伯纳德·刘易斯主编两卷本《伊斯兰教：从先知穆罕默德到占领君士坦丁堡——穆斯林作家摘录，西方文明的文献史》（Macmillan, London, 1974），第 173—177 页。

② 比如正统派采取了中间路线，鼓吹"社会大同"的逊尼派对当局采取了沉默的立场。M. G. S. Hodgson，《伊斯兰的发展》第一卷。

继任哈里发的指定产生影响。

在上述两种情况中，有几个群体会参与其中，那就是统治家族成员、最高权贵阶层以及军事指挥官们。对于选定哈里发影响最大的人有时候是维齐尔，有时候是大卡迪，有时则是武装部队总司令。一旦就继位问题达成协议，每一名"选举人"都要通过握手的方式表示忠诚并献身于"白亚赫"（Bayah）——这是忠诚的象征。为此，被指定的哈里发和"选举人"都要立誓，以便达成契约。所以，没有哈里发在接受"白亚赫"后可以被剥夺任职的权力，除非他自己主动放弃继承哈里发之位。

在这个小集团宣誓效忠指定的哈里发之后，还需要伊斯兰社团"乌玛"的同意。这已经变成了宗教仪式：被指定的继任哈里发来到大清真寺中，他带着哈里发之位的徽章（披风、先知的印章和戒指）坐在敏拜尔上进行第一次正式召见。然后，他将在宗教聚会上发表演说，向真主表示公开感谢，正式接受贵族们效忠于他的宣誓，这也成了聚会的一部分。

这是逊尼派所接受的规则。任何拒绝这些规则的团体，比如哈瓦利吉派或什叶派教徒都可以与他们的乌勒玛在一起，在任何时间和任何地点宣称他们所中意的候选人才是真正的哈里发。并且可以指责现任哈里发只是一个不够虔诚的篡权者，或者在事实上是反对哈里发的。比如，哈瓦利吉派教徒就曾发动过反对倭马亚王朝最后一位哈里发马尔万二世（Marwan II）的反叛：

> 我们遇到了你的仆人……号召他们服从仁慈的《古兰经》及其命令，他们号召我们服从马尔万及其家族的邪恶与命令。真主作证！正邪之间的差别何其之大！……难道他不是一个多神论的偶像崇拜者，[699]一个"圣书之民"的多神论者，或一个来自麦地那的残暴的伊玛目吗？他是一个我们必须与之作战的敌人。①

---

① 伯纳德·刘易斯主编两卷本《伊斯兰教：从先知穆罕默德到占领君士坦丁堡——穆斯林作家摘录，西方文明的文献史》（Macmillan, London, 1974），第 59 页。

因此，一位又一位哈里发都会面临帝国境内某一个或更多权势集团武装力量的无休止挑战，这正是我们接下来要讲述的内容。

5.3.2 政治过程的病理学：皇宫之内

如前所述，在阿拔斯王朝，哈里发体制变成了纯粹的宫廷型政治体制。政治过程的病态呈现出两种形式，除了个别例外，这两种形式各自独立：它们不仅可以被识别，而且截然不同。它们或许可以被描述成宫廷内部的政治或反对宫廷的政治。二者之间唯一存在关联的时间是在公元 813—847 年，当时哈里发试图通过宗教裁判法院来强制推行穆尔太齐赖（Mutazilite）教义。这个简短而不成功的插曲很像拜占庭时期赫拉克里乌斯强制推行"基督一志论"（monotheletism）的徒劳，或是伊苏利亚人坚持破坏偶像崇拜的努力。[1]

起初，宫廷政治主要体现在有关哈里发继承问题的个人阴谋。一个绝好的例子就是阿尔·哈迪（al Hadi，785—786 年）和他母亲之间的仇恨，他母亲对自己被排除在权力之外愤恨不已。阿尔·哈迪曾试图对自己的母亲投毒，但是没有成功。而后，她母亲也开始对自己的儿子实行报复，她送给阿尔·哈迪两名貌美如花的女奴隶，后者伺机闷死了他。

最后，维齐尔们也卷入了政治之争。我们已经提到，哈伦曾经毁灭了维齐尔巴尔马克家族。在第二个哈里发阿明（Al-Amin）统治时期，他的维齐尔说服他将其兄弟阿尔·马蒙（Al-Ma'mun）踢出了继位的行列。由此导致了一场大规模内战（810—813 年），这场战争最后以阿明被处决和阿尔·马蒙成功继位而告终。

不久宫廷政治中又出现了新角色。这就是由突厥人组成的奴隶军队的埃米尔们（"将军"或者"指挥官"），他们现在开始组建军队。大卡迪也在这一时期扮演了角色。在瓦提克（al-Wathiq，842—847 年在

---

[1] 参见本书第三部分，第一章，第 634—635 页。"穆尔太齐赖主义"（Mutazilitism）是阿拔斯王朝统治时期的主流哲学。它代表了"两种态度之间的态度"（例如，逊尼派和什叶派之间），至于"民族主义"作为自由意志的信念，已被包含了《古兰经》的创建过程之中，C. Glassé 主编《简明伊斯兰百科全书》（Stacey Int., New York，1989），第 291—293 页。

位)的皇位继承问题上,可以看到各种线索交织在一起。瓦提克并没有指定继承人,这就需要那些自我任命的"贵族选举人"来挑选候选人(见原书第 698 页)。维齐尔提出让仍在襁褓之中的瓦提克之子继任哈里发,[700]但是他的建议遭到了大卡迪和突厥埃米尔们的反对,二者坚持让瓦提克的弟弟穆塔瓦基勒继承哈里发之位。大卡迪和突厥埃米尔们迅速行动,把已经失败了的维齐尔的全部家产没收充公,并将其折磨致死。同样,穆塔瓦基勒也刺杀了埃米尔们的指挥官。当他最后试图谋害其继承人(蒙塔西尔)以图改变继承权的时候,他也遭遇了同样的命运。蒙塔西尔先发制人,在哈里发喝醉酒的时候利用突厥军官杀死了他。①由此导致了突厥埃米尔们的 40 年霸权,在后来这段时期内他们可以随心所欲地更换哈里发。

　　不过,到穆克塔迪尔(908—932 年在位)统治时期出现了更多的政治角色,政治行动已经超越了出于权力和金钱目的的个人争斗,而是体现在对于政策选择的过程当中。这些新角色就是政府中的首席书记官。整个穆克塔迪尔统治时期,两个首席书记官家族阿里·本·伊萨(Ali ben Isa)和伊本·阿尔·弗拉特(Ibn al-Furat)之间的血仇主导了整个政治生活。前者坚持缩减政府开支,后者坚持扩大开支;前者代表了逊尼派穆斯林,后者则代表了什叶派穆斯林。虽然两个派别在宗教、政治和财政问题上存在分歧,并且都痛恨对方,但是双方都全心全意地反对埃米尔们,尤其是担任令人望而生畏的巴格达警察指挥官的宦官们。公元 927 年,伊本·阿尔·弗拉特在走投无路的情况下,只好去寻求"穆尼斯"(Munis)的帮助,否则巴格达很快就会被残忍的卡尔马特部众所攻陷(见下文)。这些人由此开始掌握了维齐尔的任命权,哈里发王朝也变成了突厥埃米尔大元帅(al-Umara,"埃米尔"的"埃米尔")的傀儡,后来在塞尔柱突厥人的统治之下,他开始被称为"苏丹"。

5.3.3　政治过程的病理学:宫廷反叛

　　当然,前述宫廷内部政治进程并非不受宫廷外部政治运动的影响。

---

① 关于泰伯里对这些事情的夸张描述,可参见伯纳德·刘易斯主编两卷本《伊斯兰教:从先知穆罕默德到占领君士坦丁堡——穆斯林作家摘录,西方文明的文献史》,第30—34 页。

事实上，皇宫内的权贵们也一直在试图镇压各地爆发的无数次反叛，所以对于像穆尼斯这样的将军们，他们的运气就依赖于如何处理此类反叛事务。但是这种政治分歧和反叛运动从未来自宫廷内部。在哈里发帝国中，反叛都是直接针对皇宫的额外事件。在这一问题上，哈里发帝国病态的政治过程与拜占庭帝国又有所不同。

[701]大量宫廷反叛及其复杂特征使我们难以逐一描述，统计数字也无法传递出其中的有关信息。在有些反叛中，其意图可能主要基于如下几点：（1）仅仅是个人的野心；（2）统治王朝的野心。其他一些叛乱的原因可能在于：（3）地方特殊主义，这常常是由过度课税所引起的。至少有一例是如此；（4）纯粹的社会叛乱。大量的叛乱属于此类；（5）由千禧年主义、宗派主义的狂热所引起。一部分反叛属于此类；（6）直接的军事反叛。对这些案例进行分类的困难就在于适合某一种反判类型的原因，未必就能找到两个或更多适合这种类型的案例。不过，导致反叛的宗教动机却从未有例外，它似乎是个无法回避的因素。但是在很多案例中，这并不仅仅是个托辞，而是一种强烈的宗教信念，并且往往包含有激烈的社会重建诉求。

在所有宗教反叛中，比较著名的是“蒙面者”哈希姆·伊本·哈基姆（Hashim ibn Hakim，776—779年）和巴贝克起义（816—837年）。他们都奉行“阿布·穆斯里米亚”（Abu-muslimiyya）①的传统，这一称谓来自阿拔斯王朝革命之后，其领导人阿布·穆斯里姆（Abu Muslim）本人最后也被曼苏尔哈里发杀害。但一些人仍将他的回归当作救世主“马赫迪”（见原书第687—688页）再生。阿拉伯历史学家们曾指责说，这些人拒绝先知的任何禁令，是唯信仰论者和自由的思想家。②

也有人认为，一些重大的宗教叛乱也同样带有巨大的政治和社会诉求，这就是卡尔马特叛乱。卡尔马特人在宗教上属于伊斯玛仪派，这一派系很可能崛起于伊拉克地区，但却接受来自叙利亚的领导，他

---

① [译注]即阿布·穆斯里姆（Abdel Rahman Abu Muslim，718—755年），中世纪呼罗珊地区的农民起义领袖，阿拔斯王朝开国功臣，755年因曼苏尔哈里发猜忌遇害。

② 有关这些教义及其所引起的反叛的归纳，可参见 Laoust《分裂》。本文的内容主要以该书为基础，并使用了其他相关材料。

们遍布于从库法到巴林的广大区域。卡尔马特起义始于897年，但是当897—901年伊拉克等地起义被镇压下去以后，其他地方再度揭竿而起，比如902—906年在叙利亚—巴勒斯坦地区爆发的起义。起义虽然未能在帝国中心地带取得成功，但是它的一个领导人却成功地在巴林建立了国家。起义者以此为据点，侵占了伊拉克和阿拉伯半岛西部：他们占领了巴士拉，洗劫了库法，切断了前往麦加朝圣的路线，并于930年劫掠麦加城8天，而且在离开时抢走了放置在克尔伯清真寺内的黑石。巴林的卡尔马特国家一直持续到11世纪末，这确实是一个例外。巴林的卡尔马特国家拥有30000名奴隶，他们几乎从事了所有工作，而上流社会的卡尔马特人则过着半共产主义的生活，他们无需缴纳税收，在需要时就能得到贷款，并可免费请人修缮住宅、厂房以及碾磨谷物。

[702]锡斯坦（Seistan）的萨法尔王朝是一个社会排他主义运动的例证。在这里，一个名为雅库布·莱伊斯·萨法尔（Ya'qub bin Laith Saffar）的铜匠后来落草为寇，发起了反对塔希尔统治者的社会底层反抗。他最终建立了自己的政权——萨法尔王朝，并把疆界扩展到了西至法尔斯，北至呼罗珊的广大地区。虽然雅库布本人在876年入侵伊拉克时被打败，但是他的兄弟阿慕尔·本·莱伊斯（Amr bin Laith）继承了雅库布在锡斯坦所建立的独立王朝，并一直持续到公元10世纪。

其次是赞吉起义，这是一次关于社会反叛的毋庸置疑的例证，其中也掺杂有宗派主义者的弥赛亚主义。起义源自在伊拉克南部洼地中劳作的黑奴，他们是由50到500人组成的一个个集团，晚上在军营中设置路障，白天还要屈从于监工们不间断的鞭打。他们的领导人是来自雷伊的阿里·本·穆罕默德（Ali ben Muhammad），他曾经领导过一次失败的宗派反叛。阿里·本·穆罕默德公开宣称信仰哈瓦利吉教派，他也是那些用面纱遮脸，并宣称是救世主"马赫迪"的人之一。奴隶们从他们的敌人那里夺取了武器，并对支持哈里发军队的村庄课以重税。871年，他们攻占并洗劫了巴士拉，然后于巴士拉附近建都。在哈里发的军队制止他们之前，起义军已经推进到了美索不达米亚的心脏地带。

不过,总体上来看,起义最后仍以失败而告终。因为作为一次奴隶反叛,他们不可能赢得其他社会阶层的支持。作为逊尼派,其他社会阶层也反对赞吉起义者所信奉的宗教教义。而且,他们还对黑人怀有深刻的种族偏见。起义者还曾得到过一些贝都因部落的鼎力相助,后者也是城市居民和村民担心乃至厌恶的对象。①

如果一个政治体制的"稳定性"是通过王位非正常更迭的速度来衡量的话,那么哈里发帝国无疑比拜占庭帝国要稳定得多。在 632—944 年的大约 300 年时间里,65 位哈里发中只有 6 位被废黜或被杀害;而在 395—1453 年(大约 1058 年)的 107 位拜占庭皇帝中,被杀死或被废黜者不少于 64 位。换言之,只有十分之一的哈里发是被废除或被杀死的;拥有同样命运的拜占庭皇帝多达五分之三。这些数字部分地反映了哈里发的王位世袭制原则,同样也能通过哈里发世袭制继承原则得到解释。在 661—1242 年间的 51 位哈里发中,每一位继任者都和前任存在血缘关系,他们通常都是前任哈里发的儿子。其中只有一个例外,那就是阿拔斯革命;而在 641—1024 年的 52 位拜占庭皇帝中,只有 27 位与其前任存在血缘关系。

但是,如果我们依据内部暴力冲突的次数和频率来判断政治体制稳定性的话,那么结果就会大不相同。与哈里发帝国相比,拜占庭帝国尽管具有强烈的内战倾向(参见原书第 624 页),但它却是统治史上具有政治稳定性的政治体制典范。[703]不幸的是,我们很难用精确的量化术语来表述这一点,因为我们首先必须要对"暴力冲突"的概念达成一致。不过,给出下列统计数字似乎是可能的,也是有意义的,因为至少它们可以表达出一些相对的数量排序思想。因此,借助历史百科全书中有关两个帝国暴力事件的记载,我们可以用相似的原则进行案例选择。在 602—1024 年,拜占庭帝国有记载的暴力事件总数为 36 次;而 632—944 年间,哈里发帝国中有记载的暴力事件为 42 次。因此,平均而论,拜占庭帝国每 16.7 年会经受一次暴力事件;而哈里发帝国每

---

① 这些细节来自 E. Ashtor,《中世纪近东社会经济史》(Collins, London, 1976),第 113—121 页。

7.4年就会发生一次暴力事件,后者发生暴力事件的几率是前者的两倍还要多。[1]

表3.2.1 拜占庭与哈里发的冲突对比

	拜占庭(602—1204)	哈里发(632—944)
叛乱总数	36	42
兵变(不包括严重的)	13+/−3(36.0%)	4(9.5%)
地方叛乱	8(22.0%)	—
税务问题	—(10.0%)	—
宗教问题	—(17.0%)	—
内战	15(41.0%)	11(26.0%)

我早已指出了对诸如宗教、社会等国内冲突进行分类方面的困难。不过,基于我自己的分类,不管冲突的重要性如何(至少在两种政体中要使用相同的判断标准),关于它们的发生率和各种类型暴力冲突所占比例等方面的信息,都可从表3.2.1看出来。

然而,穆尔在已经过时了的《哈里发帝国的崛起、衰落及其灭亡》一书中,提供了更多关于哈里发帝国国内政治冲突的细节和64起案例。[2]这个目录显示,哈里发帝国发生骚乱的频率不只是拜占庭帝国的两倍(像刚刚描述的),而是3倍——平均每5年就要发生一次骚乱。穆尔提出的清单可以进一步分解成表3.2.2所显示的几种类别。

简而言之,哈里发很少能免于暴力骚乱的影响。直到1024年君士坦丁堡陷落之前,拜占庭帝国一直保持着自身的完整,而哈里发帝国却早已土崩瓦解,这一点都不让人感到奇怪。我们看一看大事记(见原书第668—670页)就可以知道,哈里发帝国是如何从外部开始衰退的。[704]如果考虑到哈里发帝国广阔的疆域和缓慢的交通,其发展结局自然也在预料之中。

---

[1] 源自 Langer《世界历史大百科全书》(第五版,1972)。

[2] W. Muir,《哈里发帝国的崛起、衰落及其灭亡》(Religious Tract Society,London,1892)。

表 3.2.2　哈里发内部的冲突

冲突类型	数字	百分比（%）
地方特殊主义	24	39.3
个人野心	5	8.0
教派冲突	20	33.0
王朝之间的冲突（不包括阿里德声明）	4	6.5
社会叛乱（包括卡尔马特）	2	3.3
军事叛乱和政变	6	10.0

来源：W. Muir，《哈里发帝国的崛起、衰落及其灭亡》（1892 年）

到 945 年时，当布夷人的部落（伊朗血统）攻陷巴格达时，当哈里发的埃米尔们开始成为帝国统治者的时候，哈里发帝国的疆域也开始大幅缩水，以至于只剩下了今天的伊拉克和伊朗西部地区。

6. 中央政府

对于前工业时代的帝国来说，中央政府给自己设定有限的任务是很常见现象。这些任务包括：防卫与安全、情报与信使服务、分配正义，最为重要的当属征税——或许还应该加上捍卫和传播宗教信仰的任务。帝国政府的角色是有组织性的。不过，虽然任务有限，中央政府却随着帝国的土崩瓦解而变得日益精细起来。其原因几乎肯定与 9 世纪末期和 10 世纪的财政危机有关，因为财政危机要求比之前更为精细的政府管理。

6.1　行政管理

6.1.1　王族

我们已经介绍了有关王族宗室规模庞大，嗜好花样繁多方面的一些情况。宦官和一些特定的高级官员们尤为重要，其主要职责分别是规范和限制接近哈里发的机会，并向哈里发提供金钱。其余宫廷人员，比如后宫和侍卫，以及弄臣和占星家们都不在我们的考察之列。

哈里发帝国的宦官和中华帝国、拜占庭帝国的宦官同行们一样受到重视，原因就在于他们忠实可靠，没有家族背景，而且完全依赖于君主的仁慈。[705]尽管他们必须遵守一些严格的等级次序。关于这一点，并没有太多的历史纪录存世，不过一份来自埃及马穆鲁克王朝后期的文献描述了法蒂玛宫廷的情况。如果资料可信的话，那么哈里发帝国的太监职员由大宦官们所统领，他们包括：宫廷差役监管、男管家等。此外，还包括一些具有重要政治意义的职位，比如觐见室主管、内务府主管和掌管御墨的宦官。①

整个宫廷机构的总管是哈吉卜（hajib）。这一头衔意义重大。该词与"盖头"、"垂帘"属同源词汇，后者的意思是在谒见中把君主与其大臣分开的帘子。简言之，它与欧洲的"格栏"（cancellus）属于同一种思想，其根源来自"大臣"之意。②哈吉卜往往出身卑微，通常是哈里发"自由奴"的一员，而且往往是一位宦官。他并没有被要求接受任何特殊教育，仅仅是哈里发自己选择的重要心腹和助手。其主要职责是参加哈里发及其高官们的会议。在9世纪中叶，哈吉卜之职还同时兼任宫廷侍卫长，这意味着他还是突厥埃米尔中的一员。在这一时期快要结束时，正值10世纪早期的多事之秋，担任突厥人侍卫长的哈吉卜在宫廷政治中的地位尤为显要。他经常向哈里发提供官员人选方面的建议，决定宫廷密谋的最终结果（例如，正是哈吉卜粉碎了威胁废除穆克塔迪的阴谋）。哈吉卜的角色使人想起了拜占庭帝国中的"大内侍"一职，但二者的显著不同在于，哈里发帝国的哈吉卜处于和维齐尔相竞争的地位。虽然他可以建议哈里发罢黜维齐尔之职，但是他不能替代维齐尔的工作。这是一种双头政治，它阐明了哈里发行政管理过程中的遗传特质，因为依赖于哈里发的这两类官员们都只具有相对的影响力。这就是为什么当时的历史学家麦斯卡瓦赫（Maiskawayhi）提到维齐尔必须与哈吉卜协商的原因。③

哈吉卜没有任何财政方面的职责，因为这是内务府司库所掌管的

---

① 关于拜占庭帝国的同行，可见前述第三部分，第一章，第639—643页。

② 见原书前文第641页，或下文第912页。

③ D. Margoliouth and H. Amedroz 主编《阿拔斯哈里发王朝的衰落》六卷本（Blackwell，Oxford，1921），第52页。

事务。这一职务并不是西欧和拜占庭国家中"圣衣库主管"的阿拉伯同义语，后者主要是为帝王们掌管储存金银、宝石、名贵礼服的仓库。这一职位通常被委任给一名财务官（巴格达有很多此类财务官员）。[706]当时还设有掌管领地的大臣。不过，这些司库和其他偶尔被提及的职务都没有明确职责。

6.1.2 政府机构

这一时期政府的主要特征如下：第一，哈里发帝国与拜占庭帝国不同，它的管理机构集权于中央政府，维齐尔是政府中的最高执政者。我们看一看政府机构的组织形态，便可知道维齐尔施加控制的方式。这些被称作"迪万"的政府机构又可以被继续分成不同的部门——"马吉勒斯"（majles）。①一个迪万至少拥有三个马吉勒斯，分别处理通信、普通行政工作和政策执行等事务。它还同时包括两个被称为"迪万尤素尔"（diwan al-usul）和"迪万齐曼"（diwan al-zimam）的部门。

以优雅的文笔和书法②而著称的国家登记局为履行其角色和职能，也设立了三个附属机构。其中一个负责处理来信；第二个被冠以"决策"之名，主要是记录各种委员会和会议决定的备忘录，尤其是维齐尔和哈里发的决策；最后一个部门负责掌管"印章"，即作为前述决策的结果，它负责在向外发送的公函上盖上官方印章。

目前还没有完整的迪万名录存世。很显然，一些历史学家所提到的内容只不过是随机性的只言片语。③叙述它们的最简单方法就是将其搁置一边，然后分析其余三个管理机构，它们分别掌管着公共财税的支出、筹集和处理。

哈里发政府最大的财政支出机构就是军队，即"迪万杰什卜"（di-

---

① ［译注］"majles"波斯语原意为"议会"或"咨询会议"，此处主要是古代哈里发政权中的一种行政机构。

② 参见《哈姆雷特》。

③ D. Margoliouth and H. Amedroz 主编《阿拔斯哈里发王朝的衰落》六卷本（Blackwell, Oxford, 1921），第 170 页。在米斯凯韦列出的 11 个部门名单中，其中一个是临时性的，一个与皇宫有关，一个与印章有关，还有一个与军队有关，其余全部涉及财政问题。

wan al-jaysb)，它留下了一些极为细致的描述。①另一个主要的财政支出机构是"迪万那法加特"(diwan al-nafagat)，它主要支付行政官员和低级宫廷官员的工资，并向一些特定阶层分发养老金。它们与皇帝的私人内库是不一样的。在此之后，哈里发帝国又创建了另外两个机构，分别负责维护圣城和公共工程（比如修建堤坝和桥梁等）。

这些财政支出部门主要从公共金库中提取资金，后者是负责存放绝大部分税收的专门机构。它负责收支之间的平衡，假如出现了现金短缺，它可以得到皇室内库的帮助，这是在中国、罗马和拜占庭常用的办法。这些部门可以追溯至大约公元754年，与阿拔斯王朝的建立相去不远。从892年的穆塔迪德时期开始，这些机构变得非常重要，因为它不仅可以从领地内获得收入，[707]而且还可以从这一时期成倍增加的罚金和充公财产中获得收益，这些收入所占比例与来自各省的税收一样可观。②

征税部门经历了很大变迁。这些机构有两个可能的组织原则：即根据税收的性质征税，或是根据征税区域的性质征税。公元900年左右，哈里发帝国用下述办法解决了征税问题。最为主要的地税——"哈拉吉"(kharaj)的征收由三个"地域性"机构掌管，它们分别负责萨瓦迪(Sawad，伊拉克最富有的地区)、东部和西部三个地区。③另一个主要税收是"什一税"，主要由负责掌管国家领地的"迪万阿尔迪亚"(diwan al-diya)控制。不过，到公元920年时，迪万阿尔迪亚又分裂成两个部门：一个是专门掌管公共领地的机构"艾玛"(amma)，其职责在于提供公共财富；另一个是专门处理哈里发私人产业的机构"卡巴萨"(kbassa)，主要供应哈里发的内库府。其他财税机构也陆续建立，不过大多数都创建于920年之后。这些机构还包括：充公物资局、叛乱物资局以及专司监管货币兑换者的机构，后者在征税过程中也至关重要。此外，还有专门向国家工厂征税的部门。

在上述三组政府部门之外，哈里发帝国还有另外一个重要的政府

---

① 参见原书前文，第172页。

② D. And J. Sourdel，《阿拔斯王朝的维齐尔：749—936年》，第595页。

③ R. Levy，《伊斯兰的社会结构》(CUP, Cambridge, 1957)，第326页。

机构——驿站。它可能是罗马和拜占庭谍报机构的直接翻版，因为其名称来自拉丁语的阿拉伯说法"驿马"。其基本职能是为政府工作提供通信服务。哈里发帝国在交通主干线的两侧，特别是呼罗珊大公路和也门—麦加—巴格达的道路沿线建立了很多旅馆和补给站。信息主要是靠驴子（在伊朗很常见）或信使传递。不过，哈里发还存在专门用信鸽传递信息的驿站。除了传递信件外，在紧急情况下，驿站还可以用来运输军队。哈里发帝国和拜占庭帝国一样，它的信使们往往还是信息收集人，对于一个信息饥渴的帝国而言，这是一种无价之宝。哈里发帝国的驿站机构和罗马与拜占庭一样，还同时承担了帝国情报搜集中心的职能，情报信息源源不断地从这里涌入位于首都的驿站总部，后者将这些情报信息进行摘要后呈报给哈里发。①这个小小的步骤让帝国驿站变成了一个个秘密情报机构。

这些不同部门的事务最后都将集中于维齐尔手中，并由维齐尔来规范各个部门的运作。工作的例行程序如下：哈里发或维齐尔关于人事任命方面的指令将会转给国家登记局，关于现金支付方面的指令则会转给公共金库，其他有关财政支付的命令则会转达给相关部门。这些命令在经过"迪万齐曼"的审核后，再由国家登记局加盖印章后下达。[708]依照职权，维齐尔还是国家登记局的首脑，因此所有文档、凭证和信函虽然都由"哈里发"签署，但却是"维齐尔的职责"。掌管印玺是维齐尔的另一项职权，只有在维齐尔对拟定的诏令表示满意或对其修改之后，国家登记局才能加盖印章并传达下去。最后，维齐尔还监管着财政机构。他需要仔细辨别文件的真伪，核查账目，复查税收的评估及征缴方式。正是维齐尔对官员们的任职职责提出了要求，并确定对被解职官员收取罚金的数额。他需要不间断地了解有关国库收支平衡方面的信息，并据此向哈里发提出建议。②

应当指出的是，这些中央政府机构系监管性部门，而非执行机构：政策执行方面的细节，特别是征缴税收的方式通常因地域不同而千差

---

① R. Levy，《伊斯兰的社会结构》(CUP, Cambridge, 1957)，第 301 页。

② 本段叙述主要基于 D. And J. Sourdel，《阿拔斯王朝的维齐尔：749—936 年》一书，特别是书中第 605—613 页。

万别,这往往会视阿拉伯人征服与建立统治的情况而定。在政府机构的设计与布局方面,这些政策也并非哈里发政权所独创。除了维齐尔在拜占庭帝国是一种彻底的缺失之外,哈里发帝国统治机构的组织原则与拜占庭帝国类似。然而,许多历史学家认为,哈里发帝国的统治模型来自萨珊王朝。由于我们对萨珊王朝的统治概况知之甚少,更遑论提供二者相似性的证据了。

6.1.3　人事

哈里发帝国的高级人事官员是"书记官"。他们的特征在大约公元850年到950年发生了变化。起初,许多书记官仍为非穆斯林。即使这样,他们也已经完全被阿拉伯化了,而且他们确实能够写出相当优美的阿拉伯散文。这些书记官所接受的教育主要是文学性的(如果他们不是担任会计工作的话),而不是科学性的教育,而且具有非宗教性特征。因此,乌勒玛和他们之间存在着尖锐冲突,乌勒玛谴责书记官们的轻浮与不虔诚。而且这些书记官们尤其傲慢自大,这也是他们激怒乌勒玛的另一个原因。乌勒玛讥笑他们说:一旦成为书记官,一个人就会自认为聪明盖世,优越无比,并炫耀身上的长袍、头饰,以及两颊的发辫和"V"字型刘海。当伊朗人皈依伊斯兰教后,[709]他们逐渐陷入了什叶派和逊尼派之间的辩论。伊朗人还形成了两大对立集团,其首领则互相竞争维齐尔之职。

高级"书记官"们的社会名望和影响力非常之大。许多"书记官"家族世代占据政府要职,甚至在萨珊王朝后期已经世袭成风。他们完全可以被称做"世袭阶层"。这些书记官家族生活富足,有些家族还非常富裕。他们领取的薪酬可以反映其社会地位,以及他们所担任职务的重要性。一个普通职员,每月只能领取6个第纳尔的工资,但他的工资是一个熟练工人(比如木匠)的6倍。更高级别的职员每月薪水可高达20个第纳尔。不过,维齐尔和各级司库、部门主管们的薪酬更是为数巨大,远甚于此。

"书记官"们的世袭特权与其小集团性是相匹配的,这个小集团与中国的士大夫官僚极为相似。他们构建了一个由在不同部门供职的朋友和亲戚构成的"熟人网络"。其中一个后果使是某些特定职位代复一代地被控制在一个家族手中。比如根据估算,从870年到940年的37

任维齐尔当中，其中 30 任由 16 名维齐尔担任，而这 16 名维齐尔仅仅来自于四个不同的家族。①

6.2 军队

6.2.1 人事与招募

在两个多世纪的征服过程中，哈里发军队经历了一个令人称奇的转型：它从一个由大多数自由战士组成的军队，逐渐变成了一支由大量奴隶或是奴隶出身的人构成的武装力量。从 750 年开始，军队开始变成完全由雇佣兵组成的常备军，他们驻扎在新都城巴格达，并将巴格达称之为"阿卜纳"（abna）。

当穆耳台绥木被确定为继承人后，他创建了一支由 3000 名体格强壮的突厥士兵组成的近卫军。这些人出身于奴隶，被称为"吉比尔曼"（gbil-man），后来又被叫做"马穆鲁克"。（泰伯里告诉我们，穆耳台绥木似乎是突厥人）。833 年穆耳台绥木继任之后，据说他又把近卫军的规模扩大至 70000 人。为了反对这些异族骑兵进驻街头，巴格达的呼罗珊人和城市居民爆发了骚乱，于是穆耳台绥木不得不另建新城——萨马拉来安置这些军队。他们在萨马拉接受了穆耳台绥木严格而不近人情的命令，并实行种族分离。至于呼罗珊人，最终也逐渐被湮没于历史长河之中。

马穆鲁克和"奴隶军"等词汇是公开的严重误解。"马穆鲁克"是一个英语化了的词汇，[710]往往被简单地当成是一个埃及穆斯林王朝，而"奴隶军"则意味着它的士兵是以奴隶身份服役，不计薪酬。事实上，"奴隶"或与奴隶相当的"马穆鲁克"，仅意味着奴隶出身的男性。在当时的特殊情况下，作为奴隶被购买而来的这些男子（通常是在其青春期），在经过军事训练后可能会被其主人释放。但这种情况越来越少见，因为绝大多数"吉比尔曼"军队的士兵到死也未能改变其奴隶身份。马穆鲁克对于他们的主人必须保持无条件忠诚，至死不渝。这些"奴隶"出身的士兵为了薪酬而战。这也是为什么他们会长期不满，发动兵变，乃至最终篡权的原因（在理论上，根据自由人的忠诚传统，此类兵变

---

① E. Ashtor，《中世纪近东社会经济史》（Collins, London, 1976），第 139—140 页。

不应当发生）。①

6.2.2　军队编制、战术和战斗序列

这里所谈论的"军队"是指中央政府的军队，有时也被称为"伊拉克军"。哈里发帝国中还存在着根据总督指令建立的地方军队。这些军队的规模也非常之大，在909—913年爆发的内战中，阿尔·马蒙就具备供养一支两万人军队的能力。②虽然关于中央军规模的确切数字并未传诸于后世，但估计它可能有大约80000人。③

军队被划分成10人一班，每10个班为一个连，每10个连为一个营，受一个营长指挥，10个营组成一个团，每一个这样编制的军队被称作"塔比亚"（tabiya），由一个埃米尔统辖。战斗序列通常包括五部分，分别由前锋、后卫，中央和两个侧翼军团组成。[711]炮兵往往与后卫军团同行，轻装部队与侦查部队不列入战斗序列，而是作为战场机动力量。④

哈里发帝国在战斗过程中通常会保持这五部分战斗序列，但具体的作战单元则会根据战术需要而进行不同的组合。帝国军队几乎为清一色的骑兵，因而在速度和机动性方面极具优势。他们最热衷的武器

---

① 为什么埃及的马穆鲁克军队会继续忠诚于苏丹，而哈里发的吉比尔曼军队却会反叛，最后哈里发反而成了傀儡？这一问题并未得到广泛的共识。原则上，哈里发的这些马穆鲁克军队应当保持永久的忠诚和顺从。帕特西亚·克劳恩在《马背上的奴隶：伊斯兰政治体制的演变》（第82—84页）中将其归结为继任者不善征战，而我认为从统治者和前任哈里发的马穆鲁克之间的关系中或许能够找到答案。阿亚龙认为二者的关系很冷淡，而且通常是有害的，前任统治者的马穆鲁克们对新统治者充满怨恨。（参见 D. Ayalon，《埃及马穆鲁克研究：1250—1517年》，[Variorum Reprints，1975]，第一章，第28页。）此时在巴格达，新的哈里发在登基时只有相对很少的几支吉比尔曼军队，因此他需要将前任哈里发的军队招为己有，并且无需额外的忠诚。这是埃及的某些情况，但苏丹会与此有所不同，因为他在登基之前已经是最大一支马穆鲁克军队的埃米尔，这使他能够具有无可匹敌的优势。在此情况下，前任统治者的马穆鲁克军队的任何不满都无关紧要。

② R. Levy，《伊斯兰的社会结构》（CUP，Cambridge，1957），第416页。

③ 我们知道，和平时期（908—922年）维持这支军队每年需要100万第纳尔，平均每个士兵每月需支付13.5个第纳尔，参见 E. Ashtor，《中世纪近东社会经济史》（Collins，London，1976），第132页；我们还知道，阿尔·穆塔迪的花名册中有10万军队，参见 R. Levy，《伊斯兰的社会结构》（第419页），该书第323页的估算是无稽之谈。

④ 同上，第412、426、432页。V. J. Parry and M. G. Yapp（eds.），《"中东的战争技术与社会"论文集》（OUP，Oxford，1975），第829—830页。

是弓箭，整个军团的装备还包括标枪、长矛和剑；同时，还会有一些护身的装备，比如盾牌、头盔、铁甲和锁子甲。穆斯林骑兵的装备往往要比拜占庭军队的装备轻便一些，因为他们所使用的战马无法像拜占庭人的马匹一样可以承载更多甲胄。①

军队根据一定队列作战，通常分为三排，尽管在一些特殊战斗中，军队被部署成更加纵深的 13 排队列。第一排为弓弩兵；第二排为标枪兵，二者共同组成了步骑兵军团。骑兵位于最后一排。这样布阵的作战思想在于：弓箭手们可以远距离阻止敌军冲锋，然后由标枪兵对付那些在冲锋后幸存的敌军士兵，最后由骑兵发起冲锋。其余步兵军团紧随骑兵之后，两军对阵冲锋一直到其中一方溃退为止。②

哈里发帝国的边疆防御深受拜占庭帝国"兵站"制度的影响，也就是说，堡垒和据点由地方部落与外国雇佣兵驻守，后方据点中的"防卫军"为之提供支持。最重要的边防前线当然是拜占庭边界，但哈伦·拉希德还同时保卫着叙利亚和拥有堡垒的突尼斯海岸线，后者的宫廷名称是"拉巴特"（Rabat）。这些堡垒通过一个由观察哨和信号站组成的网络被连接了起来。

7. 公共工程

7.1　防务③

哈里发帝国的军队由 4 个军团和一个宫廷近卫军组成。近卫军团只接受哈里发的个人控制。哈里发像私产一样供养他们，并为之提供马匹和装备。[712]近卫军驻扎在宫殿区域内，而且他们确实曾经一度驻扎在宫殿之内，因此他们的名字叫做"希木叶利亚"（hujariyya），这一称谓来自希木叶尔语（hujar），又称"内室近卫军"。哈里发们非常担心

---

① R. Levy，《伊斯兰的社会结构》（CUP，Cambridge，1957），第 427—429 页。V. J. Parry 主编，"战争"，载《剑桥伊斯兰史》第二卷（CUP，Cambridge，1975），第 829—830 页。

② V. J. Parry and M. G. Yapp(eds.)，《"中东的战争技术与社会"论文集》，第 828—830 页。

③ 有关军队防务和财产方面的内容主要基于 R. Levy《伊斯兰的社会结构》一书完成，特别是 Bosworth 的研究，载 V. J. Parry and M. G. Yapp(eds.)，《"中东的战争技术与社会"论文集》，第 62—63、69—74 页。

这些近卫军士兵的反叛，因而往往会委派心腹宦官时刻监视他们。比如，没有太监的随同，他们不能随便离开宫殿，更不能骑马外出。

军队的财产主要由军团指挥官掌控。其主事的总管"萨赫布—迪万杰什"曾一度兼任军需总监、军饷官和检阅官。其作为检阅官的职责主要是保证军队的完整与战斗力，并在4个军团中分配士兵。他通过检阅来履行职责。军队定期在巴格达莱瑟尔（Lesser）广场上接受检阅，通常宫廷近卫军也会同时在场。检阅仪式通常由政府中的达官贵人们主持，政府各部门中的书记官也会参加。其中一批书记官们的职责主要是考察军队的战斗力；另一批书记官们的职责是确认每一名骑兵的特征是否与花名册中描述的情况相符，以此来侦查间谍和危险分子，并阻止贪污腐败行为。在检阅结束后，骑兵们会被分派到四个不同的军团之中。那些被评为"优等"的骑兵会成为哈里发的"私人武装"，事实上他们是主要的野战部队。被评为"中等"的士兵将会被划归巴格达治安长官统辖，他们将会被派往巴格达到呼罗珊公路沿线巡逻，或被派去戍守伊拉克和伊朗西部的战略要塞。被划到第三等级的士兵将会被派驻地方，负责协助当地警察和征税人。最后是作为特种部队的精英军团，它由各军团中挑选出来的最勇猛的骑兵们组成。

哈里发帝国的军队成功地守住了它和拜占庭帝国之间的边界，但它却无法遏制那些持不同政见的统治者。因为一旦这些持不同政见的地方统治者获得了哈里发的税收，他们就能够建立自己的马穆鲁克军队。因此，一个宣称反叛的统治者如果越独立，他就会变得越强大。

7.2 法律与秩序

我们曾经谈到，哈里发帝国拥有两个完全独立的司法体系，每一个司法体系都拥有自己法庭：一个是"卡迪"法庭，另一个是哈里发的"马札里姆"法庭。更确切地说，哈里发帝国境内存在着三个司法体系，因为在涉及民事案件和宗教案件时，"迪米人"是在自己的法庭中依照本民族的法律体系自行审理。卡迪法庭通常被称作"宗教法庭"，因为这里所遵循的法律是伊斯兰教法"沙里亚"。这些法庭最后发展成为一个广泛的法律体系，它达到了我们前面已经描述过的程度。[1][713]卡迪法庭还提供了一个远离日常生活现实的理想，和一个让人们为之努力的目标，虽然这未必能实现。"沙里亚"的守护人往往是虔诚而博学的学者或乌勒玛，正是他们设置了高高在上的理想目标。一旦他们的理想与哈里发所支持的政策相背离时，他们就会"躲在一边"。虽然明知这些做法是错误的，但他们却无法公开进行谴责。[2]

卡迪们往往由哈里发或他的代表"大卡迪"亲自任命，后者往往是这一时期哈里发身边最具影响力的顾问之一。从本质上说，卡迪们的角色基本上是地方性的。哈里发帝国中的法庭没有设立等级次序，也没有规范化的上诉制度。卡迪们被假定为具有独立性的法官，只要他们获得了任命，某种程度上他通过自己的书记官来管理其法庭，做出自己的判决，事实上也确实如此。但卡迪们的工作也只是连接法庭中的各个程序，因为只有哈里发的行政官员才能执行判决。而且，哈里发还能够不时地推翻那些令他不快的司法判决。所谓的司法"独立"在实践中只能是名义性的。

同样，哈里发也没有太大兴趣参与需要通过卡迪途径解决的事务，这些事务大都与宗教有关，比如宗教信仰、结婚与离婚、财产继承，以及宗教机构的不动产和永久产业。还有一些事务也属于卡迪的司法权限，比如《古兰经》中提到的 6 项特殊犯罪，可能还有缴纳"天课"的问题，因为这是《古兰经》所规定的"施舍"行为。但是，卡迪们必须接受哈里发对于司法的界定，并学会应用哈里发的"政策"概念。因此，他们承认统治者可以根据自己的喜好采取任何财政和刑事政策的权利，而统治者则往往提供不公开违背或明确禁止"沙里亚"律法的承诺。卡迪法院之所以在此类事务上轻易地完全拱手让给统治者，主要是它在法庭程序方面存在严重缺陷。其结果便是所有涉及公共政策方面的事务都会进入由政府运作的法庭，也即申诉法院"马札里姆"和治安法院，这里实行的是"统治者"的法律，其中提供协助工作的官员被称为"穆哈泰希

---

[1] 参见原书前文第 688 页。

[2] J. Schacht，《伊斯兰法律概述》(OUP，Oxford，1982)，第 567 页；M. G. S. Hodgson，《伊斯兰的发展》第一卷，第 347 页。

卜"（Muhtasib），也即"检察官"或"监督者"。

马札里姆主要有两个功能。它首先是一个处理卡迪法庭和其他低级法院上诉案件的法院；其次，它是一个处理官员渎职案件的最高司法机构，它同时还是哈里发打击异教徒，对诸如将军和维齐尔等高级官员进行国家审判的有效工具。申诉法院通常由哈里发本人或维齐尔主持，或是由哈里发在首都各个部门的代表，以及他在省城各地的代表们主持。[714]它们可以对官员的压迫行径采取措施，比如征税过程中的不公平行为，或者是政府职员的渎职行为。它们能够在涉及政府职员薪俸问题上，以及臣民资产被错误查封等问题上赢取民心。它通过卡迪们或穆哈泰希卜们的判决而产生效力。最后，它们还对卡迪法庭拥有一定权限，能够共同审理不适用于卡迪法庭程序的案件。于是，所有的公共政策事务，如土地法、刑法、财政法、军法以及对于官员不当行为的处置，都被有效地包含在了这些法庭的权限之内。

接下来是治安法庭。哈里发的警察队伍是"舒尔塔"（shurta），这是罗马人或拜占庭人"看守者"（cohors）的阿拉伯版本，这表明哈里发帝国曾受到了拜占庭人的启发。在京城中，舒尔塔是一支非常庞大的力量，负责保护哈里发和整座城市的治安。穆尼斯和穆克塔迪尔的宦官警察首长可以调动9000人的队伍。①其他高级官员或统治者居住的城市中也部署了同样多的武装力量。这支队伍的司令官是萨赫卜—舒尔塔（sahib al-shutrta），其职责主要是预防、调查和惩治犯罪。为了达到这些治安目的，他还设置了一个能够通融失误的法庭程序。和同一时代的中国唐朝县令一样，法官们需要收集现场证据，它与卡迪法庭的不同之处在于，它认可品质恶劣的人作为人证，允许其在宣誓后接受聆讯。这些法官还可以在他们认为必要的时候通过严刑拷打来获得供词，这种做法到后来变成了惯例。一些警察司令官就因为野蛮残忍而臭名昭著。②

最后，我们一起来分析无处不在的基层准司法官员"穆哈泰希卜"。

---

① 这就是他结束了对于哈里发的霸权的原因，参见原书前文第700页。
② R. Levy，《伊斯兰的社会结构》（CUP, Cambridge, 1957），第333—334页。

起初，他们的首要功能与拜占庭帝国中的"市场检查官"一样。穆哈泰希卜们同样掌管着度量衡，防止欺诈和假冒商品。不过，他也可以草率地审问一些毫无争议的案件，否则案子就必须转入卡迪法庭审理。此外，他们还有权命令民众修补城墙，疏通水井与沟渠，阻止非穆斯林修建的房屋高于穆斯林，清理占道的房屋和商铺，要求房主停止占用排水口和排水明渠的工程。同样，他还对开挖河道、修建房屋和厕所等颁发许可。最后，也是最为伊斯兰化的一点就在于：在公共场合（他们没有被允许进入私宅），穆哈泰希卜同时还是穆斯林信仰和道德的强制推行者。[715]他们负责监督清真寺中祈祷者的行为是否得体；检查是否有人在斋月进食，或者男女公开在一起；清理卖酒行为，打击酗酒者，同时监督非穆斯林是否佩戴了与众不同的黄色徽章。

7.3 税收

除了对城镇居民和商人收取的各种税收外，哈里发帝国的税收主要包括三种类型。不过，在实践中，国家对税收的评估和征收方式并不一致。在大多数时间里，哈里发帝国的大部分税收来自农业税。

第一类税收是"人头税"，这是完全针对迪米人而收取的税收。第二类是天课——"扎卡特"，或称"施舍税"，这主要是针对穆斯林而言。它在名义上是"什一税"，大多数情况下只针对土地征税，但也对牲畜和其他活物征收。最为重要的税收是"土地税"，也即"哈拉吉"。一开始，土地税只针对迪米人征收。但随着迪米人数量的减少，皈依伊斯兰教的穆斯林——"麦瓦利"人数逐渐增多后，国家税收开始枯竭，于是土地税也扩大到了穆斯林群体。因此，这一时期每个穆斯林都需缴纳"土地税"和天课税，迪米人还需要缴纳额外的"人头税"。

在不同时期和地域内，评估土地税的方法也大不相同。不过，由于一贯的技术性原因，评估办法都很复杂。①在有些地区，税收是基于整个地区的面积进行估算；而在另一些地区，税收主要是按照耕地面积来进行估算，土地质量、灌溉模式，以及农作物的类型等都被考虑在内。

---

① 参见"概念性绪论"，原文第81页。

在其他地方,税收主要是基于土地上的平均回报来进行估算,当然还会考虑到耕作模式,不过没有区分不同年份的差别;在别的地方,估算方法刚好相反,而且每年都会有所不同。征税方法也同样大相径庭,不过看上去似乎有一个所谓的"标准",即税收将会按照一个总体数额来征收。每一个省份,乃至各省下辖的县都会设立征税官及其职员(或者税农)。有时候,邻近的大土地所有者也会负责收税。除了美索不达米亚和萨瓦迪地区之外,农业税逐渐成为一种定制。但即便是在美索不达米亚和萨瓦迪地区,政府在资金短缺情况下也会求助于农业税。从同一时期埃及人的税收实践中,大体上可以描绘出哈里发征税的总体原则。[716]在埃及,税收依照 4 年期合同的标准进行征收:农民们被允许扣除改进农业的成本,比如修建堤坝、沟渠等。作为回报,他们需要向国库缴纳固定数额的税收。①

征税过程总是会伴随一些技术性问题。假如以实物形式收取,税务官要面临重新分配、运输和税后出售等问题。而且,税收可能会在三个不同的时段征缴,就像在上美索不达米亚一样,三季收获之后的每一季都要缴税。②如果用货币形式缴纳税收,则金银货币的复本位制需要有专业的货币换算师,这需要中央政府任命领取薪俸的官员专司其事。征税过程中往往还面临着暴力抗税的风险,因此这些税吏们通常还需要由一队士兵相伴随。

事实上,所有这些农耕经济中的技术性原始税收体系,无论是在税收估算还是在征缴方法上,都会滋生出各种各样的腐败与勒索。因为只要有钱源源不断地进入囊中,政府及其代理人是不会去关注它们是如何被征收而来的。

8. 评价

8.1　防务与内部安定

哈里发军队维系帝国统一的失败并不能归因于其贫弱的战斗力。

---

① 　R. Levy,《伊斯兰的社会结构》(CUP, Cambridge, 1957),第 316 页。
② 　C. Cahen,《中世纪穆斯林民族史》(Damascus, Syria, 1977),第 412—413 页。

虽然拥有 80000 名士兵的哈里发军队曾一度被传说中的 3000 名卡尔马特人打得落荒而逃，但是穆尼斯和英勇的赛义夫·道拉赫（Saif ad Dawlah）的胜利则更为经典。后者的故事尤为感人，赛义夫·道拉赫在只有叙利亚资源可资利用的情况下，与整个拜占庭帝国打了个平手。直到 9 世纪晚期和 10 世纪早期，哈里发军队还曾成功地镇压了众多社会与宗教反叛。

哈里发帝国的解体源自三个复杂的深层次原因：一是对哈里发统治合法性的普遍怀疑，即在倭马亚王朝和阿拔斯王朝之间，谁更具有合法性？二是移交给各省总督的全权性代表权。三是位于京城的武装力量和总督们之间的遥远距离（参见原文第 679 页）。事实上，倭马亚王朝确实曾派出一支又一支军队试图守住摩洛哥，甚至还取得了临时性胜利。[717]在阿拔斯王朝时期，更为常见的现实是许多强大的总督们获得了事实上的自治权，只不过在名义上还要承认其从属地位，并继续向国库缴纳贡赋。这种情形会一直持续下去，直到有一天，这些自治性的总督们被外部力量侵占（比如法蒂玛对于突尼斯阿格拉布王朝的征服），或是被内部的反叛所推翻。或者，新的统治者割断了本省与帝国首都之间的联系，即便没有这样做，也只是保持一种纯粹是名义上的联系。呼罗珊地区的命运就是一个例证：呼罗珊地区在塔希尔王朝统治时期取得了自治权，塔希尔王朝统治者允许乌浒河地区由萨玛尼统治。塔希尔王朝对萨法尔家族的社会叛变只能隐忍不发，萨法尔人反过来又被乌浒河地区的萨玛尼所推翻。萨玛尼人还吞并了呼罗珊地区，建立起一个富裕而庞大的国家，他们利用绝对权威统治着这个国家，它和哈里发之间的臣属关系完全是名义性的。

巴格达以西的省份，比如西班牙、北非和埃及也纷纷脱离哈里发帝国，尽管脱离的时间和具体情况各不相同，但都体现了刚才提到的三个因素：距离、总督们的全权、宗教派系领导下的持续反叛。面对这些因素，无论哈里发的军事力量如何强大，士兵们如何英勇，也无法赢得长期优势。

而且，这些地方省份的脱离最终引发了致命的恶性循环。当哈里发帝国在公元 8 世纪停止扩张时，战利品的流入随之停止；到 9 世纪后期，对于拜占庭帝国的战争索赔也宣告结束。这些损失又正好出现在哈里发帝国中心省区的经济走向衰退之时，其结果便是税基的大幅缩减。这一切在赞吉起义（869—883 年）时达到了顶点，它在长达十四年的时间里拖住了巴格达的全部兵力。埃利亚胡·阿什多曾评价说，这场暴乱是"帝国毁灭的决定性阶段"，帝国的"分裂力量非常强大，最终导致了帝国解体"。①事实上，在摄政王穆瓦法格（al-Muwaffaq）统治下，起义还刺激了哈里发权力的复兴。庞大的军事开支，也为各省总督们减少或扣留向中央政府缴纳的税收提供了机会。应对动荡地区②的混乱和盗匪也需要大量花费，[718]当穆克塔迪尔于 908 年即位的时候，哈里发帝国的中央政府正面临着深刻的财政危机。它没有金钱去应付发动兵变的军队。这些兵变又动摇了中央政府，埃米尔们从哈里发手中夺取了权力，哈里发则变得有名无实，这个一度横跨世界的"帝国"也被缩减到了只剩下美索不达米亚的狭小地域。

8.2　司法

我们先从两套司法体系说起，即"沙里亚法庭"和"马札里姆法庭"。在"沙里亚"司法问题上，需要澄清一些误解。比如，逊尼派伊斯兰教中的四大法学学派在一些细节问题上分歧甚多，有人或许会认为这将导致混乱和不公平。不过，人们普遍认为每个法官都会根据本学派的观点或自己认同的立场进行审判。而且，卡迪们和马札里姆法官们的非独立性也是毋庸置疑的；二者的审判结果都有可能被改变，前者的决定也可以被后者所检查。但我们并不知道这对民事行为的影响有多大，如果从帝国的复杂性和广大地域来猜测的

---

① E. Ashtor，《中世纪近东社会经济史》（Collins，London，1976），第 121 页，或参考第 115—132 页。

② E. Ashtor，《中世纪近东社会经济史》（Collins，London，1976），第 121—123 页。例子主要是伊朗中西部的阿卜杜拉·阿齐兹，德黑兰附近的穆罕默德·哈伦。同样根据阿什多的研究，贝都因人的盗匪行为也时有反复。

话,哈里发和中央政府官僚机构不大可能干涉此类事务。只有在马札里姆法庭中,独立性的缺乏才会有重大影响,稍后我们再讨论这一点。

有关司法体系缺陷的另一个例子是各种规避禁止放高利贷的办法。其中一个例证就是荒谬不堪的"职业证人"制度。沙里亚法庭的判决需要证人(通常是两个证人)的证词;证词必须是口头性的,其他形式的证据是不被接受的;而且不允许进行盘问。因此案件的最终结果完全依赖于证人们的可信性,如果证人发誓说其中一个诉讼人的陈词是真实的,那么法庭就会自动判决。为了确保证词的可信性,卡迪们还要调查证人的品质,这就需要雇佣一名调查证人德行的职员,禁止那些品质恶劣的人出庭作证,同时建立一个具有信誉和口碑的证人花名册。只有这些人才可以在法庭上作证,他们也因此而变成了"职业证人",这一制度一直持续到19世纪。当然,这听起来有些荒唐可笑。但在10世纪,这确实非常有效地达到了目的。商业交易过程中的文献证据显然是不可缺少的,但未必会被沙里亚法庭调用。因此,诉讼当事人只能拿着他们的书面证据去寻找一位职业证人,[719]并让他在法庭上立誓以证明诉讼人陈述事实的真实性。通过这种方式,职业证人结束了大众公证人的身份,在10世纪开始成为永久性司法官员中的一员。①

最后一个缺陷与"法人资格"有关。伊斯兰律法从未发展出有关"法人"的概念,因此它从不承认法律意义上的团体概念,比如市政当局,这使得城市当局在要求民众移去阻塞物,或是清理沟渠时变得非常困难。但是在实践中,政府当局的马札里姆法官或警察指挥官会自发地反对民众的不当行为,他们会利用代理人以反对公共秩序等名义来控告这些民众。

这并不是说,哈里发帝国没有形成"法人"概念这一点并不重要。这一点非常关键,因为它蕴含了个人与政府当局出现对立时的筹码。

---

① A. Mez,《伊斯兰教的复兴》,第228页。这项奇怪的工作充满了令人疑惑的杂乱信息,不过对于我们的主题却很有意义,参见原书第227—230页。麦兹指出"卡迪"职务通常在一个家族中世袭,他还列举了一些司法王朝的名录。

后者包括马札里姆法庭的法官们、①警察官员，以及穆哈泰希卜们。马札里姆法官和警察官可以通过任何借口启动对于嫌疑犯的调查程序，比如在一个人家里或身上发现了赃物、盗窃工具和武器，或者是流言蜚语和调查结果。②穆哈泰希卜们也倾向于"接触其他法官和官员无法触及的内容"：在其他部门无法与之竞争的地方，监督每一个领域的道德规范。③穆哈泰希卜处理的事务虽然微不足道，但是数量众多，且具有诸多限制。此外，穆哈泰希卜还是城市中获得授权的首席刺探员。总而言之，哈里发的镇压手段确实非常之多。

但是反过来，哈里发治下的臣民根本没有获得挑战公共权威的能力。在罗马，自共和之日起，国家的权利便被设想成归属于某一个法人，因此但凡涉及公民反对当局的民事案件一律由当事人之间的法庭解决。伊斯兰社会并未真正拥有前述意义上的国家概念，其臣民所能做的事情就是向哈里发，或者代表哈里发的主事官员祈求，[720]以便这些被请求的官员能够根据其理由进行判决。

这种单方面的制度安排将其臣民的生命、肢体、自由与财产置于风险之中。我们能够而且应当拒绝哈瓦利吉派对于反倭玛亚的指控，但是应当指明这不仅涉及不虔诚问题，而且背离了个人权利。一位哈里发"使众仆成为真主之奴"；另一些哈里发则贪赃枉法；还有一些则极尽折磨之能事，实行黥刑、挖眼和砍断手足的酷刑。"这些倭玛亚家族藉猜疑而抓人，不仅朝令夕改，而且暴怒杀人，他们无视犯罪行为而判决，使真正的罪犯免于惩罚。他们通过非正当渠道敛取天课，然后胡乱挥霍。"④我们深知哈瓦利吉派是何等的极端分子，并质疑他们的言辞，但在我看来，对他们的总体指控是不能忽视的。⑤这样血腥的行为可以从一系列案例中得到证实，比如阿尔·赫贾吉

① 为了强调其统治，他们不是被叫做"法官"，而是被称为"马札里姆主人"或"马札里姆萨赫布"，E. Tyan，《伊斯兰国家司法组织制度史》(Brill, Leiden, 1960)，第445页。

② 同上，第443,445,572—573,604页。

③ 同上，第621页。

④ 本段内容来自 P. Crone and M. Hinds，《真主的哈里发：第一个伊斯兰世纪中的宗教权威》，第130—132页。

⑤ 参见原书前文，第686—687,698页。

(al-Hajjaj)和其他总督残忍地对待伊拉克人的行径；以及阿拔斯王朝臭名昭著的案例，比如哈里发曼苏尔对阿布·穆斯里姆背信弃义的谋杀，以及哈伦对于巴尔麦克家族的屠杀等。至于对公民财产权的侵犯，在哈里发早期就已出现，并形成了例行性的"固定制度"，哈里发常常通过"捐献"的名义将一些富商大贾和高级官员们的财产没收充公。简言之，用一句耸人听闻的话来说，阿布·哈姆扎（Abu Hamza)的烟雾之下便是怒火。

假如我们相信司法腐败的话，那么这并非司法管理上的唯一缺陷。根据一些指控，"职业证人"曾收受贿赂，然而"无论是道德检察官，还是卡迪本人对此都毫无觉察"。①有关的法庭记录非常稀少，历史学家给我们留下来的例证往往都是些病态性的案例，但是具有权威性的伊斯兰主义者（Islamicists）也非常明确地指出：此类违法行为是完全存在的。

> "伊斯兰律法"在应用过程中并不能防止玩忽职守的行为，比如贿赂证人和卡迪法官，以及政府的粗暴行为和卡迪法官们无权处置的个人。其背离法律的程度取决于政府的特征和力量，这方面最好的时期可能是在奥斯曼帝国初期。另一方面，在阿拔斯王朝早期，哈里发帝国与众不同之处就在于其频繁的篡位和侵吞私人财产行为。②

[721]J.沙赫特花了毕生精力来研究伊斯兰律法，并检查与此有关的所有历史记录，至少在进一步的研究得出相反结论之前，我们有理由相信他的研究。

根据索德尔的研究，哈里发帝国的臣民们从未期望能够从马札里姆法庭中获得赔偿。他们警告说，不要误认为哈里发国家会严格地调查案件并控制其官员。案件的诉讼程序不断变化，并且完全依

---

①　D. And J. Sourdel,《伊斯兰古典文明》，第242页。

②　J. Schacht,《伊斯兰法律概述》(OUP, Oxford, 1982)，第200页。

赖于哈里发，代表政府当局的行政官员、警察和军事首脑们都有办法对那些无助的臣民施加压力。[①]（这比税收的案例更有说服力）

　　穆斯林臣民对真主负有神圣的义务，但有权反对他自己的邻居；对于后者而言，他具有生命、财产和居住自由的权力。当他的这些权力被其他同伴所侵犯的时候，他能够以同等地位提起诉讼。但是对于安拉却完全相反，穆斯林臣民并无对等的权利，完全地顺从安拉是其生活中唯一的首要职责。穆斯林臣民或许在原则上有权反对哈里发，但在哈里发的权限中，他对于臣民的权力是绝对，而且在法律上也不存在对于其臣民的补偿。有一种观点认为，无论伊斯兰教法是否具有公民权利的概念，哈里发在行使其为所欲为的个人权力方面具有无可置疑的能力，将其描述为"专制主义"可能更贴切一些。

　　这种君主专制权力的存在并非因为法律缺少对于统治者的限制，更糟的是法律在事实上规定：即便君主是错误的，民众也要承担永远不反对他的义务。在吉本的词汇中，法律"使专制主义理论神圣了"。[②]阿尔·马沃尔迪（Al-Mawardi，卒于1058年）和安萨里是这一观点的伟大辩护者，他们曾就这一时期的政治现实进行过理性化的分析。我们需要再一次引用前面说过的话：

　　　　对于一个无恶不作的野蛮苏丹而言，只要他能够得到军事力量的支持，不仅废黜他存在困难，即便是打算罢黜他的企图也将导致无法承受的内乱。这种必要性更多地存在于对他的顺从上面，特别是那些根据命令要求顺从他的人。

8.3　税收与支出

　　在哈里发帝国最为荣耀的772年至775年，许多征税代理人通过突袭上美索不达米亚的办法来征集税收，用以支付针对拜占庭帝国的

①　D. And J. Sourdel，《伊斯兰古典文明》，第245页。

②　H. A. R. Gibb，《宪法组织》，第16页。

战争。对于当时情况的叙述主要得益于信奉基督一神论的族长邓尼斯（Denys）的论述。

根据邓尼斯的说法，当时存在着无数个税收代理人。[1]每一位代理人都会由一队士兵相伴。每一种不同的税收都会由一个不同的代理人来征收，于是这些征税人每年要出现三次。村民们的首要负担便是这些人的食宿，这些都需要村民自己来承担。其次，纳税人被要求去城镇里缴税，他们还要为此承担相应的交通成本。有些税收必须以银币形式上缴，为了获得纳税所需的银币，农民们还必须立即出售自己的产出以兑换银币。征税人和杂货商往往沆瀣一气，迫使农民以极低的价格出售农作物，通常是市场谷物价格的三分之一或五分之二，牲畜价格的二分之一。最后是非法的额外负担，比如要求农民们提供食物，或是提供交易过程中使用的纸张；强制征收使用衡器的费用；宣称缴纳的货币分量不足，需要补齐。[2]如此等等，不一而足。

农民们总是迟迟无法上缴税款，征税人往往会采用一些野蛮的手段来征税，这一点在中国、罗马和拜占庭等帝国中都不陌生。邓尼斯还向我们描述了一些具体情形：有一次，征税人把农民们锁在教堂中整整3天；有时候，这些征税人还会把拖欠税款的人捆绑在烈日之下暴晒，或处以绞刑。[3]这些农民同中国和罗马帝国中的农民一样，在苛税面前被迫逃离土地。为了防止农民大肆逃亡，政府当局沿路部署警察，进行埋伏，在城镇中检查身份，甚至像对待土匪强盗一样攻击行人（真正的强盗则可以通过冒充警察而从中获利）。迪米人也要屈从于侮辱性的刺身，或是佩戴像狗牌一样的项圈，上面写有其本人的姓名与住址。

邓尼斯还提到，每个村子里都会有自己的"老板"，他一般是村里的主要土地所有者，政府往往会任命他们负责征税。这些人与政府的征税代理人关系密切，他们会进行我们前面提到的强制交易。[723]这些人还会向农民进行短期借贷，并以农民的土地和牲畜等作为抵押。其

---

[1] C. Cahen,《中世纪穆斯林民族史》，第407页。此文是克劳德·卡恩对于邓尼斯文章的概括和评论。

[2] R. Levy,《伊斯兰的社会结构》(CUP, Cambridge, 1957)，第308页。

[3] 同上。

结果自然不难预料，因为在所有的原始农业社会中都会发生类似情形。

对于草根民众的勒索同样存在。在灾难横行的900年，政府开始以"罚金"的名义对财富征收资本税。这种税收就是"穆萨拉"，它后来变成了一种永久性制度，不只是在哈里发时期，继任的统治者照旧征收。这些罚款的重要性可以从923—924年的一些事实中估算出来，它们竟然占当时整个财政收入的48％！[1] 另一些滥用税收的政策是出售官职，或者是对官员们按价收费，否则他们就无法保住自己的饭碗。917年，维齐尔伊本·弗拉特(Ibn al-Furat)建立了一个独立的"秘密盈利机构"，[2]主要用于敛取官员们收取的部分贿赂，某种程度上说官员收受贿赂已经制度化了。我们在下文中还会提到其他一些证据。

除了民众个人深受其害，连那些高级官员们也要受到类似的折磨。为了中饱私囊，哈里发们开始允许维齐尔和其他高级官员非法聚敛私人财富，然后以勒索或腐败的罪名控告他们，并派人调查揭露其罪行，最后将他们的巨额财产全部充公，这当然是为了哈里发的个人私利。这种做法可以在倭玛亚时期得到证实。[3]到9世纪末期，这已经成为定制。

事实上，我们看到的都是非常特别的情形。它不只是一个彻底腐败的财政体系，因为这在今天许多第三世界国家中都是极其常见的社会现象。米斯凯韦(Miskawayh)在有关穆克塔迪尔统治的历史记载中指出：[4]哈里发帝国公共管理的私有化完全建立在系统性腐败的基础之上。[5]

根据我对米斯凯韦的理解：哈里发规定维齐尔之职由竞标产生。胜利的投标人承诺用本票向哈里发的私人库府缴纳一定数额的金钱。这

---

① E. Ashtor，《中世纪近东社会经济史》(Collins, London, 1976)，第135页。

② 同上，第136页。

③ Patricia Crone，《马背上的奴隶：伊斯兰政治体制的演变》(CUP, Cambridge, 1980)，第227, 239页。

④ D. Margoliouth and H. Amedroz 主编《阿拔斯哈里发王朝的衰落》六卷本（Blackwell, Oxford, 1921）。

⑤ 或许这无法与西方公共权力的私有化相提并论。在中世纪，当哈里发帝国开始继承拜占庭和萨珊帝国的复杂管理机器时，像罗马这样的国家已经将其解散了。悲剧就在于当欧洲地区逐渐建立新国家的同时，哈里发们正忙于拆除它。

一职位对于投标人来说存在着莫大的竞争，每一位竞标者都要抬高"提供"给哈里发的金钱数额，尽管被接受的投标人并不总是出价最高者。

[724]然后轮到维齐尔与具体的个人讨价还价了，他们当中有一些现职官员，还有一些是维齐尔打算任命到特殊地区征税的官员。这些官员中有一部分通过获得"哈拉吉"作为薪酬，其他一些会被任命为将军、总督或祈祷引领人，他们接受"伊克塔"。这意味着作为对征收税款"哈拉吉"和获得官职的回报，他们必须用本票或支票的形式向公共财政缴纳一定数额的资金。

这些制度性安排的显著特征就在于公共管理的私有化。这变成了一个维齐尔与这些官员个人之间的自私的双重价值网络。他们的办公机构中的确保存了极为详尽的账目和文档，但这并非出于国家或是公共目的，更不会是为了帝国。大多数维齐尔的任职都是为了金钱，只有伊本·伊萨(Ibn Isa)看上去是一个很大的例外。

维齐尔的任免变得频繁起来，并且成为定制。即将到任的维齐尔解聘或逮捕前任维齐尔及其全部雇员，并且对他们处以巨额罚金，然后将这些罚金充入公共财政和私人库府。这些钱都是通过威胁甚者拷问的方式从那些失败的派系中榨取而来。其意义就在于：每一位政府官员都有非法收入，因此可以通过拷打收回非法所得。但在大多数情况下，一旦他交了钱，他就会被任命到更加有利可图的职位上去。简言之，整个财政系统包含了下至每一个梯形统治结构最底层的共同安排，它允许并且鼓励每一名官员为自己获取非法所得，并将非法收入的一部分作为政府的额外收入！一句话，整个财政体系的运作犹如今日的一个犯罪辛迪加。

不过，这里还存在一个问题：难道对于防务、安全和公共工程来说，这些欺骗和勒索手腕是一种必需？事实上完全不是这样。编年史家所记录的数额无疑被夸大了，但即使把这些数据缩小数倍，我们还是可以看出数字背后的欺骗与奢华。一方面，征税的成本非常之大，因为从民众那里征缴而来的巨额税收在到达中央政府之前便已流进了税吏们的口袋。退而言之，即便这些税收到了中央政府之后，它们也不会被全部用于我们刚才所提到的几个公共目标。据估算，918—919 年度中央政府的全部财政收入大约为 1550 万第纳尔。从 918—919 年开支条目的明细来看，①我估计至少有 1050 万第纳尔进入了哈里发的私人荷包。[725]可以很有把握地说，绝大多数税收都被哈里发们用在了疯狂离奇的奢华生活上面。

9. 结论：哈里发帝国的特征与局限

在整个统治史中，我素来强调"社会文化"与"政治文化"，"艺术的国家"和"国家的艺术"之间的不同。②关于这一点，没有哪个国家比哈里发帝国更为形象。这一时期崛起的新伊斯兰文明，是伊斯兰教和其他早已植根于此的征服者文化的混合物，它不仅在精神、艺术和宗教上非常丰富、先进，而且在持久性方面也不逊于世界其他地区。但是，其统治方式却略逊一筹。

哈里发帝国的巨大成就首先在于它像工厂一样使其治下的臣民和东部异教徒（特别是土耳其人）皈依了伊斯兰教。其次在于它所维系的巨大市场，而且它还控制着前往中亚和遥远中国的黄金道路。最后，哈里发帝国统治区域内有着共同的社会结构和生活方式。它还创造了一个有着共同艺术、文学的文化世界，在从大西洋的奥克苏斯到印度河的广袤区域内，知识分子和香客们可以自由流动，任意定居。在这方面，哈里发帝国是世界历史上一个无可替代的重大转折点，所有这些巨大成就都令人难以想象。但是，哈里发帝国在发展社会统治实践、政治思想，或者个人自由、农民的繁荣，乃至单纯的权力生存等方面，它都是一个明显的失败。

我们衡量哈里发帝国的准绳不应当是中世纪的欧洲。因为在欧洲，短暂的蛮族王国和罗马帝国的统治之间存在着关联。相比之下，哈里发实现了萨珊帝国和拜占庭帝国的政治实践和官僚系统。因此唯一合理的比较对象应当是罗马帝国、唐帝国和拜占庭帝国，特别是拜占庭

---

① 　R. Levy，《伊斯兰的社会结构》(CUP，Cambridge，1957)，第 323—324 页。
② 　差别在于我所谓的"政治文化"与一个文明中的艺术与精英层面的文化，参见芬纳《马背上的人》，第 78 页。

帝国，除了为数不多的共同点之外，哈里发还放大了这些过度行为。

我们并非要批评哈里发是一个奴隶社会，[726]，因为19世纪的美国和巴西也曾经如此；也绝非批评它对于宗教少数派的歧视，因为它对待宗教少数派的做法，要远远好于基督教欧洲对于犹太人、异教徒和宗教异端的态度。尽管我们未曾讨论哈里发对于民众的"公共产品"问题，但这并非因为"公共产品"根本不存在，而是由于大多数"公共产品"都是由伪善的施主们年复一年地提供。学校与学习中心、医院、公共浴池，以及其他礼仪都是通过这种方式进行的，哈里发本身就是一个大施主。

事实上，哈里发并不比它周边的帝国更为残暴，和中国律法的残暴性相比，它所执行的"沙里亚"刑罚和量刑标准在当时是非常温和的，甚至有点仁慈。尽管我们关注到了哈里发压迫性权力的广泛性，但压迫在当时每个国家都再正常不过。哈里发帝国学者们所鼓吹的消极顺从，以及对任何反叛的谴责在当时也并不罕见。但是哈里发缺少的是对于官方压迫的合法抗辩，因为它的执行机构都是暴力性的，而拜占庭帝国则具有这种合法抗辩，后来在欧洲也出现了类似的"合法抗辩"。比如，一位统治者叫嚣说："我看到许多人头晃动，他们都要明白，他们的头是放在肩膀上的。"①另一位统治者也咆哮道："噢，通过神灵，我应当像剥树枝一样剥去你的皮，我应当像捆树枝一样把你捆起来，像走失的骆驼一样抽打你。"②

毫无疑问，在专制政体中，个人无法对政府施加政治控制，横亘在民众和压迫之间的只有法律。这种法律保护在拜占庭的确存在，但是哈里发帝国却没有类似的保护。在统治权威之下，没有谁的生命、四肢、财产和自由能够得以保证，这就促使人们在可怜的顺从、谋杀和宗教感召下的起义之间进行狂热的交替选择。这一法律真空也是帝国衰落的实质性根源。除了神权统治者和神学院之外，伊斯兰教与其他一切都是不相容的。因此，对于部分民众的粗鲁和敌意，哈里发通过军事

---

① 引自 G. E. Von Grünebaum，《伊斯兰文明的来源》，第71—72页。

② 引自伯纳德·刘易斯主编两卷本《伊斯兰教：从先知穆罕默德到占领君士坦丁堡——穆斯林作家摘录，西方文明的文献史》，第23—24页。

占领的方法来回应。只有在政府需要获得当地有影响力的人合作时，哈里发才会"软化"并缓和这一政策的影响。无论如何，哈里发都是一种极权主义，而且是一种专横、暴虐的专制主义。其国家"端坐在整个社会的顶端，而非根植其中"。①

[727]这种情形的一个灾难性后果便是次第发生的地方性骚动、起义，宗教反叛、军事哗变和内战；另一个致命后果则是帝国的崩溃。也许有人会说，由于通讯落后，距离遥远，帝国的崩溃是不可避免的；但作为其继承者的奥斯曼帝国却延续了600年之久（当然，我们必须承认奥斯曼帝国没有哈里发帝国的疆域那么辽阔）；而罗马帝制共和国与罗马帝国从公元前150年一直持续到公元476年，直到西部省份被日耳曼人夺走。或许还会有人辩解说，伊斯兰教传播教派的传统习惯将会不可避免地导致分裂。这种做法当然会鼓励并滋生这种分裂，但是马穆鲁克埃及和奥斯曼帝国同样都信奉伊斯兰教，而后者的寿命却更为长久和稳定。

与拜占庭帝国相比，哈里发帝国显示出了糟糕的一面。它非常庞大、富有，而且其周边也不存在虎视眈眈的特别令人不安的敌人；而拜占庭帝国则被它的众多致命对手所包围，这些敌国不停地攻击它。然而，哈里发仅仅历经了300年的时间就四分五裂，而拜占庭帝国则持续了900年之久。

如果用此前同时代的大多数政体作为标准（中世纪的欧洲明显不能但当此任）来衡量的话，我们对于哈里发的评级肯定是很低的。作为一个帝国结构，它简易、粗糙、破旧不堪且四分五裂。在停止扩张之时，它就已经分崩离析。作为一种专制统治形式，它的许多哈里发和大多数管理者，无论级别高下，甚至它的许多法官，都是自私自利的，并且没有帝国的感觉。与众不同的是，哈里发辉煌且富于创造性的社会文化却产生了一个如此破落不堪的统治体系。

---

① 　P. Crone and M. Hinds，《真主的哈里发：第一个伊斯兰世纪中的宗教权威》，第109页。

关于马穆鲁克埃及的说明(公元 1250—1217 年)

1. 马穆鲁克政体的特征与重要性

[728]我们在前面章节中已经叙述了哈里发国家中马穆鲁克的特征及其政治角色。在这些国家中,马穆鲁克的统治是隐性的、间歇性的,并且是一种非常明显的篡位行为。马穆鲁克在埃及统治体系中的特殊性,或唯一性就在于其开放性、合法性及其制度化特征。埃及马穆鲁克是一个自我招募、自我繁衍的军队,马穆鲁克通过它们的埃米尔或首席埃米尔——苏丹来统治整个国家。

尽管我们无法在其他地方找到类似政权,但马穆鲁克的某些特征还是可以在其他政治体制中找到。比如,马穆鲁克的招募和衍生方式与奥斯曼帝国的禁卫军类似。苏丹和埃米尔之间的关系与 19 世纪的拉美并无不同。二者都符合我们在"概念性绪论"中所描述的"共同模式"①——很多贵族可以任意调遣武装侍从,他们都是当政国王的劲敌,而国王才是至高无上的专制统治者。在马穆鲁克埃及,这些贵族就是埃米尔和追随他们的马穆鲁克军队,而在拉美地区主要是军团指挥

① 参见前文"概念性绪论",3.3.3 和 4.1.2.

官"叶费斯"（jefes）。埃米尔们拥有自己的马穆鲁克侍从，"叶费斯"们也拥有自己的扈从。在两个案例中，政治进程主要是那些为继承最高权力的军事贵族之间的竞争：在埃及主要是为了竞争苏丹职位，在拉美则是为了总统而争斗。一旦苏丹或总统被确立后，就会发现维持权力非常困难，统治者接二连三地被推翻，直到有一天某个统治者确立了对其他所有人的至高无上权威，然后才会有一段稳定时期。对于埃及马穆鲁克而言，其政治进程的一个绝好类比就是1876年波菲里奥·迪亚斯胜利之前的墨西哥内战，以及此后他的长期统治。

埃及马穆鲁克政体最为显见的特征就在于：首先，马穆鲁克军队及其组织机构具有社会政治稳定性，它们形成了一个与民众隔绝且高于民众的统治堡垒。[729]其次，苏丹王位任期有着巨大的不稳定性，这一点可以从其长期专制统治不断被野蛮地打断中得到体现。最后，除了军事挑战之外，与变幻不定的王位任期相比，它作为宫廷型政权的巨大稳定性从未受到任何合议限制。

2. 马穆鲁克概况

2.1 为什么会有"马穆鲁克"？[①]

被误称为"奴兵"的马穆鲁克很难在伊斯兰之外的其他地方看到，但在伊斯兰世界内部却非常普遍。很难说这是为什么？也很难说是军事竞争的结果，因为哈里发国家中的马穆鲁克军队并不比拜占庭帝国的军队更高一筹。毫无疑问，其中一个关键因素是阿拉伯军队的短缺；其次在于统治者对自由奴忠诚性的期待。

2.2 谁是马穆鲁克？

拜占庭皇宫内的太监和阿拔斯王朝的"奴兵"[②]有着并行不悖的特征，尽管拜占庭皇宫不同于埃及，太监和马穆鲁克也并不互相排斥——

[①] 有关名单，可参见 D. Pipes，《伊斯兰与奴兵制》，（Yale UP, New Haven, Conn., 1981），第159—161页。

[②] 被称作"舒拉姆"（shulam），因为"施尔曼"（shilman）相当于"男童"。

一个极好的例子是穆克塔迪尔统治下的著名埃米尔穆尼斯。它们的共性就在于：太监和马穆鲁克都是在年轻时从帝国之外①被购买而来，他们与东道国有着不同的宗教（至少原则上如此）。而且，和拜占庭帝国的宦官一样，哈里发帝国中的自由奴——马穆鲁克也被认为高于其他具有男性性征的同事。如果只是将埃及马穆鲁克与拜占庭帝国宫廷中的阉官相比的话，就会发现另一个相似之处：二者都是单世代性（one—generational）的，因为他们的特权都不能传至子孙后世。

3. 埃及

[730]这里的说明主要是关于马穆鲁克机构的介绍，而非单单谈论埃及的马穆鲁克，我们有必要交待一些背景，以便更好地理解马穆鲁克的掌权经过。

公元639—645年，阿拉伯征服者开始对拜占庭人的政治、管理和经济结构施加影响。事实上，按照伊本·哈尔顿的说法，即便在700年之后，科普特人仍然掌管着簿记与税收，因为他们自远古时期就已经熟悉了这些工作。②阿拉伯人在社会、宗教和拓扑方面远离本土民众，因为他们居住在刚刚建立且由重兵把守的弗斯塔特城，该城就在今日开罗城附近。他们并未改变当地的土地系统，但是却对之课以重税。公元8世纪，科普特人发动了广泛的抗税起义，但均以失败而告终，这使科普特人认识到他们必须在枷锁下生存。

阿拉伯人不断调换埃及人的统治者，以减少埃及要求自治的风险，因此在230年间（639—868年）的时间里，埃及统治者不下100位！③哈伦·拉希德在23年的统治期内任命了24位统治者。

公元868年，土耳其人伊本·图伦被任命为埃及统治者。他吞并了叙利亚，并独自推行自治政策。尽管哈里发军队有能力重新占领

---

① 在拜占庭和中国，通常会有一些"自宫"太监，但他们只是一些例外。

② Ibn Khaldun，《历史绪论》，（ed. Dawood），第198页。

③ 来自 D. S. Margoliouth 在"埃及：穆罕默德时期的历史"中的计算，《不列颠百科全书》第11版，第91—92页，给出了一个有关统治者的名单。

埃及，但后来的统治者阿巴斯（905—932 年）仿效伊本·图伦，吞并了叙利亚并开始自治，由此创立了伊赫什德（Ikhshidids）一脉。但是这一王朝后来又被法蒂玛王朝所废除，后者从北非老家出发，侵占并征服了埃及。由于他们自称是法老女儿法蒂玛的后裔，所以被称为"法蒂玛"王朝。法蒂玛帝国的版图包括了北非、埃及和叙利亚的一部分，它不只是独立于哈里发统治之外，还与哈里发对阵而战。法蒂玛的统治导致了埃及作为独立国家的重生，并开启了一个辉煌、繁荣的时代。

现在我们来讨论十字军东征与利凡特的拉丁王国。埃及对于这些拉丁王国，以及它们的对手——叙利亚的突厥埃米尔们都非常重要。正是后者取得了胜利，其中他的侄子萨拉丁还成了埃及的统治者。萨拉丁和他所创立的阿尤布王朝依靠马穆鲁克军队，取得了赫赫战功。1250 年，当法兰西的路易国王率领十字军在达米埃塔①登陆时，正是马穆鲁克军团发动了曼苏拉（Mansura）之战。[731]马穆鲁克的军事胜利同时还伴随着王朝的王位传承危机。马穆鲁克的埃米尔们利用这一点废除了苏丹，但尊奉被冷落的苏丹继母为王后。数周后，埃米尔们又矫正了这一不正常的情形（对穆斯林国家而言），使王后下嫁马穆鲁克军事统帅艾伯克。由此开创了马穆鲁克王朝。

4. 马穆鲁克统治

4.1 政体

对于马穆鲁克的政体形式，我们无需花费太多笔墨，因为它只是一个宫廷政体：在"沙里亚"司法体系之外，苏丹拥有绝对权力，他通过对于埃米尔们的成功管理和对军事力量的奸诈使用来维系这一点。苏丹无需讨好民众，这些民众被当成了一个可以被征税或被处死的懒惰群体。而且，需要特别强调两点：一是关于这些苏丹的合法性问题。马穆鲁克夺取埃及政权八年之后，旭烈兀摧毁了巴格达，并于 1258 年处死

---

① 即"Damietta"，或译为"杜姆亚特"，译注。

了哈里发。马穆鲁克苏丹拜伯尔斯于是邀请阿拔斯家族的幸存者来到开罗，并承认其为哈里发。这就在马穆鲁克苏丹和哈里发之间建立了一种联系，即巴格达苏丹可以通过哈里发实现合法化。二是在法老，以及后来的托勒密王朝、罗马人和拜占庭人统治之下，埃及政府是一个高度集权化和官僚化的政权，这一点在穆斯林统治之下也没有发生实质性改变。

至此，我们可以发现，穆斯林宫廷政体的特征就在于其宗教和世俗权威的区分。马穆鲁克的努力并未改变这一点。马穆鲁克变革的重要之处就在于其作为统治阶层的特征和起源。从 1250 年之后，其政治控制就是排外性的，即只限于马穆鲁克军事机构的内部。

4.2 马穆鲁克机构

在埃及，军队就是统治机构。换言之，埃及的统治机构也就是军队。这支军队是一支大约 10000 人的单世代性军事贵族。大贵族就是埃米尔们，他们中间最大的埃米尔就是苏丹。最低微的贵族就是普通的马穆鲁克士兵，他们被提供给每个埃米尔或者苏丹作为军事扈从。[732]这里需要强调两点：一是这些贵族的单世代性特征。这一点使他们非常与众不同。它通过招募奴隶男童进行训练来延续自身。一旦这些受训练的士兵被释放，他们就获得了自由。结果，其子孙就不能成为新的马穆鲁克，因为他们不是奴隶，这些人将因为作为自由人的子孙而获得自由。二是根据马穆鲁克规则，他们的生活、工作、乃至穿着和语言都完全孤立于埃及社会之外。[①]

这些奴隶必须是非穆斯林出身的男孩，并且出生在异邦——特别是钦察草原，后来是高加索地区。埃米尔扮演了"马穆鲁克的商人"角色，负责为苏丹购买奴隶。被称作"塔吉尔"（tajir）的商人们购进奴隶后，将这些奴隶男童们带到开罗的市场，为苏丹购买奴隶的费用将由宫廷财政支付。如逢执政的苏丹死亡，那些仍在训练中的奴隶就会郑重地由继任苏丹购进。

---

① 下文主要参考 Ayalon，《马穆鲁克研究》，第 1 页。

这些年轻的奴隶们将会被送往专门学校（大约有 10 所这样的学校，每所学校能容纳 1000 名学生）①，他们在这里学习读写，并研习伊斯兰教法和"沙里亚"。当他们到达成年的时候，他们就开始接受军事训练。学校职员无一例外地全为阉人，意在阻止受训学员和成年马穆鲁克之间出现同性恋关系，后者非常偏爱同性恋。据说，这种同性恋关系会破坏纪律。

只要这些受训学员还在学校，他们就无权获得报酬，包括拥有装备、马匹，以及自己的封地"伊克塔"。在得到这些之前，他必须通过训练。学校通常会为 200—300 个学员举行一次毕业检阅。在检阅仪式结束时，每个学员都会得到自己的"伊塔克"（itaqa），也就是各自的文凭。文凭会注明此人现在是一个接受过完整训练的士兵和自由人，事实上就是一个马穆鲁克。

所有的埃米尔，即马穆鲁克的高级官员们，以及苏丹自己都在市场上购买奴隶男童。只有对释放自己的主人，马穆鲁克才与之有着紧密联系，并保持着至死不渝的忠诚。不忠诚被认为是难以启齿的羞辱。获得解放的马穆鲁克和他那些出生入死的同事之间也保持着忠诚，并会与他们协调行动。埃米尔的扈从们则忙着使自己的主人成为苏丹，一旦计划得逞，他们就能极大地巩固自己的权力。[733]因为篡位成功之后，埃米尔就会给他们加官晋爵，以取代埃米尔对手及其扈从的位置。这就是马穆鲁克埃及政治过程的根基：一方面，整个马穆鲁克机构作为团队亲密无间，他们闭关自守地进行学习和训练，孤立于所统治的埃及社会之外；另一方面，互为对手的埃米尔及其扈从之间，为了争夺苏丹之位又常常争斗得死去活来。

4.3　马穆鲁克军队

军队中最为主要的部队是皇家马穆鲁克卫队。他们包括前苏丹、现任苏丹的马穆鲁克，苏丹的个人卫队，以及仅次于苏丹的各种埃米尔们的马穆鲁克。这些部队远比任何一个埃米尔的私人卫队都

---

① 下文主要参考 Ayalon，《马穆鲁克研究》，第 2 页。

要庞大。第三种是较为次要的武装力量，他们由埃米尔之子和从地方上招募而来的人组成，他们不属于马穆鲁克统治机构的一部分。埃米尔的数量是有定额的，10 个、40 个，或是 100 个。只有马穆鲁克才能成为埃米尔，只有当这些马穆鲁克作为执政苏丹的自由奴时才可以承袭官职。

这支军队很少超过 10000 人，不过在当时这已经是一支相当庞大的军队。然而，作为一个长期高效的统治堡垒，它的人数又是如此之少。马穆鲁克像是一支骑射队伍，但每个人都配备有长矛、宝剑和狼牙棒。马穆鲁克的军事威力是他们在确保臣民顺从方面的首要资产。1250 年，他们在曼苏拉大败法兰西国王路易，后又在大战中击败了蒙古人的军队。1302 年，通过夺取阿克雷（Acre），马穆鲁克清除了十字军在中东的最后一抹痕迹。这些胜利都为马穆鲁克赢得了战无不胜的威名。

大多数马穆鲁克以现金或等价物的方式获得薪酬，但所有高级官员（包括一些低级官员）的报酬主要来自他们的封地"伊克塔"的税收。不妨简要地重述一下，"伊克塔"是税收的一个来源，通常是地产，一般根据某人的级别临时分配给他以作为其对应的收入。这一税收实质上是来自于这些地产的土地税。它并非欧洲意义上的"采邑"，而是一种作为财政工具的"圣俸"。收受"伊克塔"的马穆鲁克，也即"穆克塔"们既没有居住在这些土地上，也没有在这些土地上推行司法。苏丹们则竭尽全力地阻止"伊克塔"变成马穆鲁克的世袭财产，他们的努力取得了成功。在开罗，"军帐"（也被称作"伊克塔"办公室）中的一批科普特官僚，加上各个大城镇和省份中的分支网络共同掌握着所有土地的帐簿，计算着它们的产出，[734]保留着"伊克塔"所有者的登记，监督着马穆鲁克死后"伊克塔"的定期分配。

苏丹将埃及土地收入的十二分之五分配给自己，但是这一比例后来逐步下降，到最后不足六分之一。①计算各个等级的收入是一个富有

---

① J. D. Fage，R. Oliver 编著，《剑桥非洲史》第八卷，（CUP，Cambridge，1975—1985），第 47—48 页。

挑战性的工作,但是 1957 年的一项预测估算:1316 年一位皇室马穆鲁克的私人收入为 24—52 第纳尔。然而,同一时期上百个埃米尔的收入为 109000—126000 第纳尔,这也是埃米尔财富和级别的一种体现。

4.4　政治进程

我们在前文曾经提到,马穆鲁克对所有外来者都关闭了晋升的大门,但是其内部却保持着惨烈的竞争。首先,绝大多数马穆鲁克居住在开罗,它们在这里大肆铺张地展示其排外性。比如,只有他们才被授权使用(事实上是被迫使用)土耳其姓氏;他们说突厥语,而非阿拉伯语;他们通常与来自家乡的奴隶女童结婚,或是与其他马穆鲁克的女儿结婚。只有他们才能购买马穆鲁克奴隶,他们的随从也只限于黑奴。他们穿着与众不同的衣服,也是唯一被获准骑在马背上的人(除了极少的例外)。通过居住在庞大的开罗城堡之内,就更能使他们维持其排外性。这就在城市民众当中树立了一个藩篱,令他们望而生畏。

但是这一排外性机构又被那些为争夺苏丹职位的无休止内斗所撕裂,由此导致了苏丹们一个接一个地被快速废黜。在解决继位问题上,它没有可以被接受的规则或程序。在最初的两个马穆鲁克王朝当中,伯海里(Bahri)马穆鲁克王朝通过引入世袭原则,确实取得了一些成功,但是继任的切尔克斯马穆鲁克明确地拒绝了这些做法。[①]马穆鲁克的平均统治时间只有 5 年半,相比之下,哈里发帝国(632—1258 年)的平均统治时间为 17 年,拜占庭帝国为 12 年。其平均统治时间非常短暂。比如,在伯海里苏丹当中,有 11 位统治仅一年左右,19 位统治时间不足 3 年,21 位苏丹任职时间不足 5 年。[735]其中,只有三个比较长的统治任期(其中最长的一位被两次废黜所打断),统治时间分别为 7 年、14 年和 41 年。

黑死病(1341—1342 年)的一个后果是减少了在钦察草原招募马穆鲁克的人口基础,于是埃米尔们开始转向切尔克斯地区。与此同时,

---

① 　Ayalon,《马穆鲁克研究》,第 244 页。

伯海里王朝也开始走向衰败；继任的 12 名苏丹中，有一些仅仅是占据王位的孩子，他们要无助地应付一批内讧不已的埃米尔们。在这种混乱当中，一位切尔克斯埃米尔在 1382 年夺取了权力，由此开始了切尔克斯马穆鲁克"王朝"（"王朝"一词可能有点使用不当，切尔克斯拒绝世袭，它的埃米尔们旨在使苏丹成为第一个被消灭的人。）

后继苏丹及其伟大的埃米尔们组成了许多独立的军事政治派系，每一个派系都紧紧地团结在一起。试图问鼎苏丹职位的埃米尔如果不结成联盟，就无法获得支持和成功；然而当他成功之后，他通常会发现自己又无力控制支持他的埃米尔们。如果他运作得很成功，一直终老于苏丹任上，埃米尔们通常会选举他的儿子继任，但这只是为了对付共同敌人的权宜之策。一旦实现了这一点，埃米尔们就会废黜新苏丹并取而代之，于是一切又会从头开始。因此，在 23 位切尔克斯苏丹中，其中有 14 位苏丹的统治时间加起来不超过 14 年，这丝毫不令人奇怪。不过，还会时不时有一些伟大的苏丹出现。巴尔库（Barquq）、拜尔斯伯（Bars—bey）、卡伊特伯（Qait—bey），这三个体格健壮且富于人格魅力的苏丹分别统治了 21 年、16 年和 29 年。

5. 马穆鲁克统治的负债表

在整个马穆鲁克统治时期，埃及的影响并不限于尼罗河谷地区，它是幅员辽阔、实力雄厚的帝国的心脏地区，这个帝国从昔兰尼加一直延伸到美索不达米亚地区。它高度繁荣，除了盛产谷物和制造业——特别是纺织品——之外，此时的埃及已变成了一个东西方贸易的转口港，货物经红海抵达开罗，然后再运往意大利的城市共和国。它的文学和艺术从未衰退。不管苏丹们有何种缺陷，也不管他们通过税吏如何进行敲诈盘剥，他们在清真寺、伊斯兰学校和慈善基金方面却慷慨大方，尽管国家的治理方式非常野蛮。虽然马穆鲁克统治者们大力支持宗教、艺术和慈善，但他们自身却是粗鲁而未开化的士兵，完全生活在陌生与封闭的环境之中，甚至不会说当地的语言。[736]他们那些粗野狂热的骑兵们让首都街头恐怖不堪；妇女们不能冒险外出，在两个敌对集团发生对垒或哗变的时候，农民们不敢把牛牵到市场上去，以免被军队或宫廷官员据为己有。但这只是家庭内部的纷争：对于外部世界，他们则会抱成一团，表现出集体自保的强烈本能。有一种观点认为，这些政党和派系是被"公共战利品的凝聚力"黏合在了一起，这对于整个马穆鲁克机构而言非常适用。和其他地方的许多统治机构不同，在这种自相残杀的马穆鲁克斗争中，没有一个派系会邀请外邦人或者异国臣民相助。

历史学家们认为，在经历了代价高昂的黑死病之后，马穆鲁克的衰落就已经开始了，但这在很大程度上是一种"马后炮"的说法。因为在当时，切尔克斯马穆鲁克的军队仍然能够与帖木儿的大军相抗衡，并夺取塞浦路斯，同时还能够镇压上埃及的贝都因人大起义。不过，衰败的种子的确早已存在。衰败迹象是多方面的：它的行政管理开始变得松弛，规范训练学校的严格教规已经偏离了正道，伊斯兰教的训导也开始变得无关紧要起来。空缺的职衔被成年人，乃至男童们所填补。有关政府腐败的证据也五花八门：政府职位公开出售给那些出价最高的人，司法裁决往往依据贿赂的数量而定。在其中一个案例中，一个不受欢迎的维齐尔未经审讯就被鞭打、折磨，原因在于他的敌人向苏丹献上了价值75000第纳尔的礼物。[1]

腐败与贿赂盛行的原因之一就在于：为应对来自奥斯曼帝国的越来越大的压力，为了供养一支源自奴隶的禁卫军，[2]国家税收开始变得入不敷出起来。在叙利亚和杰兹拉的作战耗资巨大，这些都需要已被黑死病严重削弱了的埃及来承担，而埃及经济正在经历长期性衰退。于是，苏丹们通过操纵货币，使之贬值的办法来应对这一局面，同时建立了对糖、青铜的国家垄断，某种程度上还包括谷物和肉类。但是这些措施使情况变得更糟，恶性循环由此而始。

尽管埃及经济在大约1500年进入完全衰退，但是军队的缺陷才是政权垮台的关键。一方面，马穆鲁克们都是些陆地动物，他们忽视了海

---

[1]　S. Lane-Poole，《埃及中世纪史》，(Methuen, London)，第329页。

[2]　参见原书第三卷，第四部分，第三章。

军,而此时海军对于地中海的称霸已经至关重要。更为重要的是,马穆鲁克们勇猛无比的军事优点也开始变成了缺陷。作为一支行动迅速的马上骑兵队伍,马穆鲁克们对于他们的成就感到无比自豪,[737]但是他们和其他被引以为荣并且高度自信的军事机器(特别是日本武士与欧洲冲击骑兵)一样,陷入了同样的陷阱。马穆鲁克拒绝使用火器,只是将这些火器移交给略逊一筹的非马穆鲁克部队。而另一方面,据说奥斯曼人拥有整个地中海地区最好的炮兵。1517年,萨利姆一世与马穆鲁克相遇,他打败了马穆鲁克军队并将埃及合并为奥斯曼帝国的一个行省。

不过,马穆鲁克并未因此而消失！他们依然存在。17世纪奥斯曼中央政府衰落之时,他们的埃米尔——此时被称为“拜格斯”(begs)——有效地取代了土耳其官员,直到18世纪他们再一次统治了这个国家。正是他们在公元1798年遭遇了拿破仑的军队,并在金字塔之战中大败而归。即便如此,马穆鲁克也并未消失。直到奥斯曼帝国向埃及派来了新的统治者——穆罕默德·阿里,他通过悉数杀光的办法一劳永逸地消灭了马穆鲁克。

5.1 评价

马穆鲁克政体充满了自相矛盾之处。它对艺术、科学、文学的孕育和对于民众的野蛮恐怖同时存在。这个大约由10000名外邦人组成的小集团完全控制了幅员辽阔,人口众多的埃及。他们在发挥自身优势的同时,通过间接手段为民众带来了巨大的经济优势,并将自己的权力一直维系到公元1798年,这甚至已经超过了马穆鲁克帝国存在的年限(267年)。互相敌对的马穆鲁克之间的大量内讧,与他们应对外邦人时坚定不移的集体团结同时共存。整个埃及社会的集体福利与个人的不安全、奴役和羞辱也同时存在。

总之,在当时来说,马穆鲁克的政治体制是一个成功。它保证了帝国领土的完整,并促成了经济的高度繁荣,尽管苏丹王位经常变换,但它的政权非常稳定。随着外部对手变得日益团结和强大,以及商路向大西洋海路的转移,这一政体注定会在压力下崩溃。的确,正如我们所看到的,马穆鲁克的经济与军事措施使形势变得更糟;但是到 1600 年时,世界地缘政治和经济模式已经发生了很大变化,埃及已经无法像 14 世纪那样继续获得同样的军事和商业霸权。

第二部分
中　　国

第三章　唐　帝　国

1. 从汉到隋的概况

[738]公元 220 年汉王朝的灭亡开启了此后长达 350 年的分裂时期。面对汉帝国的覆灭,难免会有人将其与西方的罗马帝国进行比较:二者都被从北方来的蛮族人夺去了半壁江山;两个社会中的救世性宗教——佛教和基督教——都获得了大量追随者;二者都恢复了自然经济。但是它们的结局至少在两个方面存在不同:首先,在西欧,基督教是罗马政治传统的承载者;但是在中国,佛教却是一个截然不同的宗教,它与中国的儒家政治传统是相对立的。其次,西方罗马帝国的继承者创立了全新的统治形式,即封建主义,然后又在各个不同的主权国家中得到巩固。罗马帝国的传统被打碎后,复又被抛弃;相比之下,中华帝国只是在汉帝国的版本上实现了重建。

1.1　后续王朝大事记

过了气的汉帝国被分割为“三国”:首都(长安)和洛阳在内的大都会地区自称“魏国”;四川地区沿用古代名称,自称“蜀国”。[739]整个长江南部地区建立了“吴国”。三个国家之间战火不断,从而引起了北部马上游牧民族的入侵。由此开启了中国人所谓的"五胡乱华"时期，最初是已被部分汉化的匈奴在公元 311 年洗劫了洛阳，并于 316 年夺取首都长安，消灭了西晋王朝。"五胡"是来自西伯利亚东部的突厥部落，386 年其中的一支拓跋部建立了"北魏"（又称"拓跋魏"），它控制了中国淮河以北的整个地区。北魏王朝为我们提供了一个关于游牧部落彻底、快速接受华夏文明的经典例证。到公元 529 年北魏王朝终结之时，它已经变成了一个事实上的汉族国家。事实上，这也是它垮台的原因。北魏王室中的一支，曾经在其部众支持下拒绝汉化，但最终也一分为二。577 年，西部的"周"重新统一了长江以北的版图。580 年，北周最为著名的大将军和大丞相杨坚杀害了周朝统治者及其部族，并自立为皇帝。589 年，杨坚吞并了南部的"陈朝"，自称"隋文帝"（公元 581—604 年），从而占有了整个中国。杨坚及其儿子隋炀帝（604—618 年）的统治开创了一个新王朝——隋朝。这个重新统一的国家随后被唐王朝所篡夺，唐朝从公元 618 年一直统治到公元 907 年。

大　事　记

公元 577 年　　北周占领北齐，整个中国北部统一

581 年　　北周大将杨坚（隋文帝）篡位，建立隋朝，并于 583 年建都长安。

589 年　　杨坚占领南陈，重新统一中国。

605 年　　隋炀帝建立东都洛阳，修建大规模工程，三次东征高丽，均以失败告终。

617 年　　爆发大规模起义，李渊乘机起兵，攻占洛阳。

618 年　　隋炀帝被杀。

618 年　　李渊篡位，建立唐王朝。

唐朝（公元 618—907 年）

618—626 年　　李渊统治时期（死后谥号"唐高祖"）。

626—649 年　　唐太宗统治时期，打败东突厥和西突厥，势力扩展至中亚。

649—683 年	唐高宗统治时期,他体弱多病,被第二任皇后武则天所主宰,中国向西扩展至费尔干纳。
683—684 年	唐中宗统治时期,被武则天所废。
684—690 年	唐睿宗统治时期,被武则天所废。
690—705 年	武则天称帝。
688 年	唐王子起义被粉碎,武则天实行"恐怖统治"。
[740]705 年	武则天被迫退位。
705—710 年	唐中宗复位。
710—713 年	唐睿宗复位。
713—756 年	唐玄宗时期。
735—752 年	宰相李林甫专权。
751 年	怛罗斯之战,阿拉伯人阻止了唐帝国的西进。
755 年	安禄山叛变,洛阳被攻陷。
756 年	叛军攻陷长安,皇帝逃亡四川,被迫让位于唐肃宗。
762—779 年	唐代宗统治时期。
763 年	吐蕃人洗劫长安,中央政府最终打败叛军。
780—805 年	唐德宗统治时期。
805—806 年	唐顺宗统治时期。
806—820 年	唐宪宗重新确立了中央控制,被谋杀。
820—824 年	唐穆宗统治时期。
824—827 年	唐敬宗统治时期。
827—840 年	唐文宗统治时期,他是被宦官所拥立的虚弱傀儡,曾试图打败宦官
835 年	"甘露之变"失败,反而加强了宦官的影响力。
840—846 年	唐武宗统治时期,他是狂热的道教徒,曾大肆灭佛。
846—859 年	唐宣宗统治时期。
859 873 年	唐懿宗统治时期。
873—888 年	唐僖宗统治时期。

875 年	黄巢大起义。
880 年	黄巢义军夺取长安。
883 年	黄巢被逐出长安。
884 年	黄巢被害，起义结束。地方军阀兴起，中央控制减弱。
888—904 年	唐昭宗时期，无政府状态加剧。
904—907 年	唐哀帝时期。
907 年	唐代结束。

1.2　变革与传承

在长达三个半世纪的分裂过程中，中国的政治体系出现了一些重大发展。但是，从后来的历史发展来看，其中的政治传承更为重要。

分裂时期的一个新特征便是南北中国之间，也即江北和江南之间出现了分野。江南最初由汉族大地主垦殖，他们逐渐减少了对当地人的依赖，并建立了士族门阀统治。[741]这些江南豪门士族自视为真正的、独一无二的中国传统文化携带者，瞧不起汉化而来的北方游牧民族。尽管江南地区在奢华的宫廷文化、佛教的地方化发展和庄园经济方面不同于北方各王国，但是南北同属一个中国文化。而且，除了对立之外，南北双方在商业上的联系也逐渐多于军事上的联系。

第二个新的政治特征便是道教和佛教开始被大众广泛接受。除了其哲学性之外，道教还发展成了一个具有神秘仪式，通过苦思冥想和怪诞的饮食来追求长生不老的宗教。后来，许多唐朝皇帝沉湎其中，从而形成了和佛教之间的严重对立。而佛教则变成了一个关于个人救赎的大众化宗教。佛教要求更大程度的个人虔诚。从 4 世纪开始，佛教寺院开始遍布全国，并成为联系南北双方的一个纽带。到 6 世纪，南北之间的分歧开始消失。佛教对于北方那些蛮族人建立的王朝有着很大吸引力，许多皇帝拥护佛教理念，保护并支持佛教组织。或许他们支持佛教是为了避免向儒学妥协，因为向儒学妥协就意味着对汉族的礼仪和生活方式完全投降，就要遵守儒家"五常"中的社会法则及政治含义。

对于常年生活在兵连祸结、动荡不已中的劳苦大众来说,佛教也为他们绝望、无助和贫困的生活提供了答案。

在北方,这一复杂的政治后果又有新发展。作为蛮族入侵的一个后果,西汉以来的门阀士族群体遭到了削弱,而这一点又注定要为唐王朝所继承。诸多北方王朝之间的更迭往往也是大家族之间的权力更替。就像草原上曾经发生的那样,这时候的"皇帝"或"国王"其实不过是个"保民官",只是其他部族的首领和总管。贵族已演变为九个级别,每一个级别的贵族都只在自己等级内通婚。由于需要贵族身份的证明,于是关于贵族身份的族谱日渐传播开来。这些大家族像贵族一样富有而奢华。像罗马晚期一样,为应对盗匪和苛税,许多小农逃到这些大家族中寻求庇护。[742]这些豪门士族也开始把庞大的产业变成自给自足的大庄园,这些庄园往往拥有各种各样的家丁和仆役。

由于战争和入侵导致了以往作为官员选拔路径的教育体系开始崩溃,这些贵族的势力由此而得到进一步加强。从220年开始,科举体系开始被举荐制度所取代。郡守(大多来自京城)从九个级别中挑选出候选人名单,然后由更高级别的官员审核批准。由于后者都是有影响力的士族贵族,他们在选拔官员时只接受和自己"有关系"的人选。于是,这些官职大都被这些豪门士族所把持。

尽管这些变化值得关注,制度的传承则更为重要。首先,中国社会依然是两个阶层的体系。社会上层是拥有土地的贵族和统治阶层,他们是富有的社会阶层。在他们之下是没有特权的普通民众,有时候只是被称作"丁"。尽管自由农依旧存在,但多数农业工人自己耕作。其次,这一时期的法律(很少有存世遗留)继承了汉帝国统治时期的压迫精神。司法权继续归属于行政官员,而不是独立的司法官员,它的刑罚也和汉帝国时期相同。国家行政管理在名义上也没有太大改动。东汉时期作为中央政府重要秘书机构的"中书令"开始变为单一的执行机构,其政策分由"六部"执行(后者逐渐发展成为唐代的"六部")。

最为重要的当属统治方式和传统上的传承,这在很大程度上体现在人事层面。那些游牧统治者要么必须消灭其汉族臣民,将农田改为牧场；要么统治他们，但只有这些文化与技能兼备的汉族人才知道如何实施社会治理——那就是采用儒家的统治方式。佛教对于这种汉族顾问和官员几乎没有影响，因为佛教没有重要的政治哲学。这些新的统治者被告知，如果他们想要填补汉族皇帝的角色，他们就必须躬行皇室礼仪和季节性祭祀，所有这些都是儒家的内容。他们还意识到，这些做法是其政权合法化的基础。当然，此时儒学已经没有什么新内容了，道教和佛教才是知识的创新者。但是，儒学经典仍然是中国贵族教育的基础。[743]当然，儒学经典也为专制主义统治提供了一个完美的意识形态工具。因此，儒学经典和儒家传统继续主宰着社会统治的方式与世界观。

因此，这些突厥族或通古斯（Tungus）部落贵族或早或晚都会以汉族的方式实施统治，而且在语言及服饰、饮食上也会变得和汉族一样。其中一个经典案例是前面提及的北魏王朝，孝文帝（471—498 年）决定完全接受江南的汉族制度。他查禁了 1200 项拓跋部旧制，代之以汉族宫廷礼仪；采用汉服；推介儒学；迁都洛阳；禁止在宫廷使用拓跋部语言；采用汉姓，甚至把自己的皇宫也改名为"苑"。①

1.3 唐帝国

人们普遍认为，唐代在国家实力、社会治理、宗教、艺术和文学各个方面都代表了中国古典文明的高峰。

在 10 世纪，佛教和新道教在陈旧的儒学中间引起了震动，这预示了一场伟大的儒学复兴。唐代是中国诗词发展的黄金时代，也是佛教艺术的巅峰时期，许多经典的佛教绘画都是在这一时期完成的。对外部而言，唐政权同样强大无比，它占领了高句丽，恢复交趾故地，疆域横跨中亚直抵波斯。富裕的南方此时统一于北方，这不仅扩大了政权的税收基础，还刺激了商业、金融业以及建立在商业之上的城市的发展。

---

① H. Maspero and E. Balazs，《中国古代历史制度》（修订版，Demi-ville，Paris；Presses Universitaires de France，Paris，1967），第 120 页。游牧民族在对付人数比他们多的新汉族臣民时也有各种办法，艾伯华在《征服者与统治者：中世纪中国的社会力量》（Brill，Leiden，1952）中对此有精彩的分析。

唐代的统治结构建立在汉朝传统之上,但是更为先进和复杂。这一统治体系,就像中国文化在亚洲受到普遍敬仰并被普遍仿效一样,成为所有后来帝国统治的原型。

和汉王朝一样,伟大的唐帝国在延续了 300 年之后,也在血腥风雨中崩溃。看上去就像是历史的完美重现,汉唐之前都存在过一个短命王朝,[744]它们早已完成了统一,汉唐只不过是这些短命王朝的继承者。在汉代的例子中,这个短命王朝就是秦始皇所建立的秦王朝,在唐代则是隋王朝(581—618 年)。二者都曾在国力恢复后又被内战所打断,但是二者也存在着明显不同:汉代是王莽篡位,唐代是安禄山反叛。两个帝国统治期间都曾出现过一个帝国中兴阶段,又都是在农民起义、黩武主义和宫廷阴谋中土崩瓦解。甚至在中央政府的统治方面,二者也不乏相似之处:二者都出现了内廷对于外廷的压制,而内廷又都为宦官所把持。两个伟大的帝国结构的瓦解又都导致了一段类似的黑暗历史:军阀盛行、兵连祸结、四分五裂,随后便是蛮族的入侵和占领。

1.4 隋朝的遗产

真正统一中国的人是隋朝两位皇帝,唐王朝正是建立在这一基础之上。581 年,伪善且擅权的杨坚夺取了北周政权。杨坚属于当时的大贵族家族之一,他改国号为"隋",被尊为"隋文帝"。杨坚的继位看上去像是一场简单的宫廷政变,在被唐朝推翻之前,隋朝只存在了 37 年。但是,隋文帝(581—604 年)和他的儿子隋炀帝(604—618 年)改变了中国。首先,隋文帝攻占并吞并了南方的陈国,重新统一了大江南北,隋炀帝通过强迫 350 万壮丁(据说)修建一系列运河使这种统一变成了现实。①这些运河将黄河水系(主要服务于京城长安和东都洛阳)和北京、杭州连接了起来,使长江盆地也开始成为中国的心脏地区。而且,为应对长期分裂所造成的松弛、分散局面,隋政府还进行了一系列严厉的变革:改革货币;修改刑律,使之删繁就简;规范郡县制;进行新的人口普查,使 100 多万人成为税源;由国家和各地建立粮仓,以应对地方上出

---

① 《剑桥中国史》(CUP, Cambridge, 1979),第 133—135 页。

现的灾荒。

[745]隋朝皇帝们的报应和埃及第三、第四王朝,或者中国的秦始皇一样,都是患上了巨人症的后果。隋文帝大量征募劳工修建长城;在首都附近开凿广通渠;建造他的新宫殿;并于 598 年远征高句丽。他的儿子,隋炀帝走得更远。中国史书把隋炀帝描绘成了一个沉湎于酒色、不体恤民生的自大狂。不过,多数描述只是儒学史家们制造的神话而已。隋炀帝所发动的战争,以及通过开挖运河系统促进商业的做法引起了儒学史家们对于皇帝个人权力的厌恶,也与这些历史学家们崇尚农业的经济观相悖。毫无疑问,除了隋炀帝对于生命的藐视之外,他在经济和政治上的价值是能够被后世子孙所证明的。隋炀帝在修建东都洛阳上的争论也有足够的正当性,正是由于修建了横贯南北的大运河,隋炀帝应当被称为"中华帝国的第二个缔造者"。①但是,上百万人被动员起来建设这项工程。更糟糕的是,隋炀帝还发动了攻打高句丽的战争,并导致了成千上万人死亡。614 年,隋王朝对高句丽的第三次征伐引发了整个帝国境内的反叛,全国竟出现了 200 多支武装反叛的队伍。此时,隋朝最为强大的将军之一李渊乘机攻占洛阳,自立为帝,建立了唐朝。②

1.5　唐帝国(618—907 年)

唐帝国的寿命长达 300 年,其统治存在着一个明显问题:王朝末期的统治体系和初期是不一样的。因此,选取某个特定年代或统治时期来代表整个唐王朝的统治无异会误导读者。

人们普遍认为,公元 755 年安禄山反叛是唐朝历史发展的分水岭。但是唐朝后期又被公元 875 年的黄巢大起义所打断,虽然起义最后被镇压了下去,但是黄巢起义却给了唐王朝最致命的一击。相应地,我也根据这三个时间段来谈论唐代的统治:首先是从唐朝建立到安禄山反叛;然后是安禄山反叛被镇压后的这段时间;最后从黄巢起义到唐朝灭

---

① 　H. Maspero and E. Balazs,《中国古代历史制度》,第 165 页。

② 　《剑桥中国史》,第 160—161 页。

亡。我将这三个时期分别称为：唐初、晚唐和唐末。

2. 唐初（618—755 年）

2.1 中央政府简介

[746]在中国，一个从未间断的政治传统就是：政府存在于皇帝，也即政府依附于绝对而至高无上的天子。皇帝根据臣民的建议行事，原则上帝国中的任何人都可以向他进谏。但只有群臣朝会可以提供当面建议，后者由各个部门的负责人组成，通常会包括中书省和门下省的官员。各部联合会议的组成少则 2 人，多则 12 名。在实践中，在某一时间内，它往往被某一个人或一小撮有影响力的各部长官们所把持。

唐代的治理机构比汉朝更为先进，也更为细化。在 1912 年清王朝垮台之前，唐代的政治体制是所有后续王朝的原型。帝国统治机构的核心包括中书省、门下省、尚书省三部分。尚书省是一个执行机构，它控制着分散于"六部"中的所谓"百官"，各部下面又分设四司。六部分别为：吏部、户部、礼部、兵部、刑部、工部。此外，还有专门掌管帝王宫殿内事务的机构，比如只负责管理太监和后宫的内侍省，他们的级别和俸禄与外朝官员一样。这一点唐王朝和汉朝没什么两样。

独立于这些部门之外的其他中央机构还有两类：首先是幸存下来的汉代"九卿"制度，唐代称之为"九寺"，它们分别为：太常寺、光禄寺、卫尉寺、宗正寺、太仆寺、大理寺、司农寺、太府寺、鸿胪寺。第二类是被称为"五监"的技术部门，分别是国子监、少府监、将作监、军器监和督水监。

与此同时，在前述这些政府机构之外，还存在着一个世界其他地方此前都没有出现过的机构。[747]它是中国在政治体制上独一无二的创新之一。这一机构就是"御史台"，它通常被译为"监察系统"，译作我们今天的"检察官"可能更贴切一些，因为它的功能和今天已经失去作用的前苏联"检察官"办公室非常相近。简言之，它是一个负有监管、审查和调查责任的中央分支机构。所有官员，无论高低，它都可以对他们的不法行为进行调查，然后直接向皇帝汇报，并对罪犯提起诉讼。御史台由御史大夫统领，另有两名中丞担任副手。御史台下设三院：首先是台院，设有 6 名侍御史，负责调查和起诉行政管理中的不法行为；其次为殿院，设有殿中侍御史 9 人，负责纠察宫殿礼仪之事；最后是察院，负责外官的监察工作，察院的监察御史们拥有更大权力。监察御史既可以调查地方官员，同时还对诉讼、战备、财政、寺院和铸币等问题行使司法权。简言之，它负责监察作为汉代"九卿"化身的"九寺"部门的行为。此外，察院还负责监察征税、劳役和军事行动，乃至 8 世纪以后的驿站。不过，察院的许多权力在 8 世纪又转到了专门设立的巡察使、黜陟使手中。①

御史台并非唯一的监察和控制机构。唐代还存在着一个由 32 名"谏官"组成的队伍，其中"谏议大夫"8 人，"补阙"12 人，"拾遗"12 人。这些官员一半来自门下省，另一半来自中书省。他们的职责相似，主要是侍奉皇上并向皇帝进谏，当然他们并非总能受到皇帝的欢迎。

在帝国管理体系中，由两部分人来掌管这一庞大而复杂的政府机构：即"内流"的高级官员和"外流"的低级官员。前者就是西方所指的"官吏"（mandarins），这是一个词源学上不确定的葡萄牙词汇，字面意思只是代表着"掌管命令的人"。②唐代的官员数量达到了 19000 人。低级官员、职员、杂役和司库等"外人"大约为 30000—40000 人。和汉代一样，这些官员总共被分成 9 品 30 阶。

与汉代政治实践相比，唐代最大的变化就是在官员晋升和招募模式上的重大改变。[748]至少在 18 世纪（尽管我倾向于认为在 19 世纪）之前，欧洲之外的其他地方还看不到类似的制度。在唐代，士族豪门依然把持着高官要职，大多数进入官僚队伍的人还需要推荐，这是一个事实。但是，它开始了对于官员任职资格的考试，这一点在整个王朝后期变得愈加重要。

第一次有记载的笔试发生在隋朝统治下的 595 年。最初有三种类型的考试，681 年有一种类型的考试被废弃，只剩下"进士"和"明经"两

---

① 参见原文第 759 页。

② 参见《牛津英语词典》中"mandarin"一词。

种考试。后者需要儒家经典文本的知识。（后来，作为道教经典的《道德经》也被列入其中）。"进士"考试不仅要求通晓儒学经典和文学方面的知识，还要求完成一篇关于政治或哲学的策论。在所有这些考试中，"进士"逐渐成为比较有影响力的考试。不过，通过了"进士"科考试，并不意味着一定就能获得官职。还需要进一步参加选拔考试——"铨选"，公元669年考试规则被再度修改。①称职的候选人往往很多，据估计在657年只有三分之一的人能够成功地获得一官半职。②那些没有成功获得官职的人将会进入地方政府，或是进入教育机构。③

这类考试也不是唯一的。有的皇帝设立自己主持的考试，比如武则天就发现这对于扩展她的控制非常有效。而且，这种情况在王朝后期越来越普遍。我们不应认为这些考试都是"软选择"，是一种偏好主义的工具；恰恰相反，这些考试都是非常严格的。

值得一提的是，"进士"和"明经"考试的科目都是儒家经典（只有《道德经》因道教的复兴和一些皇帝的支持而忝列其中）。因此，中国北方在经过长达四个世纪的蛮族入侵之后，在道教和佛教的夹击之下，其社会上层的传统意识形态不仅仍能得以维持，而且再一次制度化为国家的核心意识形态。

对于"散官"的安排也各不相同。为了获得见习地位，候选人要先参加书法、算术和策论考试。然后，只有在通过三个评价系统后，候选官员才能参加第二次考试。④[749]对于官员的"考课"制度是一个令人称奇的政治创新，这在19世纪以前中国以外的地方都没有出现过。官员们根据每年考薄的成绩被划分成不同等级，"考课"的要求包括，"德义有闻"、"清慎明著"、"公平可称"、"恪勤匪懈"等。此外，根据官员职责要求和所取得的成绩，官员们还会得到一个等级评定。比如，对于掌管劳役的官员来说，就是"工程完工，工匠无怨"；对于县令来说，"在深

---

① 《剑桥中国史》，第276页。
② 同上，第330页。
③ 同上，第330页。
④ 《百官志与兵志》，戴何都翻译欧阳修《新唐书》中文版第46—50页（Brill，Leiden，1974），第49—50、51页。

入民间调查案件时，能够做到断案公平，审判公正"。这就是中国人惯常所说的"二十七最"。

唐帝国的总人数据估计约为5000万。那么官员有多少呢？根据白乐日的计算，[1]各类官员的保守估计大约为150000—160000名，包括10000名工作在京城和皇宫的各类雇员。如果每个家庭按5人计算，那么就会有100万人是通过当官来谋生，占总人口2%。诚如斯言，"一小部分人寄生于占人口大多数的农民身上"。

当代学者们通过计算给出了下面的数字：隋代京官有2581名，地方官员为9095名，整个官员数量为12576名。唐代，京官数量为2620名，地方官员为16185名，整个官员数量为18805名。但是，这些统计只包括高级官员，并没有把政府雇员统计在内。通过对739年编纂的《唐六典》的研究，白乐日得出了表格3.3.1中的官员和雇员数量，其中还必须包括保护国的杂役和帝国其他独立官员。而在公元1世纪的汉代，官员与雇员数量约为130285名。[2]

表 3.3.1　唐代政府官员

	机构数量	官员与雇员
县	15000	90000
州（郡）	350	35000
国家	50	8000
中央政府		10000
合计		143000

2.2　地方政府

唐朝初年，地方统治体系恢复了汉代一些做法：以前的"郡"现在变成了"州"，"郡"之下是一成不变的"县"。但是，唐代创立了包括数州的监察区划——"道"。这一词汇的本意是"道路"或"方法"，此处则是指

---

① H. Maspero and E. Balazs，《中国古代历史制度》，第193—194页。
② 同上，第193页。

"巡回"。[750]最后,北部和西北部边境地带的行政区划则需另当别论。在我们勾勒出唐代的标准统治架构之前,我们有必要对"道"和边境地区略作介绍。

经过一段时间统治后,唐朝出现了和汉代一样的问题:那就是如何有效监管"州",如何应对数州范围内出现的问题?唐政府一开始通过不定期派遣巡察使、按察使等官员的办法来解决,每一个"道"指派一名官员,有时候是 10 名,有时候是 15 名,他们和汉代的"刺史"或"州牧"类似。①从 734 年开始设立 15 道,每道均置采访使。他们的职责是顾问性的:比如地方性的灾荒救济、移民和土地分配。他们同时也是检察官,但是没有行政和司法权力。因此,他们"不能被当作额外建立的省级统治区划"。②

边疆地区的主要职责在于应对游牧部落入侵和快速反击。早在 720 年,唐政府就在西部和北部边疆地区设立了 9 个都督府,其军事长官拥有庞大的治所和军队,对辖区内所有军队行使司法权。边疆地区面临的物流问题非常严重,这让那些军事长官们走上了 17 世纪普鲁士地方军事长官所走过的路子,于是他们开始承担越来越多的行政功能。725 年,这一角色被正式承认,地方军事长官被授权进行金融交易。当时,刺史们都是从京城临时借调而来的行政官员。737 年之后,"府兵制"开始改为职业性的"募兵制",军事长官开始转变为职业将军。这在唐玄宗后期带来了灾难。③

[751]简单地说,标准的地方政府安排是:15 个"道";350 个"州";约 1500 个"县";约 16000 个"乡",下辖无数的村庄和"里"。"里"在理论上包括 100 个家庭,由"里长"或"里正"领导,里正当然都是当地社区中的富人之一。里正的职责就是划分家庭等级、征集税收、分配劳役。理论上,一个"乡"包括五个里。"乡"的首领为"耆老",其职责和村庄中的里正相似;不同之处在于,"耆老"一般由"县令"任命,其主要职责在于人口和土地普查。

---

① 参见原文第 500 页,原书第二册第六章。

② 《剑桥中国史》,第 404 页。

③ 同上,第 366—369 页。

通常，"县"才是整个帝国体系中真正全能的结构单元，帝国官员的数量也是从这个层面开始计算的。县的首席长官是"县令"，其职责五花八门：公共秩序、税收、劳役分配和司法管理，此外还要执行上级全部命令。很多工作要依赖县衙机构来协助完成，县衙雇员通常包括：县丞1名、主薄1人、司库1人、县尉10余人，市令1人、教师1到2名。[1]另有司法和财政机构，各有10余名职员。我们甚至可以从高罗佩虚构的《狄公案》中发现更多信息。[2]

然后是州层面，州"刺史"拥有和县令一样的职责。但是刺史级别较高，并拥有更多和更好的官吏。这些州根据人口被划分成三个等级，刺史们每年都要把财政税收上交京师，并向上级汇报工作。最后一点，我们在前面已经提到，刺史们也要接受"道"检察官们的监查。

2.3 统治实践

2.3.1 中央政府

皇帝与皇宫

[752]表面上看，唐代中央政府和汉朝一样，也是一种宫廷政治体系：皇宫内的独裁统治者通过军队和官僚机构来强化统治。然而，这一特征在实践中又千差万别。首先，在唐代初期，皇帝们较少受到皇室家族，特别是臭名昭著的"外戚"的影响。其次，尽管贵族派系存在着对官职的争夺，但是总体上他们成功地垄断了主要职位，宗族内部的联系也要比汉代弱一些；著名家族中的一般宗亲很少能得到支持。[3]宫廷派系活动部分是基于地域上的对立：西北宗族（李唐发迹之地）和东北部具有傲慢传统的世袭贵族宗室之间的对立；部分是作为整体的贵族官员与职业官僚——统治精英之间的对立，但都只是为了权力争夺。权力是工具性的：如果一个家族中有人在朝中为官，他就能保护家族产业，整个家族就会从中受益。而且，有做官资格的人往往多于实际官位，僧多粥少，于是派系活动就成为竞争官位的一种体现。其三，除了武则天

---

① H. Maspero and E. Balazs，《中国古代历史制度》，第 191 页。

② 参见 R. van Gulik，《湖滨案》(University of Chicago Press，Chicago，1977）。

③ 《剑桥中国史》，第 706 页。

外,唐朝统治还建立在皇帝对大臣们咨政议政基础之上,并且比汉代更为开放。我们不妨对此略作叙述。

首先是皇室家族,由于皇子们数量众多,他们几乎无法抵制对于阴谋的诱惑。但是,反叛的例子比较罕见,除了武则天时期。这些阴谋主要是围绕皇位继承问题,所有君主制的缺点就在于不能严格贯彻长子继承制原则。642 年,唐太宗曾说道:"朕已立长子为太子",但是,"其他妃嫔所生之子有 40 多个,让朕夜不能寐"。①事实上,整个唐代初年,皇位继承都是不规则的。但是,这些阴谋没有引起内战,也没有削弱王朝稳定,或是严重影响帝王们的传位安排。只有唐高宗多病的儿子们和武则天遭受过恐吓,除此之外唐初其他帝王们在传位问题上都可以自行做主。

唐代外戚和皇子们的情形差不多。有唐一朝,没有出现像汉代那样由外戚主导的局面。武则天的统治并不是个例外,反而有力地证明了这一原则。武则天确实帮助了她臭名昭著的无赖侄子(武三思),但后者只是在一定程度上蚕食了她自己的权力。在汉代,皇后家族几乎完全夺取了宫廷权力。而在唐代,武则天发挥了平衡作用,她利用反对派力量来抵制武氏家族的政治野心。②

简言之,唐代和汉代不同,帝王们的政治选择不受皇室家族或外戚家族制约。然而,他们要受到朝廷大臣和高级官员们的束缚。这就是唐代初年和汉代的不同之处。这一现象的背景就在于:唐王朝统治伊始,"功绩考课"制度刚刚开始,大臣们来自主要的大宗族,死板的保守主义、僵化的官僚程序和牢固的官僚阶层还没有形成。而且,唐初帝王们都是实干家。从体弱多病的丈夫手中取得皇位的武则天,是一个意志坚定、精力充沛的女人,她打败了所有反对派。简言之,这一阶段的帝王们都积极有为,官僚机构的重建还没有完成,为朝廷提供大量臣工的贵族宗室则介于二者中间。他们在一起工作时,皇帝既不会感到无助,也不会和他们冲突,而是像一个成功的中世纪欧洲君主一样,向他

---

① A. F. Wright and D. C. Twitchett eds.,《透视唐朝》(Yale UP, New Haven, Conn., 1973),第 249 页。

② C. P. Fitzgerld,《武则天》,(University of British Columbia Press, Vancouver, 1968)。

们进行咨询或实施"男爵管理"。

唐太宗(627—649年)后来被当成了儒家开明统治的典范，成为大臣与君王之间和谐共处的榜样。"中书省和门下省的官员们无分昼夜、轮班休息，以便皇帝可以随时召见并咨询国事。当奏折多的时候，唐太宗就会将这些奏折贴在寝宫墙壁上，以便能在夜里继续思考国家大事。"①

在随后的王朝统治过程中，君臣关系并非没有出现过紧张，要么是因为君主无法找到一个可以完全信赖的大臣或集团；要么是因为这些大臣们因为内讧而乱做一团。[754]无论哪一种情况下，皇帝的反应都一样——更换朝臣，如有必要，他会一次又一次地更换他们，直到出现让他完全有信心的官员。任性且富有主见的武则天就通过不断更换大臣来进行统治。唐太宗统治时期，宰相的任期一般为7年，在武则天统治时期，宰相的任期只有两年。②唐太宗将其三个宰相中的一个罢黜；武则天任期内，五分之四的宰相被降职、流放，甚至被处死。③武则天主要是因为政策分歧而频频更换宰相，唐玄宗的动机则是为了阻止大臣们争吵。唐玄宗解决这一问题的办法是任命一个人数较少的宰相集团，通常2—3人，并使他们中的一人更为突出。自736年以后的16年里，唐玄宗非常宠信李林甫，以致一些西方历史学家将李林甫任职宰相期间称为"李林甫专政"。④

皇帝、大臣和官僚机构之间的连接是一系列会议，从小的、机密的内阁会议到外廷朝会。政府机构自身有两条建议来源：一是任何官员都有向皇帝进谏的权利。32名谏官的职责就是向帝王进谏，他们在理论上和实践中拥有批评政府的特许权；二是各种官僚组织，他们有时候漫不经心，有时候被故意设置了一些摩擦和竞争。在这些跨政府和跨部门的竞争中，每一个竞争者都会提出自己的看法，最后由皇帝进行

---

① 《剑桥中国史》，第190页。

② 同上，第309—310页。

③ 同上。

④ E. G. Pulleyblank，《安禄山反叛的背景》(OUP, London, 1955)，安禄山的继任是一个灾难性选择。

裁决。

范围最广的会议就是"大朝会",每月两次,九品以上官员,也就是整个京城的官员都要参加。但是朝会太过庞大,以至于最后流于形式;接下来是相关部门的私下会议,皇帝、宰相和获得授权的有关部门参加,即"商诰"。范围略小的会议就是每日例行朝会,后来改为三天一次,五品以上官员参加。此外,五品以下的谏官们通常也会在"良议厅"聚会。在"商诰"和"良议厅"的这些会议,是真正意义上的激辩论坛。[755]然而,这些会议中最为重要则是"政事堂"议事。我们可以发现,唐代国家最为重要的两个部门——中书省和门下省,可以在政事堂互相否决。为解决这一问题,中书令、侍中和他们的代表,以及其他被专门邀请而来的官员,在皇帝主持下开会,有效地扮演了皇帝内阁的角色。723年,政事堂议事机制开始制度化,并开始有了独立的秘书机构。①政事堂每日召开会议,参加者均为"宰相"。

在这些内阁会议上处理的绝大多数事务来自官僚机构内部,但至少有一些是来自谏官。谏官们往往会冒犯皇帝,一旦越界他们甚至还要冒生命的危险,然而他们仍然义无反顾地进谏。唐太宗的谏官魏征,根据古板的儒家教条,为他写下了200多份奏折。他就像皇帝的牛虻一样,勇敢无畏且经常受辱,但他也是太宗皇帝心腹。②比如,有一次唐太宗要求魏征说出和贞观之初的区别。魏征答道:"昔者四方未定,常以德义为心,旋以海内无虞,渐加骄奢自溢。所以功业虽盛,终不如往初。"③另一次,一位无名的官员公开在朝堂上责难皇帝:"明君不自夸而世上无人可比,陛下扫除内乱,恢复清平,陛下英明非臣子所能及,唯无需自夸于朝廷之上。"④

这并不是在估算门下省官员通过拒绝草拟或修改措辞来抵制或修正皇帝旨意的权利,唐太宗的中书舍人李范就删除了太宗打算任命的

---

① H. J. Wechsler,《天子的镜子:唐太宗朝中的魏征》(Yale UP, New Haven, Conn., 1974),第95—97页;钱穆,《帝制中国的传统政府》(Hong Kong, 1982);第38—41页;《剑桥中国史》,第350页。

② 参见 H. J. Wechsler,《天子的镜子:唐太宗朝中的魏征》。

③ 《剑桥中国史》,第197页。

④ A. F. Wright and D. C. Twitchett eds.,《透视唐朝》,第250页。

一位中书省官员名字。唐太宗也经常告诫大臣们，他不想要那些唯唯诺诺，只会在格式上挑毛病的应声虫；他希望臣子们在必要时纠正和拒绝他的诏令。①但武则天时期就不是这样。许多大臣和官员就因为鲁莽而付出了代价。[756]有一个最为有名的例子，当时的"北门学士"刘祎之拒绝并嘲笑武则天的个人敕令，认为没有经过凤阁鸾台的诏令是非法的；但是他也为此付出了自己和妻子的性命。②但无论是这件案例，还是武则天在684—691年声名狼藉的恐怖统治都不能算是典型。武则天还有许多听从大臣警告和建议的例子。实际上，中国清代历史学家赵翼还称赞武则天胸怀宽广，善于纳谏，从善如流。③即便对于武则天这样变幻莫测、蛮横且冷酷无情的统治者来说，当时也存在着对于皇权专制的制度性制约，这可以从一件历史轶闻中得到体现。公元705年，检察官以叛逆罪名弹劾了武则天宠幸的张昌宗。当时三个法官之一的御史中丞宋璟拒绝宣布张昌宗无罪。为了让另外一个更顺从的官员取代宋璟，武则天命令他去地方上"调查腐败与不当行为"，但却遭到拒绝。这里不妨引用宋璟给武则天的答复：④

> 宋璟指出，根据本朝定制：地方郡县官员被起诉后，低级官员应当由察院调查，高级官员应由大理寺和台院处理。只有在涉及帝国安全和军事需要等重大事情上，御史中丞才会被派到地方上。因此，他所负责的这个案子不属于此类重大事件，他不敢窃据官位而破坏规制。宋璟的反对无可辩驳，他最终也没有离开京城。⑤

总而言之，我们完全可以同意韦克斯勒的观点：在中国历史上大多数时期内，唐代初期在政策制订过程中有着更多的官员参与和评

---

① C. O. Hucker，《明代中国政府》，(Columbia UP, New York, 1969)，第242—243页。

② 《剑桥中国史》，第298页。

③ 同上，第310页。

④ C. P. Fitzgerld，《武则天》，第186页。

⑤ [译注]实际上，武则天虽然一开始没有拒绝宋璟的要求。但后来还是找借口派宋璟到幽州办理其他案件，由司礼卿崔彩神审理张昌宗一案，张氏两兄弟才得到释放。

论自由。①

官僚机构

中国宫廷政权和其他许多宫廷统治的首要区别就在于其官僚机构。我们已经考察了罗马帝国和拜占庭帝国历史上的政府官僚机构，也探讨了汉代中国官僚机构的起源。这一制度在中国长达四个世纪的分裂之中幸存了下来，一直延续到隋朝。但是，唐代官僚机构是一种精神意义上的再生，[757]是统治阶层和国家意识形态结合的复兴。唐代官僚机构尽管只是开始，但它的范围、复杂性，以及它的规模、培训和招募在当时世界上都是无与伦比的。即便是阿拉伯和拜占庭帝国能够在一两个方面可与之相当(这是值得怀疑的)，它们也难以在总体上达到唐帝国的水平。正是这些特征使得唐帝国的官僚机构成了统治史上的一个真正创新。

前面我们已经勾画出了唐帝国的总体治理结构，接下来我们再对唐代统治的特殊之处及其含义进行分析。

结构与功能

唐代官僚机构最为显著的特征在于专门化。每一个专业功能都由特定官员来负责，每一个官员也都具有相应功能。个人和功能被整合到了一个网络之中，网络的轴线是各种不同专门机构，垂直层面上是九品三十阶。行政机构的完整性和对称性可以从研读戴何都(Robert des Rotours)翻译的《百官志与兵志》②一书中体会到。书中有大量关于政府机构、官员及其对应职责的描述，有点像美国政府黄页和电话簿的混合体。惟其如此，才能对这一庞大组织在设计上的逻辑性、独创性和一致性有所掌握。每一个政府功能都由对应的官员负责，每一个政府官员也都承担相应的职能，专业化和精细化是这一制度的基础所在。

值得一提的是，最高峰会却没有相应的功能整合。唐代政府机构的训练、招募模式，全职的职业地位，行政官员等级，等等，都促使许多评论家使用"韦伯式"(Weberian)的词汇来看待这个官僚机构。他们

① H. J. Wechsler，《天子的镜子：唐太宗朝中的魏征》，第 4 页。
② 《百官志与兵志》。

将唐代政府看成是一个金字塔结构，从下往上不断缩小，直至最高峰会。唐代官僚机构确实有过权力集中的情况，但只有几次权力相对集中的高峰。此外，有一些时期权力集中程度相对较高，有些时期则较低，这些都是孤立的案例。

唐代权力高度集中的现象部分源于政治制度设计，即制度的高层是学院式设计；部分则是因为政治事件所致。这一制度并没有设想让一个至高无上的人来作为皇帝唯一顾问。相反，唐代许多宫廷顾问都可以觐见皇帝。由此类推，没有一个顾问可以高居其他人之上。因此，用现代人的眼光来看，这似乎就是制衡。其重要性就在于：[758]（1）中书省和门下省官员具有互相制约的权利；（2）六部对于跨越部门权限的任何事务都有互相制约的权力；（3）御史台具有检举、弹劾政府机构任何成员的职责和权利；（4）谏官们具有批评任何政府决策（包括御史台对于皇帝的建议等）的职责和权力，乃至对帝王个人提出批评。

（1）门下省。由两位正二品的侍中领导，其职责在于传达皇帝诏令，并确保它们合乎礼制，能够被执行。

中书省。有中书令两人，协助天子掌军国大事。中书省负责起草皇帝诏令，由皇帝复审后将其付诸实施。[①]中书省草拟诏令，作为皇帝对于奏折的回答。通常有几个可替代的政策草案，中书舍人从中选择。文件由皇帝签署后会转到门下省，后者也许没有权限评论政策文件，但门下省官员们被授权提出意见或其他方案。这些官员都是三品以上的高级官员，如果他们反对最初的政令，就会将其退回中书省修改。有关分歧将在第二天的政事堂讨论，皇帝与中书省、门下省官员都会出席会议。

（2）六部。它们都是尚书省的组成部分，最初尚书省由皇帝自己负责。后来继任的皇帝们没有沿用这一做法，尚书省很快便不再和中书省、门下省一样作为顾问机构，而是变成了纯粹的执行机构。六部之间互相独立，其官员又被称为"文武百官"。值得一提的是，涉及一个部门以上的事务往往不只是由一个相关部门处理，而是由相应数量的部

---

① 《百官志与兵志》，第 130,174,176 页。

门协同处理。其做法和今天许多官僚机构一样,[759]先由正在讨论此事的官员发出盖有公章的公文,然后由政事堂讨论决定,最后再一次下发各部执行,这就是它们之间的主要交流方式。[1]可以想象,这中间是何等浪费时间。如果涉及一个部门以上的事务,则由六部官员聚会共商。

(3) 御史台独立于所有政府机构之外。御史们并不一起行动。每一位御史都可以将奏折通过御史大夫或御史中丞呈送皇帝;在经过皇帝和御史大夫等许可之后,奏折通常还要经过中书省和门下省解决。[2]这一机构实际上享有很大自治权。但是,御史个人也会受到影响,比如担心被报复,担忧仕途受到影响(御史们来自百官,任期结束后还要回到朝臣之中去),或者担心惹恼皇帝。虽然皇帝因为御史们的批评而责罚他们是不合礼仪规制的,但这样的情形还是时有发生。因为没有人可以预测盛怒之下的皇帝会有何种举动。

御史台由一名御史大夫和两名御史中丞统领。其职责在于运用法律找出并纠正官员们的违法行为。[3]御史台之下设有三个机构,即"三院":殿院负责内宫事务;台院置侍御史六人,他们官级稍低,为从六品下。侍御史掌管纠举百僚;可以参加朝堂会议,接受皇帝指令;推鞫狱讼,并批评皇上。[4]当他们弹劾官员违法行为时,御史大夫和御史中丞会在弹章之上署名,然后呈送皇帝;察院主要负责纠察地方郡县上的违法行为。

有些学者将这一机构理想化为替代公共舆论的民主机构。也有学者持相反观点,认为这是一个被皇帝用来威慑政府官员,使之更加顺从的工具。这两种观点都是无法令人接受的。政府和御史台与下层民众毫无共通之处。在帝制中国,政治分野主要存在于统治者和下层民众之间。[760]至于第二种观点,尽管一些皇帝的确把御史台当作了羞辱不待见官员的政治工具,比如武则天。但是毫无疑问,更为常见也更值

---

① 《百官志与兵志》,第 25 页。

② C. O. Hucker,《明代中国的监察制度》(Stanford UP, Stanford, 1966),第 21 页。

③ 《百官志与兵志》,第 280 页。

④ 同上,第 296 页。

得关注的是，御史台被官员们用作粉碎后宫内皇帝身边奸佞小人的工具，就像明代晚期（大约 1620—1644 年）的情况一样。忽必烈曾说过："中书省是朕的左膀，枢密院是朕之右臂，御史台使朕双手健康。"①不过，这一机构也经常偏离其初衷。有主见的帝王们往往会滥用御史台来打击不顺从的官员，虚弱的皇帝则会留下权力真空，御史们也会争相进行党派间批评，使朝廷进一步碎片化。②

如果由一位干练的皇帝作为政府机构协调人，那么御史台就可以最大限度地发挥作用。这个角色对于统治者和被统治者来说都是必不可少的。因为对于腐败和治理不善来说，没有其他机构和程序可以去发现或制止；也没有媒体去发现冤屈并动员公共舆论，同样也没有议会去控制统治者，最主要的一点在于没有可以起诉官员的法庭。在这方面，唐代政府是一个自我约束的世界：除了农民起义和反叛外，没有外部力量可以对它施加控制，至少没有制度层面的制约。苏联在解体之前，存在类似的做法。当时执政的苏共认识到，为了自身健康，它需要批评意见；苏共还意识到，由于在体制之外没有其他政治监督机构，它必须为政治机器提供一个可以提出批评意见的部门，用前苏联的话来说就是"自我批评"。

在当时中国的政治体系中，并不允许百姓去控告官府。这种情况只是在欧洲才特有的，最早出现在罗马帝国和其他国家的封建机构中。当公元 1600 年后，欧洲专制官僚机构被推翻时，一些国家发明了类似于中国御史台一样的自律机制（比如，拿破仑时期称之为"政法院"，19世纪早期瑞典称其为"巡视官"），但它们都是在相对自由的公共讨论中广泛地开展工作。它们从未具备中国御史台制度的完整性，因为欧洲的这些官僚机构只是政治过程的一部分。相比之下，中国官僚机构和中华帝国在本质上是一样的。

[761]最后，有必要强调的是，与唐帝国同时代的其他国家中都不存在类似政府机构，无论是东罗马帝国，还是拜占庭帝国和哈里发帝国

① C. O. Hucker，《明代中国的监察制度》，第 6 页。

② 前引书，第 300—301 页。

都没有这样的机构设置。在统治史上,御史台制度是中国人的一个重要发明。

我们必须再次强调,唐朝初期,每一位官员都有权利进谏,负责审查诏书拟定的门下省官员也可以阻止拟议中的诏令。[①]但是,韦克斯勒指出,[②]这一特权随后被撤销了(很可能是在唐太宗死后)。

(4)谏官。所谓的"谏官"们[③]和御史们一样,也有评议的职责。他们的功能类似于其他地方(如果存在的话)政府体系之外的神职人员:比如拜占庭和基督教欧洲的传教士与僧侣们;哈里发帝国中的乌勒玛。在中国,与政府有关的职能都被官僚化了,包括后宫也是如此。唐代的谏官大约 40 名左右,包括 4 名散骑常侍(两名左散骑常侍和两名右散骑常侍)、从三品;谏议大夫 8 人,正五品上。此外,还有两批被称作"补阙"和"拾遗"的官员,他们分别为七品和八品,前者负责提请皇帝注意曾忽视的事情,后者则就决策时省略的内容进行辩论。我们可以通过两个著名的"谏官"来对此进行评析,一个是唐太宗时期的魏征;另一个是唐宪宗时期(805—820 年)的白居易,他们甚至在面临个人危险的情况下也履行了进谏职责。[④]

中央官僚机构发展趋势(618—755 年)

唐初政府体系内部的制衡给皇帝带来了很大负担,因为这一制度首先假定皇帝是一位积极有为的协调人。如果皇帝认真地履行这一职能,那么他就会像唐太宗一样成为政府的首席部长;如果他想要减少在这些互相冲突的机构中所扮演的角色,他就必须拥有忠诚且能干的助手。反过来,如果他不想扮演其中的任何一个角色,而是宠信某一位特别的宰相,那么这位宰相就要寻求在各个机构之间进行协调和主导。因此,唐代曾试图将政府机构置于一人统领之下。

[762]在政府中进行"一席统领"的尝试始于公元 711 年,尚书省此

---

① C. O. Hucker,《明代中国的监察制度》,第 19 页;Hucker,《明代中国政府》,第 242—243 页。

② II. J. Wechsler,《天子之镜:唐太宗朝中的魏征》,第 108 页,这种权力被称为"封驳",即"阻止和废除"。

③ 参见原文 754 页。

④ 参见原文 755 页。

时开始变为纯粹的执行机构。皇帝单独和门下省、中书省官员在"政事堂"议事，①负责政令的拟定和效果评定。723 年，中书省和门下省合并为"中书门下"。由于其行政职责越来越互相交织，作为行政机构发展的顶峰，"中书门下"开始成为完全制度化的机构，并拥有了独立的秘书班子——"五房"。"五房"分别负责吏、枢机、兵、户、刑事务，许多诏书的草拟和评议都是由中书舍人完成。这里聚集了一批非常有才华的政府官员，他们是可以随时听遣的皇帝秘书和顾问。②

这就是唐初的"一席统领"。这一制度在一个世纪后的唐武宗时期得到继续发展，唐武宗宠信宰相李德裕（840—846 年），授权他可以就重大事务自行决策。李德裕下令，政府指令应"出自一门"，即宰相府。李德裕把持朝臣会议，独自拟定政令，只是名义上还由其他官员合署。③只不过，这一势头在李德裕之后宣告结束，未能继续向前发展。

唐初政治体制发展的第二条主线源自皇帝在政府议事结构中所扮演的超级协调人角色。为了胜任这一工作，皇帝需要自己的秘书和建议来源。早期的迹象出现在武则天时期，甚至在丈夫去世之前，武则天就已经召集了一批学者，为她个人的政治目的进行筹划。这些人很快就变成了隐秘的秘书班子，他们被称为"北门学士"。武则天利用他们为皇帝撰写奏折，内容当然主要是体现她建议皇帝进行变革的意图。④[763]这一秘书班子也使得武则天能够坚定地追求权力，反对皇帝的丞相委员会。⑤武则天被册封为皇后之后，只要宰相们阻止她的政策，她就会利用这些学士们来推行其政令。⑥唐玄宗时期，专门为自己创建了一个宫廷机构——翰林院。其中聚集了文学家、诗人、书法家，以及佛教和道教的宗教人士，这些人全部听从皇帝个人差遣。738 年，唐玄宗又建立了一个新机构——"学士院"，作为皇帝个人的心腹秘书机构。唐玄宗还依赖太监作为心腹信使和顾问。事实上，他最为信赖的奴仆

---

① 参见原书第 758 页。
② 《剑桥中国史》，第 377—378 页。
③ 同上，第 659—663 页。
④ 同上，第 263 页。
⑤ 同上，第 269—270 页。
⑥ 同上，第 310—311 页。

是宫廷太监高力士,此人服侍唐太宗 50 余年,即便是在安禄山反叛后的逃亡途中也与他患难与共。但是,无论是这些秘书,还是太监,都没有获得唐代中期平叛之后的那种权力。唐代中期中央政府最为重要的发展在于皇宫,即内宫开始变成帝国的政治中心。①

官僚机构的社会政治重要性

对于官宦子弟而言,他们无需通过进士考试就可以获得官职。因此,在公元 733 年之前,没有几个官员来自于科举考试。甚至通过科举考试为官的人当中,也有 10% 来自贵族世家,虽然他们可能来自较小的家族。简言之,整个官僚机构维持了其上层基调。

然而,引进科举制度确实产生了重要的政治与社会效应。这源于通过进士考试后所获得的巨大社会声望。在每一个王朝末期,都会有傲慢的贵族宰相憎恶科举考试,并建议皇帝废黜这一制度。他们像 19 世纪的英国同行一样,宣称职业习惯和熏陶而非课本学习才是培养官僚的最好途径,事实上也是唯一途径。然而,在中国考取功名的社会声望是如此之高,以致那些在父亲庇佑下可以入仕的人也会选择参加科考。在唐玄宗的 31 位宰相中,有 11 位是进士出身。唐宪宗(806—820 年)一朝,25 位宰相中有 15 位是进士出身。通过这种缓慢而微妙的方式,高级职位的需求开始从血统和财富转向了功绩,从贵族转向了功绩官僚。在唐代初期,这一制度只是初创,在宋代之前这一过程还没有完成。②[764]就短期而言,科举制度具有不稳定效应。除了贵族宗室和进士出身的官员之间竞争宰相职位外,成功考取进士的官员又根据他们对于考官的忠诚参与了党派之争。主考官们可以通过这种方式获得政治追随者,其结果便是朝廷内围绕主考官任命权而展开激烈争夺。③

唐代的最重要贡献是建立了明确的官僚等级制度,这是后来 1200 多年中帝国政权的楷模,这一制度的政治和社会后果都是决定性的。

---

① 《剑桥中国史》,第 450 页。

② I. Miyazaki,《宋王朝的司法管理:中国法律传统论文集》,ed. J. Cohen, R. Edwards, and F. -M. Cha(Princeton UP, Princeton, 1980),第 112—113 页。

③ 同上,第 114 页。

不过，这一点也不能被过分强调。深谙中国官僚机构的伟大学者白乐日说道：唐代制度的核心，或者说唐代制度的框架和基石是它的官僚制度，它是一个具有明确架构的官僚等级组织。自此以后，有学问的官僚们无可置疑地主导了中国社会走向，他们的言行举止和思想主导了公私生活各个层面。无论是否与官府事务有关，这种精神都一直存在，无论是军队、贸易，还是文学、宗教，莫不如是。于是，"笔的高贵性逐渐排挤了血统的高贵性"。[①]即便是王子们，也要按照官员的级别进行等级划分。官员成了整个中国社会的参照。

科举制度的偏好也传递到了统治机器当中，因为这一制度反对传统的军功贵族价值观，强调儒学伦理价值。唐代皇帝们对于道教和佛教的偏好也没有对此产生多大影响，即便是将《道德经》和儒家经典一道列为科举考试的内容，也没有发挥太大作用。作为官方意识形态的儒家学说主导了中国的政治、经济和社会生活。我们不妨再次引用白乐日的话：

> 这些儒家知识分子一直试图软化公共工程的苛刻性，至少在理论上，他们长期宣称自己是毫无私心的公共利益主导者，并准备代表农民抵制专制君主的掠夺。[765]在现实中，这些知识官僚从未打算捍卫民众，除非涉及自身利益。每当有皇帝要威胁专权的时候，特别是要通过强制措施剥夺这些官员权力的时候，他们都会将其贬为暴君，以维持自身特权。
>
> 他们谴责奢靡和堕落，但他们又都是这些活动的实际参与者。然后，他们又用同样的措施来对付下一位驯顺的统治者。他们痛恨手脚被束缚。君主永远不能超越象征性角色，只能将自己局限于仪礼性角色之内。如果有皇帝超越了象征性角色，他将会失去自己的声望，成为一名事实上的暴君，并注定要受到上天的惩罚和民众的诅咒。[②]

---

① H. Maspero and E. Balazs，《中国古代历史制度》，第 172—173 页。
② 同上，第 171 页。

白乐日提醒说,"永远不要忽视这一点"。这些知识官僚们的真正利益在于:他们清楚地知道如何通过间接的、伪装的、家长式的专政,从郁郁寡欢但富于成效的皇帝公开专政中榨取权力,后者则往往被描绘成邪恶的化身。①

2.3.2 地方政府

唐代标准的政府体系是州、县两级安排。州县体系中的每一个行政单元都可以向下到"里",后者则复制了州、县的职责,并对它们负责。

州、县所属官员代表了中央政府的"全能"权威,其总体职责是维系和平与安全,执掌司法,缴纳税收,执行来自中央政府的其他指令。园仁(Ennin)和尚在 838—845 年的行纪中证实了前面提到的一些情况,②特别是地方官员迂腐地严格执行上级命令的情况。

如何阻止"州府"独立?唐王朝的历史上不止一次地出现地方政府尾大不掉的情况。但两次失误都是在地方上获得武装力量,且中央政府干涉地方的权力瓦解之后才出现的。

中央政府之所以能够严密地控制地方,原因在于三个方面:[766]首先是唐代官僚的特征。唐代官僚体系包括了所有高级地方官员,不管是在京城,还是在地方任职。在一元政治体系中,这些职位具有可转换性,它们也因此而成了中央和地方上的粘合剂。天下承平时期,继位的帝王们都会将京城和地方的官员整合在一个统治机构当中。官员们自然都希望住在京城,所以竭尽所能避免到地方上任职。③因此,许多官员被擢升为京官,而京官们则不大情愿到地方上任职,④除非是冒犯了皇帝被贬为地方官。

州、县的长官"刺史"和"县令"在官僚等级体系中有着明确地位。因此,上州刺史可以是从三品,位列六部与中书省、门下省副主事之下,

---

① H. Maspero and E. Balazs,《中国古代历史制度》,第 171 页。

② E. O. Reischauer,《园仁日记:一个朝圣者赴唐求法的历史》,(Ronald Press, New York, 1955)。

③ 《剑桥中国史》,第 352,379 页。

④ 同上,第 379 页。

与九寺的官员平级，所有州刺史的级别不会低于五品。所有五品及其以上官员都是唐王朝的高级官员，是拥有特权的上层精英，他们的儿子有权不经过进士考试进入官员选拔之列。州、县副主事为六品官员，和京城谏官们同级。

州、县缺乏独立的另一个因素在于每三年一次的辖区轮换制度：这反映了唐代官僚机构独一无二的特色。最后一个原因是这些官员们没有可供指挥的常备军。府兵是直接听命于皇帝的民兵。而且，府兵单独行动时，动员一个州县的府兵并无太大军事意义。

因此，地方官员都被解除了武装，成为全国范围内的官僚机构的一部分，并且根据级别听命于京城高级官员。这些官僚的技能、素质和数量在实施唐初复杂的税收制度上有些力不从心。但是，这一地方行政体系没有对皇位继承造成威胁，在阻止叛乱方面也是非常成功的。唐初一个世纪中，海内承平，社会秩序井然。这一局面被打破并不是因为地方行政体系的缺陷，[767]而是源于北部和西北部设立的边疆行政区。关于这一点，我们将在唐代军事制度中进行讨论。

在严格的中央控制之外，地方郡县也拥有一定自治权，因为它们拥有可以自行支配的地方性财政。而且，它们还可以为了普通官方事务征用无需付给报酬的劳役。我们下面还会讨论这一点。

用后人标准来看，唐代的高层监管是松弛的。[①]但是，用现代标准来看，唐代看上去是中央集权结构：法令自上而下，直至最低级别的官员，后者要承担法定义务，全国各地都要遵守帝国的命令。至少，拜占庭帝国偏远的农村地区不大可能做到这一点。阿拔斯的哈里发王朝也不大可能做到这一点，它甚至最后不得不承认边远省份完全自治。减少"天朝帝国"集权化的东西也同样是调和其他农耕帝国的东西：即依赖地方"士绅"来保证执法，后者则顺从法令以维护自身利益。由于地方州、县中的普通官员几乎无一例外地来自当地名流，于是政策执行过程中的各种扭曲现象随之而来。

学者们非常强调这些附属官员在后续王朝中所扮演的重要角色，

---

① D. C. Twitchett，《唐代早期的地方财政管理》，Asia Major，15(1969)，第 82—143 页。

比如宋代就花费了很大气力来规范这些官员的活动。在我看来,除了证据不足外,这些官员在唐代的作用也应当给予足够重视。那些承担政府基层工作的人无论如何都不应忽视,虽然史家记录中一概冠以"较为富裕的阶层"。他们在维护社会稳定,土地分配和编纂税收评估登记册方面发挥了重要作用。特别是在县一级,主事官员往往初来乍到,远离故土,他们完全依赖这些地方"士绅"。因此,后者在帝国政府中的角色都是相同的,就像罗马帝国中的十人长,或者哈里发帝国中的"名流"。只要他们接受了帝国小心翼翼的监督,就会极大地改善帝国治理水平。在唐代初年,他们非常顺从,不敢存有妄想,其自身利益和政府利益保持了广泛的一致。[768]当他们不再被认真地监管的时候,特别是当他们的利益与政府利益不一致的时候,问题便随之滋生,这种局面在晚唐时期终于出现。

勾勒政府全貌的最好途径就是分析政府中的重要机构,特别是涉及税收、经济,防务和法律的部门。

2.3.3 公共服务

唐代和其他前工业时代的帝国一样,所有公共服务都围绕税收和国防进行。士兵和警察用以强制征税,其他工作要么是对这些主要职能的修改,要么是对它们的进一步细化。比如,司法只是维持稳定的一部分。对于农民的土地分配是为了让他们有纳税门路。修建道路和运河系统的公共工程也是为了这一主要目的:扩大税收基础。在税收向公共服务循环的过程中,大量资源被主事官员侵吞,而皇室和官员们则可以按律免税。

税收体系

唐代和蛮族先辈一样,它把土地分配和农民的重新安置当作解决税收之道。由于汉代的金钱经济久已不复存在,尽管钱币仍在流通,但唐代的多数交易采取了以货易货形式,其中税收是最大交易。因此,税收体系和土地体系就成为一个钱币的两面。

大约90%以上的税收来自基本的土地税,其余主要来自杂税。杂税主要根据一家一户的财富和能力来支付,土地税则无需如此。基本税对于每一户登记在册的家庭来说都是固定的，因为他们都曾得到过固定的土地。原则上，每一个成年农民可以得到 80 亩（13 英亩）口分田，这是对于他个人的分配，不能出售。此外，他还可以获得 20 亩永业田，家庭中每三人还可以多分得一亩。口分田在 60 岁或去世时归还村庄。"乡"或"里"的官员每 3 年主持一次土地分配，于是每人都有自己的法定份额。在此基础上，每人都可以合法地获得一份可以自给自足的土地，然后上交固定的土地税"租庸调"。[769]"租庸调"包括三部分："租"以谷物形式上交；"调"以布匹形式缴纳；然后是具有特定期限的无偿劳役，纳税人可以根据情况"调换"。因此，从管理的角度来看，计算纳税义务很容易，但是重新分配这些土地则非常复杂。

唐代的杂税非常轻（但并未妨碍这一税收的扩展），它根据每户的财富而有所不同。这些税收包括特殊的义务劳役和户税，户税以现金形式缴纳，即便是王公贵族也不能例外。土地税起初曾作为帮助农民抵御灾荒的手段，但最终不过是另一种剥削形式而已。为了计算税额，地方政府根据每户财富、财产、规模的不同分为九等。无论是分类还是统计都需要大量工作，管理者大多来自富裕家族，他们完全有理由低估自己应该承担的义务。土地分配与附带的税收体系是如何被执行的？每一个户主必须报出自己家庭的人数，以及他所得到的土地数量。里正则必须拟就关于整个村庄土地和人口的花名册。每到第三个年头，"里"的主簿就会将这些信息入册，并在此基础上将下辖村户分为九等（多数家庭都是在最低的第八和第九等级）。然后再将这些信息整合为普查资料，从而形成关于本地区和全国范围内土地再分配和税收征缴的基础资料。他们往往在年底召集村民，将土地从有盈余者的手里转给土地不足额的家庭。①

以前人们大多认为，这一制度太过繁琐，很可能会像其他蛮族王朝的政策一样，变成一纸空文而无法落实，因为没有这方面的文献证据存世。然而，在 20 世纪初，人们在边远的敦煌寺庙中发现了被保存下来的文献，这里位于甘肃省和当时西康省的交界地区，距离罗布泊东部和

---

① H. Maspero and E. Balazs，《中国古代历史制度》，第 200 页。

戈壁大漠不远。人们一度认为那里的土地分配制度不如其他地方受重视。事实上，这里同样重视土地分配，只是按照当地条件，这里的土地出让期限较短。我们仍可以推断，尽管这里的土地出让未必足额，[770]但在全国其他地方，三年一次的土地分配和户数登记得到了严格执行。[①]

这一制度看上去非常公平，实施起来却有些倒退，也并不公正。9世纪早期的一位地理学家观察道："3个农民就要供养7个闲人。"[②]原因之一是大地主的增加。官员们将退休的积蓄用以购买田产，并通过管家将其出租给农民或游民，大量农民为避税而离开自己的土地，为这些地主劳作。然而，在他们寄居于大地主的土地上之后，情况会变得更糟：一方面他们不再对自己此前拥有的土地缴税，这就会加重其他农民的负担；另一方面，他们定居在地主土地上后不再登记，也无需纳税。寺院和道观产业的大量增加也产生了同样后果，因为这些产业都是免税的。基于这一原因，许多小农也纷纷放弃自己的土地，开始为寺庙或道观耕作。于是，一些大地主为了避税，也会欺骗性地将土地捐赠给寺庙。与此同时，皇室宗亲，旧贵族，所有官员，以及那些拥有荣誉性官衔的人都可以免税。

尽管法律禁止农民出售自己的口分田，但他们仍会绕开法律这样做。我们在世界其他地方所看到的农业社会变迁，在中国也未能例外。即便税收的固定标准很轻，年景不好、洪水，以及其他天灾都会迫使农民为了缴税而负债，或是将土地抵押出去，最终沦为大地主的"租客"或"佃农"。土地分配体系又加重了这一问题：土地分配只能在土地充足的地方实行。在人口密集的地方，比如京城周围，土地分配数额被减半。而且，这一制度也没有解决土地质量问题。但是，无论农民得到什么样的土地，他都算是拥有了一份法定土地，并且必须缴纳固定税收。因此，农民越穷，缴纳的税额占收入的比例就会越高。不过，虽然存在大量避税现象，看上去在公元750年之前，帝国财政在总体上仍能得以

---

① H. Maspero and E. Balazs，《中国古代历史制度》，第 201 页；Twitchett，《唐代早期的地方财政管理》。

② H. Maspero and E. Balazs，《中国古代历史制度》，第 205 页。

维系，而且没有给农民增加额外负担。自公元754—755年之后，据计算整个帝国境内只有17％的农户登记在册。这不仅是因为农民的流动性，[771]还在于管理上的无能，无法使登记制度保持下去，而后者正是整个制度的首要政治利益所在。这说明了在前工业社会，或者说农业社会中，实施公平和有效的税收制度所遇到的技术性障碍。

地方政府对于这一高度复杂的财政体系的管理，有三个方面值得一提：严格对中央政府负责；地方政府内在的独立性；对土地与人口登记的精确性负责，自行挑选地方雇员。

中央政府法令规范的细化程度令人震惊，但却是中国人痴迷于官僚机构的典型做法。直到736年，6个不同税种的统计都由不同部门实施，每年都会登记造册。这些税收会进入不同中央部门，税收涉及到所有州县。一位宰相估计，光统计就需要数10万张纸，各政府部门的复制工作更为复杂。整个程序非常费时，以至于计算工作往往难以按时完成，加上财政和税收又经常变化，各种陋习在所难免。①有关纳税信息的文件必须在各州县保存50年，在户部保存时间不少于27年。后来，这一安排最终被废弃，代之以一个永久性的实用做法。事实上，这就确立了各州县的固定税额和开支水平。

每一个阶段的财政管理都要详细审查。各道定期检查各州；各州每年检查下属各县。各州必须每日记账，年底汇总收支，然后由主管官员签署。最后，这些账目每年被送往京城，由刑部的"比部司"审计。这一责任链条向下一直到各县，只有里正除外。前面提到的吐鲁番文书表明，这种责任体系是真实的。

前已提及，州府还享有一定开支自由，因为它们可以合法地支配各种各样的地方财政。比如，户税就被指定用以地方军事和驿站服务。地方官员的薪俸主要来自职分田、公廨田等收入。[772]此外，一些职位还可为地方政府提供盈利机会。比如，为稳定官市价格而设立"常平仓"买卖谷物，②或管理官方借贷。最后，各州可以征召普

① Twitchett，《唐代早期的地方财政管理》，引自宰相李林甫的奏折。
② 参见原书第773页。

通民众为高级官员服务。这些"特别差役"和英美的陪审员一样,对国家承担礼拜式服务,通常每年两个月。就像我们前面谈到的,他们在村落层面构成了完整的附属性管理体系,并为州、县提供基层官吏(我们没有关于他们如何工作,是否全职工作,是否有报酬等方面的证据)。只有家境较好的人才能参与此类服务。如果他们愿意免税的话,能够通过这种服务来进行交换。为州县服务也会有客观的回报,因为这些人可以免于每年的劳役和兵役。无论如何,州县可以不受限制地雇佣这些差役,对于州县而言,使用他们的成本很低,甚至没有成本。①

州、县官员数量并不够用。他们都是全能官员,至少要花费一半的时间来主持公道。此外,他们还要负责维持社会秩序,组织劳役,负责防汛和粮食供应。唐代初年,全国有州(郡)328 个,县 1573 个,估计人口约为 5600 万,总面积约 1300 万平方公里。因此,粗略估计,每县大约 3.6 万人,每州大约 17.1 万人。这些人口稀疏地分散在道路不畅,且到处是森林、沼泽和群山的广袤地域内。一个普通县大约方圆上百英里,一个普通州的范围则要翻倍,方圆 200 多英里。这就是为什么在村一级,州、县政府都必须依赖这些没有薪酬的差役和地方名流的原因。这些地方"名流"们,我们或许可以称之为"乡绅",他们通常拥有自己的庄园和家丁。"乡绅"们还是地方上的领袖,在他们眼里,乡村之事往往都是家事(不过通常都是负面的,比如,我们可以用 14 世纪长篇小说《水浒传》中的晁盖来分析)。② [773]我们不难相信,在三年一次的土地分配和家庭登记过程中会有很多欺骗行为。

公共工程与实业

作为家长式的统治者,这些官员们非常乐于干涉经济事务;作为儒学信徒,他们又偏好农民,不赞同商业和手工业。

---

① Twitchett,《唐代早期的地方财政管理》,第 98—112 页。
② 《水浒传》成书于 14 世纪,是根据大约 1100 年前宋王朝的资料编纂而成的小说。书中对农村社会的描述与唐代并无实质性不同。施耐庵和罗贯中是和《草莽英雄》的诞生相关联的。《草莽英雄》是一个特别的称谓,一个更为常见的翻译是《水浒传》,美国作家赛珍珠则将其翻译为《四海之内皆兄弟》。

对农业和农民的干涉

毫无疑问，对农民来说，政府的最大干涉在于土地分配。政府经常会设立农业垦殖点以重新安置无地农民，但往往不太成功。唐代和汉朝一样，政府也涉足了防洪和饥荒救济等领域。唐代在工部设立了水部司，专门负责津渡、漕运、桥梁、堤防、沟渠、灌溉、运河、渔业以及磨坊等所有相关事务。①水部司还控制着各州县相关部门。这些机构在如何开展工作方面可以自行做主，并拟定地方上的工作程序。而且，其他一些次要工作也和财政管理相似，比如监督水资源分配、维持运河与堤防等，都严重依赖没有级别的差役们来执行。②

参与防洪的一个必然结果就是参与饥荒救济，唐王朝恢复了汉代的"平准之法"（也即"常平仓"）。③唐代还进一步发展了隋朝的创新，即推行"救济仓"或"义仓"制度，④即由州郡征收专门的谷物税——"地税"存放在当地粮仓之中，在饥荒之年开仓放粮。这一体系在应对公元730年和740年相继发生的天灾时非常成功。⑤

饥荒救济的最大困难在于恶劣的国家交通系统。批量转运（包括以实物形式上交的税收）几乎完全依赖适于通航的水路。关于货物转运速度和成本的一些数字或许更有说服力：用马匹转运100磅货物，每100里（一里等于三分之一英里）需花费100枚现金；用手推车需要花费六倍于此的现金。如果用船，逆流需要花费15枚现金，[774]顺流只需花费5枚现金。而且，用马匹运输未必就会快一些。马匹每天可以行走70里，人或骡子每天可以行50里，手推车每天只能行30里。如果是用船，逆流每天可行30—45里，如果是顺流而下，每天可行80里。正因为如此，隋朝皇帝们才痴迷于修建大规模的运河网络。⑥

然而，这一网络仍不足以供给当时的京城长安。在750年，长安已是世界上最大的城市，人口接近200万。唐王朝与罗马帝国和拜占庭

---

① 《百官志与兵志》，第129页。

② Twitchett，《唐代早期的地方财政管理》。

③ 参见原书第二册，第六章，第514—515页。

④ 参见原书第744页。

⑤ 《剑桥中国史》，第358页。

⑥ H. Maspero and E. Balazs，《中国古代历史制度》，第221页。

帝国一样,它们的大城市,特别是京城的物资供应具有至高无上的政治意义。此时,物资难以运抵长安。粮食必须经过黄河转运,然后在水流湍急、地势险峻的三门进入地方水系。利用黄河运粮,始终要担心黄河水枯或是三门地段水流湍急,难以令人满意。因此,饥荒时刻威胁京城。一旦发生饥荒,朝野上下必须经过 24 天的行程前往东都洛阳。在公元 717 到 737 的 20 年间,朝廷迁移有 10 次之多。这一问题最终被一个青年贵族解决,他就是裴耀卿(681—743 年)。唐玄宗时期,在官僚机构之外另行设立了一个新机构,并任命裴耀卿为转运使,这个新机构拥有官吏、粮仓和漕运船队。裴耀卿就任后,将扬州至长安的水路进行分段管理,每一段都配有粮仓和船工。大批粮食首先运到河阴的粮窖中储存,然后再运往下一个粮仓,只要条件允许,各段粮仓都会组织向下一个粮仓运送粮食。通过这个办法,粮食运送能力提高了一倍,而且更为便宜。①转运使变成了庞大的商业和财政组织,也是整个南部中国经济的真正主人。

对商业和城镇的干涉

在唐代,有许多游民迁徙江南。不过,即便到王朝末期,江南的人口也只占全国人口的四分之一。运河网络的形成,海上贸易的加速发展,从京城向四周辐射而出的 7 条官道,以及和平环境对于商业的刺激,城镇和市场的不断增加等,都促进了江南的开发。[775]唐朝官吏和拜占庭帝国同行一样,轻视商业贸易,并不刻意推动商业贸易,只是不断对其加以规范。

中国比同时代的西欧拥有更多更大的城镇。长安城有 100—200 万居民,洛阳城看上去有 40 万居民,其他许多城市人口也在 10 万人上下。②只是我们找不到关于市政特权、宪章等方面的痕迹。中国的城镇通常建立在行政而非商业基础之上,首先是官府和官员所在地,它们往往被当作城市中心。唐代的商业法律,主要是解决度、量、衡的标准规范问题,以及契约问题和打破价格垄断问题。唐代城市和今天的其他

① 《剑桥中国史》,第 399—400 页;H. Maspero and E. Balaze,《中国古代历史制度》,第 220—223 页。
② 同上,第 225 页。

东方城市一样，有各种各样的商人和商铺，街道上的"行老"（通常由官府提名）负责维持内部秩序，并作为商户和政府之间的代表与发言人。唐政府对于工商业的"官税"非常轻，可能只有 3.3%，因为唐代的官吏们看重农业，后者提供了 90% 的财政税收。与此同时，来自于地主阶层的地方官吏又通过各种名目繁杂的非官方税收来压榨商人。这些商人所能做的就是闭门歇业，以示抗议。①

唐代初年还试图监管帝国境内的贸易。唐政府在两京和地方州、县官府所在地设立了市场官员。在京城，户部规定了商品的价格和质量，市令则监督市场，根据固定时间开市或闭市，并昼夜巡逻。市令为每一种商品规定了价格，并为三种不同质量等级的货品标价。这一做法的意义已经超越了地方交易的范畴，因为这份价目表在地方官府中流传，当地方官府需要购进或者征用某种商品的时候，它们就会据此作为标准。②州、县的市场也像京城一样被组织起来。除了人口约在 20 万以上的大州府外，市令都是由刺史或县令挑选而来，他们是不计薪酬的差役，并且每四年轮换一次。[776]他们都是被挑选而来的荣誉官员，比如官级在五品以上的退休官员，或是来自较为次要的官员家族。③

这些市场规定被小心翼翼地执行，在唐末开始出现松弛迹象，然后随着唐代的衰亡而消失。随着宋王朝的建立，城市和商业繁荣起来，恢复这一制度已不大可能。宋代是前工业时代中国经济商业化的一个高峰。

法律与秩序

在唐代的所有荣耀中，法律肯定是最伟大的一个领域。中国唐代法律之于东方，犹如东罗马帝国之于西方世界。唐代法律为日本、高丽和安南提供了范本。在中国随后的 600 年中（直到明代成立前），唐朝律法仍被继续使用，只是略有修改。甚至直到近代的清王朝（1644—1911 年），大约 30%—40% 的刑律内容，丝毫未动地来自《唐律》。④

---

① 《剑桥中国史》，第 228—230 页。

② D. C. Twitchett，《唐代市场体系》Asia Major，12(1966)，第 213 页。

③ D. C. Twitchett，《唐代市场体系》，第 218—226 页。

④ W. Johnson，《唐律》第一卷，(Princeton UP, Princeton, 1979)，第 9 页。

《武德律》源自公元 624 年，也即高祖皇帝统治时期。它在很大程度上是前代隋王朝律法的修订版，主要由前朝法律构成。唐太宗时期（626—649 年），在国舅长孙无忌主持下，彻底修订了 624 年颁布的法律，是为《贞观律》。此后，每一个继位的帝王都会作相应更新和修订，最后一次修订是在唐玄宗时期，737 年由宰相李林甫主持。①

唐代法律主要包括：律，大约占三分之一的篇目；令，由 502 项条款组成。此外，还有典、敕、例为补充。格是律令的修改和补充，敕和例是针对特殊情况而制订的行政法规。

唐律是完全依照中国传统制订而成的法律，它首先关注对国家和个人的犯罪。其他形式的社会冲突则会由私下途径，比如调解，行规等来解决。它在两个方面非常引人注目：其一，它是一部在实践中取得成功的官僚化法律，它详细地说明了每一种犯罪的情形，以及可能减刑的情形，然后附上相应的固定刑律。州、县官员绝对没有自由发挥的空间。如果说"自动投币售货机"式的司法理想曾被付诸实践的话，那就是在中国。[777]其二，它根据儒家的社会秩序模式对罪犯进行强制制裁。无论是在法律根源方面，还是在枝节问题上，它都算不上是一部平等的律法。不管是反对政治秩序，还是反对社会秩序，乃至道德秩序，都在它所规定的违法之列。比如，殴打父母，没有遵守为父母服丧的规定等。对罪犯的惩罚同样不平等：对于社会上层来说，刑罚最轻，而且很容易逃避；它对普通民众的惩罚最为严重，对于包括奴隶在内的社会下层更是凶残无比。

关于这些特征，一些西方学者已经做了大量分析。比如，白乐日就曾写道：②

> 如果"司法"是一个正确的词汇的话，中国司法的精神并无太大变化：其目标就是通过严厉的刑罚来镇压和恫吓对社会秩序的破坏，哪怕是并非有意的破坏行为。简言之，我们不能用西方意义

---

① 《剑桥中国史》，第 178、206、207、273—274、354—355、414 页。

② H. Maspero and E. Balazs，《中国古代历史制度》，第 124 页。

上的法律概念来讨论中国法律。它只是一个关于刑罚的法律机构，中国古代"刑不上大夫"的原则再一次被强化。①对于中国的立法者来说，他们的工作只是找出灵活有效的统治方法，通过严厉的惩罚阻止民众去犯罪或威胁现存统治秩序。②

他的话虽然真实可信，但并非全部属实。因为他忽视了这些刑律在程序上的保证，以及和前代相比所体现的人性的一面（甚至和东罗马帝国相比也是如此）。唐代法律没有汉代法律那么严厉。③唐律中的刑罚包括：各种各样的杖刑；五花八门的流放或奴役；包括斩首或缢死在内的死刑，等等。④县令只能实施"杖刑"，罚做奴役需要州刺史同意，流放则需要中央司法部门和皇帝的判决。无论是宣判何种刑罚，县令都需要准确地引用律、令、典、敕、例等有关条款。如果做不到这一点，他也要挨上 30 大板。⑤如果引用法律条文错误，他还会受到惩罚。如果是被罚为奴役的判决，[778]他还需说服犯人和家属接受这一惩罚；如果被拒绝，他必须重新审理。⑥唐律和汉代律法一样，县令只能将定罪基于囚犯的供词之上。这就会不可避免地存在滥用刑罚，因为会存在屈打成招的情况。⑦

不过，有一个重要的例外，那就是对于叛国罪的惩治。这个时候，程序保证就会非常脆弱，对于罪犯的惩罚也会像过去一样，扩大到整个家族。官阶也无助于缓解这种惩罚。谋反（危及国家或皇帝）和谋大逆（破坏太庙、皇陵和皇宫）的主犯和从犯都要被斩首，罪犯的父亲或儿子也要被缢死，罪犯的其他宗亲则会被贬为奴隶，⑧或终身流放。谋叛，即背叛朝廷或投降叛军，也会被斩首，但受到株连的亲属会少一些。另

---

① H. Maspero and E. Balazs，《中国古代历史制度》，第 127 页。

② 同上。

③ 参见原文第二册，第六章。

④ W. Johnson，《唐律》第一卷，第 55—61 页。

⑤ 同上，第 36 页。

⑥ W. Johnson，《唐律》。

⑦ 参见原文第 779 页。

⑧ W. Johnson，《唐律》，第 18 页。

一种严重的犯罪是与巫术和符咒有关的"蛊"毒,违者将会被处以"缢死"之刑。而且,皇帝受到法律的特别保护。如有人故意指责皇帝,违抗圣旨,或是偷了皇帝物品,把皇帝的药贴错了标签,都会被当作谋叛而处以相应的刑罚。①

在刑律中,这些犯罪都属于特别类型的犯罪,被冠之以"十恶",一般的程序保护原则并不适用,相应的惩罚也尤为严重。许多其他的"恶"与儒家社会规范有关。最为严重的是谋害父母或祖父母(分别处以斩首和流放),殴打双亲(斩首)。五品以下官员殴打三品及其以上官员者,将会被罚做一年劳役。父母或祖父母去世后,没有遵守服丧制度者也会受到严厉惩罚。

在唐朝历史上,充满了以谋叛罪将大臣们斩首或流放的判决,这些判决往往基于非常脆弱的证据。但是,正如我们一再强调的,这些国家审判可能给我们造成一个关于整体司法管理的错觉。在唐代的例子中,我的印象是:尽管它的法律是苛刻的,它对于罪犯的惩处也并不平等,[779]但它是固定的,完整的,不是个人性的;它的法律在最低层面上也得到了遵守,即便没有仁慈,至少也是公正的。②

关于这一点,我们可以从案例的标准程序中看出来(由于缺乏唐代断案的证据细节,我引用60年后的宋代作为案例。宋代保持了唐律的绝大多数内容,在程序上只有轻微的改变)。除了农耕季节外,县令们整年都在县衙之中。任何人都可以携诉状来到衙门,类似军警一样的衙役们则会抓捕疑犯。告状的人必须提供一个书面诉状,如果他是文盲,会有人为他代笔。诉状会呈到衙门的刑曹那里。刑曹会初步判断是否符合事实,如果初步认为属实,就会呈给县令并召集所有当事人。如果被告看上去想要逃跑,就会被关押起来。

审讯包括两个阶段:案件调查和应用刑律,二者悉听县令裁决。县令会首先审问囚犯和被害人,以便得到供词。没有供词,被告不能被宣判有罪,即便所有证据都对他不利。如果证据确凿,罪犯又拒绝招供,

---

① W. Johnson,《唐律》,第 21 页。

② 参见 A. F. Wright and D. C. Twitchett eds. ,《透视唐朝》,第 29—30 页。

县令就会下令杖笞犯人。命令由县令与他的助手，也就是县衙的主簿合署。杖笞一般是在这些人在场的情况下执行。被告可以拒绝指控，原告则要驳回这些理由，县令必须对双方公正行事。最后，一旦罪犯承认了犯罪行为，他的供词将会被逐字记录在案，当面宣读之后，由本人签字画押。一旦犯罪行为被证实，犯罪事实也就确立了。

一旦犯罪事实成立，县令就必须应用法律，也就是使用此前已经确立的法律条款，并参考以往的案例判决。在此基础上，县令的判决必须基于犯罪事实，判决书内容包括犯罪事实、经过以及判决原因。然后，开始执行相应的惩罚。

在州一级，刺史的判决草案会转到司法参军手里，后者可以拒绝签署。刺史可以忽视司法参军的建议，但是如果上级认为他的判决是错误的，那么他个人就要冒风险。如果一位官员成功地澄清了一桩严重的指控，他将会受到奖励，以及民众的拥戴和欢呼。

只有京城的大理寺才可以做出死刑判决。在实际执行前，[780]关于行刑的建议还要连续三次呈送皇帝，在得到皇帝同意后才可执行。①

这也许不是白乐日所说的"西方人意义上"②的法律，但它确实是明白无误的法律。一系列确定的犯罪行为和一系列严酷而明确的刑罚相对应，一旦犯罪行为得到甄别和证实，司法部门也往往变得精疲力竭。在此之后，刑罚就是自动的了。无论你怎么去评价这一体系，它决非武断、随意、反复无常的司法体系。③恰恰相反，它是一个具有固定性、规范性和可预见性的法律里程碑。与唐帝国处理民事案件的做法相比，罗马法要优越一些，它甚至在此领域建立了罗马法学。在唐帝国，诉讼人不能向最高中央政府申诉，下级官员也不能做出最后裁决。如果原告与被告对判决不满意，他们可以要求上级官员重审此案。但后者只能重新评议案件，然后仍旧发回初审的县衙，并指

---

① I. Miyazaki，《宋王朝的司法管理：中国法律传统论文集》，第59—67页。

② 参见原文第777页。

③ Bodder 和 Morris 在《帝制中国的法律》中也有类似的观点，引自原文第四册第二章，第1155页，关于700年后清朝部分。

示该县衙要依章公平审理。因此，如果诉讼人固执己见，案子可能会拖上数年。①因为官府处理民事案件的原则在于安抚，而非强制。

除了镇压性的法律机构之外，唐代还建立了非常有效的警察制度。离近代不远的文学作品《水浒传》②中对于农村地区的描述值得我们认真关注，其中对于警察程序的广泛引用可以作为相关知识背景。我们前面列出的县衙程序涉及了各个方面，只有一个例外，那就是对于嫌犯的殴打。③如果犯罪证据确凿，而罪犯仍不供认的话，县令有权杖打嫌犯。这就是《水浒传》中白胜的遭遇，他被怀疑是一桩重大抢劫案的帮凶，官差在他家里发现了埋藏的赃物。尽管如此，他一再否认指控，衙役们三番五次地毒打他，致使皮开肉绽，鲜血横流。④当一个姓杨的人无意中了杀了人，自愿去县衙供认的时候，县令却说："鉴于他是自愿前来，杖责可免。"⑤这的确表明，唐代和汉代一样，司法审问通常是以毒打为开端的。

[781]小说还给我们提供了关于地方警察队伍的信息。县令有一个官员叫"捕头"，此人控制着两支警察队伍：一支由"步兵总管"统领，下辖 20 人的枪兵和 20 人的步兵；另一支由"骑兵总管"统领，下辖 20 名弓箭手和 20 名步兵。⑥如果县令需要开展较大规模的搜捕行动时，他会从二人统领的队伍中挑选一支。⑦

城镇，特别是拥有大量人口的两个京城，有着特殊风险，因此需要通过建立大规模的安全机器来解决。各州府仿照了京城的模式，尽管规模上要小得多。这些州府和京城一样，多数建成矩形的网格模式，以此制造出许多矩形的内部区域，然后用墙围起来。每面墙都会有一个门，用墙围起来的区域内严格实行宵禁。在京城，鼓楼会在每天城门和各区将要关闭的时候有规律地鸣鼓，市民们返回城内。除非情况紧急，

①　I. Miyazaki，《宋王朝的司法管理：中国法律传统论文集》，第 66 页。
②　此外还被称作"水浒"。
③　《水浒传》，第 55—58 页。
④　同上，第 269 页。
⑤　同上，第 191 页。
⑥　同上，第 204 页。
⑦　同上，第 278 页。

夜间不允许人们在大街上行走,而这些大街则把不同的区域隔开。即便是遇到紧急情况,也要得到官员批准。在京城,巡逻卫兵和城门守卫一起执行宵禁规定。①

直到工业时代,唐代律法都是统治史上最令人印象深刻的举措之一。这个和美国面积差不多的庞大帝国,包含了众多城市,以及大量人烟稀少或者渺无人烟的沼泽与荒漠。它被一个由统一的规则和程序形成的核心凝聚在了一起,适用于整个帝国境内的法典汇编正是这种体现。②正如我们所见到的,这些法律并非刻板的死条文。通过一个高效而有组织的军事警察系统,这些法律得到了强化。

2.3.4 国防与军事机构

唐帝国在北面、东面和西面都存在敌人。北部是虎视眈眈的东突厥人和西突厥人;东部是扩张中的高句丽王国;西部则是吐蕃部落。因此,中国和罗马帝国一样,都面临着控制边境问题。[782]唐代军事体系的基础设施为道路网络和帝国驿站,包括七条从京城辐射四面八方的主要商道。唐代驿站和罗马帝国一样,主要是为了官方和个人交通之用,由兵部的驾部司进行严格监管。唐代的驿站体系包括了1279个陆地驿站,260个水路驿站,86个混合驿站,每个驿站之间相隔大约十英里。驿站通常都装备有马匹、马车等相关交通工具。同时还会有一个小旅馆,由当地富户根据国家授予的特权经营。③

一直到737年,唐代军事组织都是基于府兵和城市常备军相结合的原则建立起来的。在边境地区,唐政府部署了一支大约60万人的军队,据说他们要服役整整一年才能轮换,但实际上他们要服役满三年。白乐日推测,可能许多士兵来自罪犯。④帝国的内部防卫包括两部分:首先是在京城四周驻扎的常备军,他们包括"南衙十六卫",左右卫专门

---

① D. C. Twitchett,《唐代市场体系》,第211—212页。哈里发国家和德川时期的日本也有类似安排,可参见原书第三册第二章和原书第四册第一章。
② 《剑桥中国史》,第19页。
③ H. Maspero and E. Balazs,《中国古代历史制度》,第218页。
④ 同上。

从官宦子弟中招募。每一支大约由 500 名卫官组成,这些卫官指挥着 120 支招募而来的番上宿卫士兵。其他卫兵组织包括自愿性的常设性步兵和专门军队,比如城门守卫、贴身护卫等。除了"南衙十二卫"之外,唐代还有一支由老兵和出身特权阶层人士组成的"北衙禁军"。

两大京城直接控制了地方上的民兵武装。在这一体系的兴盛期,它拥有 633 支人数分别为 800、1000、1200 人不等的队伍,这些士兵都来自富裕家庭,由尚书省的军事将官们统领,这些军队指挥官级别很高。他们在农闲时练兵,其队伍包括骑兵、装甲射手和步兵,士兵们自行保管个人的武器和装备,重型装备则存放在军械库中。这些府兵集中于京畿周围,是距离中央诸卫最近的武装力量。

这一军事体系在唐代发挥了很大作用。它不仅保证了国内太平,而且还是一支平民化军队。供应军队的成本很低,经过长期征战之后,边境地区的东西突厥均被打败。[783]在西面,吐蕃人的进攻已被阻止,河西走廊又重新开放,唐王朝进入了中亚广大地区,并沿着丝绸之路直达伊朗边境。751 年,唐朝远征军在怛罗斯被正在崛起中的阿拉伯哈里发军队及其回鹘盟军击败,西进势头才得以停止。唐代国家于是变成了唐帝国,也正是从这一点开始,边境和内地的军事发展开始出现了灾难性分化。

唐代军事的主要目标在于如何应对游牧骑兵侵略者。这需要快速的灵活反击和大规模集结,由于每一个身强力壮的蛮族人都是战士,因而后者的军队可以扮演不同角色。高度集中的"卫军"和地方州县中的"府兵"只能应对小规模入侵,要想应对大规模军事入侵,政府必须供养专门的常备军。

唐政府最初的应对是将大量常备军驻扎在边境地区,这些府兵的服役期为三年,此外还有职业化的军队协同守边。但是这仍不够强大,仍不足以抵挡大规模军事入侵。这些沿边境驻扎的军队就像监控器或者警报拉发拌网一样,其功能就是在京畿附近的驻军快速组织起来之前拖住敌人,后者往往由主帅和军中将领一起指挥。737 年,这一战略被一种全新的做法所取代。守边部队变成了长期服役的募兵。此后行政官员被职业军人所取代,他们在一个地方的服务期限为三年,然后再被调往其他地方。政府将每一个地区的军事机构固定化了。①

所有守边士兵都可以得到补贴，他们还被允许携带家属来此定居，这有点像罗马的屯田兵。从738年开始，边境地区不再征召府兵。唐代边防部队总数约49万，包括8万骑兵。如果把地方上的民兵组织也计算在内的话，帝国境内的常备军总数约为574711人，占人口总数的1%。供应军队的代价同样不菲：从714—741年整个军费增加了5倍，742—755年又在此基础上增加了40%—50%。

尽管边境地区的军事政治机构在不断增多，内地却享受了无忧无虑的和平。[784]地方上的府兵并未被废除，但是随着"官健"开始巡边，府兵存在的理由也就消失了，府兵开始徒有虚名。唯一残存的地方性防卫组织就是"团练"，它们由农民和兼职士兵组成，归地方刺史统领。

和平氛围也影响了驻扎在京城的常备军。在唐玄宗统治的黄金时期，边境偶尔会有一些零星的胜利，帝国内部则歌舞升平，驻守京畿的部队也被人们所忽视。到750年，这支部队已经变成了摆设。因此，到750年无论皇帝还是大臣都已经没有可以直接调度的军队，而在边境地区却存在着由职业化将军指挥的庞大且训练有素的士兵。这种不均衡局面最终造成了帝国的毁灭。

3. 晚唐时期(755—874年)

3.1 安禄山叛乱

很遗憾，我们无暇叙述安禄山的毁灭性叛乱，但这的确是唐代的遭遇。②安禄山是一个蛮族士兵，在经历了人生的早期波折之后，他很快被晋升为东北部地区的一名节度使。他受到了朝廷重用，到752年时他至少已经被任命为统领三个地方的节度使，并轻松地成为唐帝国内

---

① 这里可参考罗马帝国晚期的经历：起初戴克里先加强了边疆地区的兵力，这是静态防御的概念；然后，君士坦丁以"屯田兵"作为警报拉发拌网，内部则配有移动的骑兵接应。参见原文（第二部分第八章），第586页。关于边疆防御的进一步比较，可参见第三部分第一章"拜占庭帝国"，第646页；第三部分第二章"哈里发帝国"，第712页。

② 整个事件在"背景"中已经得到详尽的探讨。

最有权势的将军。752 年,宰相李林甫去世,安禄山的死对头杨国忠继承相位。755 年,安禄山起兵反唐,直逼京城长安。攻下洛阳后,安禄山自称皇帝,叛军随后又夺取了长安。唐玄宗仓皇逃亡四川。尽管安禄山在 757 年被杀,但是征战并未停止,直到 763 年这场叛乱才得以平息。在唐代政治制度发展史上,七年内乱是一个分水岭。尽管唐王朝后来又得到了恢复,但早已变得面目全非。

3.2 叛乱后的设置

平叛之后的新皇帝唐肃宗(756—762 年)及其过渡性的继任者唐代宗(762—779 年)和唐德宗(779—805 年)都面临两个严重问题:一是军事;二是财政。

[785]战争期间,朝廷必须要设立军事化的地方行政单位,其统治者既要主管行政,还要统领军事,这就是藩镇节度使。平叛结束时,类似的藩镇已多达 34 个,这些藩镇大多由将军们统领,他们的军队从数千到 10 多万不等。藩镇统领的军队总数约为 85 万,而朝廷却没有一支可以直接进行有效控制的军队。[1]另一个问题是朝廷已经无钱招募新军队。内乱使上百万农民流离失所,暴尸荒野,征税记录已经失去了意义。因此,旧的财税体系随之瓦解。

然而,除了河北省外,朝廷用了不到 30 年时间就在全国恢复了权威。恢复权威的基础在于对四个关键地区的控制:围绕京城的京畿地区(现今关中地区);西部边境地区,当时正处在吐蕃军队的攻击之下,因为缺少地方资源,依赖于朝廷的供给;长江—淮河盆地,在内乱中免于战火,成为全国最为繁荣的地区;运河区域,来自江淮的财政收入都要经过运河地区。

在平定叛乱过程中,为了寻找财税来源,朝廷开始求助于中国历史上最为古老的财税制度:恢复汉代的盐铁专营制度。[2]这一制度在 785 年开始实行,主要是在富饶的江南地区,包括一些节度使所许可的藩

---

① 《剑桥中国史》,第 487—489 页。

② 也就是说,它建立了对盐供应的垄断。当时并未打算对铁进行垄断专卖,"盐铁专营"是一个特殊制度的名称,但这里并不包含对铁的专营。

镇。在最初实施的 10—15 年中,仅对盐的专营就为朝廷提供了半数以上的税收。①

对于上述四个关键地区的控制,以及供养军队的财税能力为朝廷建立了一个狭小但是稳固的平台,使之能够耐心地推进消灭地方军阀的计划。在平叛结束初期,75％的地方当局手握兵权,50 年之后这一比例下降到 33％。到唐代结束时,除了边疆地区和难以征服的河北地区外,②地方上拥兵自重的局面已经完全不复存在。

随着帝国的统一和国内法律、秩序的恢复,唐帝国虽然失去了中亚保护国和对甘肃、河北的统治,但帝国依旧存在。不过,统治过程已经有了很大不同,这体现在三个方面:其一,在京城,随着拥有爵位的太监在政治上崛起,内廷逐渐开始高居于"外朝"官僚行政体系之上;其二,中央政府和地方之间是一种较为松散的,非集权化的关系,一些地方开始建立了永久性的省份;其三,唐王朝以全新的财政体系取代了儒家理想中的土地分配制度,并采用了新的城镇和商业政策。我们应对此略作探讨。

3.3 新的统治实践

3.3.1 皇官取代官僚机构

安史之乱的后果在于它破坏了正常的官僚机构组织及其精神纽带。许多官职变得有名无实,还有一些变成了无所事事的闲职。③821年之后的 40 年中,官僚机构陷入了极具破坏性的恶意党争之中,它没有任何特殊的意识形态和组织特征。这些朋党只是基于个人关系基础上的一种松散"结合",④当代中国人称之为"关系"。最近一些把唐代党争与社会差别结合起来进行分析的尝试也陷入了困境。⑤这仅只是政治"输入"和"输出"的例子。长期的权力斗争使唐政府陷于混乱,也

---

① 《剑桥中国史》,第 495 页。
② 同上,第 543 页。
③ 同上,第 19 页。
④ 这是 13 世纪晚期英格兰的一种表达。
⑤ 《剑桥中国史》,第 20 页。

使任何皇帝都不能像唐代初年那样依靠大臣进行统治。

与此同时，一些传统官僚机构开始被新的专门机构所挤压，不仅其重要职责被新机构所剥夺，而且后者还引进了一些既非贵族也非士大夫的官员，这些新官员都是出身卑微但拥有专门技能的人。首先是新培育出来的财政专家。在盐的专营制度下（事实上是盐税管理），盐被转卖到地方，然后以极大的利润转售给盐贩。这一体系由盐铁使管理，平叛后唐政府设立了两个财政区。其中，盐铁使负责华中和长江流域，[787]户部专司京城、四川和北部地区。二者筹集了全国半数以上的财税收入，随后就主导了整个财政体系。它们直接雇佣大量初级官吏，而无需经过户部的正常程序。可以想象，这一新机构及其技能对于传统官僚机构的影响有多么大。

即便如此，这还是不能和第三种决定性的影响相比，因为后者彻底改变了中央政府的决策模式。简单地说，就是决策权力从外朝官员手中转移到了太监手中。这是一个至关重要的变化，这也是平叛之后的唐王朝不同于唐代初年的重要特征。

太监们通常在内宫，特别是在后宫的管理部门——内侍省任职。内侍省设立之初，人数不过百人，但是到706年已增加至3000人，唐玄宗时期达到4000人，据估计在820年有4618人。[1]太监数量的增加可能与为王子、公主设立的辅助机构的扩展有关，也与后宫妃嫔数量的增加有关，后来甚至一度扩展到了令人不可思议的40000人。[2]

朝中太监通常由闽、粤两省的地方官员提供。特别是福建，当地官员经常从贩卖土著战俘的奴隶市场上，或者是从那些自愿将儿子阉割后卖给官府的父母手中购买后献给皇宫。[3]（唐代晚期，各"道"的统治者每年要献上一定数额的阉人到京城。）太监们往往目不识丁，只有特别聪明者才会被送到专门的宫廷学校学习。很明显，太监们的才智足以掌管宫廷内的"内教坊"，后者专门为宫女提供教育和指导。史书记

---

① J. K Rideout，《唐代宦官们的崛起》第一部分（618—705 年），《亚洲学刊》1949 年第 1 期，第 53—72 页；第二部分，《亚洲学刊》1953 年第 3 期，第 42 58 页.

② 同上，第 55 页。

③ 同上，第 56、68 页。

载，太监们不学无术，残存的太监诗词也很低劣。这的确表明太监们和从小就接受儒家经典教育的官吏们完全不同。不过，太监们掌权后的政治情况表明，他们并非完全目不识丁。①

显然，在唐玄宗时期太监们只是顺从的宫廷杂役，太监干政只限于几个孤立的事件和个人才华特别突出者，比如唐玄宗时期的"全能部长"高力士。但是平叛之后，太监们在权力决策中心的地位已成为一种机制，其首要原因在于皇帝在叛乱时期和平叛初期所处的危急情形。大臣们不值得信赖，将军们远在战场，同样也不可信任。而且，京城陷于叛军之手后，皇帝需要通过身边的人来组织临时朝廷和政府。在紧急情况下，皇帝只能寻找一个帮助来源，那就是太监们。②因为，太监们往往无条件地忠于皇帝。这是一个事实，不只是在中华帝国，所有其他使用太监的地方，比如波斯、东罗马帝国、拜占庭帝国都是如此。太监们既没有土地和财产，也没有家庭可以依赖。对于将军们来说，宦官们只能算半个男人；对于士大夫官僚而言，太监们出身卑微，缺乏教养。因此，皇帝也就成了太监们的唯一支持，他们的生老病死，荣辱升迁完全依赖于皇帝个人喜好。而且，除了衣食起居之外，皇帝和太监还有着更深层的关系。太子们往往由太监抚养并教育成人，多数情况下这些太子们在继承大统后都会投桃报李。事实上，有些皇帝，比如唐肃宗（756—762年）的统治大部分都在叛乱时期度过，他和儿子唐代宗（762—779年）不仅为宦官所拥立，而且后者还有护驾之功。后来继位的唐德宗（779—805年），更有理由感谢太监们的忠诚。唐德宗曾在783年被军事反叛和农民起义逐出了京城，他依靠两位宫廷太监指挥下的小股部队才逃过了一劫。③

究竟是什么导致了这种局面？官员们互相争斗，宰相们靠不住，将军们容易叛乱，这一切使得唐肃宗之后的皇帝认识到：只有宦官才是温

---

① 参见前引书，第 56，68 页。

② 这一时期具有类似功能的组织主要是哈里发的"古拉姆"和埃及的"马穆鲁克"（第三册第二章，及该章节附录说明）；还有奥斯曼帝国的"卡皮库鲁"（第四册第三章，第 1183—1194 页）；以及清代中国的宫廷奴仆"包衣"（第四册第二章，第 1135 页）。

③ 《剑桥中国史》，第 585—587 页。

良忠顺的依靠。随着皇帝的不断更迭,太监们的信心也开始增多。唐代宗时开始任命宦官们担任监军,汇报前线与地方上的军事要务。唐德宗走得更远,他让太监们监管他与地方要员之间的联络,对于那些行将获得地方任职的官员来说,太监们的报告至关重要。为了感激两名打败叛军并营救他的宦官,唐德宗让他们担任两支"神策军"的监军,这是皇帝个人直接统领的部队。[789]自此以后,"神策军"开始归属太监们指挥,并成了太监们的权力基础。

至此,太监们也形成了一个拥有九品等级的常设机构。①在精力充沛且比较能干的唐宪宗统治时期(806—820 年),出现了一个类似于汉代尚书台阁的职位,②它就好比为太监制度的大厦安放了最后一块砖。这就是枢密使制度,也有人称其为"枢密院"。枢密院第一次被提及是在公元 765 年,其功能就是把皇帝的旨意传出内廷。③不久,就出现了由两名官员统领的"枢密院"。枢密院很快又和"神策军"的两名宦官监军结合了起来,至此太监组织才告完备。枢密院和最高军事指挥结合起来,二者都由太监统领,并且只为皇帝个人服务。

这些太监机构并不是要篡夺皇帝的权力,这一点并非像儒家历史学者们所一贯坚持的那样。儒家史官们在提及宦官时,大多是在误导。在自信且意志坚定的皇帝手中,太监机构不过是一个灵活且完全温顺的工具。只有在皇帝懦弱和无足轻重的时候,它才会成为一个自私自利、明哲保身的权力机构。

唐代宗、唐德宗和唐宣宗(846—859 年)都是比较专横的皇帝。比如,唐德宗只是在他认为朝中大臣有负于他的时候才会求助于宦官,或者是翰林院。"德宗仍是至高无上的统治者,宦官们从未伤害过他,他也未曾保护过他们。"④——同样的评论还可用于另一个威严的皇

---

① 参见拜占庭帝国,它有一个并行的太监等级秩序,(第三册,第一章,第 641—643 页)。
② 参见原文第二部分,第八章,第 492 页。
③ G. Wang,《五代时期中国华北的权力结构》(Standford UP, Stanford, 1963),第 89 页,注释 9。
④ 《剑桥中国史》,第 600—601 页。

帝——唐宪宗："太监们仍旧不过是工具，唐宪宗有信心用自己的能力来控制他们。"①[790]唐宪宗是一个难以预料的人，在幼年时期有过受苦的屈辱经历。他对待大臣非常残忍，以致在他盘问群臣时，这些臣子们无不胆战心惊。

对于那些任性且意志薄弱的皇帝而言，宦官干政的情况会严重一些。比如在唐穆宗（820—824 年）和他的三个儿子——唐敬宗（824—827 年）、唐文宗（827—840 年）、唐武宗（840—846 年）统治时期就是如此。在这段时间内，宦官们决定着皇帝的废立。作为皇帝在宫廷内独一无二的守护人，宦官们在宣布废立皇帝的选择时具有无可挑战的优势。有一次，宦官们甚至伪造先皇遗诏。②唐穆宗就是这样的皇帝，以至于一些士大夫官员们拒绝为他效命。③当他在位四年后驾崩时，太监们选择了只有 15 岁的唐敬宗继承皇位，后者被证明只是一个花天酒地、腐化堕落的皇帝。最后，身居要职的太监认为必须要唐敬宗离开，于是就在酒杯里下毒谋害了他。④下一个选择毫无异议，就是立他的同父异母兄弟，17 岁的文宗登基。唐文宗和被谋杀的唐敬宗差别很大，他仁慈节俭，颇有书生气，但同样荒诞而优柔寡断。因此，他根本不是太监首领王守澄的对手（在唐穆宗死后，王守澄一直在宫廷太监中处于主导地位）。

唐文宗驾崩后，继位的唐武宗（840—846 年）被证明是一个"危险"的皇帝。他是一个狂热的道教徒，并痴迷于长生不老的丹药，正是这些丹药让他在登基 6 年后死于非命。他并非意志不坚定之人，但他给人

---

① C. A. Peterson，《复位完成：宪宗皇帝与节度使》，参见 A. F. Wright and D. C. Twitchett eds.，《透视唐朝》，第 189 页。需要指出的是，宪宗 40 岁时突然身亡，被认为是一位太监行刺所致。迈克尔·多尔比在《剑桥中国史》（第 634 页）中提出了这种指控，迈克尔·多尔比是怀疑论者，也许他是正确的。但是，太监有什么动机去杀死一位如此支持他们的皇帝呢？我个人不同意这种观点。唐宪宗之子宣宗在继位之前有很多不愉快的经历，他崇拜父亲，但一生都在为父亲周围的种种神秘所困扰，他花费了大量精力去查找杀害他父亲的凶手。因此，如果他认识到宦官机构和父亲之死存在牵连，他怎么可能会依赖这些机构（他的确这样做了）？

② 参见原书下文 798 页。

③ 《剑桥中国史》，第 639 页。

④ 就我所知，宦官对皇帝施以暴力的例子还是独一无二的。

的印象好像是一位过度活跃的"痴呆病人"(dementia)。唐武宗恢复了唐玄宗时期的统治模式,他挑选了可以信赖的宰相,并委以绝对权力。但是"神策军"依旧掌握在宦官手中,只要他们继续掌握着禁军,宫廷内的太监们就是安全的。当唐武宗在33岁时因为服用丹药而驾崩时,宦官们再一次决定了皇位继承问题。这一次没有竞争。唐穆宗的同父异母兄弟,长期被轻视和侮辱的唐宣宗继承了大统。[791]唐宣宗生性专横,他继位之初,一个接一个地更换大臣,一年之内只有七分之一的大臣得以幸免,他还扑灭了朝廷中的党派之争。在唐宣宗的政策之下,中央政府恢复了稳定,宦官和大臣们开始被牢牢地掌控于他的股掌之中。

公元9世纪宦官权力稳步增长主要源于两个相反的原因:首先是源于"强势"帝王们的所作所为,他们希望通过这种简便的办法来加强个人权威。但自相矛盾的是,这一现象还来自于"弱势"皇帝们要摆脱和摧毁它的努力,因为每一次不成功的尝试,都会让宦官们获得更多新的权力,而皇帝及其官僚同盟则会变得更加虚弱。让我们来回顾一下唐文宗第二次反对宦官密谋的精彩案例就足以说明这一点,鉴于第一次密谋是一个很不光彩的失败,此处不再进行讨论。公元835年第二次反对宦官的行动就是历史上著名的"甘露之变",这是一次鲁莽的夺权尝试。皇帝所借助的工具是一位有名的宫廷医生(同为太监)郑注和一位翰林学士李训。唐文宗分别任命二人为太仆卿和兵部郎中等要职,他们的计划是让宦官头目之间发生内斗。二人先于与宦官头目之一的仇士良结盟,除去了仇士良的对手王守澄。接下来准备清除仇士良,他们通过各种办法临时组织了一批士兵。到了指定的日子,唐文宗正在早朝,一位侍卫忽然口头禀报说:左金吾卫中庭后面的石榴树上,昨夜天降甘露。这是事先给皇帝安排好的一个提示,以便把仇士良和其他太监同党骗过去查验事实。不幸的是,当仇士良等到达院子时,一阵风吹起了帷幔,仇士良正好看到了隐藏在后面的士兵。仇士良和其他宦官马上返回内宫,紧闭宫门,并把皇帝挟持到后宫,同时派信使急召神策军救驾。神策军赶到之后,仇士良及其党羽大肆屠戮了涉案的主谋及其家属和关联者上千人,三位宰相被公开处决。文宗皇帝精神陷于崩溃,整日以泪洗面,酒醉不起,为自己将成为唐王朝历史上的一个可怜虫而忧心不已，就这样扯过了剩余的宫廷岁月。

这一事件是宦官权力远地点的一个标记。如前所述，唐宣宗在外朝和内廷的太监机构都烙上了其权威的印记。我们还可以归纳出这一时期宫廷内太监制度的架构。

> 他们（宦官们）不仅照看着皇帝的宫殿，花园和产业，还看管着帝国的驿站、驿馆和京城的佛教寺院。更为重要的是，他们不但肩负宫廷枢密使的神圣职责，而且还控制着皇帝的私人钱包。他们是地方州府军队的监军，还是皇帝和地方州府之间沟通的渠道。但是他们至高无上的权力在于控制了神策军，因为神策军不但是唯一的皇帝个人军队，而且是中央政府直接指挥的主要军事力量。[1]

3.3.2　地方统治的新模式

除了河北地区（拥有整个人口的四分之一）外，在叛乱结束后的最初五十年内，中原地区基本上又重新回归到了中央政府控制之下。公元763年，超过半数以上的州县都由地方藩镇来统治，他们身兼军事和行政于一体，指挥着50多万募兵军队。但是到唐宪宗时期（806年），中央政府已经完全控制了地方官员的任免。只有六个省份例外，这些州府承担着直接的军事重任，将军们依旧身兼行政职务。而其他地方官员全部都是职业官僚，这些职业化的官员任期有限，最多不超过六年就要轮换一次。他们就像罗马统治者一样，可以携带个人扈从，不过到后来这些随从的数目受到了严格限制。

前已提及，这些地方官员都由宦官们控制，不过这需要苦心经营才能实现。太监们依附于节度使，并直接向皇帝汇报，他们的职责扩大到可以干涉地方治理，乃至与叛军将领谈判，他们还可以在某一位官员去世后临时接管权力。820年后，太监们开始拥有上千人的独立职员和卫队。事实上，在855年以后太监干政开始变得非常普遍，太监们与节

---

[1]　《剑桥中国史》，第703页。

度使共同承担职责。很明显，这些诏令体现了宦官们的个人权力，也同样确认了他们所篡夺的干涉权。[1]于是，对太监行为的抱怨日渐增多，这同样说明太监的权力是真实可信的。军事官员尤其厌恶他们，这对唐王朝产生了可怕后果。

在政局动荡过程中，节度使们获得了相对于地方州府的军事和财政杠杆。[793]他们篡夺了整个州县的军队指挥权，这些军队之前只对地方官员负责。而且在理论上，来自地方州府的直接税收可以在中央政府和地方藩镇之间分割，这样节度使们就可以利用这些税收供养军队。这就有效地使地方州府们处于节度使的财政压力之下。

中央政府用同样的方法解决了这些问题，即将这些节度使们的军事和财政权力限制在自己辖区之内。因此，地方州府除了保留维持自身运转所需的税收之外，需要把所有盈余上交中央政府。这些官员虽然无需向中央政府缴纳其他税收，但他们也只能从自己辖区内获得税收。对于军事机构而言也同样如此，节度使的军事权威也只限于自己辖区。刺史们第一次被明确授予指挥辖区内军事力量的权力。因此，节度使们所指挥的庞大军队被肢解了，他们已经不大可能对中央政府构成军事威胁。

原则上，这些诏令减少了节度使们在财政和军事方面的权限。但是，在实践中他们仍旧保持着很大权力。叛乱前后的一个主要区别就在于地方政府已经不再是州县两级体系，而是一种三级体系：在中央政府和地方州县之间，又插入了"道"或"藩镇节度使"一级。尽管"县"又恢复为全能的基本行政单位，但是它们在几个方面都要受制于节度使。比如，通过创设军事需求，节度使们可以从地方州府中提取税收；节度使依旧可以指挥本区域区内的庞大军队；节度使作为检察官，还负责考评地方官员，特别是后者是否与自己亲近；节度使还被授权处置违法或治理不善的官员。最重要的一点是他对安全负责：比如地方安定，镇压叛乱，甚至在必要时供养可以远征的部队。

在地方政府体系的第二个巨大变化中，紧缩银根的财政规定和与

---

[1] 《剑桥中国史》，第544页。

之相伴随的旧的"三税法"体系，以及土地再分配制度均被彻底抛弃。即便是在最好的时候，实施这些制度也会存在困难和例外，[794]如今实施这些复杂制度所依赖的详细文书资料都已在内战中被焚毁或散佚。779—780年唐政府引入的新税收体系[①]只是为了告诉每一个州府：它们要向中央政府交纳固定的税收，中央政府并不过问它们征税的确切办法，哪怕是勒索或是额外的敲诈。自此，中央政府摒弃了整齐划一的理想。每个州府的税率都大相径庭。已经不再可能说出中国的"征税水平"，事实上再也没有实现过这一点。[②]

3.4 公共服务：防务、税收与安全

大约830年，回鹘帝国崩溃，吐蕃也进入混乱时期。这就移除了唐帝国北部和东部所面临的威胁，但是河北地区仍未被征服，尽管唐王朝连年征伐，耗资无数。而且，它还发动了对南诏的长期战争，试图夺取南诏地区，但战果寥寥。

唐政府的策略是维持边疆军事机构和皇宫的神策军，后者有一大批在西北边疆执行任务，同时削减其他位于内地的军事机构。但这并非易事，节度使们拒绝放弃权力，人们也不愿失去生计。唐政府于是开始依赖于它们的自然递减，尽管遗留下来的统计存在自相矛盾之处，但看上去唐政府的确通过这种办法削减了一些机构。事实上，或许是军事机构削减太快，因为有统治者通过夸大士兵数量来对薪酬名册造假。当我们分析唐末皇帝的情况时，应及时注意这种做法的后果。

不管怎样，这支庞大的军队总数约为80万，甚至达90万之多，占当时总人口的1‰，这无疑是对国家资源的巨大消耗。前面已经提到，旧的"三税体系"已经在战火中瓦解，唐政府的财税主要来自对盐的专营，但此时仍然入不敷出。考虑到农业在经济中的基础性地位，土地税仍至关重要。779—780年，平定安禄山之乱30年后，唐政府开始采用一种全新的农业税制度，即"两税法"。旧制度的根本弊端和罗马一样，

---

① 参见下文。

② 《剑桥中国史》，第18页。

认为纳税人和土地之间存在着不可分割的联系。如果一个人没有土地,他就无需纳税;更糟糕的是,如果一个人在土地上劳作,[795]但他的土地没有被登记,他同样无需纳税。如果政府一定要征税,就必须为纳税人提供相应的土地。

两税法废除了这一做法,它将两种税基结合了起来。首先是普遍性的户税,它与是否为登记住户或过客无关,每个家庭都要缴纳户税,数额根据每户的规模和财产来进行适当评估。其次是地税,每一块被耕作的土地都要交纳,数额根据土地大小、质量、收成等来确定。与土地再分配相关的杂税一概取消。这一新制度被证明具有复杂的经济和社会后果,它在财政和行政上都代表了一种理性化的努力。它比旧税制的管理更为简便,在每年两个特定时段中进行征收。户部在咨询各"道"之后,设定每年的税额,然后由地方官员根据协定的数额征收,这是一个广泛的放权措施。在各"道"内部,税收是这样划分的:每一个州府设定自己的征收定额,留足自己所需的开支,其余根据比例上交中央政府和节度使(供养军队)。独立的州府刺史也同样设立自己的征收定额,留足维持自身运转所需,将剩余的税收送交中央政府。地税通常以谷物形式上交,户税往往以现金形式缴纳。(这在9世纪中期又导致了另一个巨大的问题,国家出现了铜钱短缺,我会在后面讨论唐代的崩溃时分析这一点。)

最后,唐王朝的乡村警察制度看上去没有什么实质性变化。曾于835年来华的日本僧人园仁和尚在行纪中对此有过生动的描述。园仁到达中国这一年正值中国发生了"甘露之变",比之于宫廷的混乱,地方州府的警察制度则显得非常高效。园仁和尚是日本官方访华团成员之一,其个人愿望是访问位于南部(今浙江省)天台山的寺庙,而其他大部分成员继续前往京城。但由于遇到了暴风雨,代表团成员只能在靠近长江口的一处荒滩登陆。他们来到了当地的盐官治所,后者引领他们来到当地驻军指挥所。稍事休整之后,当地官员很快会见了他们,然后由八位士兵护送他们前往当地州府衙门。他们起初被引领到"县城",见到县里的七位主要官员。[796]这些官员安排他们去与州府官员见面,然后说明园仁和尚请求皇帝恩准前往天台山朝拜。在京城有司回复之前，他们等了数天。地方州府官员拒绝园仁和尚继续前往京城，因为他的文书只限于当地辖区。园仁和尚坚持要等皇帝的恩准和批复。最后，确实从京城来了一封信，信中告诉园仁和尚，不允许他前往天台山。由于访问团其他成员此时都已经返回了日本，只剩下园仁身陷囹圄。于是，他和一个伙伴决定躲在山中，自行前往天台山，然后再取道京城长安。他们在山坡迷路徘徊时被当地人发现，于是他们先是假装高句丽人，但是他们此前寻求庇护的一位村中长老识破了他们的小把戏，并告诉他们官府的人已经在前来的路上，正在这时三个军士赶到了这里。园仁和尚只好承认自己是日本人，借口说他们因为生病被留在岸边，其他的人都已经乘船离开了。他们必须将这些经过写下来，然后呈送给州县官员。与此同时，当地政府开始为他们寻找前往日本的船只，园仁和尚则呆在一个卫所中，后来县里的主要官员又审问了他。最后，当地政府成功地找到一艘准备乘风返回的日本船只。即使如此，他们也不允许园仁和尚私自登船，直到县令本人见到了他。他们引领园仁一行上船，然后仔细地注视着船只向北移动。当他们在往北很远的地方登陆时，发现当地县衙已经提前得到了通知，并且掌握了他们的全部情况。当地县令和港口官员已经获悉园仁和尚将要到来的消息，就这样一直到他们最后离开中国。①

4. 唐代的终结（874—907 年）

中国是一个地域辽阔的国家，不同地方往往会同时发生不同的事情。尽管园仁和尚得到了一个和平有序的乡村中国印象，但在远离他访问路线的地方，盗贼和走私食盐的人正在攻击江上的船只，危害日益严重。从 9 世纪中叶开始，一些地方就日益混乱。[797]卫队发生兵变并洗劫了城镇，而且支持者众多。875 年，大规模农民起义爆发，很快就得到了社会各阶层的响应。整个社会动荡的根源就在于一个困扰农业社会的长期问题：当静态防御的成本超过了对土地的榨取时，如何保

---

① E. O. Reischauer，《园仁日记：一个朝圣者赴唐求法的历史》，第 1—144 页。

卫这些土地免于游牧部落一次又一次的袭击浪潮？所有农耕社会都发现：这个问题长期得不到解决。但是我们也无法否认另一种观点，即治理不善加剧了社会崩溃。唐末30年，就是关于政治机构病理学的一个研究案例。

首先，失败存在于"成功的危险"当中。唐宪宗成功地使藩镇"平民化"的同时，也带来了诸多问题，比如地方藩镇兵力分散，力量不足，缺乏操练，无法应付地方上的反叛。另一方面，780年唐政府决定对地方收取定额税，从而导致地方官员开始不择手段地征税。同时，问题还在于中央政府自身：皇帝昏庸无能，加上党派之争，朝臣和太监的内讧使得士气受挫，这使朝廷无法像唐初一样找到解决或惩治管理松弛的办法。在地方层面：卫队官兵们因为薪俸被削减或纪律过于严酷而反抗，在州县"当差"的地方富裕阶层也同样如此，他们中的许多人作为失去土地的移民领袖，看到了与匪帮合作的种种好处。

所有问题和症状的根源都在于税收。尽管有新的"两税"，以及盐税和茶税，但这些只够支付政府开支的四分之三。①而且，"两税法"一开始就被滥用了。"道"和州县都要添加额外的法定税收。前者以给皇帝"进贡"的形式征收额外税款，这些"贡品"变成了中央政府的一个实质性收入来源。就像罗马共和国一样，一些人会花费大量金钱贿赂，以便在官府中获得一官半职，据说一位官员花了200万贯钱才获得官职。许多人想方设法借钱买官，因为这是值得的，据说在一任州官期限内就可以获得三倍于行贿所花费的钱财。②

最后是税收管理在技术层面上的无能为力。三年一次的例行评估并未保持下去，官府往往根据20年前固定下来的最高数额来估算。值得一提的是，[798]官员们都是地方上的富户，他们无法跟踪所有权的变化，于是最初拥有土地的人必须缴税，而购买土地的人则无需缴纳。税收以实物形式收缴，但通常以现金形式估算，通货紧缩增加了农民的真实负担。和以往一样，富人或税吏为了一己之私会在实物和现金转

---

① 《剑桥中国史》，第684页。
② 同上，第545页。

换过程中操纵"汇率"。简言之，地方士绅名流规避了自己的负担，将其转嫁到了农民头上。最后，除了管理不善外，两税法从一开始就存在着缺陷。①

其社会效应更为广泛、复杂，也更为恐怖。大量农民从土地上逃亡。遇到年景不好，农民们就会离开土地，成为移民、游民等"被边缘化的人群"；或者是官司缠身，占山为王，落草为寇。"被边缘化"的人群日益扩大，除了失去依靠的农民外，村里的恶棍，以及因为其他原因逃离官府的人都加入其中。许多有钱的当地大家族或参与了地下交易，或是默许走私，并反对地方统治者干涉。

中央政府对此心知肚明，但缺乏解决问题的能力和意愿。在州府层面，州府官员们已经没有动力将财物贡献给朝廷，因为许多人本身就是朝廷党争跷跷板游戏的牺牲品，他们往往就是被贬谪流放的朝廷大员。宰相几乎是一个象征性的庸才，官僚机构也已四分五裂。"机构分裂，等级秩序不复存在，一些职位改变了功能，另一些则完全消失，徒留虚名。而且，拟旨和选官这样的重大职能也不再专属某一机构，而是由被宠信的官员临时担任。"②朝廷不时地为宦官和大臣们之间的内讧所瘫痪。而宦官势力却如日中天，成为帝国机构中不可分割的一部分。早在 860 年，宦官们已经在事实上分享了各部的一些权力。比如，主事太监被称为"定策国老"，两位枢密使官员和太监机构"宣徽使"的两名主管并称"四枢相"，[799]表明太监已与外廷朝臣的地位相当，宰相的数量也固定在四名。③公元 873 年，小皇帝唐僖宗继位时，宦官们的势力变得更为强大，因为这个皇帝男孩称主事太监田令孜为养父。田令孜并非目不识丁的政治暴发户，他非常聪明，受过良好教育。通过对朝廷的影响，田令孜使皇帝将朝政委托于他。自此，朝中重要宦官和地方大员的任免全系于他一人，宰相之职徒留虚名。④一个与田令孜作对的太监，拥有和其他朝臣一样的出身和经历，曾被一些太监收养为义子，

---

①   Twitchett，《地方财政管理》，第 44 页。

②   《剑桥中国史》，第 711 页。

③   同上，第 704—705 页。

④   同上，第 716 页。

并一直在神策军中任职。此人的侄子杨复恭，为人正直且受过良好教育，在镇压黄巢起义过程中立过功。①类似宦官都是其他宦官前辈的养子，他们自己也会收纳养子并委以重任。比如，杨复恭个人就曾被任命为不下十个州府的将军。②尽管有时候朝臣们会同意与宦官合作，比如在宦官们操纵唐懿宗继位的时候，大臣们只能与之合作，因为别无选择。但在大多数时候，朝臣们都试图铲除宦官，以便恢复他们对于皇帝的垄断性影响。

现代历史学家们注意到了 9 世纪中期以来日积月累所形成的一个法纪失守、叛乱滋生的社会治理模式。③他们由此认为结果是不可避免的，并且惊诧于唐代朝廷为什么没有认识到这一点。低估这种看似平常的现象非常容易。农民起义是地方性的（据估计每年都会有一次），军事兵变也是家常便饭。然而，政府把每一次的事件都当作特殊事件来处理，并且用由来已久的老办法解决：那就是镇压；如果镇压叛乱耗时太久，则会考虑用封官许愿的办法来收买起义军将领。④

[800]在中华帝国历史上有很多例子，艾伯华提出了"匪帮"发展和演进的模式。它们一般是来自乡村的青年，在令人绝望的经济环境中，乡村长老有时候会容忍这些青年，有时候甚至会鼓励这些青年骚扰当地官员、税吏和地主。相应地，后者会组织地方武装驱逐这些青年。然后，这些青年们会逃入深山大泽，但他们会继续与村中保持联系以获得食物和补给。假以时日，这些青年就会召集更多的人，为了维持存在，他们必须扩大抢劫范围。这就会与邻近帮派发生冲突，成功者就会兼并被征服的一方。地方上的士绅财主们则会坚决地抵制其扩大势力，

① 《剑桥中国史》，第 717 页。

② 同上。

③ 同上，第 682 页。

④ 874 年，一位叫卢思（音译）的翰林学士上奏，谈论了 860 年以来的悲惨状况。地方官员不顾大旱和饥荒，继续无情地征取额外税收，农民为了活命，只能被迫卖儿卖女。卢思在奏折中敦促政府暂停征税，朝廷颁布了免税诏书，但官员们认为很难执行。第二年朝廷颁布的一道法令分析了面临的紧迫问题，并着手进行改革。然而，还未等这些政策实行，帝国境内已经盗贼四起，朝廷别无选择只能镇压。

因为一旦这些"匪帮"成功坐大，它们肯定会为了谋求生计去攻打邻近大城镇。一旦如此，政府军就会卷入，战争就会打起来。如果官兵不能快速平叛，"匪帮"就会壮大起来。地方乡绅们此时也会处于两难境地：如果抵制"匪帮"，他们就会被打败；如果加入匪帮，他们也就成了"叛匪"。有一些地方乡绅确实曾加入其中，并且处于领导地位。此时，叛乱会进一步扩大，叛军最后也可能会夺取城市。这时政府会大规模调动军队，"匪帮"也会选出地方士绅担任头目。如果他们最终打败了官府，那么这些士绅们就会成为新王朝的建国精英（不过，这种结果只在三个案例中得以实现，即汉王朝、后梁王朝和明王朝）。①

这就是艾伯华的模式，唐代末年的匪帮在很多方面符合这一模式。匪徒们被称作"亡命之徒"，书面意思就是"不要命的人"，他们是被边缘化的群体。这些"匪帮"并非劳作于土地上的农民，事实上，他们经常组成自卫组织以打败官兵和盗匪。盗匪的主要基础在于"前农民"，即失去土地者，田产被霸占者，以及移民。一旦加入匪帮，他们就会被称为"盗匪"。在中国，农村骚乱是地方性的，事过之后农民还会回去劳作。但是盗贼叛乱不是这样，领导875年大起义的王仙芝和黄巢从未领导过任何自发性的农民起义，不仅从未被尊奉为农民英雄，他们也从未寻求改善农民的命运。至于匪军的组织形态，也基本符合艾伯华的模式，即单个匪帮的大联合。②

[801]军队兵变和农民起义一样，都源于士兵中"被边缘化"的阶层。士兵们往往处于军队最底层，他们参军只是为了混口饭吃。当时有很多兵变和叛乱，最严重的一次是公元868—869年庞勋率领的叛乱。其直接原因是当局决定将一支已经超期服役的队伍延长服役期限，继续在南诏进行艰难而不得人心的战争。这次兵变和之前的农民起义一样，也被镇压了下去，政府的军事统帅和军队被证明依然有效。875年，当两个"匪帮"领袖——王仙芝和黄巢发动起义时，看上去只是开始了另一次循环。但是事实上并非如此。在击败凶残且流动的匪军

---

① W. Eberhard，《征服者与统治者：中世纪中国的社会力量》，第89、91—103页。

② 《剑桥中国史》，第723—725页。

的过程中,开始出现了新的因素。一些没有受到影响的军事将领决定两边下注,坐山观虎斗,他们甚至还在盘算着如果起义领袖成功登基,他们可以紧随其后成为支持者。于是出现了恶性循环:将军们按兵不动,叛乱则会一直持续,而叛乱持续的时间越长,王朝的生存也就越成问题。将军们对自身考虑越多,他们就越倾向于建立自己的军事基地,要么自己参与皇位角逐,要么帮助将要获胜的一方。比如,刘巨容率军在江边打败了叛军,本可以乘胜将其打散,但他却听任叛军北上。刘巨容说道:"朝家多负人,有危难,不爱惜官赏,事平即忘之,不如留贼,为富贵作地。"①

同样,在黄巢率领起义军长驱直入,直捣洛阳和长安的时候,唐朝将军高骈完全作壁上观。一些日本和美国学者,试图证明高骈当时按兵不动的军事原因,②但王赓武驳斥了这种观点。③在王赓武看来,高骈和其他将军一样,"将盗匪们作为一种投资"④,他此后的所有言行都是不一致的,这清楚地表明了他背信弃义的图谋。⑤于是,在李唐朝廷请来突厥部队镇压叛乱之前,黄巢的队伍竟能进入京城,自立为帝。[802]无论如何,唐政权已经走到了末日。很明显,"奉天承运"已经被打上了问号,权力真空已经显露。

唐末与汉代末年一样,军事指挥官们争相夺取地方权力。王赓武指出,在 883 年的 33 个藩镇中,只有 13 个藩镇长官由朝廷指派,6 个藩镇的节度使系自行任命,朝廷只能确认而别无选择。中央政府失去了对地方藩镇和军队的控制,因为地方藩镇节度使们开始兼任军事指挥官,而府兵指挥官们缺乏有力的支持,开始帮助节度使们适应宫廷内讧过程中的风向变化。在宫廷中,太监和大臣们继续着无休止的争斗,只不过双方在每一次争斗时,都要先算计内部力量,并与地方藩镇中的军阀结盟。

---

① 《剑桥中国史》,741 页。

② 同上,第 713—744 页。

③ G. Wang,《五代时期中国华北的权力结构》,第 23 页,注释 27。

④ 同上,第 18 页。

⑤ 前引书,第 23 页,注释 27。

888年，僖宗皇帝驾崩。在太监们的安排下，唐昭宗继位。由于受到京城一位将军的警示，这位新皇帝利用草草招募而来的军队反对其中的一个宦官。在打败对手后，昭宗皇帝被迫处死了宰相和四位领头太监。此后，这些节度使们开始轮流控制皇帝。宦官们得到了一位节度使的帮助，而宰相崔胤率领下的官僚们则寻求另一个与之敌对的节度使朱全忠的支持。朱全忠及其支持者取得了胜利，于是像汉代末年一样，他们杀死了宫廷内所有太监，同时要求皇帝下诏杀死节度使身边的所有宦官监军。朱全忠最后又杀死了崔胤，将皇帝挟持到洛阳，然后在904年杀害了他，代之以皇帝12岁的儿子。按照旧例，他很快就废黜了小皇帝，然后自称皇帝，建立了新王朝——梁。

于是整个帝制结构宣告瓦解。在这个帝制结构中，皇帝、宰相和宦官位于顶端，地方上则主要由州、县行政机构来治理。"受命于天"的说法随之崩溃，907年唐王朝最后一位皇帝被废黜之后，预示着国家统一不复存在，取而代之的是五代时期的分裂和内战。北方是五代更替，而南方的十国也相继兴起。唐王朝延续了将近300年，但是在最后的50年里，它实际上不过是苟延残喘而已。李唐朝廷无论是在宦官领导下，还是在朝臣们的领导下，都早已脱离了群众。当民众揭竿而起的时候，这些将军们无以应对，这和150年前镇压安禄山叛乱时的场景截然不同。[803]当时是一位大将军的军事反叛，但是地方州县和绝大多数民众都心向朝廷。但这一次，无论是将军还是普通民众都已不再寄希望于朝廷。人们可以想像，即便是一些朝中大将也无意同起义军开战，尽管他们一开始曾经镇压过农民起义。唐帝国在军事需求、税收勒索和松弛的财政管理等方面所存在的问题，与其内讧不已的朝廷在解决这些潜在问题方面的无能同样引人注目。

5. 结论

有唐一朝，出现了三个主要问题，但是没有一个得到圆满解决。

首先是专制主义问题。原则上，政府结构有一个最顶端，这个最顶端就是皇帝。这就需要三种变通形式：首先，皇帝需要在有冲突的政府机构中充当仲裁者。这就是儒家的理想模式,在唐政府的早期架构中,曾假设通过御史台和"谏官们"来实现互相平衡和制约。其主要困难在于:该结构中假设了一位理想化的皇帝。唐高祖和唐太宗能够扮演这个角色,部分是因为他们都是头脑清醒,果敢有为的明君;部分是因为政府机器远没有后来那么复杂。在这种"理想的"皇帝缺失的情况下,政府机构会取消一个又一个主动性举措。因此,在糟糕的时候,政府的主动性就会被阻止;在理想的时候,政府则会间歇性地采取主动纠察措施。

第二个变通是皇帝宠信一位恣意妄为的大臣,就像唐玄宗宠信李林甫,唐武宗宠信李德裕一样。这种办法只会使问题更加严重,因为宰相如何能将个人权威加在自相抵消的政治结构上? 因此,"一人统领"的缓慢尝试虽然显而易见,但从未彻底实现。①

第三个变通是将例行公事交给政府部门,同时专门成立一个特别的、可以独立自主的机构来制订政策。比如皇宫或内廷,以此来对抗外廷或外朝官员们。事实上,此类机构往往由太监们组成,它本身就是另类。它可以包含任何完全效忠于皇帝的阶层,[804]好比罗马帝国早期的自由人。但是这一机构从来都不是官僚机构的完全附庸,它的存在只会挑起国家机器内部不和。

所有这些变通形式都曾被唐帝国尝试过,但是没有一个能够长久。在实践中,它们也并非泾渭分明的选项,每一个选项往往都会包含另一个因素。实际上,这些变通贯穿了整个中国的帝制历史。宋王朝在整体上也采用了皇帝作为统治机器中间人的做法,而明王朝则采用了内廷主导的做法(大量依赖宦官和恐怖统治)。

另一个难以解决的问题是军民关系。唐王朝似乎被诱骗到了一个无法取胜的局面。自8世纪中叶以来,它将军事力量过多地集中于边境,中央政府没有自己的直辖军队。这就导致了军事叛变的可能性以及镇压叛变的困难。在9世纪中期,李唐朝廷又开始剥夺边疆地区的军事力量,于是很快就深陷于神策军的围困之中。一旦盗贼四起,中央

① 参见前文,第762页。

政府的神策军又力不从心。于是，为应对蜂拥而起的盗贼，地方藩镇又发展出了一种新的军事机制。不过，朝廷很快就发现，它再一次陷入了和这些地方军事机器的对抗之中，只不过这一次是和它的将军们对垒。

第三个未能解决的问题是农民的处境。利用常备军守卫边疆需要沉重的税赋，这就导致农民们要么逃亡，要么依附于人，剩余农民的纳税负担会更加沉重。由此就会引发盗贼四起，从而需要更多防卫和税收。这就是人们所熟悉的高压—榨取—再高压循环。然而，这是一个恶性循环，因为如果不通过破坏自由农和制造财政赤字，现有农业经济无法维持必要的武装力量。这三个问题在宋明时期再度重现，二者都没有解决这些问题。

可以有把握地说，在世界上的大规模统治实践中，唐帝国是其中比较突出的一个案例。在规模上，其面积足以与美国相当；其生存时间长达 300 年之久；它在法律和行政规范性方面，甚至直到最后发生动乱，它都是一个突出成就。用现在的评价来说，唐帝国在大多数时间里都维持了和平与繁荣。

最后，这一伟大的历史性统治形态产生了三个著名创新：首先，它是一个理性的官僚机构，其世界观完全是世俗的，在精神上是团结的。通过复杂的意识形态自我引导，其意识形态在社会、伦理和政治层面都具有自我连贯性。而且，唐帝国统治机构的架构和现代管理机构一样，包括了两个层面：垂直层面的[805]等级划分和水平层面的专业机构与部门。第二个创新在于它的招募和晋升模式，它是基于竞争考试基础上的功绩考课体系。第三个创新在于它通过设立御史台和"谏官"的途径，使政府自我批评实现了机制化。中国政治体制的独特之处在于：直到 1912 年废除全部帝制之前，唐帝国所建立的以士大夫为主流的社会等级秩序被一直保存了下来，它的整个社会都必须仿效文化与社会精英的价值、习俗和行为模式。这正是 18 世纪伏尔泰和百科全书学派（encyclopédistes）为之拍案称奇的内容。

第四章 明朝统治(1368—1644 年)

[806]自 1644 年满洲"异族势力"取得天下并一直统治到 1912 年帝国终结之前,有"爱国心"的中国人往往将明王朝当作最后一个中国本土政权。对于统治史而言,这样的两分法确实有点粗暴,因为明代统治体系通过清王朝得到了有效延续。在 1368—1911 年的 543 年时间里,中国盛行着同一种统治形态。

如果一个高效统治体系的标准在于维护国家主权、领土统一和内部稳定的能力,那么明王朝肯定是历史上最为高效的统治之一。明王朝和汉、唐帝国不同,其统治并未被大规模农民起义所打断。它也没有像大宋王朝那样坐失半壁江山。相反,明帝国保持了长达 278 年的和平与统一。①还没有其他同时代的国家可以达到这一记录。即便是奥斯曼帝国,虽然在规模上与明王朝最为接近(不过奥斯曼帝国的人口不及明王朝三分之一),但同时期内却一直面临内战、兵变和内部的多重混乱。②与拥有 7000 万人口(后增加到 1.3 亿人),且处在安全与和平

---

① 参见后面第四部分,第一章,"德川幕府统治时期的日本"。
② 奥斯曼帝国的人口从未超过 2800 万,不足明朝一半,并且后来还出现了大幅下降。莫卧儿帝国在人口规模虽然可与明代相比,但是受内部困扰更甚,其有效统治期仅为 1526—1707 年。

之中的庞大中华帝国相比，此时的欧洲诸国则战争纷繁，内乱不已。

如果将明清时期作为一个连续的统一体的话，那么我们还可以进行更为深入的分析，就像今天绝大多数西方学者的做法一样。这样一来，从 1636 年明王朝灭亡到 1681 年清王朝建立只不过是一个"麻烦时期"，类似于法国的宗教战争和投石党运动、英联邦与其领地之间的纷争、以及德国的三十年战争等。照此类推，这一"麻烦时期"也不过是政治体系出现了 53 年的间断，目的是为了保证一定程度的和平、安全与繁荣，[807]而这一帝国的人口将增长到 3.5 亿，至少在 1840 年之前其面积是明王朝的两倍。

而且，如果高效统治的标准扩大到"好的"政府，即能够保证民众康乐的政府的话，明清政治制度也算不上"糟糕"。很明显，明王朝统治下的农民并不比之前的王朝更差，他们的生活甚至还更好一些，尽管农民数量增加了很多。在 1800 年之前清王朝时期，他们的生活更为优越。与欧洲相比，明王朝还向民众提供了很多生产工具，特别是建立了遍布帝国全境的教育体系。

如果我们再一次修改"高效"统治的标准，将其界定为能够经济有效地使用达到目的的手段的政府，那么即使最为慈善的诏令也可以变得"更好"。除了制度自身外，它在所有方面都卓有成效。无论是皇帝的职责，行政机构的组织与世界观，财政与军事资源动员，税收体系，军事力量的组织与训练，或是遍及整个公共行政过程的腐败，莫不如是。它的全部缺点，包括无趣的皇帝、内讧不已的管理机构、衰败的军队，都难免使人感到惊诧：这样的政权何以会存在下来？不过，它的满洲继任者在两个主要缺陷上改正得不错。早期的四个满族皇帝（1644—1796 年）精力充沛且积极有为，他们的军队也同样如此。尽管满洲人的政权是一个剥削性异族政权，但这些来自满洲地区的篡权者为明代政治制度赋予了新的生命。

1. 明代社会与经济

1.1 经济

在西方，火药和印刷术的发明标志着从"封建农业社会"向现代社会的转型。在这些发明到达欧洲之前，中国人已经提前 200—400 年拥有了这些东西，明代中国的社会与经济高度发达。

正如唐代的崩溃是因为其农业无法生产出足够的粮食以支持大规模常备军一样，明代的这些重要发明也与农业发展有关。无所作为的唐代继任者——宋王朝（960—1279 年），不仅维系着一支规模庞大的常备军，还供养了一个不断膨胀的政府机构，[808]这主要归功于经济快速发展所带来的深远影响，即"中世纪的经济革命"。①

农业为社会的发展提供了动力和平台。在长江流域和华南地区，1012 年引进的占城稻使收获两季稻成为可能，宋政府系统地引进了占城稻的种子，明政府则引进了更新的稻种，并提高了稻类和其他作物的多样性，比如大麻、棉花、茶叶等。农业发展为农产品商业化和发展跨地区贸易提供了基础。农业进步也使得人口大幅增长成为可能，中国人口在 10 世纪到 13 世纪期间从 5300 万增加到了 1 亿。②大城镇和专业化的手工业中心开始出现。新农业还刺激了诸如播种机和提灌设备之类的农业机械的发展。这些机器的设计制作，以及播种的良法等通过政府制作的宣传手册开始广为传播。由于开始采用煤炭作为燃料，并发明了水力鼓风机，冶金业的发展比以往更为强劲，中国的铸铁生产遥遥领先（中国在冶金领域一贯领先于欧洲）。1078 年中国生产的铸铁为 114000 吨，而英格兰到 1788 年也只能生产 68000 吨铸铁。12 世纪发明了陶瓷技术之后，中国陶瓷业的发展同样突飞猛进。

作为农业发展的深层结果，跨地区贸易迅速扩展。在宋代，私人贸易规模第一次超越了国家以货代税形式运输的谷物和丝织品。在 11 和 12 世纪，政府从商业中获得财税已经与农业税收大体相当，事实上南宋时期（1127—1271 年）的商业税收已经超过了农业税。

新农业技术手册的广泛分发又得益于印刷术的发明。公元 2 世纪末，纸已在中国广泛使用（意大利直到 13 世纪还不能制造纸）。

---

① M. Elvin，《中国历史的模式》（或译为《中国以往的模式》）（Eyre-Methuen, London, 1973），第 112 页。

② J. Gernet，《中国文明史》，R. J. Foster(CUP, Cambridge)，第 319 页。

随后便是在石版或铜板之上进行拓印，于是 8 世纪末雕版印刷的出现便是顺理成章的事情了。第一个完全采用雕版印刷的"书"是公元 868 年的《金刚经》，到 900 年雕版印刷已经被广泛使用。932—952 年根据皇家旨意印成了"九经"。1068 年活字印刷被发明出来，但对于包含有 30000 个独立的表意文字的汉语来说，活字印刷并不像西方字母那样有用。[809]因此，木制雕版印刷仍是最主要的印刷技术。

印刷术和火药被当作欧洲社会进入"现代"的两大标志。中国文献中第一次提及制作火药的公式（木炭、硝石、硫磺）是在 1044 年，欧洲是在 1285 年。发明火药之后，中国人开始用火药制作燃烧弹，以及爆炸性的炮弹，并用特殊的弹射器来发射。1280 年，宋王朝开始使用铜铁制造的大炮来对付蒙古人。

白银在明代开始作为货币流通，这使社会流动性大大提升。资本开始从农业流入商业和手工企业，贫穷的农业工人开始在城市中漂流谋生，城镇中的丝织和棉织业，钢铁生产，陶瓷制作等开始呈现出工业化特征。用于翻土、播种和灌溉的新型农业机械也开始出现，新的粮食作物如花生、红薯和玉米也开始被大量种植。社会人口持续增加，从王朝建立之初的 7000 万人增加到王朝末年（1644 年）的 1.3 亿。从 1566 年开始，中国开始成为一个非常繁荣的国家。而且中国经济是一种西方意义上的"现代"，它包含了无产者、城市中产阶级、业主和商人等阶层。

不过，明代基本上仍是一个农业社会，直到王朝末期大部分税收仍以实物形式征收。明王朝统治下的中国乡村社会结构经历了一个伟大转型，这一转型有着极为复杂的政治后果，我们将在下文谈到这一点。明代开国皇帝最初征用土地是为了重建一个小农国家（尽管在 1397 年，14,341 户家庭仍保有 120 英亩以上的土地），但从 15 世纪开始，农民经营者开始消失。有一些农民抛弃了土地，开始在城镇、矿山或是军队谋生，大量农民则沦为"流民"或是"盗匪"。更多的农民与其说是佃农，还不如说是奴隶。这就是伊懋可所说的"没有封建主义的庄园制度"。佃农们不仅劳作于大地主的庄园之中，而且在人身上也处于依附地位。①在许多情况下，雇工们也是如此。②1644 年毁灭明王朝的起义，通常是奴隶反叛和佃农们反对依附的起义。③这并不是说当时没有独立农民存在，而是说"农奴一样的庄园秩序和奴隶般的租佃们继续主导着乡村，[810]尽管随着时间流逝其活力渐渐减弱。"正如伊懋可所说，它们在 18 世纪的消失主要是由于"地主和典当商取代了庄园地主，金融关系取代了它们之间的传统联系"。④

1.2 文化、意识形态与社会

儒学一直是中国宫廷内的一股力量，或许我们称其为"势力"更正确一些。但在宋代之前，它在宫廷和士大夫之外没有什么影响。宋代皇帝无一例外地都是儒家信徒，他们个人对于儒学的推动使儒学得到了更广泛的发展。一方面，宋代进一步完善了行政考核体系，而且拓展了科考竞争的范围，并向所有成功的候选人支付薪水，无论他是否获得官位。另一方面，宋代社会对于文学和艺术的狂热真实而可信，他们建立了太学和遍布整个帝国的其他学校，创建了国家出版社，政府资助的私学如雨后春笋般迅速增加。这既是对两个伟大创新的回应，同时也是对二者的促进，这两大创新分别是前面提到的雕版印刷和儒教哲学的复兴。后者又被称为"新儒学"，正当 11 世纪佛教哲学停滞不前时，新儒学得到了长足发展。可能是 845 年中唐灭佛运动的影响，当时大量寺院与佛学院被拆除，寺院的田产、奴隶等也遭到了查禁。儒家学者们吸取了佛教中关于宇宙和形而上学的思想，开始回归经典，特别是我们所熟知的"四书"（《大学》、《中庸》、《论语》、《孟子》）。朱熹将"四书"的观点进一步综合起来，他用自己的哲学评论代替了作为"四书"说明的哲学性注释，成为著名的"四书集注"。朱熹的解释随后成为有明一代的儒学正统，并且一直影响到清代。⑤

---

① M. Elvin，《中国历史的模式》，第 236—237 页。

② 同上，第 238—244 页。

③ 同上，第 246—247 页。

④ 同上，第 235 页。

⑤ 参见下文第四部分，第一章，"德川幕府统治时期的日本"。

对于东方人来说，儒学的全新萌生使之变成了一个关于道德、世界观和形而上哲学的集大成者。城市中产阶层的扩大使读书阶层的范围也有所扩展，而印刷术的发明又使得儒家经典和评论能够广泛流传，此时新儒学已被证明几乎是不可阻挡的。[811]蒙古人建立的元朝也未能坚持其最初对于儒学的敌视。到 1340 年，元帝国朝廷内的派系斗争中也开始使用儒家语言来表述各自的分歧和观点，并证明各自活动的正当性。①明代使儒学成为整个有文化的富有阶层（此时已经得到广泛地扩展）的意识形态，事实上除了开国皇帝朱元璋自己（尽管他本人也在努力钻研儒学）和那些协助他登基的粗鲁的将军们，每个知识分子都奉儒学为圭臬。至此，我们甚至可以说中国是儒学统治，但还不是儒教国家，因为县府衙门和乡村普通官员们还没有被彻底儒学化。随着地方官员、士大夫和学官们对市井民众等进行长期灌输，地方社会也被纳入了儒教网络当中，儒家社会开始出现，儒教国家也随之形成。普通的市井民众和山村野夫并不理解哲学性的儒教，但是他们被教育、引导承认儒学的信条及其礼仪。尽管他们同时还保持着对于道教和佛教的信仰，继续崇拜地方性神祇，沉迷于这些神祇的巫术魔法，但他们已被儒学的两个核心原则所掌控：即父权制和祖先崇拜。对他们而言，这并不是形而上学的东西，而是古老的实践。儒教关于人际关系不对称性的公理性假设体现在"五常"当中，它们在社会礼仪中的体现又被严厉、苛刻的刑律所强化，因此在民众中并非不受欢迎。到清代，儒教已经不能被简单地当作官方意识形态，而明朝则为清代全面推行儒教伦理提供了铺垫。当然，将儒学界定为一种宗教是非常不合适的，但是它在为整个社会提供律法、道德、公民规范、遵从模式和形而上学的世界观等方面与伊斯兰教、基督教具有同等功能。它是一个综合性的完整的世界观。中国社会遵从了儒教规范，儒教思想家们则使之进一步内化。许多人以政治挑战的姿态来践行儒教，就像基督教殉道者那样的虔诚、执着和勇于牺牲。除非将儒教当作一个强大的世俗宗教，否则理解明代的政治过程

---

① J. W. Dardess，《儒生与征服者：元末中国政治变革的侧面》（Columbia UP，New York，1973），第 73 页。

并不容易，它诱骗了皇帝及其臣僚们，使他们局限在一个选择有限的圈子里。关于这一点，我们在谈论明代儒教的核心时将会进一步论述。

2. 明代的转型

[812]明王朝建立在蒙古帝国的毁灭之上。元朝最初公开剥削汉人，然后又不太成功地被汉化。和之前所有王朝一样，元朝并未成功地消除导致农民悲惨后果的根源。蒙古人的掠夺反而加重了这一点。汉人的"仇外"情结又导致了此起彼伏的农民起义，进而破坏了元朝统治。到1350年，整个国家再一次处在地主和盗匪蹂躏之下。在这些起义队伍当中，一位相貌丑陋、出身贫寒、行事专横，并且一度成为和尚的人在长江流域脱颖而出。此人打败对手，兼并了其他农民起义队伍，并将蒙古人赶出其都城——大都，然后成为皇帝，他的名字叫"朱元璋"，庙号为"明太祖"。由于他统治时期的年号为洪武，于是他又被称作"洪武皇帝"。出于对官僚习气的蔑视和仇恨，他利用自己的铁拳来统治朝廷，他所设立的基本原则和制度安排确立了整个王朝的统治模式。他的孙子明惠帝在1398年即位时还是个年轻人，在位四年就被其叔叔（朱元璋第四子）所废黜。后者便是明成祖，也即永乐皇帝（1402—1424年）。明成祖不仅和父亲一样专横，而且和他父亲一样设立了影响深远的统治机构和统治形式。

洪武、永乐两位皇帝，以及后来继位的明仁宗——洪熙皇帝（1425年）和明宣宗——宣德皇帝（1425—1435年）都采取了积极有为的对外政策。蒙古人被驱赶到他们的草原首都哈喇和林①以北地区。穆斯林宦官郑和率领的海上探险在南海展示了国威，并接受了苏门答腊、婆罗、柬埔寨、安南等20多个国家的朝贡，明朝在北方的权力也得到了日本和高丽的承认。但是到1431年，明朝的一个属国安南获得完全独立时，这种扩张就被动摇了。随后，正统皇帝②又在抗击蒙古人的突围中

---

① ［译注］即"Karakorum"，蒙古帝国的古都，位于今蒙古共和国中部地区。

② ［译注］即"明英宗"，分别在1435—1449年和1457—1464年两度即位。

被俘虏。自此，由于一些我们仍不知晓的原因，明朝开始采取防御态势，伟大的海洋探险也就此中止。

明朝中叶，也即从 15 世纪中期到 16 世纪中期，帝国内并无决定性的重大事件。考虑到绵长的海岸线对于外国入侵——日本人和新到来的葡萄牙人——的脆弱性，朝廷关闭了对外贸易，从而引发了由落魄的日本商人转变而来的海盗们①的进攻。[813]倭寇的猖獗一时也证明了帝国政府已经变得何等迟钝和死气沉沉。但是，帝国再一次迟迟醒来，其军队再次露出了锋芒，明王朝向倭寇发起了反击。蒙古人在北部的进攻又重新开始。与此同时，在京城的皇帝们通过撤销"首辅"，通过私密太监信使来处理帝国事务而博得青史留名。万历皇帝（1572—1620 年）统治期间主政的"首辅"张居正提供了一个短暂的行政改革插曲。在他死后，各种官僚机构的反击纷至沓来，王朝自此走向了最后的衰落。

栖居于北京东北地区的北方女真部落此时开始自称为"满洲人"，他们从明帝国手中夺取了奉天地区。②从 1636 年开始，他们开始自称"大清王朝"，以奉天为都城，并直逼长城脚下。在中国内部，乡村中游荡着蜂拥四起的盗贼，他们对帝国政府产生了更大影响。古老而温和的财政体系被证明已不堪重负，因为它无法快速满足同时应对内外威胁所需的资源。甚至连朝廷自身也陷入了痛苦的意识形态内讧之中，一方以东林书院中前朝廷官员及其支持者为代表；另一方为把持朝政大权的宦官们。1644 年，农民起义军领袖李自成攻陷北京，率部长驱直入紫禁城。1627 年登基的崇祯皇帝用一条丝带自缢于紫禁城内的万岁山上。明朝将军们当然不打算接受盗贼首领作为君主，最为可怕的是，明军将领吴三桂向满洲旗人打开了长城。满洲人决定性地打败了李自成，但并没有像明朝将军天真地期待的那样，帮助其重新恢复明朝君主统治。相反，满洲人进入了北京，并开始君临天下，他们建立了自己的王朝——清朝。

---

① ［译注］即"倭寇"，原文为"traders turned pirates"。

② ［译注］"奉天"系今辽宁省沈阳市的旧称。

大 事 记

1328 年	朱元璋诞生,作为一名僧人和流浪者,他将领导反对元朝的叛乱。
1368 年	最后一位元朝皇帝被驱逐。
1368 年	朱元璋称帝,建立明朝,年号洪武。
1387 年	整个中国被解放,明帝国开始进行全面的土地登记。
1398—1402 年	建文帝统治时期,后为其叔叔所废黜。
1402—1424 年	永乐皇帝统治时期,开始在东南亚和太平洋进行海外扩张。
1421 年	迁都北京。
1425—1435 年	宣德皇帝统治时期。
1435—1449 年	正统皇帝(明英宗)统治,他在战斗中被蒙古人俘虏,后被废黜。
1449—1457 年	景泰皇帝统治时期。
1457—1464 年	明英宗复位,改元天顺。
1464—1487 年	成化皇帝统治时期。
1487—1505 年	弘治皇帝统治时期。
1505—1521 年	正德皇帝统治时期。
1521—1566 年	嘉靖皇帝统治时期,倭寇在沿海地区重新开始活动。
1566—1572 年	隆庆皇帝统治时期。
1572—1620 年	万历皇帝统治时期,1593 年中国在朝鲜打败日本人。东林党人和阉党之间爆发冲突(1615—1627 年)。
1620 年	泰昌皇帝统治时期。
1620—1627 年	天启皇帝统治时期。
1621 年	女真人夺取奉天。
1624—1627 年	宦官魏忠贤专权。
1625 年	残酷迫害东林党人。

1627 年	女真和满洲的创立人努尔哈赤去世。
1627—1644 年	崇祯皇帝统治时期。
1635 年	女真人开始自称"满人"。
1644 年	李自成率领农民军进入北京，崇祯帝自缢身亡。满洲人将李自成逐出北京城，建立了满族政权。

3. 统治架构

一般来说，帝国政府至高无上的权威完全系于皇帝一人。在理论上皇帝是绝对专制的君主，在实践中皇权主要依赖于军队和官僚机构。明朝军队在顶盛时期有军官 10 万人，士兵 400 万；明代行政机构平均拥有大约 1.5 万名高级官员和大约 10 万名普通官员。

此时的京城是北京。蒙古人曾以此作为他们的首都——大都，明朝开国皇帝朱元璋曾以长江沿岸城市南京为基地发动过针对蒙古人的战争。明太祖作为开国皇帝，他以大都作为北方主要都城，[815]以南京作为新王朝的首都。因此，这两个城市也就有了新的名称：即作为"北方都城"的北京和作为"南方都城"的南京。①

除了当时的行政机构外，还有与之比肩的常备军机构。1380 年，在皇帝侦破了一次篡权阴谋后，他将位于北京的大都督府改为五军都督府，它们级别相同，分别负责不同地区的军事事务。因此，整个军事体系如下所示：

京城	五军都督府
各省	16 个都指挥使司
州县及以下	卫所→千户所→百户所

明代的行政组织并非单一的、等级性专制组织，它主要包括四部分：仪礼部门、教育部门、总管行政的部门和一系列"服务性"组织机构。教育

---

① 值得一提的是，将贸易和漕运中心从京城分离的做法，能够使后者专注于守卫北部边界。

部门主要关注帝国境内由国家支持的各类学校,在京城主要是国子监和翰林院。国子监主要招收国立学校的学生,使之接受行政考试的训练或直接进入行政系统。关于翰林院,我们之前已经谈过,它主要由行政官员中最为优秀的学者掌管,翰林学士们多为被借调而来承担各种使命的优秀官员。仪礼机构从属于主要的行政机构,它们是汉代"九卿"和唐代"九寺"的遗留。①总管行政的部门(中书省)一开始由掌管传统六部的长官统领,后由扮演丞相角色的人统领。[816]但丞相被认为是1380年篡位阴谋的主要幕后推手。于是,不仅丞相本人及其同谋在大规模的血腥清洗中被处决,丞相之职也被皇帝废除。同时,皇帝还立下家规:任何建议重新设立丞相职位的人都要被斩首。由于没有人敢这样做,因此1380年后皇帝开始代行最高行政官员之职,六部直接对皇帝负责。经过一段时间后,朱元璋开始寻求让翰林学士来帮助处理大量的文书工作。到15世纪中期,非正式的翰林学士机构开始成为事实上的内阁,其功能与旧内阁类似,并能开始施加类似于"宰相"的个人影响。其下则是作为执行机构的"中央六部":即吏部、户部、礼部、兵部、刑部和工部。

中央政府之下是13个省级机构,然后是州、县政府机构。省级地方最高权威分别由布政司、提刑按察司和都指挥司共同行施。这一划分使得权力涵盖数省的"总督"和"巡抚"也开始成为必要。省之下是传统的"县",此时出现了新的统治权威——"州",它比县重要一些;"州"往往被称为"府",而"县"仍然是"县",新地方当局也被称为"州府",它们往往下辖数县。所有三个行政分支机构:教育、军事和行政,都要接受第四个分支机构——都察院的监管。相对于整个行政机构而言,监察机构只有微不足道的400人,而整个管理队伍约有1.5万人。②

检察官员们同时在中央和地方开展工作。检察机关位于京城,被称为"都察院"。它由一名都御史、两名副都御史和四名金都御史统领,并由110名监察御史协助调查。尽管例行职责位于京城,但检察官们也长年仔细检察各省的司法记录,并检查和审计每一个中央机构的卷

---

① 参见原书第二部分,第六章,第506—507页和第三部分,第三章,第746页。
② C. O. Hucker,《明代中国的监察制度》(Stanford UP, Stanford, 1966),第66页。

宗。但是监察御史们也可作为地方检察官而肩负特殊使命。他们任期一年，在此期间每人负责监管某一省辖区内所有政府官员。他们必须遍阅每一个记录，并评议各个层面的政府工作。由于他们可以通过直接呈送皇帝的奏折来弹劾官员，因此便拥有了极大的权力和声望，他们非常担心地方官员会事先咨询重大问题。除了这些"全能"的地方检察官外，其他调查官员主要是"净化军队"检察官和文案稽查员：前者评议军事组织的情况，后者负责检查所有卷宗。

尽管检察官们会在事后纠正政府管理不善的情况，但给事中官员们仍会尽力阻止管理不善的局面出现。六科给事中的六个独立办公室分别监察六部和都察院，它设有都给事中一名，左、右给事中两名，同时还有4—8名秘书人员负责编辑和控制进出各部的公文。此即"封驳"之权，也就是否定文件的权力，如果给事中们对文件的措辞，特别是内容表示反对的话，他们有权将其驳回重新考虑。六科给事中官员非常重要，他们可以参加朝会，直接向皇帝上疏。

同时各省还拥有自己的监察机关，它们和京城的都察院联系密切。他们被集体称为"外部检察官"，也即监察御史。监察御史统领各地的监卫所，另有多名御史协助，每人都会负责指定地理范围内或功能权限内的司法，被称之为"道"。

因此，无论是在中央还是在地方层面，检察机关对于教育、军事行政组织及其专业机构来说都很重要。明代的检察机关比唐代更为复杂和精细，从理论上说，没有什么违法、过失、罪恶、错误可以逃脱它的关注。尽管在当时其他地方还没有类似精细而彻底的控制组织，但我们仍将发现明代的行政实践是何等糟糕，以及它为何会变得如此糟糕。

4. 中国人的宪政

明代检察官又被称为"风宪监管"，监察机关被称为"风宪衙门"。"风"是指习惯与风纪；"宪"是指国家的基本法律与政体。检察官因此也就成了"社会风俗与基本法的监管人"。[818]在这个意义上，只有巴黎旧制度中的议会和早期斯图亚特王朝的普通法律师们才宣称是

"国家自由和基本法的看门狗"。一系列先前的习惯、传统和风俗成了政府应当自觉遵守的传统。这一传统甚至约束了独裁统治者自身。作为反对暴政的专制主义本身就意味着"局限"。

无论是路易十四还是查理一世都未能如此。查理一世被他的反对派所打败，路易十四是反对派们的常胜者，明朝则不存在这种最后的对决。中国的宪政守卫者通常是儒家知识分子。所有官员都是知识分子，他们像鱼鳞一样依附在国家和拥有土地的大家族上面。这些人是"士大夫官僚"，也是手执毛笔的贵族。问题在于皇帝经常拒绝利用他们来统治，但是皇帝又不能离开他们进行统治。

我们在唐代和汉代的章节中都提到过这一点，此处可能会有些重复。但是和它们相比，明代又有些不同，其差别就在于宋代以来新儒家行政机构的完善和新儒家知识阶层的大规模出现。在这些士大夫们的意识形态当中，本质上皇帝只能在他们的建议下行事。作为儒家学者，他们的博士头衔证明其拥有绝对而非凡的真理，于是在道义上和本质上都只能由他们来向皇帝进谏。由于这些束缚皇帝的真理也同样约束了他们，于是在"治国平天下"的共同事业中，他们就成了皇帝的伙伴，而不再是皇帝的奴仆。他们的角色与教皇和高级教士们对西方君主们所宣称的一致：即拥有根据宗教观点来限制政策选择的权利；或类似于中世纪西方宫廷中的贵族，自认为是君主"天然的"顾问。但是前一个类比更为准确，因为这主要不是功利因素所驱动，而是道德因素所致。好比中世纪欧洲天主教堂对于"高利贷"的评判并非基于社会实践，而是基于道德一样。对于不喜欢的事情，这些儒家士大夫们就会将其转变成一个道德问题，他们的依据当然是儒家道德。

自汉代以来，总有一些儒家士大夫们表述类似的观点。但是，无论是这一时期的儒学权威和说服力，还是儒家士大夫人数的扩张无不受益于宋朝的政策。宋代帝王们都是真正的儒家门徒，他们使公开竞争的科举考试成为主要的入仕之道。①[819]经过县、省和京城（可能是皇

①　参见 E. A. Kracke，《宋初（960—1067 年）中国的行政机构》（Harvard UP，Cambridge，Mass.，1953），据估计有一半官员通过"荫"特权，在幼年时即已获得官职。

宫)三个层面,科举考试在全国范围内系统化了。候选人可以在一系列考试科目中选择,但是"进士"考试很快从其他科目中脱颖而出。竞争具有严格的选拔性:在县一级只有不到十分之一的人可以胜出,省一级同样只有不到十分之一的胜出。在最初的全部候选人中,殿试层面的成功者不到百分之一。[1]然而,他们的数量仍然比后来历史上任何一个时期都要多,在 12 世纪平均每年约为 239 人。[2]

明代科举制度变得更为精细。一方面,要想参加每一个考试必须要先通过最初的资格考试。第一阶段的考试是在"县"一级,科考的应试人员主要是来自地方学校和国学,后来个人应试者逐渐增多。通过考试的人被称为"秀才",可以获得参加"乡试"的资格;成功通过乡试的人被称为"举人",可以赴京参加"会试";如果顺利地通过了会试,就可以参加"殿试"。通过殿试的人被称作"博士",也就是"进士",肯定可以做官了。有时候,"举人"也会被任命为低级官员,或者进入国子学继续学习,结业后也会得到适当任命。但是明朝中期之后,所有高级行政职位都由进士出身的人担任;[3]每年大约有 90 人获得进士资格,然而"进士科"考试每三年才举行一次。[4]

通过科举考试是一件无比荣耀的事情。事实上,唯一可与之相比只有古希腊城市庆祝竞技中获胜的儿子的那份荣光。(这一对比同样有意思,中国的士大夫们并不喜好体育竞技与勇猛。)即便是赢得了最初级的科考,信使们也会飞奔到考取的人家大声道贺,并会将大红喜报贴在门上,上书:

捷　报

学报卜三元。[5]

---

① E. A. Kracke,《宋初(960—1067 年)中国的行政机构》(Harvard UP,Cambridge,Mass.,1953),第 65—67 页。

② 同上,第 59 页。

③ 在唐代只有大约 10％为进士,参见原书第三册,第三章,第 763—764 页。

④ C. O. Hucker,"明代的政府和组织",《哈佛亚洲研究杂志》,1958 年第 21 卷,第 14 页。

⑤ 即乡试、会试和殿试。

而且，获得秀才地位后除了有参加乡试的资格外再无其他特权，但它可以在瞬间让一个人成为上层阶级，从而高居普通人之上。作为一名"生员"，他马上可以获得和其他所有生员与地方长官们相同的礼遇。简言之，他是知识分子中的一员。清代初年吴敬梓所写的讽刺小说《儒林外史》中就描绘了一个穷困潦倒的儒生——范进的形象。他考中举人后不久，富有的前知县张静斋就来到他家中拜访。[1]无数人都渴求获得这一地位，每一个人的成功就意味着有 30 个人失败。[2]如果把各个层面考试都计算在内的话，整个体系中有 100 万人有志于获得一官半职：他们"事实上是整个帝国的文学精英"。[3]这些成功通过考试的人，无论是否来自富裕家庭，无论是否通过成为"生员"而致富，他们都是所谓的"士绅"阶层，他们都被认为是明帝国"公共舆论"中的"公众"。他们有关公共事务的知识层次非常高，可能高于同时代其他帝国中的精英；[4]他们是官员与皇帝发生争吵，或者官员自身发生内讧时可以借助的对象。

在西方社会中，社会地位和政治权力往往归于那些富人、军人、商人和世袭贵族；在一个社会体系中，如果因为某人足够聪明就授予其头衔和政治权力的话，看上去似乎有些冠冕堂皇，但同样荒唐可笑。这不只是因为该体系排除了文学之外的其他所有技能，还在于它同时也剔除了特定聪明资质之外的其他所有品质，这也是人们对它的一贯批评所在。而且，对于考生们而言，他们必须要牢记科考过程中所要表达的价值。毫无疑问，对于这些价值而言，许多考中科举的人只是开了一张口头支票，不少人只是为了获得一官半职而唱唱高调，更多的地方文人则使之内化了：这些实践与高效有序的政府目标是相悖的。

儒家笃信"君子"而非法律；[821]它相信忠诚与互惠的个人联系，而非抽象的普世准则与规范。家庭比国家更重要，个人比规则更重要。一方面，这使得许多高层决策变成了人事管理。比如，为了避免使用法

---

① 吴敬梓，《儒林外史》(Foreign Language Press，Beijing，1973)，第 38—39 页。

② F. Wakeman and C. Grant eds.，《帝制中国晚期的冲突与控制论文集》(University of California Press，Berkeley，1978)，第 3 页。

③ 黄仁宇，《万历十五年》(Yale University Press，New Haven，Conn. 1981)，第 55 页。

④ C. O. Hucker，《明代中国的监察制度》(Stanford UP，Stanford，1966)，第 67 页。

律、规范和等级制度，丞相们往往会耐心地、悄悄地更换一个又一个官员，然后拉拢其他官员，直到有足够的人支持自己的政策；另一方面，它为行政机构分裂成一打小集团提供了便利。同一年考取"进士"的官员，比如"1580 年阶层"，会终生以兄弟相待，并保持相互忠诚。同样，他们对主考官也保持了忠诚。他们支持自己一派的官员去反对另一派。来自同一地区的官员也会结成帮派，共同反对来自其他地区的官员。这些私人忠诚不仅不会被当作行为不端（就像在现代欧洲官僚机构中那样），而且不遵守它们就会被认为近似于不孝。①

尽管大多数人做官都是为了"稻粱谋"，但意识形态较重的士大夫们则蔑视官职。在他们看来，官职不过是圣贤书中所谓的"士人之责"，是强加给他们的额外职责。此时儒家的劝告已经无孔不入，以至于被当成了绝对真理，这有点类似于古代的犹太教、基督教和伊斯兰教，它所表达的标准连统治者也要遵守。但是，古代犹太教的先知们，基督教教会和伊斯兰教都存在于国家体制之外（事实上，它们是反对国家的），并宣称拥有超自然的惩罚，而儒教机构是由国家自己建立的，其教义都是一种人为的东西。在前面三个宗教案例中，整个民众都会被召集起来作为事实见证，如果统治者罔顾事实，民众就会结成反对派。因此，一旦民众卷入了政治事务，他们就必须培育公共舆论。在中国，儒家的生员们就扮演了这一角色。上百万中国男性参加了科举考试，尽管只有不到 3—6 万的人才能通过最初级的科考，②其中只有 1.5—2 万人能够成为一到九品的官员。无论我们采用 100 万的数字，还是采用 1.5—2 万的数字作为标记，相对于整个帝国境内的 1—1.3 亿人口而言都是一个很小的零头。然而，正是这一阶层而非整个民众试图强化这种半神学的必然性。[822]当民众起义造反时，他们并不能得到这些"生员"们的支持，因为后者是在反对他们。

因此，中国"宪政"是一个颇有争议的概念，它能够让帝王们反对政府行政机构。皇帝和政府之间的相互紧张导致了国事处理过程中的非

---

① C. O. Hucker，《明代中国的监察制度》(Stanford UP, Stanford, 1966)，第 161 页。

② F. Wakeman and C. Grant eds.，《帝制中国晚期的冲突与控制》，第 3、4 页。

正式和非常规程序,这反过来又会加剧二者之间的紧张关系。

按照"风宪监管",什么才是宪法?它全部集中于皇帝,也就是"天子"身上,什么才是他必须要做的事情?什么是他一定不能做的事情?皇帝必须执行各种礼仪,而这些礼仪又极其繁杂。他必须每年祭拜天地,行耕籍礼,庆贺新年;他还必须祭拜皇陵和太庙,遵守各位先皇和太后们的生辰忌日;他还必须将重大事件告知太庙中的列祖列宗,宣布每年的黄历,授予高级职衔,批准皇室家族的婚礼,召见使节,送别离职官员,检阅军队,处置战犯。此外,皇帝还必须主持每天的三次朝会,早朝在天亮前结束,午朝在中午结束,晚朝直到晚间。早朝较为神圣,从不因坏天气而推迟;这种僵化的形式主义是皇帝的一个可怕负担,他必须庄严地静坐于大殿之上听取群臣的奏请,然后给出已经准备好的指示。①

士大夫们并不希望皇帝离开皇宫,这一高墙环绕的宫殿被称为"紫禁城";他们甚至也不希望帝王到皇城游玩,后者同样四面高墙环绕,建有亭台楼阁,花园美景。皇帝被要求居住在深宫中,他是皇宫太监、女人中间唯一的真正男性,以便于能够举行礼仪,平衡阴阳,使天地万物和谐有序,他还可以根据官员的建议授权采取其他行动。按照这一制度,皇帝就是权威的化身:只有他才可以让政令产生效力。但皇帝是中立的。他必须保持不偏不倚,永远避免让个人因素卷入到决策中去。皇帝从不期待发起一项政策,他的角色是在官员们呈递给他的政策草案中进行选择,但不会去亲自拟旨。皇帝可以解除官员职务,但无须亲自任命。他不应亲自率领军队。②根据朝廷的法令规定,重大决策必须在朝会上决断。于是,六部尚书、都察院和[823]通政使司、③大理寺、六科给事中将共同召开会议进行协商。④每一个与会者都可以发出声音,会议一致通过的决定将会成为对皇权的一种制约。⑤

---

① R. Huang,《万历十五年》,第 4 页。

② 同上,第 93—94 页。

③ 参见原书第 827—828 页。

④ J.-P. Lo,"政策陈述与决策制订",Hucker《中国政府》,第 49 页。

⑤ C. O. Hucker,《明代中国的监察制度》,第 41—42 页。

皇帝的决定被当作诏书对外发布。这些诏令理论上要经过一个复杂程序。大多数动议来自中央六部下属机构的奏折和报告。这些奏折和报告会首先进入通政使司，它实际上是整个中央政府的中心登记处。极个别奏章被标明"机密"和"紧急"后被直接呈送皇帝。大量奏章被分类后直接送给分管部门，或是呈送皇帝。后者还会被转交六科给事中，然后转交内阁处理。①内阁往往会拟定一系列诏令，供皇帝从中选择，皇帝在做出决策时也可能会进一步咨询。一旦皇帝做出决定，会用朱笔批复并发回通政使司。如果有司官员批准，他们就会将其中的一份复印件送至主管部门，另一份由通政使司存档。当然，六科给事中不一定要批准皇帝诏令。但如果它反对，它就会择机在拟定政策时注明，并将其送回皇宫。②

这就是明代官员们所经历的比较宽泛意义上的"宪政"。在实践中，政策制订程序千差万别。皇帝们一再降低本应赋予官员的角色。明王朝的帝王们可以分成两类：有一些对宪政采取了"砸窗抢劫"（smash-and-grab）的粗暴做法；还有一些则通过罢工的办法来反对它；前者主要是在王朝初期，后者主要是在 1450—1627 年，对于最后一位明朝皇帝崇祯来说，恢复帝国所仰赖的情势已经为时过晚。

开国皇帝朱元璋及其儿子永乐皇帝一开始就违背了儒家章程，他们为王朝设立了基本原则。洪武皇帝是个残忍暴虐之人，他仗剑而得天下。[824]在穷困潦倒的青年时代，朱元璋通过亲身经历形成了对"士大夫"阶层的不信任，实际上应该说是仇恨。③他知道必须任命他们，但是他倾向于成为这些"士大夫们"的绝对主人。正是朱元璋本人公开廷杖朝臣，更糟的是，这种羞辱由太监们来执行，对朝臣的殴打成为明代一个臭名昭著的特色。这让每一个参加朝会的大臣都胆战心

---

① 参见原书第 825 页。

② C. O. Hucker，《明代中国的监察制度》，第 100—102 页。关于这一程序的完整描述，参见 U. H. -R. Mammitzsch，"魏忠贤（1568—1628 年）：晚明朝廷中太监与派系斗争的重新评价"（unpublished Ph. D thesis, University of Hawii, 1968），第 43—51 页。

③ 他的名字是"朱元璋"，庙号为"明太祖"，年号为"洪武"。牟复礼对于他的特征进行过精彩叙述，参见 F. W. Mote，《中国专制主义的成长》（Oriens Extremus，Year 8，1961），第 20—26 页。

惊。在 1380 年所谓的"胡惟庸叛逆案"和 1390 年的"蓝玉案"中,朱元璋诛杀了 45000 名有牵连的人。①他的警卫机构"锦衣卫",是一个秘密警察组织,拥有独立的监狱和肆意抓捕的权力。不过,根据朱元璋自己公布的法令,拒绝出仕的学者不能被处以极刑。②事实上,朱元璋自己也承认他是在法律之外行事,并声称恐怖统治是暂时的,后世子孙必须要遵守《大明律》。③他的儿子永乐皇帝(1402—1424 年)也是一个暴君,他通过四年军事征战从侄子建文帝手中夺取了江山。年轻的建文皇帝曾广施教化,因此在内战中士大夫们都站在他这一边。相反,宫中太监因为一直遭受建文帝压制,纷纷投奔燕王朱棣。因此,登基后的永乐皇帝对于士大夫们的怜悯不复存在,而他对于宦官们的信赖则相应地增加了。

洪武皇帝和永乐皇帝,加上宣德皇帝(1425—1435 年)都违背了他们所引进的"宪政"和制度安排,这种做法给帝国晚期带来了无尽的烦恼。我们早已提及,开国皇帝朱元璋的第一个创新就是废除丞相,其直接后果就是让自己陷入文山牍海之中(在一个被广泛引用例子中,朱元璋在 10 天之内对 1660 份奏折上的 3391 件事情做出了裁决)。④这使皇帝不得不在 1420 年后开始任用翰林学士,他们作为"大秘书"开始在政府中发挥重要作用。大学士的数量通常为 3—6 名,他们居住在皇城东南角。1480 年开始被正式称为"内阁",其字面意思就是"内室",但一些西方汉学家将其翻译为"秘书台阁"。[826]从 1424 年开始,学士们开始被授以实职,以高于各部官员之上。1430 年,他们开始直接向皇帝呈递奏折,草拟诏书供皇帝决策。

与唐、宋两朝皇帝一样,明代帝王们通过这种办法获得了私人秘书,后者和外朝士大夫们的作用相同。事实上,这些学士们不只是儒家知识分子,而是从中精选而来的精英。对外朝官员来说,这些学士们的闯入并不受欢迎,因为前者一直自视为皇帝"天然顾问"。儒家学者和

---

① F. W. Mote,"中国专制主义的成长",第 28 页。
② 同上,第 36 页。
③ 同上,第 34 页。
④ 同上,第 28 页。

思想家黄宗羲(1610—1695年)，在1662年明朝衰亡后所撰《明夷待访录》一书中对外朝官员们的愤恨作了理论分析，他的观点被后来儒教史家们一再引用。他指出，恢复宰相之职具有实质性意义，这象征着统治权不能完全假于皇帝，而是要与别人分享；宰相职位主要基于功绩选拔，而世袭之法则可能产生出平庸无能之辈。而且，皇帝在任何时候都要寻求能够替其分担责任的人，如果宰相不能提供这种帮助，那么就只好由非常规途径来实现这一点。[①]

由于外朝官员认为"内阁"是非常规机构，因此内阁官员们的地位往往模糊不清。尽管时不时会有高级阁员担任要职，但这多是个人的功能，而非内阁的制度性特征。有时候内阁还要受到朝廷内其他势力的影响，比如宦官们，或者皇帝本人。他们的地位是不确定的。正如黄仁宇教授所说："它究竟是皇帝和行政部门之间的联络机构，还是对各部发号施令的部门，或者只是一个仲裁机构和顾问部门，这一点并不十分清楚。"[②]

可以说，明王朝的与众不同之处并不在于皇帝私人秘书机构，而是内阁中的"内阁"！这一机构的表现形式为"文书房"，它主要由皇帝的亲信太监组成。[827]"文书房"的建立反映了皇帝依然不信任士大夫们，包括"内阁"中的学士们。

在中国帝制统治史上，明代见证了宦官专权的巅峰时代。明朝宦官权力的增长经历了三个发展阶段：第一个阶段是宫廷内宦官机构的制度化。开国皇帝朱元璋只在皇宫内保留了不到100名太监，主要从事信使和仆役方面的工作。他的儿子永乐皇帝，由于在篡位过程中得到过宦官们的大力协助，大幅增加了宫廷中的宦官数量。在王朝末年，宦官数量持续增加，有一说认为明代宦官数量一度达到70000人，这肯定是夸张。这一数字相当于今天牛津人数一半，紫禁城如何能容得下如此多的太监们？因此，太监数量更可能是20000左右。他们皆隶属于随着人数增加而日益复杂化的"内侍监"。明代宦官机构最终形成了

---

① W. T. Bary，"中国专制主义与儒家理想：17世纪的观点"，费正清主编《中国的思想和制度》(University of Chicago Press, Chicago, 1957)，第175页。

② 黄仁宇，《万历十五年》，第45页。

十二监、四司、八局，并仿照外朝官僚机构和等级制度被组织起来，比如高级太监可以为从四品。掌控太监组织人事安排的是司礼监主事，这一机构还具有重要的政治意义。

在宦官影响力发展的第一阶段，它们通过这种方式实现了制度化。绝大多数宦官一开始都在各种作坊、工厂中从事杂役，为自给自足的紫禁城和皇城提供各种服务。即便是在早期，他们也还要负责看管皇帝个人钱财，随着时间的增加，这些钱财自然也会不断增多。

第二阶段是宦官们开始和锦衣卫一道掌管国家安全，锦衣卫是一个秘密的警察特务组织。[①]这一机构的出现是因为1420年永乐皇帝发现了军队指挥官谋反的计划[②]（他同样关注地方上的谋反）。这一专制的秘密太监机构位于皇城东面，故名"东厂"。帝国中的每一个人都在其调查之列。这些太监们有权直接上书皇帝（无论何时，奏折都必须立即呈送），他们完全在内阁和通政使司之外秘密行事。[828]明朝晚期，在"东厂"之外又建立了另一个太监特务机构，是为"西厂"。后来"西厂"曾一度被废，但1506年又重新建立。[③]两个机构之间既有协作，又有争吵，有时候"东厂"领先，有时候"西厂"占上风。

宦官发展的第三个阶段出现在宣德皇帝时期。宣德皇帝无视先皇遗训，在宫廷内为太监们开设学堂。自此以后，宦官们开始识字，不再简单地充任信使，而是开始介入政治进程。此后一个较长时间里，来自内阁的奏折都要被送往司礼监，由掌印太监转呈皇帝。[④]面对大量军国要务，皇帝设立了由10个太监打理的专门机构，这就是我们前面提到的"文书房"。它负责登记大臣们呈送的奏折，包括内阁草拟的政令，同时转达皇帝的评论或诏令。在转达命令时，司礼监要抄录皇帝口谕，然后传达给内阁拟旨。

从理论上说，"文书房"只是一个上呈下达的机构，和外朝中的通政使司并无二致。但在实践中，"文书房"宦官们自1435年开始就篡改诏

---

① 参见原书第825、848页。
② R. B. Crawford，《明代太监的权力》（T'oung Bao；1961—1962），第131页。
③ 同上，第132页。
④ 同上，第134页。

书,将他们的意图添加其中,然后转送内阁。这只是实际发生情况的一个简要描述。[1]在向内阁转达旨意过程中,宦官们能够篡改皇帝口谕。有时候,皇帝在没有其他大臣和内阁成员的情况下,直接向"文书房"宦官们颁布诏令。因此,不能把这些过程当作偶然事件,或者认为他们在背着皇帝行事。[829]白天进入"文书房"的奏折必须要连夜加班处理,以便在第二天一大早呈送皇帝。

宦官制度发展的三个阶段,分别是分工精细的宫廷宦官机构的形成,宦官们对于秘密间谍机构的掌控,以及他们对于帝国决策的有力参与。到第三个阶段后,高级宦官们已经极具影响力,甚至在短期内一度控制了明代中央政府,形成了所谓的"宦官专政"。[2]另一方面,有时候是内阁大学士控制政府。事实上,"文书房"至多是个私人秘书机构,而不是一个官僚机构,太监们是一种令人憎恶的影响力量,但不是一股反政府的力量。

内阁、官僚机构和宦官组织都曾被内部分歧所撕裂。皇帝的至高权力不能系于三个之中任何一个。甚至不能在三个机构之中起伏,如果其中一个机构或另一个机构占据主导的时候,它们之间也会出现融合与调适。

日常官僚机构是不可或缺的。皇帝可以廷杖、虐待乃至杀戮这些官员,也可以利用私人顾问,但他不能离开这些官员。正是这些官员们最早提出奏折和报告,规范皇帝的仪礼表现,皇帝也正是通过这些官员进行统治。官员们的争辩、抗议和怠工无处不在,从未停止。早期专横且精力充沛的帝王们自有办法来应对官员,转折点发生在 1449 年臭名昭著的"土木堡之变"。当时明英宗坚持率军亲征瓦剌,但却遭遇对方

---

① U. H. -R. Mammitzsch 在《魏忠贤(1568—1628 年):晚明朝廷中太监与派系斗争的重新评价》第三章中曾描述了这些细节。根据他的看法,所有奏折在送抵通政使司后,会转入文书房,除了特别重要的奏折会被送到司礼监外,而后绝大部分会被送到内阁。对于不能引起皇帝注意的奏折,由司礼监秉笔太监代为批红。对于那些需要皇帝亲自决策的奏章,文书房主事会召集所有秉笔太监商议,一旦达成共识,便会携带奏章与建议共同面圣。然后,皇帝的决定将会同时转达给文书房和内阁。这一程序无疑会使后者处于从属地位。

② C. O. Hucker,《明代的政府和组织》,第 11 页;R. B. Crawford,《明代太监的权力》,第 120—123 页。

埋伏变成了俘虏。此后，皇帝们开始变得被动起来（只有一个显著的例外）。他们开始隐居深宫，多年不与内阁谋面。这些帝王们只是通过太监在内宫和上千码之外的内阁之间传递信息。在1465—1488，1488—1506，1506—1422，1589—1602年间，皇帝不再和大臣们举行朝会，其间只有一次例外。换句话说，在137年当中，皇帝举行朝会的时间加起来总共只有70年。

有人曾推断，这些帝王们忽视了朝政。历史学家们——当然他们都是儒家士大夫们，不但认为这些帝王们让宦官把持了朝政，还认为这些帝王都是无能之辈，所以才会让宦竖专权，自己则沉湎酒色。[830]但是黄仁宇教授从1449年著名的"土木堡之变"和皇帝被囚事件入手，认为官僚机构成功地抵制了皇帝离开紫禁城的所有尝试。在他看来，皇帝不再参加朝会，并沉湎于个人享乐可能纯粹是出于对朝政的厌倦。①

早期武功赫赫的帝王们确实曾傲慢而粗暴地与官员们发生过冲突，但是他们的继任者却被竭尽职守的官吏们的消极反对所阻止。其中一个典型案例便是年轻尚武的正德皇帝（1595—1521年）。儒学史家们将其描绘成一个花花公子，喜欢假扮士兵，他得到的只是官员们的大量斥责。当他从被蒙古人威胁的边陲凯旋而归时，翰林院士大夫们拒绝向他朝贺，一些检察官甚至要求请辞。②1518年，当他下旨请内阁颁布命令，要求允许自己前往北部巡边的时候，这些官员们都卑微地叩头拒绝了他。但皇帝不顾大臣们的反对，前去巡边整整9个月，其间仍有数百名官员从京城发来抗议。第二年，也就是1519年，正当他打算开始第二次巡边的时候，京城所有御史和谏官们联合请愿，要求皇帝取消行程。皇帝对此不屑一顾，于是这些请愿官员聚在一起，在午门外跪成一排，要求皇帝给出答复。其他教育文化部门，包括翰林院在内也递交了请愿书，请求皇帝不要前行。不过，这一次皇帝失去了耐心。他杖责了146名抗议者，其中11名在杖击中死去。所有内阁学士都要求辞职，但是皇帝拒绝接受辞呈。③不过，1521年正德皇帝驾崩后，其他帝

---

① 黄仁宇，《万历十五年》，第12页，环绕紫禁城的皇城不足3平方公里。

② 同上，第97页。

③ 同上，第97—99页。

王们再也没有离开过紫禁城高墙半步。因此，厌倦而非堕落才是他们疏于朝政的更好解释。

官员和皇帝疏远是政治荒废的另一个原因。这就是黄仁宇所描述的万历皇帝的例子。万历皇帝当时打算废掉太子，另立其宠妃所生的第三子为太子，但朝中大臣不停地反对这个建议。在这一事关儒家道义的问题上，地方州府官员们也火速进京请奏，各类学校的士大夫们也纷纷上疏请愿。[831]皇帝最终被迫放弃改立太子的想法，但是却对这些官僚机构恨之入骨。为了刁难他们，他拒绝任命新官员填补空缺职位。谏官们恪尽职守地呈上批评、进谏的奏折后，依照"宪制"规定，皇帝应当就他们所进谏的内容作回复。这些回复将会经由通政使司，后者会在官员内部传阅的文告中收到皇帝的诏令。为了拒绝这些官员们所请求内容的公开性，皇帝只是将这些奏折分类后束之高阁。同样，对于官员们的请辞要求，皇帝也置之不理，于是一些人便不辞而别。皇帝则依然坚持己见，对于请辞的官员听之任之。

从 15 世纪中叶开始，中华帝国既不按"宪政"行事，也没有去违背它。"宪政"只是不再发生作用。明帝国只是在维护和保养旧制度基础上的自由航行。帝国政权完全取决于皇帝的积极有为，但皇帝却在这个时候"罢工"。同样，整个帝国行政体系又依赖于自我纠正的检察机制，但是这些谏官们更倾向于批评皇帝不道德的一面，而不是去纠正官僚机构的缺陷。只有一个皇帝——就像今天的美国总统一样——能够给予统一的指导，但是官僚机构就像美国国会一样，拒绝给予皇帝必要的权力。它过于自我抵消，并且在集体、派系和个人对立中过度分裂。而这又会导致帝国政策缺乏前后一致性。所有这一切在天启年间（1621—1627 年）的"东林党"运动中爆发。关于"东林党事件"的可怕故事太过复杂，我们难以一一复述。①自 1620 年（罢工的万历皇帝驾崩后）开始，一批超级清教徒式的儒家学者和前官员，通过私立的东林书院松散地联

---

① 贺凯对此有精辟的分析，参见 Hucker"明代晚期的东林党运动"，载费正清主编《中国的思想和制度》（University of Chicago Press，Chicago，1957）。关于太监魏忠贤角色的不同阐释，可参见 U. H. -R. Mammitzsch《魏忠贤（1568—1628 年）：晚明朝廷中太监与派系斗争的重新评价》。

系在一起，他们通过评议来影响官僚机构，进而推动其改革计划。他们的首要目标是皇帝所宠信的魏忠贤，后者是一个聪明、残暴但却目不识丁的太监。[832]1624年，东林党人的过火行为看似就要成功，但是却招致了魏忠贤一党的反击。在天启皇帝驾崩前的1627年，魏忠贤等人对"东林党人"开展了臭名昭著的清算，一些"东林党人"（被称之为"东林烈士"）在残酷而漫长的折磨中死去。①问题还在于"东林党人"和他们在朝廷中的对手之间的不一致性。前者试图利用宦官之间的分裂来反对魏忠贤；魏忠贤作为部分朝臣的代表，实际上受反对"东林党人"的朝臣所操纵。②双方都分裂成不同派系互相争斗，整个朝廷则陷于瘫痪。简言之，官僚机构无力提供清晰的中央指令，而它又拒绝皇帝这样做。

5. 文书与瘫痪

明政府承担的任务非常广泛，它用以约束官员的法律规范也非常具体化，整个帝国境内高级官员的数量不超过20000人（帝国全部人口最后达到了1.6亿）。信息从云南抵达京城大约需要6周时间，皇帝与朝廷通过书面报告的形式接受各地呈报上来的信息。

毫无疑问，其中一些书面报告属于目击报告，它们大多来自都察院监察御史的手笔。最为直接的报告是一些特殊事件的专门调查报告，比如自然灾害、受威胁地区的军事形势等。其他报告主要来自特别任命的监察御史，它们负有单一的使命，比如出巡京杭运河，巡视四大盐道。此外，还有必须要访问学校和应试学生的各省提督学政们。监察体系的基石是地区性巡视。明代有21个司法监察区，每一个监察区每年都会派驻一名任期一年的巡按御史。在监察区内，他们要访问每一个地方，③监察任何政府机构的活动，可以指控任何违法行为，甚至可以对下级官员和政府施以肉体上的惩戒。他们的监察职责非常广泛，

---

①　有关细节，请参见 C. O. Hucker，《明代中国的监察制度》，第284—285页。

②　U. H. -R. Mammitzsch 在《魏忠贤(1568—1628年)：晚明朝廷中太监与派系斗争的重新评价》。

③　C. O. Hucker，《明代中国的监察制度》，第87页。

可以涵盖大部分政府活动。[833]他们必须评议地方刑事案件,视察地方上的礼仪场所,探望孤儿、鳏寡孤独和老人,查看地方谷仓中的粮食存量,考察学校中的学生。他们还必须监察:

> 劳役征发工作,灌溉与防洪设施,荒地开垦进展,驿站和通讯机构的状况,桥梁和道路状况,税收和普查的管理工作,军事供给情况,国家工厂的管理,度量单位标准化,县衙中的诉讼审理,地方政府机构中的人事安排,当地的著名孝子与贞节烈妇,乡村自治机构的功能,所有官印及委任状的有效性,以及前几任检察官们所留下的声誉。他还必须适当地进行询问,以便了解每位官员是否了解任职所要求的基本法律与特殊规定。他还必须准备一个关于个人权限的详细图谱,以及其中每位官员的个人档案。①

没有哪位检察官可以亲自处理完所有这些事务。根据粗略估计,假定当时有大约 1100—1600 个县的话,每个官员需要访问 52 个衙门,每个县的人口约为 145500。每一个地区或是省府大约有 7600000 人口(平均上),比今天的香港还要多,是挪威人口的两倍! 一个高度尽责的巡按御史或许会同所有的州、县官员们谈话,或是抽查,但是绝大多数信息都来自地方上的官方文件和报告。有一些职责明确地含有这样的暗示:比如,核查司法记录、地图编纂、个人档案,审计地方政府的记录。在形式上,检察官必须要将有关内容上报京城。上报内容通常包括 16 个条目,其要旨来自于对事实的提炼,每一个条目都是以"多少"这样的词汇开始。比如,有多少谷仓和仓库被查看? 有多少孤儿和老人被探望? 有多少罪犯被审讯并判刑? 等等。②官员依赖书面报告,而非第一手调查资料的情况在省一级肯定更为严重。一省的巡按御史平均只有 13 名员工,他们只能依赖于核查记录。简言之,鲜有第一手信

---

① C. O. Hucker,《明代中国的监察制度》,第 88—89 页。

② 同上,第 89 页。

息可以传递至朝廷。绝大多数信息都依赖于一个层面的信息，后者又依赖于下级报告，[834]最终还要依靠地方社区领导人的汇报。

事实上，由于帝国政府要求每一位官员都能书写，这就为它阻止管理不善带来了另一个要求：核查记录。中国人看上去对此类政府机构寄予厚望。每个省的监察机关都设有一个记录核查部门。稽查案宗也是地方监察官员的职责所在。此外还有一个专门机构，其首要职责就是文案稽查，这便是六科给事中。六科给事中的职责之一就是确保皇帝命令被六部所执行，每一科针对中央六部之一。它们登记、转录皇帝的诏令，然后转达各部限期执行。一旦命令被传达，六科给事中就注销登记。如果某"部"没有执行，负责监察的官员就会在皇帝面前提起弹劾（这看上去令人印象深刻，但最后期限往往一再延长，越来越多的监察官员在皇帝面前弹劾失职官员时也会玩忽职守）。①

同样的程序还被用于监察各部下属机构对于指令的执行情况，每一个指令都会有相应的监管机构在指定时间内登记在册。比如，六科给事中会对送往户部的税额和来自各缴税仓库的票据进行比对。这一精致的票据体系确保六科给事中能够了解各部和下属机构之间的往来情况。②这些机构之间的往来，无论是"进"还是"出"，都由各省监察御史监管。每一个机构都设立了一个专门的地方机构从事记录核查工作。各省巡按御史定期向位于京城的都察院汇报结果。中央各部及所有行政机构的文案则由都察院驻京专门机构来稽查（实际上，已经被六科给事中核查过了）。③还有一套签署文件的例行监管程序，文件的签署主要取决于事情办理情况。④

[835]曾经对明代监察体系进行过深入细致研究的贺凯教授评论说：

当如此密集的文档稽查活动被用于奏折和诏令监管时，当各

---

① C. O. Hucker,《明代中国的监察制度》，第 103 页。
② 黄仁宇,《万历十五年》，第 162 页。
③ 同上，第 105 页。
④ 同上，第 106 页。

种文档控制监管被用于例行报告、疏奏，以及前面提及的监察御史们的直接观察和汇报时，其结果就变成了针对整个政府机器的真正而可怕的监管。[1]

或许你可以马上同意他的观点，但是他的观察也带来了两个疑问：为什么这种精细的体系是必要的？这一体系是免费的吗？对于第一个问题，贺凯教授在其著作中提供了线索：无论公共新闻媒体如何缺乏，看上去明代的监管体系都不会缺少赖以"矫正管理"的信息。[2]然而，它不单是缺乏恳请内部批评机构的"公共新闻媒体"，而是走得更远。事实上，对于"被管理"的普通民众而言，他们没有任何机会表达对于管理不善和不公正的批评与抱怨。现代民主社会中的管理不善行为，主要是通过体制外行为，通常是那些"超越宪法之外"（extra-constitutional）的活动引起政府高官们的关注和重视。在所谓的"非法性"案例中，公民有权向法院申诉。在明显不公的案例中，民众还可以向议会代表、政党和特别检察官求助。对于被耽搁、疏忽、草菅人命或是滥用职权的案例，不仅要接受日常媒体监督，而且还要面临政党和压力集团的考验。政府部长们在表示轻蔑、厌恶时必须非常敏感，他们依赖于政府高级职员使自己免于麻烦。相应地，他们还期待自己的下属也能避免任何可能导致被抱怨的举动。官僚机构自身也可以通过一些核查员、财政审计体系、选举性立法委员会的监督等来限定自身的自我批评功能。通过公开一些玩忽职守、渎职、办事拖沓等事实则可以起到杀一儆百的效果。中国的监察体系，特别是文案稽查理所当然地反映了通过公众来实现合理公正的意图与愿望。但它必然是一厢情愿的行为，因为这一体系把民众当作"臣民"，也即"被管理的人"。[836]在中国，包括高级官员在内的任何人，都没有"权利"可言，这是儒家等级职责体系中固有的东西。在现实社会实践中，中国是一个由统治者和被统治者组成的"二元阶层"社会和一个由官僚阶层组成的政府。文案稽查工作也是为

---

① 黄仁宇，《万历十五年》，第161页。

② 同上。

了防止变成官僚们的政府。然而，正如我们所看到的，明代并未取得彻底成功。

明代的确有一个高度形式化的申诉途径。原告可以到所在县的"衙门"寻求解决，如果对结果不满意，他还可以上诉到州府，乃至巡按御史那里（实践中，地方官员可以轻易地宣称原告没有经过上述程序）。我们可以想象，一位地位卑贱的小农或街头小贩何以敢逐级申诉，哪怕是在地方衙门一级，即便是他这样做了，又能够得到什么？原则上，如果他对巡按御史仍不满意，它还可以将诉状送抵京城的通政使司，后者会将其转交都察院办理。如果问题仍未得到解决，就只有面圣求助。诉状通常会以印封的奏折形式呈奏皇帝，但只有在事关重大，需要皇帝知晓的情况下此类案件才会被受理。或者，还有最后一招，那就是击登闻鼓鸣冤。①一旦敲响登闻鼓，御史们就必须为皇帝准备详细报告，这一渠道事实上被使用过，看上去绝大多数都与死刑判决案例有关。在1426年的著名案例中，通过击登闻鼓暂缓了9名被误判为武装抢劫的士兵的刑罚。②但是，通过这些"渠道"的曲折过程、官僚程序以及利用登闻鼓的戏剧性案例提醒我们，控告和宣扬政府管理不善的机会是何等有限。因此，这就是为什么必须要由精致的文案稽查制度来替代这些渠道的原因。

毫无疑问，如果使用文案稽查制度，审案就会更为公正和规律，尽管我们还没有办法衡量这一点。然而，这肯定会产生行政管理"成本"。首先，这将会导致大量文案工作。有一个报告说，京城的监察御史们在四年内，调查了不少于64812起案件，发现19742起违法案件，涉及的责任人多达5116名。③[837]有两件事情值得在此一提：一是4年内，监察御史们平均每天审理案件44起；二是违法的比例较高，不低于30％！这一数字或许是为了显示监察机构的效率，以及对于文案稽查

---

① 实际上是一个铜瓮，最早建立于686年武则天统治时期，它设有四个口子，它们分别为：1. 自我建议；2. 批评政府；3. 鸣冤不公；4. 征兆、预言和密谋。J. Fairbank and D. Twitchett ed.，《剑桥中国史》第三卷（CUP, Cambridge, 1979），第297—298页。

② Hucker，《监察体系》，第100页。

③ 同上，第107页。

的需求。同样，它还体现了行政官员们漫不经心的程度。其他资料也可以证实这一结论。

此外，另一类行政"成本"也需要各级官员谨慎行事。这就是对于体系中违规官员的严重惩戒，因此官员们会不惜代价避免给自己带来麻烦。稳定和"不要兴风作浪"成为官员们的首要动机。但是，如果法规不能违抗，他们就会选择逃避，特别是在存在经济诱因的情况下，官员们往往有足够的经济借口。无论用何种标准来衡量，明清时期官员们的薪酬都是不足额的，其中多数官员在长期准备科考过程中欠下大量债务。一旦统治法规过于复杂或模糊，比如关于地方费用的规定，这些官员们就会求助于体制外的捷径。这种做法和腐败之间往往很难区分。在某些情况下，法规细则无法实行，或因缺少人手而无法被强制执行。①关于这一点无需在此讨论太多，我们在下文中仍会提及。

6. 政府与"士绅"联盟

政府往往要依赖当地名流在民众中推行政策法规。这些地方代理人往往是当地最富有或最有声望的人。在中国，这些地方"士绅"的影响，以及他们相对于中央政府的独立性往往会随时代不同而有所变化。因此，在唐代初年他们的社会地位并不显要。到了晚唐，随着中央政府的式微，土地再分配制度的废弃，以及征税细则的松弛，作为村庄首领的"里正"再一次获得了重要性。②宋代曾迫使较为富裕的地方名流进入行政系统，正是从这个时候开始，他们对于农村人口的苦心经营和系统化控制也得到了进一步发展。[838]这主要建立在两个原则基础之上：强化农村特定人口的集体责任，比如税收、劳役和安全；以及地方"士绅"对于集体的控制。在地方政府层面，宋代还出现了另一项发展：即州、县衙门中下层技术性官员重要性的增加，这些人是衙门中的低级职员——"吏"。在宋代，衙门中许多此类职位是世袭性的。而且这些

---

① 关于张居正（1572—1582年）加强政府管理的不成功尝试，可参见黄仁宇，《万历十五年》，第71页。

② 参见原书，第三册，第三章，第767—768页。

职位也开始变得日益有利可图。

在明代,上述两方面的发展变得清晰可见,部分是因为充足的文献证据,更主要的原因在于当时的人口已经两倍于宋代,而行政官员数量依然未变:现任官员约 13000 名,从属性官员约 100000 名。①(在大量竞争者中间,党派主义和敌对情况也不断增加。)同时,社会更为复杂,政府职责也更为宽泛。由于人手短缺,政府必须把一些职责移交给当地士绅。复杂的管理体系也使得县衙,甚至州府也必须更多地依赖下级职员。于是在县令和民众之间出现了两组中间人。

由于县令和知府通常三年一个任期,然后就会被调任别处,而且他们还被禁止在家乡任职。因此,他们很可能对于任职地方的方言、习惯法和税收传统等一窍不通,他们在数月时间内需要完全依赖当地职员,这些人既是当地土著居民,也是长期任职的政府职员。从 1424 年开始,此类职员被禁止参加"进士"考试,因此他们被当作低级职员。但往往正是这些人而非县令来处理"衙门"内的事务,他们可以拖延或是加速案件的审理,减轻或加重对于罪犯的指控,抑或是在征税和劳役的过程中敲诈或放水。[839]小说《儒林外史》中就塑造了一个广为流行的看法,即这些人都是自私且变化多端的流氓。

明政府通过授权地方"士绅"代为统治农村人口的办法,公开与这些地方名流结盟。这一政策主要是通过"保甲"和"里甲"的集体连坐体系来实现。16 世纪晚期,当铸币政策使地方上的实物税收可以用银两

---

① 有关评估各有差别,但发展趋势是准确无误的,不过清代的不均衡性有进一步增长。B. E. Mcknight,《南宋时期中国乡村和官僚机构》(Chicago UP, Chicago, 1971,第 8—9 页)提出 1160 年中国人口为 5000—6000 万,任现职的官员为 12000 名,其中 8000 名在京城任职,4000 名在大约 170 个州府和 800 个县中任职。后者的平均人口为 70000 人,可能雇佣了 100—150 名下属杂役人员。因此,总数应为 80000—120000 名之间。关于明代官员人数,Hucker(《明代中国的国家传统:1368—1644 年》,University of Arizona Press, Tucson, Texas, 1961.)估计 17 世纪中国人口超过了 1 亿(第 23 页);现职官员超过了 15000 名(第 14 页);超过 100000 名为下级官吏(第 17 页)。然而,黄仁宇(《万历十五年》)认为明代官员约为 20000 名,其中只有 2000 名在京城任职。他计算了 1100 个县,认为每个县大约有 6 个行政官员,另加一打从地方上招募而来的雇员(第 50 页)。不过,他没有给出低级官员的评估数据。

来折换时，"里甲"制度才逐渐淡出。它是一个粗糙的实物支付和劳役服务体系。[1]拥有固定税额的概念性"村庄"被称之为"里"，每"里"由110户组成。最富裕的10户成为"里正"；其余100户被分成十"甲"，每甲10户人家。10户富裕人家每年轮流担任整个"里"的"里正"，其余"甲"中各户则轮流担任自己所在"甲"的首领，即"甲首"。

"甲首"在"里正"领导下工作，主要职责有四：他们每隔十年都要编纂"黄册"中的家庭普查；他们必须为"里"征税，并直接负责征缴足额的税收；他们还必须提供"衙门"里的各种必需品，比如纸张、墨水和油等。此外，他们还要提供各种杂役，比如信使，清洁工等等，因为衙门是自给自足的地方。他们还必须为搬运谷物税提供交通。最后，他们还负责维持良好的秩序，使征税公平、公正。[2]"里甲"制度建立（1381年）后不久，通过建立包含数"里"的"都"，这一制度安排得到进一步拓展，它们都由最强大的地主——"税吏"统辖。其职责在于从辖区内各"里"征集并转运税粮到国家粮仓：他还负责拟定地方劳役的花名册。（这些劳役早就被指派好了，但这些劳役是如此不堪重负，以致在16世纪初期需要数人来分担。）[3]

被同样组织起来的还有"保甲"制度，主要负责地方上的法律、秩序和警戒工作。每个月社区都要召开聚会，以听取"社区协议"，它是在朱元璋所制订的政策基础上确立的民众义务章程。[4]民众通过宣誓被绑定在一起，以维护法律和"里"的良好习惯；同时照顾贫困者，为社区内的婚丧嫁娶事宜提供帮助；维持社区的祠堂和学校。但首先每个社区都是一个整体，都要为社区成员负责。在王朝末年改革以后，每"保"包括1000户，分为十"甲"，所以十"排"为一"甲"，十"甲"为一"保"。每"甲"拥有一个首领"甲长"，各"保"则由"保长"负责。各户把家庭成员名单挂在门上。"保"内各人都必须密切关注本社区的犯罪情况并及时

---

① 参见下文"税收"一栏，原书第843—845页。

② N. Tsurumi，"明代的乡村控制"，in L. Grove and C. Daniels eds.，《中国的国家与社会：明清社会与经济史的日本视角》（University of Tokyo Press，Tokyo，1984），第258—261页。

③ 同上，第261—262页。

④ 类似的实践可参见清代和日本德川幕府时期，第四部分，第一章与第二章。

向"保长"报告，后者负责向县令汇报。如有知情不报者，将会带来集体性惩罚。[1]

明代"里甲"和"保甲"制度代表了某种理想主义的统治类型，因为政府所推行的各种管理体系肯定存在很多重合之处，同一批人可能拥有不同的头衔。所有这些体系的一致性就在于地主统治着没有土地的人，富人统治着穷人。

那么这些"富人"究竟是谁？答案肯定与存在争议的"绅士"一词有关。或许这个英语词汇原本就不应该被用在此处，而且每一个汉学家都在以不同的方式使用它。这一问题的关键在于拥有土地的富人和知识分子之间的关系。[2]实际上，即使在明代，地主和知识分子阶层在很大程度上也是一致的。正如贺凯所指出，"获得财富的众多机会都与科举地位有关，或许知识分子中产生地主的比例要远远多于地主中产生知识分子的比例"。[3]尽管如此，这种类型的地主—知识分子就是地方上的"名流"。他们互相联姻、协作，在整个帝国内拥有相同的思想意识形态。毫无疑问，他们是把自己当作一个小圈子的既得利益集团。[4]他们的观念是保守的，他们支持社会现状，在明朝末年的农民大起义中坚定地站在皇帝一边，这和唐末农民起义中许多"士绅"阶层的逃避、克制截然不同。[5]政府并不破坏乡村的现状，这些"士绅"既是明政府的代表，也是统治过程中的受益者。

7. 管理不善

[841]野蛮的洪武皇帝曾下令，被处斩的贪腐官员腹内必须填以稻草，然后悬挂在城门外示众。这就是他镇压腐败的方法。和朱元璋一样残暴的永乐皇帝也使用同样暴虐的方法威慑百官。据说，在他统治

---

① I. C. Y. Hsu，《现代中国的崛起》第三版（OUP, Oxford, 1983），第58—59页。或参见 F. Wakeman and C. Grant eds.，《帝制中国晚期的冲突与控制》，第5,7页。

② 参见 M. Elvin，《中国历史的模式》。

③ Hucker，《传统的中华国家》，第36页。

④ 参见吴敬梓，《儒林外史》。

⑤ 参见原书第三册，第三章，第767—768,800页。

之下，政府从未如此清廉过。然而，大约两百年之后，也就是在 1570 年，大学士张居正颁布政令，要求地方官员必须结清他们的税收欠款，捕尽盗贼。张居正的政策使自己变成了"帝国的敌人"，[1]于是他死后也被人清算，他所颁布的政令也被尽行废除。短期来看，这是明代政治实践中一段不光彩的历史。明代最初的四位皇帝，都是积极有为的军事强人，他们给帝国的治理模式留下了深深的烙印。他们的继任者无非是顺其自然，萧规曹随。原始制度的唯一重大变化是大约 1550—1580 年引进的"一条鞭税法"。同时发生改变的，还有从世袭募兵制向雇佣兵制度的转变。二者都是对旧制度明显瓦解的反应，但二者都没有实现既定目标，因为政府背后缺乏改革动力。官员们根本不允许皇帝推行这些政策，他们自身既不愿也不可能推行这些新政策。官员们的目标只是平静地生活。他们理想中的国家就是政治稳定，国内太平。当然，他们中总会有一些人像"东林党人"那样，以极大的热情和精力去追求政治理想，甚至不为杀戮和酷刑所吓倒。然而社会现实依旧，所有这些热情最终不过是泥牛入海，被他们那些官员同僚所吞没。这些官员就像是培尔·金特的伯伊格（Boyg）：总是在来回兜圈子（roundabout）。[2]

腐败、管理不善和明代行政制度的最终瓦解主要有三个原因，其中既有制度层面因素，也不乏个人层面的原因。首先，就个人层面而言，明代官员们的俸禄严重不足。对他们而言，唐代官员们的奢华已经一去不返，宋代官员们的丰厚收入也不复存在。[3]开国皇帝朱元璋曾经做过化缘和尚，生活极其节俭。宫廷太监们除了一日三餐外，就只有床板一张。最高官员的俸禄自 1392 年被确定为 144 两白银后，就再也没有改动过，这远远低于明末尊贵生活所需的标准。[4]官员们的平均薪俸为裸银 10 两，[842]只有士兵薪水的 5 倍。[5]虽然俸银之外，还有一些粮

---

[1]　黄仁宇，《万历十五年》，第 71 页。

[2]　[译注]"Peer Gynt"又译"皮尔·金"，系挪威剧作家易卜生剧作《培尔·金特》中的主人公，伯伊格是剧作中代表生存之谜的山魔，此处喻指无所不在的困难和敌人。

[3]　H. Maspero and E. Balazs，《中国古代历史制度》。

[4]　黄仁宇，《16 世纪明代中国的税收与政府财政》（CUP, London, 1974），第 276 页。

[5]　同上，第 275 页。

食补贴,但每月也很少超过 133 磅。①能够凭借运气进入官僚队伍的人为数寥寥。相反,许多人在入仕过程中就已经负债累累,因为科举考试既艰难又漫长,往往需要多次尝试才能成功。官员们往往通过接受额外报酬来偿还债务。比如,京城高级官员会接受地方州府下属官员们献上的"礼物"。②为了敛财,官员们开始交换自己的仆役,他们让每个差役缴纳 12 两白银后回家,而后者是由政府免费提供的,这一做法很快就变得普遍起来。③地方上的县令们则面临严重困境,因为洪武皇帝的初衷是让乡村通过实物体系和劳役来运作。因此,在一个比较极端的例子中,地方衙门应对各种官府开销的预算只有 100—200 两银子。④县令和知府们只有通过各种额外收费来弥补薪俸的不足,比如用银缴税需要缴纳"熔币钱",运输盐要缴纳"转运费",任命"里正"(即前面提到的"里甲"制度)也要收费,等等。⑤合法的税率最终变得有名无实,并且各地也大不相同。

尽管监察御史们还在查访腐败案例,但是越来越多的非法行为已经被认为是理所当然的了。如果不这样做就会动摇整个行政体系,而行政体系就是政府本身。一旦默许这样的行为,那么何处才是公正的结束和腐败的开始? 对于一个县令而言,27.5 两银子固然不足以养家糊口,但何处才是"合理"的额外薪酬界限? 如果设定成 300 两,那么为什么不能是 600 两,或者 1000 两? 因此,短期来看,一旦朱元璋的恐怖统治消失,腐败便会大行其道。我们或许可以进一步分析:这是明代政治体系的一个功能。如果这一体系本身运转不灵,那么离开了腐败,它将无法运转。

明代的管理不善已经超越了单纯的个人贪婪,尽管其中不乏个人因素。它的腐败根植于政治制度之中。这在明朝的两个政府机构中表现得尤为明显:一个是它的财政体系,另一个是其军事力量。它们的管

---

① 黄仁宇,《16 世纪明代中国的税收与政府财政》(CUP, London, 1974),第 276 页。

② 同上,第 3 页。

③ 同上,第 48—49 页。

④ 同上,第 185 页。

⑤ 同上。

理制度皆由洪武皇帝所创立,尽管存在严重缺陷,[843]但在 200 多年的时间里一直被坚持了下来,期间只是略有增改。而与此同时,整个社会人口剧增,社会复杂性也日甚一日。

7.1 税收

洪武皇帝将其粗鲁吝啬的特性融入了明代财政体系。开国皇帝朱元璋的一个基本理念是:所有行政服务都应当通过不付给报酬的劳役的方式得到自我补偿。因此,村庄应当提供财政管理,并在自给自足的基础上支持知府和县令:拥有 200 万"世袭军事家族"的军队也应当利用屯田自给自足。绝大多数官员只应接受定量配给的俸禄,诸如太监之类的官员则只有一张床和床板。大规模地使用没有报酬的劳役使朱元璋能够将税收降低到只有宋代五分之一的水平。[①]每年的税额固定在大约 2750 万石(一石相当于 133 磅)去壳谷物或等值货物的水平,外加关税和盐专营(前述税额的十分之一)收入。在 16 世纪开始零星的改革之前,这些固定安排仍然是一种束缚。

税收的主要来源是土地税,即"户税"。简单地说,就是皇帝给每亩田地设立了标准税额。明政府于 1381 年根据黄册开展了一次彻底普查,然后将税额分配到各个省份。因此,这种每亩采用统一税率的税法是一种退步。在劳役方面,每户被分成九等,并据此分配任务,因此这种税法又是累进性的。1550 年后,税法中的累进因素消失,所有服务与土地税绑定,并可用银两支付。[②]恰如皇帝所愿,明代税率很轻,但是有点过了头。正如我们所看到的,这直接导致了各种非法收费和附加税的出现。

乡村登记册被称为"黄册",每 10 年修订一次。有一些作了修订,大多数在 200 年中乃至更长的时间里都没有任何实质性改动。在这一时期内,各省的税额也只有轻微的调整。[③]精细而复杂的户部可以通过直接查验来核对登记册,但事实上他们仍像往常一样,只是查看一下文

---

① 黄仁宇,《16 世纪明代中国的税收与政府财政》(CUP, London, 1974),第 24,25,38,46 页。

② 同上,第 182—183 页。

③ 同上,第 47 页。

档而已。为了保持内部一致性,户部官员往往只是查看黄册中的数字。如果对不上账,户部就会将其退回,要求地方官员修改。[844]一旦报账的数目正确,事情就算完结。在清代,一些名册上竟然还保留着 300 年前的户主姓名![1] 对于实际的征税分配,地方官员们会编辑真实的"白册"。[2]不用说,已经过时的黄册和税额制度会导致新的不公平。由于无法调整各省税额,税赋较轻的省份就会日渐富裕,而缴税较多的省份就会日渐贫困,而督抚官员们则不得不进行非法勒索和搜刮。

采用统一的标准化税率并未考虑整个帝国境内的地域差别,包括农作物的多样性,以及土壤肥力不同等因素。要想让普查反映出上述这些因素又超出了帝国的技术能力;毕竟黄册是由乡村官员们编撰而成的![3] 而且,尽管根据土地上的"标准亩"去评估税额看似很简单,实际上却非常复杂,以致需要大量篇幅来解释,[4]并且还会根据不同地域而有所区别。这主要是因为一些关于附加税和额外追加税的零星调整,目的是为了让国家财政与税收相符合,每一项都必须单独计算;同样还有"以银折物"时换算"汇率"的复杂性;最后,各种税收要素的复杂性还与各个行政机构中的不同部门有关。[5]

这些困难又因为明王朝对于货币的误解而加剧。1000 个铜钱相当于一两(大约等于一盎司)白银。明代流通的白银不多,而且是未铸造的银锭。[6]通常一亩地的税收为 2—3 个铜钱,上千个铜钱才等于一两白银。税收的额外追加部分当然只是一个零头,可能是 5%,也可能是 1%,算是零头中的零头!而且,每半打附加税必须作一次独立核算。这就是应用算术不精确性的可怕之处,看上去似乎有些不可思议,税率被计算到小数点后面 12 位,甚至 14 位,直到 1685 年清王朝时期才减少到小数点后 5 位![7] 每一次独立计算都要逐条说明并加以记

① 黄仁宇,《16 世纪明代中国的税收与政府财政》(CUP, London, 1974),第 61—63 页。
② 同上,第 63 页。
③ 同上,第 313 页。
④ 同上,第 82—140 页。
⑤ 同上。
⑥ 同上,第 91 页。
⑦ 同上,第 89—91 页。

录！其结果便是税收的延误不断增多，这就是官僚机器的卡夫卡式（Kafkaesque）①复杂性，[845]而不是农民们无力支付。这导致了明朝末年的金融危机，而后者又是王朝覆灭的重要原因。1632年，340个县（将近总数的三分之一）拖欠了总税收的50％，其中134个县（占总数八分之一）没有征收到一分钱。②（未能足额征缴税收还有另外一个原因，农民在交完租子和借贷之后仅有少量剩余，这促使边缘化的农民进一步降至勉强维持生计的水平。）③

在明王朝大部分时间里，税收都以实物形式上缴，洪武皇帝创造性地解决物流问题的方法反而成了困扰王朝末年的制度，即便是后来白银支付的比重已经不断上升。其问题就在于：税粮必须在产粮地征缴，然后运往需要的地方，并在目的地沿线存储。④这既令人吃惊，也同样令人好笑，洪武皇帝的办法不过是重新采用了古代亚述人的制度体系！⑤ 每一个征税点都必须设法将税粮运往既定目的地，比如卫所、关防，甚至20多个目的地。与此同时，每一个卫所、关防等也可能会收到来自20多个征税点的税粮。于是，整个帝国不得不为一点点税粮而在征税点和消费点之间奔走忙碌。这当然消除了建设和维持国家粮仓、仓库，以及通过水路运输农产品的困难，但却极大地增加了会计工作的复杂性，再加上像金字塔一样的文书资料，使得全国性的账簿统计根本不可能。⑥

必须强调的是，在明王朝统治的大多数时间里，税收负担都比较轻：土地税只占整个农业产出的10％。⑦但是前述征税体系的复杂性则是一种倒退，以至于征缴税收非常缓慢，这就加重了被边缘化的小农们的负担，他们在地主阶级的剥削下只能勉强维持生计。在外部威胁并

---

① ［译注］卡夫卡是20世纪奥地利著名作家，此处主要是指荒诞不经、令人不可思议的事情。
② 黄仁宇，《16世纪明代中国的税收与政府财政》，第308页。
③ 同上，第309页。
④ 参见原书前文，第三部分，第三章，第774页，关于唐代的转运使部分。
⑤ 原书第一册，第四章，第233页。
⑥ 黄仁宇，《16世纪明代中国的税收与政府财政》，第14页。
⑦ 同上，第38页。

不严重,军事开支较小的情况下,这种较低的征税水平在绝大部分时间内足以满足帝国的需求。然而,在帝国最后四十年中,当满洲人的军事压力开始出现,并且需要对雇佣的常备军支付薪酬时,帝国便处于危险之中,因为这需要巨额现金。[846]虽然明王朝的资源足以压倒其满洲对手,然而它无法快速动员这些资源。明帝国试图做到这一点的努力却挑起了内部战争——农民和盗匪起义,直到最后灭亡。

7.2　军事

洪武皇帝认为,通过将复员军队指派为定居在农业屯田之上的世袭甲兵,他就可以不费分文地维持一支 200 万人的军队。①根据朱元璋的初衷,让一部分士兵在土地上劳作,分给他们一些不能转让的土地,以此来供养前线军队。军队在士兵和农业之间的流动旋转很快就停止了,因为大约70％的士兵除了农民什么也不是。虽然有御史大夫们的正式探访,军官们还是通过侵占屯田、邻近荒地或共用地而日渐致富。虽然通过世袭地位而与屯田绑定,许多军人还是抛弃了屯田,于是屯田日渐减少,到 1550 年剩余屯田只有大约名册中的 20％—30％。②从根本上说,这主要是由于军队无仗可打。于是,屯田制度开始成为"成功的危险"的牺牲品,就像德川幕府时期的日本武士一样。③

军官们可以承袭父职,但是必须要参加资质考试。考试的基本内容是骑马和射箭。军队似乎没有教授军事科学的哪怕是最轻微的理由。④这种对于军事的忽视,士大夫官僚们负有不可推卸的责任。军事威望从未下降到如此低的程度。⑤苛刻的儒家士大夫轻视未受教育的军官们,后者往往被当作是目不识丁的粗野军人。儒家士大夫们也不希望前线出现军事冒险,对内只希望军队作为维持秩序的辅助性力量。除了都察院御史大夫们的"净化军队"使命外,官僚机构对于军事效能

---

① 这一做法在农业帝国中非常普遍。它有点像希腊军队、罗马边防军和拜占庭军队中的制度。

② 黄仁宇,《万历十五年》,第 160 页。

③ 参见原书第四部分,第一章。

④ 黄仁宇,《万历十五年》,第 162 页。

⑤ 相比之下,军队在当代日本有着巨大的声望(参见原书第四部分,第一章)。

的兴趣是可以忽略不计的。明代军事艺术和军事装备可以证明这一点。1550 年，明军"没有军事手册或战地指南，也没有专门化的军事院校，甚至没有一个有效的军火部门"。①至于装备和给养，最初是与行政管理合二为一的。我们前面已经谈到，这建立在各县的征税分配及其与消费点的联系基础之上。[847]一个县可能要支付 20 余个消费点的税收物资，后者则接受 20 多个不同征税点的物资输送，一旦某个征税点的税粮供给中断，就会导致严重的粮食短缺。然而明代却不存在更高一级的后勤指挥。而且，军事装备也被当作一种税收，被同样包含在各个村庄所生产的物资之中。尽管京城宫廷作坊可以为禁卫军生产链子甲，但一些乡村还要为地方武装提供棉外套，只不过有的军服中被填进了铁丝或废纸。②

御史大夫们注意到了军队中的颓废和腐败，但是他们的报告于事无补。1434 年的一份奏折显示，腐败和滥用职权在军队中非常普遍，甚至在好斗的永乐皇帝去世 10 年之后就已出现。顺便提及，当时军队滥用职权的情况和当代欧洲一样盛行。"一旦发生战事，军官们会指派穷人参加，并豁免富人。在征收军需物资时，他们往往会要求十倍于所需的物资。一些军官将士兵变为自己的私人仆从；有的要求士兵'上缴'每月的薪水；有的允许士兵经商赚钱；还有一些侵占士兵们每月的定量配给；更有甚者，直接把分发给士兵们的冬装藏匿起来。"③军队的腐败和欧洲一样，军官们填补花名册中的空缺，以获得额外配给，供自己挥霍。

军事训练也被完全忽视了。明代军事战斗力非常之低，到 16 世纪末已经无力回天。军事屯田也腐败透顶，以致明政府除了招募雇佣军外别无选择。这些雇佣军和他们的欧洲同行或穆斯林同行一样，是民众祸害的真正来源。他们时刻都会骚乱，特别是在欠饷日渐频繁的情况下。④他们很少接受军事训练，甚至根本就没有军事训练，纪律松弛，

---

① 黄仁宇，《万历十五年》，第 159 页。

② 同上，第 161 页。

③ 引自 C. O. Hucker，《明代中国的监察制度》，第 76 页。

④ A. Chan，《明王朝的荣耀与衰落》(UOP, 1982)，第 201 页。

他们在准备训练时就发动了兵变。许多人转而成为盗匪。一位御史大夫就拱卫京畿的"京营军"汇报说，花名册上的120000军士半数已不复存在，剩余者多为乌合之众。[1]民众和敌人一样害怕这些军队，他们贪婪残忍，到处打家劫舍，强抢民女。[849]但最为根本的一点是这些军队一无是处！他们不仅多次被满洲人所打败，而且也未能成功地镇压国内反叛。

总体而言，明帝国的行政管理还是说得过去的，用现代的词汇来讲就是它"令人满意"。但有一点非常明确，即都察院的存在并未保证帝国管理的有效性。前已提及，这并非是因为它过度依赖文案稽查而非事实。御史大夫们的确曾就财政和军事管理不善作了汇报，但他们大多数会因为冒犯皇帝而失宠，并且不会带来任何机构改革。明代的腐败和效率低下带给我们的最大教训恰如拿破仑的一句格言所说："没有什么会不请自来。"

8. 政权的特征

回归本质，中国的"宫廷型国家"是一个在官僚机构和军队支持下的绝对君主制政权。无论是皇帝指挥官僚机构，还是被官僚机构所指使，这都算是中国的宫廷政治形式。

一种通行观点认为，[2]明朝君主的绝对权威与其个人权力实践是一致的，故此从"专制主义"滑向了"专制"。我把"专制主义"界定为进行决策时不受任何拘束的合法权威，而"专制"则是"专制主义"的有效实践。其他学者，比如艾伯华认为明朝只是部分意义上的"专制"，清朝才是完全的"专制"。[3]事实上，牟复礼的论述只是针对洪武皇帝，而非其继任者。他认为，这位皇帝利用可以自由驱使的强大军队，完全能够为所欲为。朱元璋改造了明政府，其作用我们已经了解，他的创新对于

---

① A. Chan，《明王朝的荣耀与衰落》（UOP，1982），第202页。

② 参见 F. W. Mote，《中国专制主义的成长》。

③ W. Eberhard，《中国历史》第四版（Routledge & Kegan Paul, London, 1977；第一版，1930），第十章。

明代后期的制度发展却是一种束缚。但是，通过对朱元璋统治的两个层面的详尽分析，牟复礼关于明代作为专制政权特征的探讨更为深入。第一点与皇帝的个人秘密警察——锦衣卫有关，他们不但拥有独立的监狱，而且经常在司法体系之外开展非法活动。①第二点与朱元璋在1380年和1393年的清洗中大量使用放逐和斩首的刑罚有关，包括他使用诸如"千刀剐"②和殴死等恐怖的新酷刑，特别是在朝堂之上公开廷杖官员的做法。③

事实上，诚如牟复礼所言，朱元璋统治时期的两个特征在整个明王朝被固定化了。锦衣卫之外又增设了东、西两厂；所有继任的明代帝王都继续公开廷杖官员，或强迫他们在宫门外跪上一天。问题在于这些方面是否穷尽了帝王"专制"的定义，在这里它们肯定没有。对于君主专制权力而言，无论是沙卡·祖拉（Shaka Zulu）或是成吉思汗，也不管是哈里发还是苏丹，都可以下令惩罚或斩首而无需任何法律程序，在西方看来这就是至高无上的权力，因此也是"专制"的本质所在。但如果有人认为，这种不受约束的个人权力实践可以被用以帝国政体的各个主要层面，那么答案肯定是否定的。令人诧异的是，如果把明王朝作为一个整体的话，在将皇帝的意愿强加到政治体制方面，经常被使用的这些随意性惩罚权力在明代是何等毫无用处。人们几乎可以说："群狗猖狺，商旅自行。"

当利玛窦在1609年谈论中国政府时，他在描述中首先开始谈论中国皇帝的绝对权威。然后，他突然话锋一转，指出事实上政府并不完全由皇帝个人主导，这个国家是由"贵族"所统治；其独一无二之处在于，这些"贵族"是识字的"知识分子"贵族，④而非一般的贵族。"专制论"的缺陷在于它仅聚焦于王朝最初的60年，这一时期帝国的官僚机构尚未完全重建起来，主政的皇帝是积极有为且凶残暴戾的战争领导人。从1450年开始，明代官僚机构已经进入全盛时期，并成功地使皇帝的

---

① 参见原书前文，第825和827页。
② 又被称为"凌迟"处死。
③ F. W. Mote，《中国专制主义的成长》，第27—29页。
④ M. Ricci，《天主教传入中国史》三卷本（1609），第156页。

功能规范化了。

另一个支持"个人专制"的论点主要强调决策程序，认为"内阁"取代官僚机构而成为决策中心，"内阁"随后又被司礼监统领下的"文书房"所取代。当然，这就使球被牢牢地掌握在了皇帝的宫廷手中；同理，这一制度使"内阁"中的翰林大学士和"文书房"太监们获得了可以接触皇帝的特权，从而控制皇帝所接受的关键性信息。[850]《明史》中的传统观点认为，太监们阴险卑鄙，反复无常，他们控制了皇帝的判断，因此要对朝廷中一切错误负责。太监们的影响固然是不争的事实，但这种影响之所以在明代显得更加突出，关键在于朝廷的高度分裂。这一点在明末尤为明显，其时朝廷已四分五裂，根本无法集中精力解决财政危机和满洲人的威胁。但是有几点必须要强调：其一，无论何人在政府机构提出的奏折和报告基础上向皇帝进谏，太监组织都不是一个可供选择的政府。而且，太监们还必须假定这些机构会执行皇帝的诏令。其二，当太监们以宦官身份遭遇挑战时，他们只有团结一致，就像士大夫官员们在面对皇帝及其近臣的挑战时也会休戚与共一样。在这些对立机构中，最为常见的情形便是各自内讧。"东林党人"改革朝廷的努力被历史学家描绘成士大夫们反对宦官的"善恶之争"。但事实上，"东林党人"正是在宦官内斗中的一方——王安的支持和帮助下来影响朝廷的。后来王安的对手魏忠贤专政，以及魏忠贤恐怖统治时期的大肆清洗则是由一批反对"东林党"的官员所协助并推动的，玛迈兹奇（Mammitzsch）认为捕杀"东林党人"的行动就是这些官员所策划。其三，这些宦官们并没有一个"太监们的政策"，同样大学士们也没有一个反对常规官僚机构的特定政策。明代既有积极能干的太监和官员，也有恶毒贪婪的官员和太监。在"专制"问题上，太监们是一个非常细枝末节的问题。

最后，皇帝或太监在决策过程中的个人权限被严重高估了。就像在罗马共和国和元首统治时期一样，皇帝具有商议朝政的传统义务，大臣们也是如此。来自各"部"的原始奏折在最后呈递皇帝与太监，或是大学士们商议时，往往已经是"普议"的成果。[1]涉及多个部门的事宜由"联席

---

[1]　参见原书前文，第 825, 828 页。

会议"①来讨论,重要的军国大事则会在"廷议"上讨论。②这些会议的重要性随着时间变迁而有所起伏,比如在 1440 年就经常召开此类会议,在 1457—1464 年间则几乎完全没有。[851]在嘉靖皇帝(1521—1566 年)和万历皇帝(1572—1620 年)统治时期,大学士们在朝廷中居于主导地位,只有高级官员在会议上发言议政,其余官员则保持沉默。但是在明末最后几年,这些会议的喧嚣几同混战。

罗荣邦③总结了他对于明代外交决策④的个案研究结果:

> 甚至……当专制在中国达于顶峰的时候,当官僚机构成员经常被威逼、胁迫和迫害的时候,咨政原则却大行其道。即便是早期残暴的帝王,明太祖和明成祖也会通过向大臣们咨询来做秀。意志坚定的明宣宗(1425—1435 年)尽管个人极力主张从安南撤军,但是在实际撤离之前,他鼓励大臣们当面争论撤军问题,并仔细考虑各个大臣之间的意见分歧。在明宣宗时代之前,经过一个不均衡的发展,军国大事的决策权逐渐从皇帝手中转向了高级臣僚。皇帝或许进行过暗示和威胁,朝廷的宠臣们或许也遭到过胁迫与强制,但廷议一直被坚持当作解决朝中大事的核心组织。如果皇帝和他的宠臣们谋划了不受欢迎的举动,官员们可能会通过集体行动来阻止这一举动。
>
> 因此,许多人参与了事关战争与和平的决策,这些决策通常是在经过深思熟虑之后才做出的,有关建议和后果也都经过了仔细研究,成功的几率也被经过了充分算计。⑤

关于明代政体特征的第三种观点来自马克思主义者,⑥它主要是

---

① 罗荣邦,《政策陈述与决策制订》,Hucker《中国政府》,第 48 页。
② 参见原书第 822—823 页。
③ 罗荣邦,《政策陈述与决策制订》,Hucker《中国政府》,第 70 页。
④ 同上,第 55—70 页。
⑤ 同上,第 70 页。
⑥ N. Tsurumi,"明代的乡村控制",in L. Grove and C. Daniels eds.,《中国的国家与社会:明清社会经济的日本展望》(University of Tokyo Press, Tokyo, 1984)。

中华人民共和国和日本东京大学的新马克思主义历史学家们的看法。这种观点将明政权看作是对农民的一种阶级剥削，它关注地主在"保甲"和"里甲"制度中所扮演的角色，特别他们利用这两种制度主导了与之相对立的广大民众。以官方身份出现的国家是强制性的，其意识形态框架就是授权地方富人去统治乡村。强调这些层面固然正确，但这并非问题的核心所在。自从唐代初年的管理崩溃之后，帝国政府就撤回了对于乡村的直接控制。体现在制度层面，主要是在面临人口膨胀时冻结官员规模，官员在数量上的赤字则通过将责任推给地方"士绅"的办法来弥补，由此便形成了前面提到的官员—士绅联盟。[852]在这一点上，明代（明之前为宋代，之后是清朝）遵从了前工业时代最为常见的治理模式：在罗马帝国，在英属印度联邦，以及欧洲的封建君主制中都采用了类似做法。在明帝国，官员们在全国占据主导性地位，在乡村层面则委派地方"士绅"们来控制，并对后者的盘剥行为视而不见。

9. 明政权的力量与缺陷

1644年明王朝的陷落被证明只不过是一个统治家族取代了另一个统治家族。明代政治体制仍在维系，关键在于对王朝问题和制度性问题进行区分：如果我们去问为什么明王朝持续了276年，然后才轰然垮台？这将会引出很多关于王朝生存能力的答案。

明王朝之所以能够长时间维持，主要得益于洪武皇帝所定下的基本原则。开国皇帝朱元璋所订立的基本原则束缚了后来继位的明代帝王们，这些继承祖业的皇帝们都会仔细地审视历史上导致江山丧失的教训和错误，然后设法使自己守住皇位。朱元璋将任何失去直接控制的权力都视为对王朝生存的威胁，无论是行政、军事，还是宗族权力。明代皇帝只迎娶平民，因此无需防备外戚摄政。明代皇子们，除了被确定为继承大统的太子外，其余均被分封至各地为王。自永乐皇帝之后，明代帝王再也没有被后宫、姻亲和王朝反叛所困扰。1380年朱元璋废除丞相之职后，行政权高度集中的情况也不复存在。朱元璋通过将军事指挥权划分为五军都督府的办法裁减了军事权力，他还通过限制地方军事指挥官调兵权的办法，防止他们与军队串通。这些措施保证了朱明王朝永远不会被丞相所替代，也不会面临军事将领反叛的威胁。如果单纯从明王朝统治的角度来看，这些做法是完全成功的。

然而，如果我们的问题是：除了此起彼伏的农民起义、内部盗贼，北部偶尔出现的游牧部落入侵和沿海倭寇侵扰外，在没有遇到比这更为严重的困难的情况下，国家何以能够支撑下去并保持了领土完整？答案就在于：部分是因为制度性原因，部分则是因为运气。从制度层面上看，明代的成功在于它只是给各省设立了规则和规范，它是一个自觉性的政策。除了镇压盗匪，提供税额之外，它让地方"士绅"们自行其是，不去过问地方事宜。县令和知府们在解释《大明律》时，也具备一定的操作空间。[853]在理论上，行政实践必须遵照法律行事；但是明代法律却让违规行政合法化了。如果严格套用韦伯的"合法理性"一词来讲，就是滥用甚于容忍，这些违规行为在事实上被默许了。工具性的实用主义而非法律才是当时的秩序。除了腐败之外，明政权已经失灵，因此腐败才会大行其道。在易卜生的"培尔·金特"中，博伊格最后的忠告是什么？"不要让自己真实"，但无论如何，"要让自己富足"。明代官僚们"混日子"的心理特征使之未能发展出任何成功的货币政策。在交通运输方面，除了继续使大运河保持开放外，它没有任何作为。比如，它没有修建新的道路，或是进行任何道路保养。它对于武器作坊和盐业专营的管理也是一本糊涂账。①

但明代也是幸运的。在长达 250 年的时间里，他们很少遇到能够考验其军队和财政制度的外部威胁。其军队已经完全衰败，财政制度也已僵化且麻烦不断，难以提取大量的额外税收来支持大规模战事。与此同时，明代经济仍然繁荣，特别是在 16 世纪。尽管税负并不均衡，但是它的税率很轻，事实上有时候还会有所下降。

明王朝未能战胜 1600 年危机的原因也是它能够成功地长期维系

---

① 黄仁宇，《16 世纪明代中国的税收与政府财政》(CUP, London, 1974)，第 320 页。

下来的另一原因。明代的危机是综合性的，北部是满洲人的强大军事压力，内部是农民起义和盗匪滋扰，用以支付军队的饷银严重短缺，而军队又无力解决内外威胁。明代官员们"重文抑武"的傲慢政策使得它在军事上平庸无能。与地方士绅的结盟等于允许后者自建庄园，将佃农当作事实上的农奴，或是驱使他们抛弃土地，变成公开与政府为敌的盗匪；抑或是成为士兵，与农民出身的盗匪和农民起义军作战。就像被满洲骑兵打败时的情形一样，军队在镇压农民和盗匪起义上也毫无用处。

从1620年开始，明王朝的危机开始变得严峻起来。自从万历皇帝忽视要求填补职位空缺的请求后，各部门几乎不能正常履行职能，政府开始变得群龙无首。狂热的东林党士大夫和对手们，在阉党的帮助和挑唆下，撕裂了朝廷，无法达成任何政策共识。

[854]王朝末年的恐怖细节并非我们关注所在。①毋庸多言，"独眼匪"李自成通过进入和占领北京粉碎了明王朝，崇祯皇帝因此而自缢于紫禁城的煤山。一些明朝将领，特别是吴三桂，同意让满洲人通过长城入关。李自成还曾与这些人举行会谈，但最终兵败被杀。吴三桂的计划同样失败了，因为满洲人无意于恢复明王朝。相反，他们取代了明王朝，自称是中国的新皇帝：清朝或者新王朝的"清明"君主。清王朝一直持续到1911年，这就再次确认了明代统治体系并非因其崩溃而遭受谴责，甚至也没有因为导致其失败的综合因素而被指责。清代弥补了明王朝的两个主要缺陷：为了代替刻板无能的明朝帝王，它培养出了一些精力充沛、文明开化且具有献身精神的皇帝，同时修改了明代的制度以便赋予其比以往更大的专制潜力。自1610—1644年开始，明代开始遭遇缓慢的军事威胁，而且未能成功将其击退。而在清代，令人望而生畏的满洲军事力量被整合到了中华帝国之中，并任由驱使。

清代成功的第三个原因是偶然性的。1630到1640年爆发的农民

---

① E. Backhouse and J. O. P. Bland，《清史外记》（Heinemann, London, 1914），第86—137页。

起义打碎了像农奴一样的土地制度，而不是旧的租佃关系。大的产业开始走向碎片化，每一个产业都会在子辈和孙辈之间继续分化，于是中国再一次变成了小农国家。

第三部分
欧　　洲

第五章　封　建　背　景

1. 黑暗时代

　　[855]在西罗马帝国最后一位皇帝被废黜之后的 500 年里,帝国渐趋衰落,各地完全处于混乱的无政府状态。如果有人能够洞悉公元 1000 年前后是罗马转向一种新的政治与社会秩序的历史拐点的话,那的确只是"马后炮"的做法。这种新的政治与社会秩序和罗马帝国的统治体系完全不同。在西罗马帝国之后的 500 年间,《罗马法》已经不复存在,①各地的习惯法开始取而代之。整个国家的立法与行政结构也发生了改变。除意大利之外的所有城镇都大幅缩水,开始变得无足轻重。罗马帝国的货币和环地中海贸易一道走向了衰落,欧洲又重新恢复了农业自然经济。前罗马帝国统治下的各个地区也开始根据语言分界线进行划分,进而自行发展。莱茵河以东地区主要说日耳曼语,前罗马帝国境内的高卢、西班牙、意大利等地则以拉丁语为通用语言。而且,关于"欧洲"的定义也发生了变化。西班牙大部分地区已被阿拉伯人占领,西西里地区一直被阿拉伯人统治到 11 世纪。另一方面,作为

①　除了在普罗旺斯和意大利的一两个地区以当地法形式存在之外。

补偿，德意志在卡洛林王朝时期将领土扩展到了易北河地区，使欧洲的版图进一步向东延伸。到这个千年之末，"欧洲"地区主要包括不列颠群岛、斯堪的纳维亚诸国、法兰西、德意志、意大利、西班牙北部，甚至包括了今日的波兰、斯洛伐克、捷克共和国和匈牙利等地区。[856]这个欧洲和之前的古代帝国大不相同，它具有自己的地理界限，其力量支点位于北部，而非南部。

帝国秩序瓦解之后，出现了两种政治结构：一种是对它的延续；另一种则是对它的悖离。法兰克人的君主制统治即属于后者。法兰克人最初生活在莱茵河口的低地，他们先后征服了高卢地区残余的日耳曼部落和意大利伦巴第人。因此，查理曼帝国涵盖了法兰西、德意志和意大利北部地区。不过，在查理曼大帝死后不久，卡洛林帝国就开始分崩离析。因为它既没有足够的资金，也没有一个完善的官僚机构，而这正是帝国生存所必需的两个先决条件。但是各种各样的法兰克王朝依然存在，正是通过这些法兰克王朝和它们的疆域，新欧洲引进了两个至为关键的制度：披甲骑士冲锋的军事技术和将要演变为封建主义的临时性政治体制。

法兰克人还有一个强大助手——教会，它支撑着帝国所赖以生存的庞大架构。在查理曼大帝之前，英格兰已经重新实现了基督化，萨克逊人、古挪威人和马扎尔人也已经加入了基督教行列。法兰克人通过确立拉丁式的基督教信仰和教阶制度，从而树立了对于基督教的自我认同。法兰克人的做法极大地促进了基督教发展，使之成为西欧地区全能的、无所不在的世界观。最早的德意志王朝统治者是阿里乌斯派信徒，他们具有和罗马臣民截然不同的特征，他们的信仰由其主教来界定。不过，阿里乌斯派主教反过来也承认罗马大主教至高无上的地位。法兰克人在克洛维的倡导下，成为第一个皈依天主教和罗马基督教的日耳曼人。他们对哥特人的征服，又使得哥特人的阿里乌斯派王国从此消亡，并将天主教带到了东欧地区。在罗马大主教的恳切请求下，法兰克人还征服了伦巴第。在查理曼大帝加冕为神圣罗马帝国皇帝过程中，法兰克君主与罗马大主教——教皇之间开始结盟。一般情况下，只要皇帝足够强大，主教们就会处于依附地位。但至少在原则上，罗马大主教被西方当成了至高无上的教皇。教皇活动的舞台以教阶制度为中心，围绕这个舞台所建立起来的国际性组织，逐渐对世俗权力活动形成了挑战和制约。

2. 中世纪早期的制度与军事

[857]基督教和封建制度规范并塑造了中世纪。在中世纪政治制度研究的前言部分，我们不应该忽视具有重大意义的披甲骑士现象和新战争艺术。如果教堂是中世纪全部象征的话，那么城堡也具有同等效果。而封建主义和封建制度则包含了上述两点。

2.1 基督教

基督教价值观充斥于中世纪欧洲。它与我们当前所传承的世俗价值思想完全背道而驰。中世纪教会犹如一个完整的有组织社会，所有人都被囊括其中。只有极为少数的例外，比如经常遭受诋毁和迫害的犹太人就不在其中。一个人在婴儿时期就要通过洗礼成为教会成员，如果你想脱离教会，灾难便会降临。事实上，教会是个强制性的社会，除了前面提及的少数例外，它与整个社会人口同步扩展。正如莱克所说，它可能一直扩展到 13 世纪，乃至 14 世纪。

> 基督教与中世纪欧洲的知识需求是一致的。它并不是一种专制，因为它所准许的思想自由范围完全与当时人们的需求相对应。基督教既不是一个宗教派别，也不是一支实现欧洲权力均衡过程中的孤立力量，而是一种推动并激活整个社会体系的无所不在的能量。其特定的统一性在当时即已显现，此后再无任何保留。团体、行会、封建体系、君主制、人们的社会习惯，以及他们的法律、学习，包括娱乐活动都出自牧师的教诲，体现着牧师一样的思维模式，并展示出类似的总体发展趋向和无数的相似点。他们的一切都极为一致。教会是基督教工国的核心，她所辐射出的精神渗透到了社会关系的各个层面，粉饰着这个并非由它所创造的社会制

度……①

萨瑟恩在其杰作《中世纪西方的社会和教会》中对这一思想进行了更为深刻的阐述，而且这部著作论述清晰透彻、极富魅力又通俗易懂：

> 教会是一个国家，但又不仅仅是个国家；教会是一个社会，但又不仅仅是个社会。除了全部政治活动之外，所有的学习与思想活动也是教会的功能……[858]除了这些之外，它还拥有救赎的礼物，这一礼物最终只能由教会成员们拥有。所以，教会完全是理性的、仁慈的社会。
>
> 中世纪最大的成就之一便是普世的人类社会思想的进一步发展。在这一思想中，人类社会是神圣宇宙不可分割的一部分，无论是在现实还是在永世，也不管是在自然界还是在超自然界，乃至在现实政治和精神世界中都是如此。②

与其他任何世界性宗教相比，基督教更是一个未来世界的宗教。"教会是获得救赎的唯一方法。"如果从字面意义来看，其含义就是人类具有原罪，只有通过洗礼和虔诚的信仰才能摆脱上帝对于人类原罪的惩罚——这一观念在世界宗教中也是独一无二的。通过这一方式，教会在很长时间内成功地实现了对人类道德的完全控制。人们从未停止迷信基督的降临（当然也可能完全相反）。所改变的只是被迷信的对象：发生奇迹的遗址、圣像、奇迹，以及所有被描述的征兆——罗马帝国中的怀疑论者和理性统治阶层也完全不复存在。为了寻求被赦免之道，国王与教士，贵族与平民共同信奉这一信仰，他们身着裘皮、进行忏

---

① W. H. Lecky，《欧洲理性主义精神的兴起及其影响的历史》第一版（Longman，London，1865；Green，1910），ii，第28页。关于这一点与伊斯兰教和伊斯兰社会结构及价值观的比较，可参见原书第三册第一章，第四册第三章。

② R. W. Southern，《中世纪西方的社会与教会》（Penguin，Harmondsworth，1970），第22页。

悔和朝圣。简言之，基督教不是上层阶级确保能够进行社会控制的一个工具。因为这些社会上层和普通民众一样，笃信基督教的誓言和惩罚，这正是基督教理念能够发挥社会效应的原因所在。

基督教的核心内容：肉身复活、末日审判，以及死后进入天堂、炼狱或者地狱的判决，被人们用口头的、书面的、特别是用壁画和油画形式表达出来。从古代到现代，整个欧洲的教堂和修道院无一不是由此类壁画和油画装饰而成。虔诚者受到的奖励是成为圣人，得到永生。在这里，"上帝将会拭去所有人脸颊上的泪水"。对于那些背弃信仰的人、邪恶或堕落的人、信奉宗教异端的人，他们将会受到无尽的惩罚与折磨，画家们构思上帝惩罚的创造力远远超过了对于天堂的想象。所有人都熟悉博施（Bosch）那种虐待狂般的幻想，然而他的想象力正是建立在无数匿名教堂画家的创作之上。这些画家最为常见的作画方法是：把画板一分为二，上半部分代表着伟大的基督对死亡者的审判，他挑选虔诚者留下；下半部分往往画着受诅咒者被身上长角的可怕恶魔扔进火坑，遭受着来自地狱的无尽折磨。米开朗基罗在西斯廷教堂所作的名画《末日审判》无疑也沿袭了这一传统。[859]但是也有人质疑说，这一时期画作的艺术性开始多于宗教性。尽管不久前，萨旺那罗拉（Savonarola）正是通过在佛罗伦萨讲授《末日审判》把所有的佛罗伦萨人带入了疯狂的忏悔之中。最能体现宗教启示的画作往往出自早期那些相对平庸、技法生疏的画家之手，比如佛罗伦萨圣母玛丽亚教堂的半幅残画，波伦亚布雷拉画廊（Pinacoteca）中一位无名画家的作品。其中一幅画的上半部分，圣·迈克尔（St. Michael）掌管着受诅咒者在地狱的命运，他拔出利剑斩断了一切逃脱的希望，最显著的中心位置站着一个巨大的撒旦，他所占据的画布面积比上帝、基督和玛丽亚三者所占的面积总和还要多。撒旦肤色黝黑，浑身长毛，头上长角，而且长有两个脑袋，一个在脖颈上，另一个在肚子上。撒旦周围都是一些不忠的男女，他们光着身体，带着镣铐，站在坑中，由凶神恶煞把守。在这幅画中，撒旦上面的嘴里半吞着一个人，下面的嘴里悬挂着另一个人的脑袋。但这还不是全部，在它的右手边，一个女人卧倒在地，一丝不挂，一个恶魔正在拧去她的头颅；另一些恶魔正忙于把一群男女推入井中，还有一些人正在被万箭齐射。画家还特意画了一棵光秃秃的树，树上吊着一个带着镣铐、一丝不挂的人。这仅仅是画作的右半部分。左边还有更为残忍的折磨，恶魔们正在用鞭子抽打着它们的犯人。更恐怖的是：两具裸体被双双刺穿，挂在一个尖尖的树枝上。在其他地方，那些一丝不挂、手无寸铁的人正在遭受群熊的野蛮践踏。这种毁灭场景影响到了所有可能心怀邪念的人：无论是现场的红衣主教和大主教，还是普通的男人和女人们。①

莱克②把这形容为"宗教的恐怖主义"。它在不同时期对不同人有着不同的影响。如果在苦修过程中死去（在中世纪早期，对于苦修的要求极其严苛，被认为是"世界上最令人恐怖的事情"③），将会遭受永生被诅咒的不幸。但是，忏悔者可以通过折现，或者向他人提供报酬请人代为苦修的方式来完成。④不过，虽然可以请人代为修行，只有自己经受最为残酷的修行过程，内心才能得到净化。比如，1260 年发生在意大利的疯狂活动中，成群结队的民众聚集在镇上，连续数周用鞭子抽打自己，并哭喊着"请上帝宽恕，赐予和平"。⑤[860]类似行为还有 1312 年贝干诺派（Beguines）的宗教狂热行为，这一行为还遭到了教会的谴责。⑥在我看来，大多数信徒肯定都会有所触动，就像佛朗西斯·维庸（François Villon）的母亲一样。维庸在为母亲写的诗篇中，曾这样向圣母祈祷：

> 我是一个穷苦的老妇人
> 我一无所知；无法阅读；
> 在修道院里，我是那儿的一名教区居民，

---

① 因篇幅所限，（无论怎样，观点已经得到表达）我尽力避免使用大段文字重复的内容。简要实例可见：W. H. Lecky，《康斯坦丁至查理曼时期的道德史》（Watt and Co．，London，1924），ⅱ，第 92—95 页。参见其中的引用文献。

② W. H. Lecky，《欧洲理性主义精神的兴起及其影响的历史》第一版，第 15 页。

③ R. W. Southern，《中世纪西方的社会与教会》（Penguin, Harmondsworth, 1970），第 227 页。

④ 同上。

⑤ 同上，第 275 页。

⑥ 同上，第 330 页。

有一幅天堂的画，画中有竖琴和琉特琴；

还有一幅地狱图景，在那里受罚的人正受着煎熬：

它令我充满恐惧，另一幅画则使我充满喜乐和幸福。

让我得到喜乐吧，伟大的女神，

所有的罪人都必须转向你。①

当维庸完成这些诗作和博施描述地狱之苦的时候，中世纪已经接近了尾声，与之一道走向终结的还有教会对于生活方式、教育和文学的垄断。不过，直到 14 世纪，教会的这种垄断地位仍是不可撼动的。

教会就像一个载体，它把古代甚至远古时期的传统带进了野蛮、贫穷和当时尚未完全未开化的北欧地区。不管它引进的少量内容是什么，它们都经过了变形。在墨洛温王朝之后，除了意大利的一些自治区域（如著名的波伦亚）外，几乎整个欧洲的世俗教育都停止了。卡洛林王室与继任者不得不通过牧师②和教会——甚至修道院——来维系它与罗马文学遗产的联系。研究工作只是本笃会教规③的一部分，正是在本笃会修道院，僧侣们抄录了他们所喜爱的拉丁作家们的珍稀手稿。直到 10 世纪末和 11 世纪初，城镇中的大教堂和学院教堂才开始有了自己的学校，学生们不仅可以在这里学习拉丁语、祈祷文和教会音乐的入门知识，还能追求"自由主义的人文科学"。

从政治角度来说，波伦亚地区世俗学校的发展最有意义，因为这里的学生已经开始研习罗马法。[861]教会最初对这个学校也心存疑虑，不久就看到了它的重要性。波伦亚最后建立了一所大学，巴黎、牛津、剑桥等紧随其后。正如牧师、神职人员和职员三者之间的密切联系一样，这些大学当然都是教会机构。教会为了支持复兴罗马法研究，保留了罗马时期的一些重要文献，这具有极为重要的政治意义。罗马法不仅为重新修订和编撰教会法提供了基础，而且为帮助教皇熟练处理罗

---

① François Villon(1431—1463)，《短歌》，Allan Wingate，London，1946.

② 这同样是低廉的。参见原文第 891 页。

③ 建立于公元 7 世纪，社团于 910 年在克吕尼领导下得到复兴。

马元老院中不断扩大的争论，乃至产生一批接受过罗马法训练的改良派教皇创造了条件。此外，罗马法还能够用教会高于世俗权力的政治理论来武装教皇们；反过来，这又会培养出一批反对该理论的帝国律师和皇家律师们。我们不妨对此略作探讨。

12 世纪中期，也即 1141—1150 年间，有一位博学多识的法学修道士，名字叫格拉提安（Gratian）。他对收录在《法学汇编》（1499—1502年）中的古老教法进行了编辑。在《格拉提安教会法汇要（*Decretum Gratiani*）》开篇一章中，他生硬地把罗马传统与非常远古时期的文明粘合在了一起。

在弗洛伦萨火车站对面，坐落着新圣母玛丽亚大教堂。这是一个多明我会的教堂。多明我会的秩序创建于 1215 年，它尤为注重正统的基督教信仰，不断地搜查异端。"Dominicanes"这个名字在拉丁语中是双关语，意思是"上帝的猎犬"。在多明我会的教堂中，有一个回廊被称为"绿色回廊"，因为它四周的墙壁上都覆盖着绵延不断的浅绿色壁画。这些壁画出自乌切洛（Uccello）和马萨奇奥（Masaccio）等大师的手笔，它们所呈现的是从亚当、夏娃到雅各，直至以基督降临为终点的人类历史。这个终点是什么？这就是多明我会的教堂，它是一个迫害异教徒的地方，而且它还挪用了犹太人的全部历史。对于多明我会来说，这段历史并不是犹太人的历史，而是基督徒们的历史。换言之，《旧约》中所描述的犹太历史也是基督徒的历史。这便是这段历史止于耶稣的原因。如果犹太人是基督徒的话，他们应该承认耶稣就是基督。然而，犹太人不是基督徒，他们也没有承认耶稣作为基督。他们不但拒绝接受耶稣为基督，还伙同罗马人一道钉死了耶稣。相反，那些异教徒们却承认了耶稣，他们也因此而成了"真正的以色列人"。犹太史也因此而成了基督教历史的一部分。

拉丁文《圣经》——圣・杰罗姆（St Jerome）翻译的拉丁文《圣经》——是中世纪最为普遍的读物。当然，在当时并非很多人都能进行阅读。[862]但是对于每一个能够阅读的人，《圣经》乃是必读之物。这部《圣经》既包含了《新约》，也包含有《旧约》。《旧约》中记述了国王的"神圣律法"，它还描述了英勇的犹太国王们用武力维护"神圣律法"的事迹。《旧约》还证明了那些堕落的国王们如何遭受上天惩罚的情况，并展示了先知们对于他们的斥责。《旧约》不厌其烦地说明了一个观点：即世界上只有一个神圣秩序和"神圣律法"，国王们既是这些秩序和律法的捍卫者，也是它们的臣民。

现在让我们回过头来看看《格拉提安教会法汇要》的第一段，它这样写道："人类受两种法律的统治，即自然法和习惯法。自然法就是包含在《圣经》(如《旧约》)和《福音书》中的内容。"据此，罗马人关于"自然法"的概念和犹太人关于"神圣律法"的概念就被联系在了一起，并被等同了起来。

关于"自然法"的概念，除了格拉提安在编著中将其等同于理性外，它在圣托马斯·阿奎那(St. Thomas Aquinas)的综合性作品《总论》中也得到了充分表达。问题在于，"自然法"等同于《圣经》和《福音书》中的内容"。在罗马传统中，自然法要高于成文法，自然法是至高无上的。在犹太人的传统中，神圣的"摩西律法"要高于"习惯和法规"。这正是犹太神权政治的实质所在。国王和民众受"神圣律法"约束的概念在犹太王权中也有体现。正如我们所见到的，除了古代以色列之外，这一概念在世界其他地方都不存在。

或许我们应该记起，当我们在讨论犹太王权的时候，需要辨识出两种传统。其中一个是潜在的传统，也即从撒母耳时期一直由先知们不断维护的神权政治传统，它有时候甚至公开反对君主政治。不过，也有些《圣经》篇章的内容表明，国王作为信仰的体现，应当是尊贵无比的。还有些篇章则认为国王应当表现得像个祭司。①《诗篇》第110章第4节这样描述国王："你是照着麦基洗德的等次永远为祭司。"

这就是在黑暗的中世纪，当教皇要求法兰克人保护和维持这一制度时教会所采用的君主制概念。法国的墨洛温王朝，和之后的卡洛林王朝各个国王都曾像犹太国王一样通过膏油仪式而被神圣化。他们扮演了大卫的角色。但是，反过来，教会则期望这些法兰克国王们能够接

---

① "我已把救助之力加在那有能者的身上，我高举那从民中所拣选的。我寻得我的仆人大卫，用我的圣膏膏他。"《诗篇》89：19，20，(同样可参考，《诗篇》2：6)

受像《旧约》中的大卫及其继任者一样的约束：他们必须只能是国王，而不能迷失于上帝律法之外。[863]"我的国王，请永远记住，你是上帝的代理人。你被上帝委派来守护和统治他（上帝）的子民，你必须为了末日审判，把他们的日常行为记录在案。"①

　　皇帝与国王这种倍受尊崇的角色在 11 世纪中期突然消失了，而这一时期正是从黑暗时代向中世纪转型的关键阶段。转瞬之间，君主们就被当成了凡俗夫子，而不再是神圣的准祭司。赋予君主神圣特性的膏油仪式，也开始从一种圣礼降格为只是类似于圣礼的仪式。②相反，从尼古拉斯二世（Nicholas Ⅱ，1058—1061 年）和格里高利七世（Grego-ry Ⅶ，1073—1085 年）开始，一批新的改革派大主教更是将君主降低到了普通人的地位，并宣扬教会是保管神圣律法的场所，而教会人士才是圣彼得指定的合法继承人，以此来限定王室权力的界限。这些教士们还在《新约》中找到了理论依据。《新约》"马太福音"第 16 章第 18、19节说："你是彼得，我要把我的教会建在这磐石上，阴间的权柄不能胜过他。""我要把天国的钥匙给你。凡你在地上所捆绑的，在天上也要捆绑。凡你在地上所释放的，在天上也要释放。"

　　虽然教皇的声明得到了《新约》文本的支持，但教皇所持有的君主制理论却来自《旧约》。先知们所钟爱的正是这种关于神权政治和反君主制的理论。如果王权不是多余的话，那么它至少是工具性的。它可以保护民众生命，实施人间法律。王权来自神授，而非人力所为。用格拉提安的话说，基督徒的君主们仅只是被看作"受《圣经》和《福音书》中所包含的'自然法'所规范"的首席执行官。

---

①　引自萨瑟恩，《中世纪西方的社会与教会》，第 32 页。这些国王把以色列的历史当成了可以同自己的王国和领地相比拟的事物（J. M. Wallace Hadeill，《早期英格兰和欧洲大陆上的日耳曼王权》[Clarendon Press，Oxford，1971]，第 49 页）。因此，法兰克的国王们认同了以色列。从克洛塔尔二世（Chlotar Ⅱ，613—623 年）统治时期开始，法兰克国王作为大卫王已是寻常之事（同上，第 48 页）。不过，这些国王们也受到了"坏的"犹太国王（如亚哈，扫罗等）的影响。（同上，第 75 页）：查理曼的儿子和继任人"虔诚者路易"（Louis the Pious）尤其受到亚哈、玛拿西和耶洗别的影响，特别是自从法兰克人成为新的以色列之后，因此"能发生在旧以色列身上的事同样也能发生在其后继者新以色列身上"（同上，第 125 页）。

②　W. Ullmann，《中世纪政治思想史》（Penguin，Harmondsworth，1965），第 87 页。

阿克顿勋爵承认古代犹太王权是"有限君主制"的第一个案例,但他进一步指出:"关于有限君主制和法律至上的早期案例既不能长期存在下去,也不能得到普及。"①[864]在这一点上,他的话并不正确。通过对世俗权力提出挑战,教皇抵制了罗马绝对皇权的传统,转而回归到了犹太先知们的传统上。这导致了它与国王、皇帝和君主之间的冲突,此时封建制度作为政治秩序中一种全新的组织原则正在出现。他们之间相互作用,并对中世纪政治体系产生了深远影响。

2.2 封建主义

一些从事中世纪研究的学者不打算使用"封建主义"或"封建制度"的概念。他们发现中世纪变化多端,到处都充斥着例外性与地域性特质,很难用一个公式来进行概括。相反,他们遵从了兰克对历史学家职责的认定:"只是呈现曾经发生过的事情。"

兰克的话对我来说是行不通的。我和历史学家不同,我不打算撰写断代史,也不打算编写有关某一时期的统治史。我要编写的是一部贯通古今的世界统治史,如果没有连续不断的比较和对比,这项工作是无法完成的。而且,这项研究还需要各种有关政府统治的公式、构造和模型,以便探寻其中的异同和解释。"封建主义"或"封建制度"或许并不是恰当的术语——大多数中世纪的历史学家也赞同这一点——但我们仍不得不采用它,因为它们所涵盖的内容可以让我们避开冗长而模糊的定义。事实上,在欧洲西部和中部地区,其政治体制在10到14世纪时与我们今日见到的情形完全不同,"封建"一词是我们所能赋予的最佳表述。

我们所遇到的政治体制不外两种:共和政体和独裁政体(犹太王国是一个莫大的例外)。在共和制政体下,公民机构通过各种方式授权并任命官员进行治理。这些官员是公民机构的代理人,他们直接为后者服务并向其负责,后者还可以收回权力。所以,尽管相当多的人参与了

---

① Lord Acton,"古代自由史",《历史的自由主义阐释论文集》(University of Chicago Press, Chicago,1967),第246—247页。

政治过程，但是官民之间、公私之间还是存在着明显分野。而封建统治则与此完全不同。

[865]独裁政体与封建政体之间的对比甚至更加鲜明。在独裁政体下，统治者具有绝对权力。民众是他的臣民，他任命官员来管理民众。官员们的权力完全来自独裁者的赐予，他们是统治者的附庸。同样，国家与臣民、公共与个体之间也具有非常清晰的界限。

典型的封建政体与以上两种政治体制都不一样。它是一种国王的统治（regnum），从字面意义上看，它是一个王国（kingdom）。在此政体之下，国王根本不是绝对的。首先，在诸如家族和婚姻等复杂事务中，国王或任何世俗人士都不能介入。这些事务将由教会按照宗教法律进行裁决。让我们先把它对世俗统治权的重要约束放在一边，着重分析一下防御、法律、秩序、税收、司法，以及总体社会规范等其他世俗事务。只有在自己的私人领地上，国王才能通过自己所任免的代理人进行直接管理。（当然，其中也不乏特例，在有些国家偶尔也会出现比较强势的王权，比如英格兰和西西里王国。）在其他地方，这些事务将会由地方官员来处理，而他们的专长则是军事。有时候也会由拥有土地的武士来统治，他们在自己领地上行使着广泛的司法权，这在被我们称作"封建的"国王统治下并非不同寻常。封建统治的特殊性就在于这种政治联盟的特点，以及国王和民众之间的关系。在这一政治团体中，国王不能直接任免他们。相反，他们在土地世袭、建立武士和家臣等方面的权力非常强大。他们从属于国王，并从国王那里获得土地。他们与国王之间形成了租佃关系，并要承担效忠和拥护国王的义务，同时还要为国王提供特别服务。个人忠诚与具体租佃行为同时存在。因此，这些义务也可以说是"产业的收费"。虽然这些产业可以在父子之间传承，但在继承者合法获得这些产业之前，关于产业分封的条件必须重新调整。而且，这些条件绝不是单方面的。拥有这些产业的人对国王负有一定义务；反过来，国王同样要对拥有这些产业的人承担公正与保护之责。

在这里，封建政体与独裁政体之间的两个明显差别立时显现：首先，公私之间的区别被抹煞了。拥有国王土地的封臣们承担了"封臣义务",但他们同时获得了在佃户中进行征税、管理、维持秩序和进行司法审判的权利。当然,这种租佃关系实际上承载了此前的王室官员(比如公爵或伯爵)身上的尊荣和义务,而这些官员都曾是君主的直接代理人。所以,有人认为类似的承租人其实就是公共的王室官员。[866]但这种说法意义不大。因为在理论上公爵或伯爵在王室职位上所收取的任何费用或税收,和他们从自己领地上获得的收入很难区分开来,无论从法律角度还是从财政角度都是如此。所以,尽管是由于世袭而获得了这种租佃关系,获得封地的诸侯们也同时承担了一系列职责,这些职责被当成了"公共"的责任。于是,他对于土地的"私权"使其获得了"公共的"义务;同样,他的公共义务又是享有"私权"的一种结果。

第二个差别在于这种关系的制约性。封建政治体制并不是单方面的,冈绍夫[①]称其为一个"双向责任的"(synallagmatic)契约,订立契约的双方都具有义务和责任。每一方都可以废除契约。比如,一旦领主认为国王任意改变了契约条款,没有给予他应有的保护和支持,领主就可以通过合法的仪式终止他与国王之间的契约关系。这被称为"绝交"(diffidatio),也即放弃对于国王效忠的"叛变"(因为这通常意味着他必须依靠叛乱来支持其行为,所以我们使用了"叛变"这个现代词汇)。反过来,如果国王对领主履行契约的情况不满意,也可以单方面宣布领主违约,并要求没收其领地。但这一行为也要受到封建习惯法的约束。一般情况下,被假定违法的领主会被传唤到王宫,由他的同伴们对此进行判决和执行。虽然领主反叛和国王剥夺领地都是各自的合法权利,但是这一权利往往需要军事武力才能加以维护。

整个制度安排的次序主要以封臣和领地的结合为轴心,这就是为什么冈绍夫采用"封土封臣"(feudo-vassalic)这一词汇来表示"男爵"与其"领主"之间关系的原因。或许在一开始会存在没有获得采邑的封臣。采邑是一种赠予,通常是以土地形式的赠予,获得采邑的人则需要提供相应的服务,这些服务大多数是军事性的。这些采邑起初一般是

---

① F. L. Ganshof,《什么是封建主义?》第二版(de la Baconniere, Neuchâtel, 1947)。

终身性的，随后变成了世袭性采邑，而继承它们的人则需要确认之前的受封条件。在成熟的封建制度下，除非有特殊例外，当一个人获得了采邑，他就会成为封臣。同样，如果他期望获得采邑，那就意味着他同意成为封臣。这就是为什么梅特兰①可以用下面这些话来定义"封建主义"：

> 在一个社会中，领主与封臣关系是主要的社会纽带。在这个关系中，一方面是领主对于封臣的保护、防卫；[867]另一方面是封臣对于领主的服侍、保护和尊敬，他们的侍奉包括了军事服务。这种人际关系与土地的使用期限，以及土地所有权关系密不可分：封臣保有领主的土地，封臣对领主提供的服务是使用土地的义务，领主对于土地享有重要权利，而这些土地的整个所有权分别由封臣和领主共享。领主对其封臣享有司法审判权，前者掌握了专门针对封臣的法庭。这一权限被当成了所有权，是领主对于其土地的一种私人权利。国家组织即是由这些关系所组成的一个体系：在这个体系的最上端是作为所有人领主的国王，在他之下是各种直接封臣或"大佃户"（第一级封臣），他们又是其下级封臣的领主，于是层层向下，直到最低一级的土地所有者。最后，因为其他每一级法庭都是由国王的佃户所组成，所以国王的法庭由其封臣——"大佃户"组成。如果说存在任何对于国王的宪法性控制的话，那也是由国王的这些"佃户机构"来执行的。

让我们再一次回到中心论点：消除公私统治之间的差别问题。

> 封建法庭成员需要面对的不是执行他们对于社区的义务，而是回报他们所拥有的采邑的个人义务……在封建国家中……个人法律取代了公共法律。公共职责已经变成了个人义务。为了理解

---

① F. W. Maitland，《英格兰宪政史》（CUP，Cambridge，1908），第143页。

封建国家,关键是要在头脑中澄清一个概念:即人们所提供的各种公共服务或其他服务都可以转换成使用土地的原始租赁——报酬形式,而它们则由私人契约来界定和强化。①

实际上,在特定统治时期内,很多世纪以来的公共服务得到了保留并逐渐扩展。在统治过程中对此负责的因素主要是王权:它并非作为"大领主"(dominus)(领主们的领主)的封建层面因素,而在于作为"国王"(rex)的古老、原始因素,特别是墨洛温王朝和卡洛林王朝早期神圣化的和近乎专制的君主制。正是通过原始王权的扩张,这些封建统治才最终发展成为现代欧洲国家,而王权的扩张正是以那些试图篡夺王权的贵族们为代价换来的。关于王权的隐性或显性权力,我们稍后再详细说明。这时的一些封建统治比其他统治形态,特别是被梅特兰描述为"几乎仅仅是一个松散的诸侯国联邦"②的封建统治更为集权,这在西西里和英格兰王国尤为突出。

封建原则的使用为政治体系提供了一个非常特殊的外衣:它立即变成了一个分散的、多头政治的、蜂窝状政治体制。国家统治变成了国王与"封臣"——男爵们共享的一种活动。虽然国王没有直接统治其臣民,但国王通过他的封臣们实现了间接统治。[868]简言之,政府是附属性的。而且,除了"大佃户"之外,政府还附属于国王的层层封臣们。因为这些封臣们具有进行再次分封土地的权利,通过分封土地和对方回报的效忠与服务,他们能够成为下级封臣的领主。这样,权力逐级向下分化,直至最基层的社会细胞:骑士和依附于他们的佃农们。这些佃农们向骑士提供劳役服务,骑士借此来维护他们作为骑士的尊贵,并承担维持战马、盔甲等价格不菲的装备开支,同时向自己的领主履行相应军事服务,进而保有自己的领地。最终形成了一个复杂的等级化的领主——封臣关系网络。每一个关系都始自国王和作为总佃户(tenants-in-chief)的大封臣,其中前者作为庇护者,对封臣负有保护、忠诚和公

---

① G. B. Adams,"封建制度",《大不列颠百科全书》第 11 版(1910),x.,第 297—302 页。

② Maitland,《英格兰宪政史》,第 144 页。

正的责任，后者则对国王承担了效忠、提供帮助和特殊服务（通常是军事服务）的职责。但他只能是自己封臣们的领主，依次逐级类推。因此，这种政治体系可以被认为是由许多单元组成的。在最底部，是由骑士和依附于他们的佃户所组成的基本单元。他们通过比邻的地缘，共同的环境和共生、合作关系交织在一起：由上层提供保护和正义，下层则提供相应的劳役和服务。在初始的梯形结构之上，大量骑士们从属于一个更高级别的领主，他为这些骑士们提供庇护和正义；反过来，骑士们要向领主效忠，并提供军事服务。于是，这些初级细胞就被包融到了更高一级的组织单元中，如此逐级向上，每一级都要向上级提供服务，并从上级领主那里得到相应的庇护和公正。正是从这个意义上说，封建政治体系是细胞状的：它由一批批追随者组成，每一级都有自己的追随者，然后逐级向上形成一个更大的追随者群体。但是它又并不如此规律。因为有些人可能是不止一个领主的封臣，他需要向每一位领主提供服务，这种情况也并不罕见。同样，拥有封臣的领主们，在某些特定领域，也可能会成为其他同级别领主的封臣。爱德华一世的多重身份就是最为典型的例子：他既是英格兰的国王，还是法国国王在阿基坦（Aquitaine）的封臣。看似层级分明的等级分封制度却因为这些错综复杂的效忠和依附关系而变得复杂起来。

同时，由于领主—封臣关系中的契约性和局限性特征，政治权力不会集中于一点，而是分散在各处。任何个人或团体，任何部门或机构都不会拥有完全的最终权力。封建统治是一种多元政治。

[869]能够概括封建概念的词汇就是土地所有权和领主制。领主不是君主，虽然他有进行支配的权利；领主权也不是所有权，尽管它具有进行剥削的权利。它兼具不完全的所有权和共享的管理权，这样的定义可能最为贴切。没有哪个领主对他的封臣或土地拥有完全绝对的控制，他的权利总是与其他领主的权利重叠。虽然国王是"领主之王"，但是他只能向自己的封臣直接发布命令。其他人则服从于他们的直接领主，而不是君主本人。拥有地产的领主不能在自己的领地上恣意妄为，因为他的上级领主也有权利

管理这片地产。领主权通常意味着掌管法庭的权利，但是封建法庭鲜有完整的审判权限。一个小领主或许会拥有一个审理打架、盗窃案件的法庭，而他的上级领主可以在其领地上惩戒犯有抢劫罪和伤害罪的罪犯；只有伯爵担任领主的法庭才可以审判谋杀和强奸的罪行。由于封建统治建立在私人关系基础之上，因此权力分割是不可避免的。正如今天没有哪个合同可以授予某人垄断性经济权力一样，也没有哪一个封建契约可以保证一个领主拥有垄断性政治权力。[①]

封建政治体系的一个显著特征与此相同。人们或许会感到困惑，如此复杂的、上下左右交织的关系网究竟是如何通过定义与可预见性构成了一个"制度"。但它的确实现了这一点。我们和被引用的作家们自始至终都在谈论"权利"。现在让我们来关注公民国家（citizen-state），比如希腊城邦、罗马共和国与罗马帝国，和诸如古代王国、中华帝国以及中东帝国等臣民国家（subject-state）之间的鸿沟。后者没有法律上的制约。统治者可以直接向官员下达命令，并且能够随意更改。官员们则是各自所掌管的事务的仲裁者。统治者将针对他们的法律补救当成了一种装饰，通过这种途径，他可以根据自己的利益、嗜好和判断随意更改。换言之，官员们变成了简单的管理搭档。[②]

而在封建制度下，事实上国王可以把自己对于封臣的原始权限当作财产一样出让。这是自由人之间的契约，一方给予特权，并要求相应的服务作为回报。它通过逐级分封和交叉分封，涵盖了所有的土地所有者。所有的人都拥有一定权利，也承担相应义务。这些权利和义务具有各种各样的最初来源，比如无偿占有和优先特权。其最终结果是土地法的发展，它们因统治差别而各不相同，更为重要的是，即便是在

---

① J. Strayer 和 D. Munro，《395—1500 的中世纪史》（Appleton-Century，New York，1942），第 110—111 页。

② 参见本书第二卷第三章"唐朝帝国"和第四章"明朝统治"，有关"罗马"的内容可见第一卷第四、七、八章。

同一统治下的不同区域也会存在差别。

[870]这就会得出一个具有逻辑性的结论，即封建制度中不存在合法性秩序，只有马克斯·韦伯所谓的"一堆各式各样的权利而已"。①不过，无论是领主还是封臣，双方均有可能为各自应承担的具体义务陷入争论。双方都有"权利"，因为这些权利是契约性的，国王和他的侍从都不可以随意决定。它们构成了当事人之间的一种诉讼案件。因此也产生了颇具特色的封建统治机构——领主法庭，它由领主的封臣们组成，领主负责召集。一方面，它是封臣们的议会，其目的是向领主提供建议；另一方面，它是执掌国家实权的要人们之间的集会，从这个意义上来说，它又是一个高级的行政与立法议会。不过，它最后成了领主和封臣们倾听国王抱怨某个特别的封臣，或是被抱怨的封臣反驳国王抱怨的场所。"一堆各式各样的权利"就是以这种方式被裁定，并与某些一般性原则相联系。虽然封建法律随着不同的地域而发展各异，但仍有其指导原则可循。为什么复杂而纵横交错的关系成了一个稳定的政治秩序框架？原因就在于出现了这种法律，以及与之相伴随的封建法庭体系。于是，独裁政治中的管理规范成了封建统治中的司法程序。中世纪政治和罗马时代一样，同样要受法律限制，甚至有过之而无不及。只要自由人能够通过一种比以往更为积极的形式受到关注，个人权利的观念就会重新出现。

我所描述的"封建主义"是欧洲所特有的形式，还是一种普遍形式，抑或是在历史上其他许多地方都可以找到呢？的确，封建制度的发展方式受到了时空的限定。有关封建制度的细节可以在许多珍贵文献中找到。②但是它的特征，或者说其部分特征，可以在不同时期的其他地区发现。因为在这一历史进程中，我们看到了庄园制；依附农，也即农奴们；封臣及其追随者；作为统治阶层的披甲骑士；作为权力赠予的土地占有；王室官员成为地方自主的统治者，等等。可以看

---

① Runciman，《马克斯·韦伯》，ii，第 843 页。

② R. Boutruche，《封建领主》两卷本（Auber Paris，1968—1970）；M. Bloch，《封建社会》两卷本，L. Manyon 翻译，（Routledge & Kegan Paul，London，1962）；G．B. Adams，"封建制度"，《大不列颠百科全书》第 11 版（1910），Ⅹ．第 297—302 页。

出,可能其中的许多特征,都可以在不同时期的世界其他地方发现。①

[871]1. 其中一个特征是地主与奴隶耕作者之间的关系。在前工业时代,这种关系遍布整个世界,这种关系在某些国家里一直被保存至今,比如中美洲的部分国家就是如此。但如果把此类经济现象等同于"封建主义",无疑是一种极其庸俗的马克思主义观。在中世纪之前,罗马晚期的高卢地区、西班牙地区、非洲("隶农"和乡村体系),以及争议尚存的中东古代城邦和帝国中都存在类似的经济现象,但是没有人会因此而将其界定为"封建制度"。

2. 另一个相关定义把"附庸"(clientela)或"封臣"挑选出来,将其看作是封建制度的重要特征。但是这些"附庸们"和依附的佃户一样广泛分布于各个时空之中。事实上它往往只是封建制度的一个方面,虽然并不总是如此。但是"依附主义"(clientelism)在罗马共和国早期就已存在,它的某些形式在许多现代政治体制中依然存在(比如黎巴嫩,部分拉美国家,马格里布西部地区,等等)。人们或许可以看到它的某些变异形式,比如美国的"老板与机器"政治,以及其他地方的类似政治体制。②最后一点证明了依附关系根本没有必要和土地使用期限捆绑在一起,罗马共和国时期和坦慕尼·霍尔(Tammany Hall)时代都是如此,尽管它们具有高度相似性。

3. 第三个定义源自前面的界定,主要强调封建统治的间接性、过渡性特征。统治者无需对臣民进行直接统治,而是由掌管着法庭的诸侯(例如,国王的直接附庸)维持秩序,征收税赋。土地分封层级越多,统治者和臣民之间的过渡性链条就会越长。如果有人把这一特点与前

---

① 参见 Boutruche,《封建领主》,i,第240—321页,该书对此有不太准确的评论性概述;或可参见 R. Coulborn,《历史上的封建主义》(Princeton UP,Princeton,1956)前面184页进行了专题性研究,概括性的第二部分则是一种极大的误导。

② 关于总体的看法,可参见 S. E. Finer,《当下及帕雷托著作中的资助者、附属者和国家》(Academi dei Lincei,Rome,1973),第165—186页。E. Gellner 和 J. Waterbury 主编,《资助者和附庸者》(Duckworth,London,1977),J. Bossievain,《朋友中的朋友》(Blackwell,Oxford,1974)。在以上引用的文章中,我是这样来定义"附属国"的:"人们能立刻认识到尽管所有的分封国是附属国,但这不等于所有的附属都是分封的。"

述"依附主义"特点相结合，就能发现封建统治的"细胞状"结构。但直到今天，这些特征仍能在一些当代国家中找到，比如 1931 年之前的巴西。①

4. 通过前面几段的分析，我们可以顺理成章地发现：封建政权都是"去中心化"（decentralized）的政权，但并非所有"去中心化"的政权都是封建政体。

5. 其他界定更加强调时间的特殊性，它强调把土地赠与和对土地使用权的让予作为封建制度的本质特征。[872]这一理论把换取服务的土地赠与作为封建制度的本质，以至于他们将古代波斯的总督辖地和哈里发帝国晚期的"伊克塔"也当成了"封建制度"。为了获得服务而出让土地或土地上的收入（不论是暂时的，或是终生的，或者是世袭的），和在出让土地的同时授权其对土地上的民众进行管理和审判之间存在着明显差别（通常是经验主义的）。前者仅仅是一种财政工具。它更多是一种偿付薪水的方式，不过不是用现金，而是用一定土地上的产出为等价物。事实上，它们就是俸禄。②在后一种情况中，被转让的权利是管理统治者的臣民。在中世纪欧洲，并不是所有的采邑都会伴随有司法权；同样，这种权利还会被授予那些不曾拥有这块土地的领主，不过通常都是两者兼具。差别非常显著：俸禄的赠与往往与高度集权、官僚政治和专制主义的独裁统治相一致，比如埃及的马穆鲁克王朝。附带着权利的采邑分封必然会导致权力分散、地方主义和多头政治，并意味着中央官僚机构在很大程度上是不存在的。③

6. 我们通常能够发现俸禄和纵横交错的采邑之间的区别，以及单方面土地让予和契约性土地让予之间的不同。在界定西方封建制度和授予俸禄的独裁政治制度时，这一差别更具根本性。④在独裁统治体制

---

① S. E. Finer，《比较政治》（Penguin, Harmondsworth, 1974），第 9 章，尤其是 453—455 页。

② 这是土地所有者赋予附庸的特权，土地所有者相信其附庸将会提供仪礼性服务作为回报。

③ 虽然所有这些特点只在一种情况下存在的，但要取决于高于一切的独裁政治。这个特殊的诡计在日本幕府统治时期（1600—1874 年）得以实现，参见原书第四册第一章，第 1090 页。

④ 注意我用的是"西方"封建主义。日本封建制度能够与幕府的独裁政治共存的根本原因在于日本土地授予的单边主义和契约的相对衰弱。参见原书第四册第一章，第 1090 页。

中,统治者可以任意撤回或变更其赠与;但如果是授予采邑,统治者是不能随意变更的,因为他和封臣一样要受到契约的限制。在前一种情况下,受赐予者不能更换或者选择其统治者;而在后一种情况中,被授予者可以进行类似的变更。前者是上级对于私人侍从的赐予,并要求规定的服务;后者是被授予者在提供忠诚的同时,又享有契约上的自由,并逐渐应允把忠诚作为保有领地的结果和条件。不过,最初获得采邑本身就是他对于领主忠诚的一个结果,因为他已经成了封臣。

[872]7. 我们现在可以对俸禄和采邑之间的差别进行全面分析。通常领有俸禄的世袭官员也能够获得世袭性头衔,而且能够获得对于地方上的司法管辖权。在古代埃及历史上的"中间期",即君主接管中央权力的时期,就出现过类似情况。在古代波斯的某些总督辖区内,以及哈里发帝国在公元 10 世纪解体的时候,也出现过同样情形。虽然这些国家的管理方式与欧洲封建统治有些相似,但仍存在很大不同:这些例子是异常的、病态的,也是不合法的。在封建统治下,这是一种正常的、有规律的,也是法律所许可的状态。它是法理性的,而前者只是一个事实,只要能够被操控,它就可以回归独裁统治。西方封建制度包括了一个由法律所界定和规范的双边政治关系网络。1283 年博马努瓦(Beaumanoir)完成的《博韦习惯法》(*Coutumes de Beauvaisis*)和 1230年冯·雷普高(von Repkow)写就的《萨克逊之镜》(*Sachsenspiegel*)也证明了这一点。

因此,封建制度是一个规范的、合法的,并且是法律意义上的合成统治体系。那些把依附、雇佣、间接统治、分权化和蜂窝状政治结构等统治特征当作"封建主义"的人,必须要让名实相符。因为这些条件中的大部分情况与实际情形有关,但又不限于此,因为还存在着变更、扭曲的情形,甚至法律制度也存在混乱状况。例如,我们今天还可以在各地发现"大众政权"被扭曲和篡改的情况,尽管在这些政权中,统治者的选择往往依赖于公民的选票。①举例来说,在黎巴嫩和巴西内陆地区,民主表象的后面就体现着寡头政治现实。如果他们不是非法的,那么

---

① 例如,Finer,《比较政治》第九章,"假象民主"。

他们一定是超越法律之外的制度。在中世纪欧洲的封建制度中，依附和服务关系是令人瞩目的初始制度，它们最初是一种权宜之计，但最后却发展成为一个有关权利与义务的法律体系和一个合法的政治秩序架构。

8. 中世纪历史学家把西方封建制度看作是特定时空下的一个结果：时代的不安全感导致了社会下层对于用实物而非货币支付的必要性的期许，并在社会上层产生了采邑和封臣。封建制度是反映中央权力软弱无力的即兴之作。但是封建制度系统化的司法形式同样吸引了政治学家们的关注，因为其中的一些原则已经超越了时空，具有普遍适用的价值。其中有三点尤为重要：即非地域性、联邦主义（federalism）和公共职能的私有化。

2.2.1　非地域性

[874]原则上，封建制度是基于分封和土地使用权之上的一个双重关系网络，这些关系和我们现在所讲的"国家边疆"没有任何关系。香槟伯爵从法兰西国王那里获得了部分领地，又从神圣罗马帝国皇帝那里获得了部分领地，他也因此而成为二者的封臣。如果换成是在当代，更确切地说，是在未来的时代，国家间的边界似乎将会消失，全世界被掌握在几个由诸多小公司组成跨国公司手中。每一个公民或臣民都隶属于其中的某一家公司。这些公司则因为其员工的忠诚服务，向他提供相应的工作、养老金和人身保护。员工住址和工作地点可能位于塔什干、北京、伦敦或者纽约，这些都无关紧要，因为如果他被扫地出门或者遭受了殴打，他所在的跨国公司将会为他索赔。如果罪犯同为这家跨国公司的员工，那么公司将进行审理。如果罪犯是另一家公司的员工，受害人的公司将会向该公司寻求公正的审判和处理，两家跨国公司会通过仲裁、协商、报复或是诉诸武力等手段来解决这一争端。但是这一事件与发生地之间基本上没有任何关系，起作用的只有雇工—雇主关系。

因此，从逻辑上讲，封建制度与领土原则无关。如果它是"纯粹的"封建主义，那么它和领土就完全没有关系。无论是在起源上，还是在运用过程中,封建制度从来就不是"纯粹的",因而它在实践中对于领土的依赖也就与日俱增。它作为一种原始的有组织的忠诚方式,也并非出现于真空之中。它起始于被划定了领土的王国们,准确地说,作为国王的一种统治方式,这些统治者有权在自己的领地上对臣民进行分封或剥夺其采邑。国王们拥有王权(reglia),也就是拥有在其统治领地内民众中进行防御、审判、管理和维持和平的权利。不过,他们越来越难以行使这些权利,最初是在法国,而后是德意志和意大利的国王。但是他行使这些权利的权力,比如赠予采邑,只能在自己的领地内延伸,除非他通过联姻、继承或者条约等方式对另一个国王领地上的土地和居民拥有了管辖权。在这种情况下,这些土地往往能够将附着在上面的封建义务转嫁给新的国王,获得土地的国王也将作为采邑拥有者和封臣而承担相应义务。这方面的典型例子是英格兰国王,他除了担任英格兰国王之外,还是阿基坦的公爵。在这个意义上(只有在这个意义上),他还是法兰西国王的封臣。

[875]以分封土地的权威作为原则的话,国王们处于平等地位。但由于他们是国王,不仅仅是领主(因为他们兼任二者),他们还具有管辖治下全部臣民的权利和义务。一旦国王们恢复了王权至高无上的权利,他们就会用领土管辖权来替代封建治外法权,正如他们在 12 世纪法国所做的那样。法兰西的宪政史便是国王恢复其至高无上王权的历史,虽然期间略有变通;英格兰和西班牙王国的历史也是如此,而德意志和意大利的类似努力却以失败而告终。

2.2.2　联邦主义

正如我们所见,[1]在联邦制国家,政府的功能被划分为只有中央政府和少数在法律上与之平等的地方政府可以执行的权力。因此,严格来说(比如美国),中央政府和地方政府在法律上是平等的,即一方不会单方面被授权变更或者废止另一方的权力。涵盖这些条款的协定是一部书面宪法,宪法之下的争端由一个最高宪法法院来解决

---

① 　参见原书第二部分,第三章。

（瑞士例外）。

在封建制度中，作为领主的国王在契约基础上和地方领主们分享权力。国王是封建领主们的领主。王室法庭负责解决争端，它主要由大封臣组成，国王领主主持王室法庭，其职能相当于一种最高宪法法院。国王作为王室法庭的主人，在应用王权过程中，或许仍然有支配民众的特定权利。比如，在英格兰，国王拥有特定的税收权利，他还可以要求在王室法庭中解决"国王申辩"的权利。所以，根据大致的权力划分，一些决定全国性事务的权力由国王执掌，其他地方性权力则由国王的封臣领主们掌管。

封建王权和封建国家都具有分权性和多元化特征，除此而外，它在司法权层面也存在着国家和地方之间的封建权力划分。无怪乎这一点会吸引像莱翁·狄骥①这类反国家（anti-state）倾向的法学家的注意。②所以，这只是封建统治的另一个特点，尽管它并非源自封建制度这一概念。这是教会所特有的自治地位，它的法庭可以审判世俗法庭所不能审判的全部案件。[876]如果考虑到教会，那么我们看到的权力中枢就不是一个，而是两个。他们在司法平等的基础上划分职责，但这种划分又不同于中央和地方之间的权力分割，这是全国范围内世俗权力与教会权力之间的分权，这种划分主要根据具体事件来进行。这就是功能性联邦主义（functional federalism），对于像基尔特社会主义者一样的 20 世纪初期改革家们而言，这一观念有着巨大的吸引力。

2.2.3 私有化

在我们所引用的封建主义研究文献中，比如梅特兰、亚当斯（G. B. Adams）、斯特雷耶（Strayer）等人的著作，都充满了这样的观点："公共

---

① ［译注］莱翁·狄骥（Leon Duguit, 1859—1928 年），法国公法学家，社会连带主义法学学派创始人。

② 参见 L. . Duguit，《现代国家的法律》（Allen & Unwin, London, 1924）。

职责"和"个人权利"之间的分歧应当被消除,于是"公共职责"可以变成"个人权利"。这两个观点都值得探讨。

第一个观点是普遍适用的。简单来说,那些由国家和公共官员从事的事情与个人从事的事情之间不存在"天然的"差别。在第二个观点中,"公共的"权利、义务和法律概念在封建关系中是不存在的。按照这一观点,个人要效忠的是他自己的领主,而非社会,义务是根据个人契约来履行的。"公共的"概念只体现在一个方面,对于整个统治机构和个人而言,"公共"权力只存在于国王手中。他需要对防务、司法以及臣民的安全负责;随着时间推移,他还可以依照职责使政府高级官员逐渐收回赠予封臣们的权力。通过这种途径,公共领域就会被再度创造出来。

2.3　剑的尊贵性

封建社会都是"为了战争而被组织起来的社会",封建制度、披甲骑士和军事贵族统治三者之间的联系可以说是无以复加了。这三者之间相互依赖,每一方甚至都可以说是另一方的延伸。

2.3.1　新的战争艺术

有一种理论认为,封建制度是新战争技术的直接产物。一百多年前,布伦纳(Brunner)在一篇题为《骑士服务和封建制度起源》的论文中指出,封建制度在本质上是军事性的,它是一种被设计成用来生产和支持骑兵的社会组织。这个理论成为林恩·怀特[①]理论假说的基础,后者的理论更加令人印象深刻。林恩·怀特还找到了在铁马镫被引入过程中,骑兵被用于反对步兵的战争的原因。[877]虽然出处不详,但铁马镫这一发明从拜占庭传到欧洲后,带来了极其深远的影响。它不仅能使骑兵脚踩马镫,用最大的高度和力量挥舞长剑、棍杖或战斧,他还可以用全新的方式使用长矛。从古代开始,长矛兵都只能用尽手臂的力量进行冲刺。有了马镫以后,他们就可以把长矛放置一边,用胯下战

---

① 　L. White,《中世纪的技术与社会变革》(OUP, Oxford, 1962)。

马的全部力量去冲撞敌人。令人震惊的骑士冲锋——中世纪欧洲战争的核心战术——已经诞生了。

不过，怀特还指出这种战争造价不菲。因为骑兵们不仅需要一匹战马，还必须穿戴保护性的盔甲；不仅如此，他还需要一匹备用战马。怀特认为，通常一个骑兵所需的军事装备，除备用马匹和辅助装备外，成本大约为 20 头牛，相当于 10 家农户的犁耕队。[1]而且，此类花费的增长从未停止。到第三次十字军东征之时，骑兵除拥有盔甲和武器之外，还需要三匹战马和两套马上用品；一幅盔甲的花费相当于一个小型农场的价值。后来，当金属板甲取代锁子甲的时候，马匹不得不换成了比赛用的重型战马，价格也更为高昂。简言之，能够成为重骑兵的人必须是有钱人，或者是能够有钱的人。

后来的研究认为，马镫和重骑兵的到来要比怀特想象的缓慢得多，而且在 11 世纪晚期之前并未标准化。[2]但是，这并没有改变怀特论点所带来的总体冲击。马镫对披甲骑士和骑兵突击战术的发展都是决定性的。骑兵冲击战术的登场对于骑士费用的产生，对于封建主义的传播，乃至对于作为新统治阶层的乡村领主，即采邑所有者们地位的巩固具有同等的决定性意义。

2.3.2 骑士与骑兵

中世纪存在着一个共同观念，即社会被划分成了三个等级：劳动者，祈祷者和武士。武士是一种新贵族。曾经有一个时期，贵族是指任何自由民，即拥有自主土地的人。但是到 11 世纪，这一用法和那个阶层中的大多数人一起消失了。贵族被越来越多地限定在了当权者中间，特别是那些王室封臣们。于是，"贵族"一词开始代表着一个特殊的社会阶层。[878]一个贵族往往要依赖他人的劳动生活，也就是说他是依赖采邑而生活的人。采邑象征着财富，是表明贵族身份的两个特征之一。贵族的第二个标志是拥有武装。并非所有的战士都是贵族，只

---

[1]　L. White,《中世纪的技术与社会变革》,第 29 页。

[2]　P. Contamine,《中世纪的战争》,M. Jones 译(Blackwell, Oxford, 1984),第 179—184 页。

有那些装备精良的职业武士才是贵族，他们是那些头戴盔甲、身披战袍，携带着长矛、短剑、战斧或者狼牙棒等全副装备在马背上作战的人。用于称呼他们的词汇也各种各样，"战士"（Miles）是一个比较常用的词汇。在英格兰，人们流行的称呼是"骑士"（knight），这是一个古英语中的词汇，用于指称任何男孩、青年或者领主，至于这个词汇是如何具有了尊崇、荣耀的含义，这一点非常模糊。这个古英语中的词汇和德语中的"克内西特"（Knecht），也即"奴仆"一词同源，故而仍保留有最初的"低贱"之意。因此，16世纪的雇佣步兵实际上是骑兵，它们通常是雇佣军。德国的贵族勇士并不叫"克内西特"，而是被称作"骑马者"（Ritter）；这一概念同样被用于其他欧洲国家，比如在法国叫"骑士"（chevalier），意大利称"骑兵"（cavaliere），西班牙则称之为"绅士或骑者"（caballero）。这些全副武装的职业马上武士、封臣和采邑拥有者是贵族和统治阶层。他们中的一些人形成了国王或大领主们的扈从——私家骑士。但是大多数骑士们需要依靠采邑过活，他们居住在层层加固的府邸之中，这些府邸既是他们管理采邑内奴隶的地方，也是他们避难和防御之所。骑士们从小只接受军事专业方面的训练，他们只对军事和类似于战争的消遣感兴趣，比如切磋武艺和狩猎。不管怎样，至少一开始是如此。他们从来不事稼穑，因为下田劳作被认为是有失身份的事情。他们甚至不去经营自己的产业，而是把它留给管家来打理。他们还拥有一个针对佃农们的庄园法庭，但通常会被留给法庭执行官来管理。与此同时，他还必须参加由封建大领主们召开的法庭。在11世纪和12世纪，特别是在法兰西，下层骑士的家庭生活不仅无聊、邋遢，而且往往非常贫穷、悲惨。[①]

这些下级骑士的大领主往往是富有之人，他们的府邸用石头建造而成。他不仅在较小的领主当中行使司法权，而且还可能是王室法庭的成员。他们不仅仅参与司法，如果足够富裕和强大的话，还可以向国王提供建议，成为国王内阁的一部分，进而参与军国大事。正

---

① 对此描述，没人能超越佐伊·奥登伯格（Zoe Oldenbourg）的著名小说，《世界是不够的》（Gollancz，London，1949）和《奠基石》（Gollancz，London，1954）。

是这些人在 12 世纪开始成为博学多识之人，有关骑士的浪漫故事在他们中间深受欢迎，并由此产生了关于"贵族之爱"（courtly love）的观念。

[879]从 1100 年起，针对骑士阶层的专门行为准则逐渐形成，"风雅"（courtoisie）一词的使用也并非偶然，因为它的确起源于富足的元老院或贵胄之家。骑士群体产生于法兰西，后被意大利、德意志和英格兰所效仿，并产生了关于骑士的法典。据说在 11 世纪中期授予骑士爵位时：即将成为骑士的年轻勇士要向为其授剑的上司行跪礼，授剑者还要用剑轻击新骑士的头部。"骑士"最初意味着全副武装、骑马作战的武士身份。但是自 1100 年后的半个世纪中，它就像罗马的"圣秩"（ordines）一样，开始象征着一种社会等级。通过对赠剑的祝福，有时候是通过神圣立誓的途径，无处不在的教会也参与到了这种授爵仪式当中，进而影响了有关骑士们的道德律法。精细的武士准则很快变成了极为流行的世俗罗曼史，比如克雷蒂安·德·特罗亚（Chrétien de Troyes，大约 1165—1180 年）的文学作品《兰斯洛（或译"囚车骑士"）》《伊万（或译"狮子骑士"）》《伯斯华（或译"圣杯故事"）》。这一现象在大约完成于 1370 年的英格兰文学作品（匿名的）《高文爵士与绿衣骑士》中达到了顶峰。后来，国王们建立了骑士等级（比如嘉德勋章）秩序，使骑士行为的概念神圣化了。正是从这个时候开始，骑士作为马上武士的身份变得过时起来。有关骑士制度的行为规范和道德准则继续存在：追求荣耀，蔑视疲劳、疼痛和死亡；虔诚地捍卫神圣的教会；保护寡妇、婴儿和穷人；赦免被征服者和保持信仰。

和孔夫子所提出的"礼不下庶人"一样，骑士道德规范和行为准则只适用于贵族阶层。在战争中赦免被俘虏的骑士，不仅能体现骑士精神，而且是有利可图的事情，因为这些俘虏能够带来赎金。战争中的普通战犯也不能被屠杀。除了藐视平民以外，骑士的"规则"中再无其他。让·傅华萨①形容在扎克雷起义中进行抢夺的法国农民"又小又黑，装

---

① ［译注］让·傅华萨（Jean Froessart，1337—1405 年），又译为"佛罗萨尔特"等，法国中世纪著名编年历史学家，著有《编年史》一书。

备极差"，他还讲述了贵族们攻击他们的情形，"当天总共消灭了七千多名男子"。①不过到这个时期，骑士们已经演变为世袭贵族，他们在欧洲大陆是一个合法的特权等级。只有骑士们才可以全副武装地进行战斗的观念已经成为定论（骑士们与"军士"不同，军士的装备更为轻便些）。血统比授勋仪式更为重要。所有骑士子孙被"授予了特权，以及通常只有贵族们才可以享有的世系特许权"。②而且，虽然一些人因为封臣身份而成为贵族，[880]但此时成为封臣的权利（如拥有封地）开始被限制在那些已经具备贵族身份的人当中。英格兰是一个例外，在英格兰，骑士的社会特权和尊贵地位并不传给全部后裔，只是传给长子；不过，这一类型的定义并不严格，也很难保持一成不变。欧洲大陆上的贵族们不断要求财政豁免权，并取得了成功。在英格兰，贵族们需要和平民一起缴纳税收。但是这丝毫不会减损他们的社会尊荣，尤其是对于那些大贵族而言；在 14 世纪，英格兰大贵族们开始仿效具有排外性自我界定的法兰西贵族，从而把自身与较为卑贱的"郡县骑士"区别开来。

2.3.3　战争行为

这一时期的大量战争主要是镇压反叛封臣的小规模战斗。不过，德意志皇帝们也参与了大规模战斗：比如在 11 世纪时防御并扩张东部边界，远征意大利北部地区，平息国内大面积封建叛乱。

尽管披坚执锐的冲击骑兵无所不在，但是这些荒谬的战争很难有进展。军队处处都能遇到城堡，而这些城堡也变得越来越复杂，从盎格鲁—诺曼时期的木质栅栏，逐渐发展成为查理一世时期用大量石头加固的盖雅尔城堡（Chateau-Gaillard），或者十字军骑兵在叙利亚克拉克（Krak）建立的城堡。虽然围城艺术与城堡的防御能力同步发展，但是仍局限于开挖坑道、利用投射装置发送石头对堡垒墙体进行重击等手段，它充其量只是个发展缓慢的行业。因此，大多数战争仍然依赖于战场突袭，先占领敌方土地，而后围攻城堡。在封建军事对手之间，进行

---

① J Froissart，《编年史》，G, Brereton 翻译编辑，（Penguin, Harmondsworth, 1978），第 154 页。

② M. Bloch，《封建社会》，ⅱ，第 237 页。

布置好战场的定位战斗（set-piece battle）较为罕见。事实上，军事指挥官们也被命令避免此类情形的发生 。

一旦发生战事，参与其中的军队往往数量很小。在哈斯丁（Hastings）作战的全部诺曼军队的最多不过 6000—8000 人。英王所能支配的骑士要比 13—14 世纪法兰西国王指挥的骑士少很多。英格兰保留了盎格鲁—萨克逊的步兵传统，它的步兵—骑兵比例很高，骑兵们甚至要频繁地下马作战。从 12 世纪末开始，征召民兵入伍在法国并不多见，它的步兵主要是由像热那亚弓弩手一样的职业雇佣兵组成。除非有重大突发性紧急事件，平均投入战斗的军队规模一般约在 10000 人左右，到 14 世纪时参与作战的军队才开始大幅增加。即便如此，在 1346 年克雷西（Crecy）战役中，参与作战的英格兰军队只有 4000 名武装士兵和 10000 名弓箭手，而作为敌方的法兰西军队则投入了 12000 名武装士兵和其他武装力量。

[881]正如我们前面所提到的，封建制度的存在很大程度上是为了"资助"重骑兵军队。不过有一点很明显，封建军事部署是一种非常僵化的作战形式，因而封建制度也是一种最为欠缺的军事动员方式。

我们首先看一下战术问题：毫无疑问，一小股骑士就能驱散和消灭步兵军团，乃至轻装骑兵，更不要说那些装备很差的反叛农民了。但是在固定场地上的战役就另当别论了。战场必须适合大规模的骑兵冲击，对手必须是固守的，并且缺乏可资利用的投射武器。在这样的情况下，冲击骑兵才是不可抵挡的。但是他们还必须要有很好的战场指挥，对手也必须遵守游戏规则。如果上述两个条件都不具备的话，那么结果将会是灾难性的。这些骑士们不仅在 1187 年的哈丁角战役中丢失了圣地，还在 1250 年的曼苏拉战役中败给了马穆鲁克军队：前者主要是因为拙劣的领导，使他们被围困在了没有水源的山上；后者主要是因为被诱骗后陷入了与穆斯林的巷战。法国骑兵在 1346 年的克雷西战役、1356 年的普瓦捷（Poitiers）战役和 1415 年的阿金库特（Agincourt）战役中连续被力量较弱的英格兰军队打败，因为他们不知道如何应对英格兰披甲骑士们的冲锋穿插战术与其先进的投射武器（这里主要是长弓）之间的协同作战。他们不甘屈服于库尔德—突厥人的战术，后者面对他们的冲锋只是一味撤退,直到发起冲击的骑兵精疲力竭;然后突厥军队开始用投射物进行压制,直到突厥骑兵将他们悉数杀光。因此,在 1396 年的尼科波利斯(Nikopolis)战役中,这些骑士们又被突厥军队所大败(这又是一个领导不力的案例,当时还不曾出现侦察机和侦察员)。他们甚至还可以被步兵所打败:1176 年的莱尼亚诺战役、1242 年的佩普西湖(Lake Peipus)战役①和 1302 年的库特莱(Courtrai)战役都是很好的例证。在 1066 年的哈斯丁战役中,诺曼重骑兵发挥了极其重要的作用。英格兰的防护墙挡住了一次又一次骑兵冲锋,直到一部分防护墙通过佯攻被推倒,甚至只有哈罗德(Harold)的死才结束了当时已毫无意义的战争。

作为一种军事动员体系,封建制度具有无限潜力。一方面,骑士们的服役期限往往被限定在两个月或 40 天。服役结束后,骑士们就会要求报酬或返回家乡。另一方面,领主也不能总是指望封臣的忠诚,封臣们可能只愿意使用契约规定的最少兵力,或根本就不展示兵力。毕竟,他们拥有自己的采邑,如果被打败了,他的大领主又能做什么呢?任何时候都会有大量闲置的封地。而且,军事动员也比较缓慢。因为有时候,骑士们并不在自己的采邑中。[882]层级分封能够非常之多,事实上也的确如此,以至于一个骑士的花费往往需要在许多佃农之间分摊,他们组合在一起才能供养一个所谓的“武装骑士”。这些因素和其他原因一道,往往使服从征召的骑士数量远低于名义性的征召数量。随着时间流逝,许多骑士被证明完全疏于操练。那么,城堡主们又是如何呢?君主或亲王需要常年服役的城堡守卫者,而不是只有 40 天。不仅如此,只要条件允许,封臣们就会尽力削减自己承担的义务,而领主们则往往处心积虑地扩大这种义务。随着马匹和装备花费的增加,国王和封臣之间的争斗也开始增多。至少在 11 至 12 世纪的英格兰,这一花费增长了三倍还多。在这一时期,战争的持续时间也在增加。无怪乎在 11 世纪的英格兰,威廉·鲁弗斯(William Rufus)宁愿用英格兰步兵分队的酬金来购买雇佣兵,亨利二世会把骑士服务折算成免服

---

① [译注]或译为“楚德湖战役”,楚德湖为俄罗斯和爱沙尼亚边境地区的一个湖泊。

兵役税，用于购买雇佣兵以应对他在法兰西的战争。1307 年之后，这些封建军队只被征召过一次；所有的军队都是有偿服务。在法兰西，虽然封建军事制度持续的时间更长，但它在 1350 年后就开始出现了由军队指挥官组建的大型武士军团。不过，直到在阿金库特战役中失败之后，法国封建军队才开始消失，由领取报酬的职业军队取而代之。

无论是否领取报酬，冲击骑兵在其他地方依然存在。一旦遇到对手的新战术时，这些骑兵僵硬、笨重、适应性差的特点就会再一次被暴露出来。这些骑兵在 1476 年的格朗松（Grandson）战役和 1476 年的莫拉特（Morat）战役中曾被瑞士农民的枪兵所击败，又在 1420—1422 年被胡斯起义中的四轮战车所击溃。假如有人会问：为何一个如此笨拙、陈腐不堪的军事形式能够维持这么长时间，并能从这么多灾难中存活下来？答案肯定是不言而喻的。这个组织是一种绝对所有制的产物，正是通过这种绝对的拥有，一些人成了专有的贵族阶层，成了富有的统治阶层中的一员。他们的特权与骑士服务紧密结合，而骑士服务与马上勇士密不可分。13 世纪时他们和教会一道谴责弩是非人道武器，16 世纪时他们又开始谴责火器。在中世纪，他们是原始兵器对抗模式中无可置疑的受益者，这些武器既是他们的初始武器，也是他们最后的武器。

3. 中世纪的统治进程与架构

不管封建制度散播到什么地方（它肯定没有传播至全部欧洲之地），它都能渗入君主制和教会，并统治着仍然微不足道的市民阶层。但是君主制政体先于封建制度而产生，[883]它是非封建性（Non-feudal）的，有着自己的发展逻辑和能力，这两者也都是反封建性的。同样，教会也是如此。随着 12 世纪社会人口的急剧增加、商业的增长和现金流通的恢复，城镇也开始出现了复兴势头，这些城镇中的市民也发展成为一股反封建力量。封建制度在社会中处于绝对主导地位，它就像一个真正的大海，其中只有一些清晰可见的岛屿。那么，这些岛屿究竟是岩石还是沙堡？这需要进行具体分析，它取决于所在的位置和所处的时间。

这些非封建因素和潜在的反封建成分，无论是否能被证实坚硬或脆弱，都不属于同一个阵营。如果教会是非封建性的，那么它与君主制不属于同一阵营。至于城镇，他们总是尽可能地为自己寻找盟友，而且它往往反对封建秩序。

对于封建政治，我们无法用简洁的语言进行评判，冗长的评论又会失去其精髓所在。这主要源于两个原因：首先在于其简单的事实，马克·布洛赫把它形容为"具有无限多样性的地方性和区域性习惯"。[1]其次在于它复杂的"概念化"：它是一个有着与众不同的政治传统的时代，无论是犹大王国、罗马帝国、日耳曼王国还是其他国家，它们在观念上都是不可调和的。[2]这里不妨再次引用布洛赫的话（有多少学者同行会应和他？），这"很难用清晰的具有反逻辑特征的概念来表达"。[3]接下来让我们简单地把封建原则当成假定的事实，来共同分析这三个非封建的机构——君主制、教会和市民社会——是如何适应封建制度，同时又进行相互调适的。

3.1　王权

很少有比"王权"更大的概念性混乱了。对于中世纪民众而言，似乎有两个相互对立的立场：国王是至高无上的立法者，用布莱克顿（Bracton）的话说，他"并非位于民众之下，而是位于上帝和律法之下"。随着社会教育程度增加，法学家、牧师和平民做了大量的努力来调和二者，与此同时现代的注释法学家们[4]也试图对这种调和进行新的调适。比如，[884]麦克伊文就建议区别国王的政府（gubernatio）和国王的法

---

[1]　Bloch，《封建社会》，第 371 页。

[2]　见下文，特别是关于君主制的内容。

[3]　Bloch，《封建社会》，ii. 第 380 页。

[4]　E. H. Kantorowicz，《国王的两个机构：对中世纪政治理论的研究》（Princeton UP，Princeton，1957；Paperback edn.，1981）；C. II. Mcllwain，《西方政治思想的成长》（Macmillan，London，1932）；《古代和现代宪政主义》（Ithaca，1940）；W. Ullmann，《中世纪的统治方式与政治》（Lonfon，1961）。

律权限（jurisdictio），在前者中国王拥有绝对的权力；后者将围绕国王的权力进行划界。[1]乌尔曼更为大胆，他假定一个所谓的"神权"君主，从至高无上的上帝那里获得权力，这也体现了神权君主在纯洁无瑕的国度中的职责。[2]也即"只有与王权中的封建因素相结合，完全意义的中世纪王权才会产生"。[3]进行这样的理论重建达不到任何目的。我们的研究目标是要探讨这个时代一系列有关王权信仰的诸多来源：古代日耳曼的传统；《旧约》和《新约》的传统；对查理曼大帝记忆的选择与折射；加冕典礼宣誓过程中所体现的权威；以及随着时间推移，对于复兴罗马法研究附和之声的不断增长。这一系列信仰有着固定的内核，但其界限却模糊不清。此外，它还必须与国王受到羁绊的新封建关系共存。对于那些王室维护者来说，再没有比通过强调传统和支持先例来扩展王权更顺理成章的事情了；而那些贵族和教会的辩护者们则根据各自的需要进行有选择地支持。

关键之处在于王权是"一种独一无二的权威类型……它不仅在理论上优于其他类型的权力，而且是一种真正不同的等级次序"。[4]它存在于封建等级秩序之中，但又不属于这个秩序。宗教或魔力思想仍然依附在国王身上。令人吃惊的是，在英格兰，对于"国王邪恶"的同情一直持续到安妮女王时代，女王在 1712 年"感化"了一个叫塞缪尔·约翰逊（Samuel Johnson）的孩子。在法兰西，它一直持续到 1789 年革命；甚至直到今天，关于"国王的好天气"（Kaiserwetter）之类的表述还可以证明国王具有支配天气的魔力这一古老信仰。

在教会举行的加冕典礼中，国王的神圣特征被得到认可，并被进一步神圣化了。国王正是从主教手中接过了徽章和王冠。最重要的是，主教用神圣的膏油为国王行膏礼。所有接受膏礼的国王也因此而成了新的大卫王们，并被新撒母耳们进一步神圣化了。于是，国王们进入了《旧约》的传统，也进入了《旧约》王权的权力与制约当中。《旧约》还教

---

① McIlwain，《古代和现代的宪政主义》。
② Ullmann，《中世纪的统治方式与政治》，第 138 页。
③ 同上，第 150 页。
④ Bloch，《封建社会》，ii，第 382 页。

导说，触摸上帝的膏油者是一种亵渎行为；王室《诗篇》也教导说，尽管膏油者不是一个真正的牧师（虽然参考了"麦基洗得的次序"），但他是圣礼的主要参与者。这确实是查理曼表达其角色的方式。同样，行膏礼的教会一定会高于那些被膏油的人。所以从 11 世纪中期以来，[885]教会就开始争辩说他们是撒母耳的代理人，是要求国王尊重神圣律法的先知。教会在行膏礼过程中，实际上站在了国王和他的民众（通常是贵族们）之间，尽管国王本人是神圣不可侵犯的，但是教会宣称它有权把臣民们从对国王的效忠中解放出来。

根据古代日耳曼的传统，此时已经被教会神圣化了的国王是"图达姆"（thiudam），也就是所有民众的头领。封建关系的本质在于其"二元性"：它是一对一的关系；但是王权的本质在于其公共性，它通过各种形式的加冕誓言产生。所有这些承诺，不论它以何种形式体现，都是为了保护和维持教会的权利与特权，保护臣民，行使司法公义。比如英格兰的亨利一世（Henry I，1100—1135 年）就承诺了三件事：教会的卫士、王国的保护者、律法和命令的实施者以及所有臣民的司法执行者。值得注意的是，亨利一世在这里所提到的并非其"封臣们"（vassals），而是它的"臣民们"（subjects），即"臣属于我的基督子民"。①

从原则上来说，这些属性非常清晰。问题在于实践过程中对它们进行阐释的范围、广度和深度，国王、贵族和教会往往根据各自的观点和利益进行不同的解读。就教会而言，人们可能会说在 11 世纪之前，国王一直承担着卡洛林王朝的角色，任命主教，并为教会风纪负责。但是，从教皇格里高利七世改革开始，②教会致力于形成一个独立团体，教会开始为自身的人事任免、道德风纪和律法负责，而且取得了极大成功。这一挑战引发了著名的授权争论，这一争论反过来又使教皇开始为教会要求更多的独立平等地位，并谋求最终高于世俗权力的优越地位。③

加冕誓言意味着国王权力是全民性的。国王对于其直接封臣间的

---

① W. Stubbs，《选择性的宪章》第八版，（OUP, Oxford, 1900），第 99 页。

② 参见原书第 890—893 页。

③ 参见原书第 890 页。

公断完全合乎封建制度，这是没有问题的，但他是否能够干预封臣们对自己下属封臣们的公断呢？这一问题与国王作为维系和平的王国"保护者"的观念紧密相联。但在此之前，必须强调国王作为法官的问题，事实上这一问题也曾被反复强调，因为它与其他地方的帝王角色形成了鲜明对比。[886]无论中世纪国王在进行审判时如何受别人影响，也不管他允许何人进入法庭或者与其会面，他从未像东方君主那样作为个人来审理案件并做出裁决。就此而言，无论国王或大贵族都只是作为法庭中的一员来审理案件，整个法庭由追随他的大人物们组成。审判是集体性的。在这方面，它不仅有别于中国那种由"县令"一人负责的断案制度，也不同于罗马帝国晚期的法庭制度。对于附着在中世纪"法律"（不论律法指的是什么）和"正当过程"上的程序保障而言，这无疑是又一个例证。

这一态度中的某些方面使得诸如国王是否制定法律，制定怎样的法律之类的难题变得复杂化了。在某些方面，国王被当成了"立法者"。查理曼大帝肯定制定过律法，比如有名的《法令集》（*capitularies*）。但是，就我们所知，尽管一些临时制订的法律得到了宗教和世俗人士的赞同，而其他以同样方式制订的法律事实上只是国王的私人诏令。根据一个强大而古老的传统：法律往往是传统和习惯，国王和法庭并不制订法律，而是去发掘它们。国王可以颁布那些被定义过的或是专门性的法律，包括在某种程度上被修改过的优秀的旧法律。但是如果他没有和身边的大人物协商，他就不能颁布与这些旧法律相抵触的政策。只要王权被封建制度中所包含的权力关系所束缚，这就仍然是个理论问题；因为国王如果不事先与贵族联系，他就不能在任何问题上做出重要决定。一旦国王开始挑战封建权力关系，这一理论问题就会变得非常重要。正如我们将要看到的，法兰西和英格兰对这一问题的裁决截然不同。

司法和立法都在概念上融入了国王的核心职责，国王既是王国的保护者，也是王国和教会的监护人。国王是战争的领导人，是国王而非别人征召并领导着民兵。国王还是统治的象征，他是古日耳曼人的"保护者"，也是和平的维护者。他和臣民之间的关系主要基于利益，而非意愿。对臣民而言,国王只是辖区内的守卫者。对于和平的侵扰主要在于对国王本身的悖逆。为了保护王国,国王有权打着"公共利益"的旗号采取紧急措施,这一点是被认可的。事实上,对于专制主义而言,无论是"国王的和平"还是公共利益,都能够在理论上无限制地膨胀;但在实践中则完全不同,因为没有一个封建君主可以被称为"专制",无论其头衔是什么。中世纪的国王们在拓展"国王的和平"方面取得了进展,首先是在英格兰、西西里,然后是法兰西(不过德意志和意大利并未出现)。[887]但对于当时依旧盛行的君主制而言,这只是很小的一部分。或许我们需要提及三个方面的制约:首先是教会司法权,我们稍后再述。其次是军事制约。除非他拥有的"领地"富裕到足以维持一支庞大的军队并能镇压所有反对者,否则他不可能仅仅依靠别人的善意就能把自己的意愿强加给那些不顺从的富商贵胄身上。因此,国王的权力会随着领地的规模而时有消长。

第三个约束来自财政领域,它与军事方面的制约并行不悖。除非国王个人非常富裕,否则他甚至不能"购买"所需的军事支持以维护其在和平与"公共利益"方面的举措。实际上,没有一个中世纪君主在财政上是独立的,而是恰恰相反。这是中世纪王权的核心特征。在前封建时期,日耳曼国君们能够而且曾经为了"公共利益"征集总体税,这一点很容易得到证实。[①]而且,国王们看上去还有一项古老权利,即拥有海、河航运,码头及桥梁的权利。在封建时代,国王仍可行使这些权利(在尚未被当作采邑分封的地方)。不过,到了 11 世纪,非经本人同意,国王不能随意占有任何自由民的财产。至少要经过大人物们的同意,后者通常被认为能够替国王说话。简言之,国王必须利用自己的资源履行其作为王国保护者的职责。这些资源主要来自国王个人领地上的财税收入。同其他所有领地一样,国王也可以向自己领地上的农奴征税。其他收入主要来自国王法庭上的罚款,以及封臣们根据义务所提供的资源。如果国王打算获取除此之外的

---

① 　H. R. Lyons,《盎格鲁—萨克逊英格兰和诺曼征服》(Longman, London, 1962),第 303—314 页。

其他东西,他必须通过请求的方式,并且不能直接占为己有。如果国王打算进一步扩大税收,同样的原则也是适用的:贵族们都要为自己的下级臣民代言。

肯定私有财产神圣不可侵犯的热情令人印象深刻。早期波伦亚的法学家们重新发现了《罗马法》,拒绝了皇帝要求控制臣民财产的要求。伊塞尔尼亚的安德鲁(Andrew of Isernia)宣称,国君不能违背一个臣民的意愿剥夺其财产,除非此人是罪犯。教条主义的"巴黎约翰"(John of Paris)认为,无论是教皇还是世俗统治者,他们对于任何个人的财产都没有一丁点儿支配权:个人财产属于个人所有,只有财产所有者本人才能全权处理。[①]无怪乎,这些理念得到了全部财产所有者们的狂热支持,[888]他们的呼声从欧洲的一端响彻了另一端。

整个物质匮乏时期,王室职务作为公义、法律和秩序的最终来源,其神圣性和公共性仍存在于其他封建社会的契约性纽带之外。在任何制度中,如果要重建一个公共司法和律法、一套公共秩序和公共机构,也就是说如果想要重建一个国家的话,唯一能够实现这一点的制度就是王权。如果它失败了,王国就会四分五裂。在德意志和意大利,这种努力失败了,它面临着类似的结局。在英格兰和法兰西,它以不同形式取得了成功。

不过,对于王权而言,它必须要处理的不只是封臣问题,教会是它要面临的另一个制约。

3.2 教会

在一个文盲时代,教会是一个富裕的有文化阶层;它存在于封建等级次序当中,但又不属于这个次序。一方面,教会被封建化了,教会的最高管理者成了王室官员;另一方面,它对大量平民事务享有完全独立的司法权。教会成员可免于世俗法庭的约束。他们遵从着远在异国的教皇所制定的教会律法与教阶秩序。从 12 世纪晚期开始,教皇通过利

---

① R. W. and A. J. Carlyle,《西方中世纪政治理论史》六卷本,第 5 版(Blackwood, Edinburgh, 1971),第 102 页。

己的外交策略以不同方式操纵了"国家"教堂,并根据形势所需支持或反对国王。

在罗马帝国秩序崩溃过程中,在蛮族人频频入侵的浪潮中,教会作为组织机构存活下来的物质基础就在于其巨大财富。信奉基督教的皇帝们把从异教徒手中没收而来的庙宇财产赠给了教会,并免除了教会土地的税收。日耳曼王朝以此为荣,王室贵胄和大臣们为求得自身和家族灵魂的宁静,进行了大量虔诚的捐赠。公元 10 世纪,本笃会秩序在重建过程中,也极大地促进了对于本笃会修道院网络的个人捐赠。通常,教会对于赠与的土地也是来者不拒。

3.2.1 格里高利七世之前

在 11 世纪格里高利改革之前,教皇不能也不愿去控制主教和大主教们,他们在欧洲的每一个统治中都是教会的真正支柱。原则上,主教由牧师和民众选举产生;修道院院长由僧侣们选举产生。[889]随着封建主义的出现,人事任命也注定开始遵从封建模式。西欧大约有 500名主教,他们大多出身良好,他们当中的许多人管理着庞大产业,其地产之大足以和当时的大领主们相比肩。很难想象,国王或者篡夺王权的大公爵和伯爵们(特别是在法兰西)愿意将如此重要的资源拱手相让。至少,他们必须要确保主教和大主教的政治中立,最好能够从他们那儿获得一些资源,尤其是军事资源。国王和贵族们影响选举的权力就在于支持其候选人,以便使他们把骑士服务施加于主教辖区和修道院之上。一旦"当选",主教就不得不登记财产;因此,无论我们是谈论一个管理着教区的卑微牧师,还是一个统辖教民们的主教,乃至修道院的院长,为他们实施授权仪式的人总是世俗统治者。因此,国王在授予主教牧杖和指环的时候,反过来也期待后者具有封臣一样的忠诚。随着封建制度及其形式的完善,主教和修道院院长们逐渐臣服。教会职责也因此而变得"神圣化"了。这些主教们是重要的管理者和组织者,其中许多人还曾是武士出身。有时候是他们派骑士去战斗,有时候他们亲率骑士去战斗。本质上,任命主教和大修道院院长的权力来自帝王;但在王权式微的地方,比如法兰西中部和南部地区,大贵族也可以任命主教；更糟的是，一些地方的主教之职竟然明码标价出售。[1]

任命教区牧师的方式与任命主教的模式并无二致。根据古代日耳曼的习惯，教堂及其捐赠实际上属于创建人和捐赠人，也即主教、国王或是土地所有者。牧师只是根据领主的要求提供部分圣俸（他们此时大多已婚，虽然有宗教法规的限制），即通过支付部分收入或部分精神报酬。在许多情况下，已婚牧师的职位往往会由其儿子继承。

在 10 世纪后半叶，作为教会领袖的教皇也成了罗马贵族的候选人，并在 11 世纪前半叶成为图斯库卢姆（Tusculum）法庭的候选人。至此，教皇的道德和政治权威达到了最低点。

3.2.2 后格里高利时代的教会

教会的这一困境被亨利三世所解救，他任命了一系列德意志主教。利奥九世（1049—1054 年）启动了活力十足的教会改革和净化运动，[890] 在希尔德布兰（Hildebrand）枢机主教的影响下，他后来又当选为教皇格里高利七世。他开始了影响深远的改革计划，他的改革计划彻底而全面，在某些方面还具有一定预见性。在这些改革过程中，他创立了新的教会架构，宣称教会高于世俗权力。在 14 世纪之前，这种观点成为整个时代的主流，这不可避免地导致了教皇和教会同世俗权力之间的冲突。

改革计划的要素体现在 1075 年《教宗训令》当中。它宣称：（1）教皇是教会至高无上的领袖，教皇有权制定律法，免除和调任主教，审判所有重大案件；（2）教皇高于皇帝[2]和诸王，他能够罢黜国王和皇帝，解除臣民对于他们的效忠。它坚持主教们不能接受任何世俗人士任命的职务，国王也不能继续任命他们。格里高利教皇试图建立独立的主教选举制，禁止继承和出售教会职务（"买卖圣职罪"）。他在罗马开始了权力集中化的进程：部分通过绕开大主教们的权威，以便使主教们的任命完全依赖于教皇；部分是通过教皇使者们的活动，后者的教阶高于被派遣之地的任何成员。从 1075 年开始，确实有一些永久性使者长期担

---

[1]　有关德意志的案例，参见原书第三册，第六章。

[2]　参见原书第 885 页。

任"教皇代理人"，行使教皇全部权威。这些改革与格拉提安改编教会法典同时发生；二者一道引起了罗马库里亚大会越来越多的争论，并极大地增加了教皇的权限。

对于皇帝和国王来说，这些改革非常突然，而且直接削减了他们的一大部分权力，其直接反应就是抵制。在英格兰，改革的政治后果非常之大；在意大利，特别是在德意志，改革的政治反应是灾难性的。关于这场争吵导致帝国和教皇共同毁灭的情况，我们稍后再谈。其直接问题并非格里高利改革所引起的内政和外交反弹，而是它们对于社会统治的影响。

宗教改革在教区层面几乎没有什么影响，领主们依旧掌握着任命权。对于重要的教会职务而言，最为丑陋不堪的世俗性干预消失了，但是在选举原则上并没有出现教皇所预期的结果。因为选举人规则并未限定在大多数人的决定上，而在于合理的一方。也就是说，选举规则并非来自没有资质的多数人，而是那些"叫得最响的人"。这种含糊不清的公式允许君主操纵选举。[891]而且，后格里高利时代的主教或修道院院长们仍是庞大地产的主人，仍要履行他们所承担的封建义务。所以他们仍旧是封臣，必须像封臣一样行事，即使不再负有效忠帝王们的义务。不过，法兰西是一个例外。

通过授予采邑的方式，教会仍被深锁于统治体系当中；在另一个层面，它又被固着于国王家族及其新设的职位之上。随着时间推移，国王可以找到的唯一有学识的人只能是牧师，去教会中寻找那些最有思想、最聪明，也最有经验的管理者或许更容易些。对一个年轻人来说，他的职业构成往往是这样排序的：进入大学研读法律；找到一份圣职；去某个修道院或主教辖区协助打理产业；取得一个较高的学位，在 40 岁左右时获得国王授予的主教职位或者大主教之职。概而言之，他在"教会"和"世俗"职业之间转换，要么就像托马斯·贝克特（Thomas Becket）所说的"恰恰相反"。王室对此享有极大优势，因为国王无需为此支付一个铜子儿。国王需要做的只是任命他所挑选的人担任教会圣职。教会则通过这种方式为其提供报酬！利用圣职偿付王室官员确实等同于创造圣俸来承担骑士服务的费用；二者都是大量抽取教会资源以增强王权的统治模式。

有关教会改革的介绍，包括其成功的程度以及对王权的影响等方面，再没有比理查德·萨瑟恩更好的描述了：

> 国王和世俗人士失去了对大多数教会任命的直接控制；他们失去了在教会人事方面的权力；他们失去了剥夺教职的权力；他们无法长时间地违抗教皇。所有这些都突出地体现在一系列引能够引起后人想象的事件中：德意志的亨利四世在卡诺萨，英格兰的亨利二世在坎特伯雷郡，包括国王约翰都是教皇的封臣，腓特烈二世家族也被西西里的一个教皇候选人所毁灭。不过，这些事件并未说明核心问题：即世俗统治者们必须要学习一项复杂的游戏规则，以便应对比以往更为富有和聪慧的教会势力。
>
> 在 12 世纪之前，早期欧洲统治者们仰仗着对于教会的绝对控制从中受益良多。这一权力使他们在和平时期成为值得信赖的代理人，在战争时期赋予他们军队和财富，在每次物资匮乏时使他们的收入得到正常补充，在需要的时候充当了他们的金银储备，而且是他们旅途中的众多落脚点。[892]他们自然会忧虑这些特权的丧失。但是通过一个逐渐的调整过程，他们发现不必为此而感到忧虑。他们只是不能继续任命主教，或者对教职收取准入费；也不能夺取教会财产，或干预教会律法。但是和以前相比，他们可以使用更多教会财富来资助世俗政府日渐增多的活动。在 12 到 13 世纪，教会圣秩中的职员们，虽然其个人要遵从教会权限，但却是世俗政府最为有效的代理人。他们期望通过个人劳动获得在教会内晋升的奖励，国王们可以毫不费力地做到这一点。教会职位是世俗统治者报答其大臣们的主要财政资源。自教皇而下，所有人都默认了这一状况。因此，王室军队的激增也就在情理当中。教皇的分配使得他们之中那些最为成功的人士能够积累起大量财富，最终有望获得一个主教之职。
>
> 对于这一切来说，仅靠一个国王命令是不够的，还需要保持一定的规则。只要有规则，就一定会有专家；只要有专家，就会存在漏洞。

从教士中产生的这些专家们，向国王展示了如何按照教会规则去使用教会财物。像苏萨的亨利这样的专家们也期望从世俗统治者那里获得教会奖励，只要小心经营，就不会有痛苦的时候。巨大的分歧或是来自笨拙无知，或者出于自负，抑或是来自个人的仇恨。只要循规蹈矩，没有过分行为，所有的不愉快都是可以避免的。①

这个精彩的摘录阐明了君主们是如何"失去了对教会人事的控制"。对我们来说，这也是封建政治体制的另一个独特之处。即便有些费力，我们仍可接受全国性权力与诸多地方性权力进行分权和分治的观念，二者在司法上是平等的。我们比较难以接受的观念是：大量案件和个人都被免除在当地民法之外，只遵从自身的法律实践。情况就是这样。不过，我们必须区分两点：第一，从远古时代开始，某些事件被当成了精神层面的东西，其中教会的判决也要受其束缚。第二，对教会人员来说，除了教会自身的纪律约束之外，再无别的制约。

就第一点而言，无论是王室法庭还是贵族都无权处理乱伦、通奸、重婚、高利贷，或者违背誓言等罪行。后者在总体上逐渐卷入了契约问题，以至于握手成交也被当作是一种信仰誓约的暗示，因此只有教会法庭才能进行判决。但凡涉及婚姻的案件也属于教会权限，这包括所有的婚姻障碍（其数量多得难以置信）和子女合法性问题。[893]教会权限是如此之广，以至于教会法庭和世俗法庭之间的冲突在所难免，事实也的确如此。相应地，在不同统治时期，前述纯粹的教会案件也会遵照当地通行习惯和世俗权力抵制的程度而进行变更。总之，这些法庭以一种现代人难以理解的方式排挤了君主权力。②

教会人员对于世俗权力的抵制可能更具轰动性，因为这有点新奇。

---

① Southern，《中世纪西方的社会与教会》，第130—131页。

② 参见本书第二章有关"哈里发帝国"的内容，在伊斯兰教中存在相似的司法部门。伊斯兰教教法案件和马札里姆案件分别由不同的法庭审理。不过，原则上，伊斯兰教教法也掌控着世俗的马札里姆司法。"乌勒玛"们从未强制执行这一点，但也从未否认这一点。"沙里亚"是真主的语言，它规范着世间的一切。在基督教中，教会最初在一定范围内承认了世俗权威，其基础主要是"凯撒的归凯撒，上帝的归上帝"。所以尽管在两种情况下都存在权力划分，但二者的划分界限和基础截然不同。

例如，在盎格鲁—萨克逊王国，违反刑法的牧师在百人法庭或郡法庭受审乃是理所应当。格里高利的信徒们要求终止这种做法。他们坚持，只有教会才可以审判此类案件，教会不能处决犯罪的牧师，但它可以撤除其职务。当然，在教会判决之后，从前的"犯罪牧师"将会与所有普通臣民无异。这种主张至少意味着"犯罪的牧师"还会有第二次成为牧师的机会，这显然与国王们的意见并不一致。

不过，国王们输掉了这次争斗，英格兰的情况尤其糟糕。恰恰是这一问题导致托马斯·贝克特被暗杀，而贝克特的遇害又迫使亨利二世寻求赦免，并放弃这个案子。其结果变得荒谬不堪。刑事法庭传讯了被指控者（或者是在被判刑后），后者却请求享受"牧师的优待"。然后教会法庭将再次审理此案，但通常会宣告他无罪释放。起初，只有获得任命的牧师、修道士和修女们才可以获得这一特权，到 1350 年这一特权已扩展至所有识字的人。为了确信被指控者识字，法官们会要求他朗读或背诵《诗篇》第 51 章！①

综上所述：教会和王权一样高于封建制度，而且它和王权一样既存在于封建制度之中，但又不属于它。它们都是封建制度中的"抗体"，不过奇怪的是，封建制度却让二者开始了共生关系。如同贵族曾一度成为君主制的支持和制约一样，教会也是如此；如同贵族与国王基于领地来分享权力和司法一样，教会也基于职能和国王分享了权力。[894]它是一种更广泛的豁免权，是对早已被分割过的中央权力的一大削弱。

封建政治更加复杂之处在于，从 11 世纪开始，又有一群人登上了历史舞台。他们并非教会人员，而是世俗人士，然而他们既不是诸侯也不是农奴。同样，他们也不是祈祷者、武士，更不是种田供养前者的人。他们就是市民。

3.3 城镇

城镇是寄宿在封建社会中的第三个非封建元素。后面会有一章来专门论述这个问题。其原因就在于城镇注定要在西欧政治中扮演一定

---

① 我们不得不承认，它的确是首很长的《诗篇》。

角色,并发挥重要影响,这是在中东或东方都不曾出现过的事情。它们是一支让西欧变得与世界其他地方有所不同的力量,有人说它是一股独特的力量,它们是后来欧洲在经济、社会和政治等方面发展的一个跳板。这个观点在多大程度上能够得到证实,这必须要由后来的历史去评价。其中有一点是清晰的,即城镇只能以其独特的方式进行发展,因为它们的政治环境是封建性的。尽管它们被嵌入了占据主导地位的封建政治体制当中,但其驱动因素却来自非封建性的价值观和动力,以及比封建主义发展得更长远的政治形式。

城镇能够幸免于黑暗时代,是因为大多数城镇要么是主教的管理中心所在,要么是堡垒要塞之地,它们可以作为村民的避难所和封建领主的军事总部。偶尔,也会有一两个地方闪现贸易繁荣的火花。绝大多数情况下,市民们都是教会或封建领主机构的附庸,它们在数量上往往微不足道。

但是到14世纪晚期,城镇是西欧经济生活中最重要的组成部分,也是政治生活中的一支活跃力量。此时的城镇和黑暗时代的城镇原型大为不同,它们往往是贸易和制造业中心。城镇居民是自由人,它们和传统封建领主或君主之间的关系,已经从严格控制和特许自由发展到完全的独立自治。大约在13世纪最后20年中,通过国王或诸侯们召开的全国性集会,前一种类型被归并入了封建统治当中。这些独立城镇复兴了古代形式:它们均为共和制。

[895]相比于中东和东方的大城市,即便是最大的西欧城镇也很微小。1727年马可·波罗去世时,他所在的威尼斯有10万人,佛罗伦萨的人口与此相当。在整个物质层面,中东和东方的大城市在规模和富裕程度上都大大超过了任何一座欧洲城市。但二者是完全不同的城镇类型。所有东方城市都是帝国统治者和军事卫队的所在地,民众是他们的臣民。在许多东方国家里,比如中国、日本和阿拉伯国家,内部的城墙会把城镇分割成许多区域,居民在晚间被限制出行,并由全副武装的军队巡逻。①相比之下,欧洲城镇是自由市民的社区,至少他们通过

---

① 参见原书第726、755、1109、1224、1244页,有关印度政治体制的内容。

领主或国王的特许可以自行管理和控制内部事务。更重要的是，除了自身以外，他们无需对任何人效忠。

和中东与远东的城市相比，欧洲城镇之所以能发展到如此地步，原因就在于它们是在封建的而非帝国的环境中发展而来。我们可以看出，封建政治是一种怎样的多头政治，以及如何成为一种地方化的权力点之间的松散结合。城镇和任何城主或边疆区领主一样，通过逼迫、推挤、甚至战争等方式把自己建成了一块"自由地"；它们也因此而成为封建网络上的另一个自治权力点。城镇只遭遇了地方领主或国王进行反制的束缚，如果这些力量比较弱的话（比如意大利、德意志），它们就可以赢得完全自由。

城镇在中世纪的政治争夺中必然是矛盾性的。它们同任何可以帮助它们自治或独立的力量联盟，不管这些力量是反对国王的地方性领主还是对抗领主的国王；也不管它们是反对教会的世俗力量还是反世俗的教会，更不在乎它们是攻击同胞的异族还是进攻异族的同胞们。例如，德意志的国王们（神圣罗马帝国的皇帝们）就曾支持城镇反对教会和世俗国王。但是他们太过弱小，最后不得不离开了城镇，并依靠自身去对抗其领主。在弗兰德斯和意大利，由于市民自身在经济上的分裂，城镇外交也因此进一步复杂化。这种分歧导致城镇在面临攻击时，外部力量或是协助抵御攻击，或是帮助对手进行攻击。不过，这些纠纷及其结局是另一章的主题，我们无需在此进一步论述。

第六章 统 治

1. 西欧和中欧的政治地理

[896]王国是先于封建制度而出现的政治形态。在定义上，"王国"是一个承认国王作为其最高政治权威的地域性政治单元。在某种程度上，它变成了一种独特的社会组织原则，封建制度改变了王权的性质，将其降低到了更为简单的大地主角色。除此之外，封建制度所实现的整合是一种多头政治力量间的均衡，但这一均衡通常是不稳定的。在历史上，也可能是逻辑上的，王权的非封建和前封建特性是其为有组织的封建社会所提供的整合原则。在王权强大的地方，就会出现一个连贯的政治体系，即像英格兰、西西里和法兰西一样的封建王国。在王权软弱的地方，王国就会分化成诸多小的公国、自由城市、甚至城市共和国：这正是"德意志"和意大利的命运。

这些最早的王国，连同我们此刻所关注的王国都是罗马帝国在西方的继承者。它们是英格兰王国；伊比利亚半岛上的一些小王国；西法兰克和东法兰克王国，洛泰林基亚的"中王国"；最后是意大利王国。

在不列颠，除了威尔士和苏格兰高地的凯尔特部落公国，以及苏格兰低地地区讲英语的洛锡安（Lothian）原始王国之外，英格兰的盎格鲁—萨克逊王国被并入了韦塞克斯王朝，其边界与现在没有太大差别。在伊比利亚半岛，阿拉伯人占领了半岛五分之四的地区，把高卢贵族限制在西北一隅。10世纪时，阿斯图里亚斯（Asturias）以里昂为首都建立了王国，经过不断扩展，它在1031年建立了卡斯蒂利亚王国。与此同时，在比利牛斯山中部，大约在公元900年产生了纳瓦尔王国。后来经过不断扩张，它在1037年建立了阿拉贡王国。埃布罗河以北是基督徒的领土，查理曼大帝曾在此设防抵抗阿拉伯人。这里是西班牙语地区，除了巴塞罗那郡之外，再无其他王国。在13世纪中叶以前，它一直是西法兰克王国的一块采邑。

[897]最后一个王国是在843年通过签署历史性的《凡尔登条约》所形成的三个国家之一，它们是由查理曼帝国的三个卡洛林继承者所建立的王国。其西部被称为"纽斯特里亚"（Neustria），或"西法兰西亚"（West Francia），后来又被叫做"法兰克王国"，它约占今日法国领土的五分之四。王国的东部边界完全位于莱茵河和隆河的西侧。它的东部地区一度被称为"东法兰西亚"（East Francia），但由于时代原因，我们将其称为"德意志"。它起自莱茵地区，包括美因兹、兰斯和施佩尔的主教辖区，囊括了易北河以西查理曼大帝征服的所有土地。但是其东部和西部之间的领地被分配给了第三个继承者——洛泰尔（Lothair），绝大多数领土注定要随着历史进程被逐个并入"德意志"。

此外，还有意大利王国。事实上，它是早期伦巴第王国的继承者，主要包括亚平宁半岛的北部和中部地区，它南邻罗马，只有被拜占庭人掌控的威尼斯是个例外。这些王国在面积和人口数量上差别很大，见下表3.6.1。

这就是继承西罗马帝国的各个王国。它们的令人称奇之处就在于其持久性。尽管经历了所有的入侵浪潮，遭遇了政治权力的土崩瓦解，其数量变化甚微。王权的单一性特征非常牢固，无论多么强大的地方君主也不敢篡夺国王头衔。

我们还需提到一个奇特的政治实体——罗马帝国，它在1157年又

表 3.6.1　中世纪王国的规模

	面积	人口数量	
		1000 年	1300 年
英格兰(和威尔士)＊	15 万平方公里	175 万	375 万
法兰西	55 万平方公里	650 万	1600 万
德意志	36 万平方公里	400 万	900 万
西班牙王国(1212 年再征服运动)	——	N. A.	550 万
意大利北部	15 万平方公里	N. A.	550 万

注：C. McEvedy 和 R. Jones,《世界人口史地图集》；＊威尔士人不足总人口的 10％

被称为"神圣罗马帝国"。大家对于伏尔泰的讽刺并不陌生：这个"神圣
罗马帝国"既不神圣，也不罗马，更不是一个帝国。但这并不完全正确。
它确实是一个帝国，它包含了今天的德国、苏格兰低地、瑞士、意大利北
部和克罗地亚。[898]神圣罗马帝国是"罗马"的，因为新皇帝必须在罗
马举行加冕仪式；说它是"神圣的"，是因为它被看作是不可见的基督教
联邦的世俗臂膀；而教会则是基督教国家的精神臂膀，它无处不在，无
时不有，无所不能。这个夸张的帝国理论必然导致皇帝和教皇之间的
斗争，这种冲击波甚至造成了德意志和意大利王国的政治覆灭，我们将
针对具体的历史背景做进一步讨论，这里只进行简单评论就足够了。
公元 800 年查理曼在罗马被教皇加冕似乎是教皇的主意。查理曼似乎
也认为这个头衔只是他个人的，但由于强大的家庭因素，他把头衔传给
了继承人"虔诚者路易"(Louis the Pious)。通过 843 年签署的《凡尔
登条约》，它被降格成为"中王国"，即"洛泰林基亚王国"，统治着从北海
以南包括意大利王国在内的地区。德意志国王奥托一世重建了帝国，
德意志国王自此开始成为意大利的国王，并前往罗马接受加冕成为皇
帝。德意志国王的头衔和职责是分离的，这和皇帝的头衔与职责不同。
新帝国不仅包括了德意志，还包括苏格兰低地、勃艮第王国(不久并入
了德意志)——不要混同于勃艮第公国(Duchy of Burgundy)①——和

---

① 原勃艮第王国的一部分，位于索恩河西面，曾被法兰西的卡洛林王朝重新控制，仍是法兰
　西王国的一部分。

意大利北部地区。正如我们将要看到的，这个帝国从来就没有一个中央官僚机构、税收体系或常备军。事实上，它的中央机构是不存在的。它只是通过德意志国王们的能量，以及他们的资源和外交来维持。

在一些特定时期，它的皇帝们曾经宣称对英格兰和法兰西的国王拥有司法权，他们之间的关系与古罗马有关皇帝和国君的概念是相一致的。但是，没有哪个法兰西或英格兰国王把这种要求当成回事，或是在事实上承认这一点。

需要指出的是：对于一个作为政治体系的帝国历史来说，这个头衔是德意志宪政史的一部分，需要在当时的历史背景下来分析和认识。

2. 欧洲王国的发展

10 世纪至 13 世纪末，德意志和意大利王国的命运与法兰西和英格兰王国的命运是不同的。10 世纪的德意志王国是非封建性的，[899]封建主义在 12 世纪才被引入德意志。最初，王国实行的只是一种强大而原始的个人君主制。14 世纪，这种王权几乎成为无用的摆设，王国本身也几乎成了一些独立小国的名义性联盟。另一方面，法兰克王国在 10 世纪的情形与德意志 14 世纪的情况相似，在很大程度上是一个由半打大公国和郡县组成的名义性联邦，它们统属于一个王权。到 13 世纪，它们被按照封建王国的模式粘合到了一起，并处在一个王权统治之下，它的王权通过汲取封建法律而获得了优势。10 世纪的英格兰同德意志一样是非封建性的，它同样拥有一个个人化的强大王权。诺曼征服的后果强化了王权，这是一个具有盎格鲁—萨克逊和封建特征的王权，它最终发展成为那个时代最为高效且影响深远的中央政府，[1]但其活动被日益增长的制度化约束所平衡和控制。从那时起，它的制度化发展开始遵循周期性节奏。行政权力的每一次扩大都伴随着制约性制度的反弹；后者的每一次进步也会引起前者相应地发展。

---

① 诺曼人的西西里可能是个例外。

3. 英格兰封建王国

3.1　发展

英格兰是四大王国中面积最小、人口最少的国家。它的面积和人口在比例上仅为法兰克王国的四分之一左右。与德意志和法兰西相比，其边境线也非常短。除此之外，威尔士的部落公国和洛锡安、斯特拉思克莱德的新生苏格兰王国都是弱小的邻邦，他们是袭击者而非入侵者。因此，相比于欧洲大陆的王国，英格兰很早就实现了统一。到975 年埃德加（Edgar）去世为止，和法兰西相比，英格兰作为一个不可分割的王国已经得到了统治阶层的承认。除了诺森伯兰郡和坎伯兰郡的争议地区外，英格兰的边界已经和今天差不多。从那个时代起，贵族对国王的反应是追求特权或者统治国家，而不是重回"七国时代"（Heptarchy）。[900] 11 世纪的两次征服，首先是1013 年的丹麦征服，而后是1066 年的诺曼征服，都只是确认并巩固了一个地域共同体的认同感。

这是一个日耳曼王国，除了教会之外，它与罗马没有任何瓜葛。它繁荣昌盛，拥有充足的银币。虽然越来越多的土地落入了一些大土地贵族的手中，但它在财政、军事和司法上都是不动产保有者的国家，由君主和教会贵族阶层统治。它的军队由全国范围内征召而来的民兵组成，其核心是围绕君主的两三千名职业禁卫军，以及围绕着贵族们的小型军事机构。它的司法是"民法"的习惯法，自由民参与地方法庭的审判，遵循听取被告申辩和审讯的程序。政府事务几乎全是地方性的，它在被限定的领土上行使司法权，从百人区、市镇、郡乃至全国。这些事务通常由国王的官员们来主持，比如主教、郡长（后来称为"伯爵"）、警长等。这就在国王与地方之间提供了联系。至少在理论上它们可以被国王改动。就国王而言，其主要角色是保卫国家。除了在有限时期内将某些个人或社区纳入其保护下的个人特权外，国王的其他任何活动

---

①　这包括条顿征服之后出现的七个王国。

都是经过其顾问许可并安排好了的"程式"。这些顾问往往是教会或世俗的贵族，他们会在国王需要时应征而来。国王通过内务官员以"世代相袭"的方式来管理日常事务。到 11 世纪，内务官之职最终发展成为一个活跃的秘书处，国王的一系列特许和文书都出自这里，并在此加盖国王印玺后成为正式诏令。

王权存在于韦塞克斯的王室家族，但它并非通过世袭而是经由选举产生的，事实上是基于王国境内权贵们的共识而产生的。国王之职受到普遍敬重，但是其有效性完全依赖于任职者的个性。随着 975 年埃德加去世，英格兰由干练国王统治的时代宣告结束。在诺曼征服前夕，王国的统治已经日薄西山。

准确地说，诺曼征服的本质在于它是一场"征服"。诺曼军队粉碎了英格兰的所有抵抗，占领了盎格鲁—萨克逊统治阶层的土地和居所，英格兰自此开始被这 6000 名武装骑士所辖制。威廉宣称，整个国家都是王室财产，所谓"普天之下，莫非王土"。他据此进行了土地分配：大约六分之一的土地归他自己，约五分之二的土地分给其士兵，约四分之一的土地作为教会土地，剩下的五分之一仍归卑微的自由民所有。威廉安置了参与征服的军队，并根据他所知道的封建原则将其组织起来。[901]他把充公的土地分给了 180 位封臣，以换取他们的效忠和骑士服务，包括其他相应的封建活动（如救济，拱卫，婚姻）与辅助义务。自此，国王和王国内权贵之间的关系就变成了封建性的封臣契约关系。

不过，这种封建性的封臣纽带，与法兰西王国的封建关系原型有很大不同，①问题就在于威廉个人在诺曼底的公爵领地问题。原因很简单，在诺曼底，威廉与其男爵们的关系是"领主"与封臣之间的关系。而在英格兰，他是他们的国王。通过加冕仪式、行膏礼、加冕宣誓和随后贵族们的拥护等合法化形式，威廉完全融入了盎格鲁—萨克逊的王权传统。事实上，作为获胜的战争领导人，土地分配者，以及作为所有土地拥有者当中最为富有的人，威廉最大限度地发挥了盎格鲁—萨克逊王权中的权威。

---

① 参见原文，第 921 页。

1. 他不允许把土地使用期限作为与国王联系的唯一政治纽带；相反，除了国王自己的封臣之外，他还要求所有土地持有者宣誓效忠。所有人都必须忠诚于他，哪怕是让他们背叛原来的领主。1086 年在索尔斯伯利(Salisbury)进行第一次宣誓之后，宣誓就成了地方法院中司空见惯的事情。而且，不管在什么时候，下级封臣在为获得土地而效忠于中级领主的同时，还要保留对于国王的忠诚。

2. 在盎格鲁—萨克逊律法中，国王无权发动私人战争，威廉和他的全部继任者们成功地强化了这一禁令。直到 15 世纪，法兰西最后才开始实施类似的规定。①

3. 英格兰的全国性军事力量——英国民兵被保留了下来，它们甚至被诺曼国王们征召起来用以对抗反叛的诺曼贵族们。在 1181 年和 1285 年，亨利二世和爱德华一世又分别重组了这支军队。

4. 在一个多世纪中，国王们继续按照盎格鲁—萨克逊传统向全部自由民征收全国性的税收（比如"动物阉割税"，后来是"犁头税"）。

5. 最后，它的司法只是部分地、临时性地被封建化了。除了一些例外（如王室领地），郡法庭和百人法庭连同它们古老的盎格鲁—萨克逊司法权保持不变，只有纯粹的教会事务开始由教会法庭处理。而且，它们继续保持了与国王的联系，通常由国王的私人代表，旧的"郡长"或司法长官"警长"们来主持。

[902]如果从这一点来看，英格兰王国的宪政史就是国王权力不断扩张的历史，这种扩张建立在以封地为代价的基础之上。与此相对应的是，它还导致了国王"库里亚"法庭的专业化和专门化，以及对于租佃们所承担封建义务的苛刻剥削。直到约翰统治时期(1199—1216 年)，一次男爵叛乱临时性地阻止了这种势头，并导致了一系列新发展。这种发展最初摇摆不定，不过在 14 世纪稳定了下来，在国王和内阁职业行政官僚之间出现了分歧：下级骑士们支持较为广泛的贵族阶层，然后是试图控制它们的商人阶层。

以领地为代价的国王司法权的急剧膨胀发生在亨利二世(1154—

————————

① 参见第四册，第五章，原书第 1281 页。

1189 年）统治时期。亨利继承了安茹王朝在法兰西的大量领地，而后通过与阿基坦的埃莉诺联姻又获得了大片领地。亨利通过一系列旷费时日的血腥内战继承了王位，但诸领地之间的征战却导致了无政府状态。亨利二世是一位伟大的英格兰君主。我们在描述其孙子爱德华一世统治下英格兰王国达到鼎盛的情况时，将会述及亨利二世成就的若干细节。这里只是勾勒出其总体发展脉络：亨利二世不仅恢复了其祖父亨利一世在位时的王国盛况，在扩大国王权力方面还超越了亨利一世。

在这一时期，它的司法既是大众性的，也是封建性的；也就是说，民事和刑事案件既可以在郡内法庭和百人法庭中审理，也可以由封建法庭和特权法庭审理。亨利统治时期广泛实施的一系列措施中，其中影响最为深远的当属司法和行政体制改革。要知道，这两个司法程序在中世纪是不容易分得清的。在中世纪，行政决策受法庭司法程序的影响。如果不希望与这些法律细节纠缠不清，我们可以用三个标题来概括这些革新：首先，他把大量新案例引入了王室法庭。审理刑事案件（对"国王和平"的破坏）或许被当作是对国王角色的一种继承，但是他完全打破了民事案件中有关佃农从其土地上被驱逐的案例的审理原则。被驱逐的原告可以通过书面指令形式向高等法院提出诉讼，从而使自己的案件进入王室法庭听审。最令人注目的做法是被称为"原令状"（Praecipe）的文书，它直接送达给地方行政长官，命令地方领主立刻将土地归还给原告，否则就要在王室法庭中出庭受审，接受法官们的质询。

[903]其次，"王室法庭"得到了很大拓展。这样的王室法庭就是中央法院。二者仍然很难区分。王室法庭不同于国家登记处，后者是最古老的专业机构，专司处理所有的档案和记录；它也不同于 1135 年建立的财政部，后者专司处理郡长等官员的账目，并拥有专门处理法庭财税事务的分支机构。1178 年，两名教士和三名世俗人士被任命为法官以倾听"民众的不满"，他们是王室法庭的一部分。这些法官不属于财政部门的人事交换，无论国王在什么地方召开王室法庭，他们都要作为法庭中的审判官员追随国王。正如我们看到的，王室法庭是后来民事

诉讼法庭和王座法庭的共同鼻祖。

从 1179 年起,整个王国被分成四部分,各有五位法官巡行察看。这些法官在他们所到访的每一个郡县召集王室法庭。这个法庭并不是地方司法长官所主持的传统的郡法庭。郡的法庭仍像以往一样继续发挥作用。这些法官组成的法庭是地方郡法院中的"特别会议",司法长官会召集包括世俗贵族、教会贵族和郡长在内的所有不动产保有者参加会议,同时与会的还有来自每个乡村的 4 名"法人"和来自每个城镇的 12 名"合法"议员。不久,贵族们就获得了由律师代为出席的权利。法官接到案件就召开仲裁者法庭,这类法庭不仅具有司法效力,还同样具有行政效力:国王的全部诉求都从早期法庭中被保留了下来,原告的所有个人诉求都能获得一个正式的王室命令文书。此外,其受理范围还包括刑事犯罪、王室分封(协助、拱卫等)、王室产业管理等案件等,这些都是"国王的诉讼"。

最后,这些法庭程序与古代的宣誓断讼法、神明裁判,甚至与传统大众法庭中(郡法庭和百人法庭)的搏斗审判都不相同,因为国王允许所有自由人通过一个立誓审讯来确立自己对土地的权利。事实上,这是一场陪审。了解事实的邻居们可以立刻报告谁是土地的最终拥有者,又是谁最后将其转让给了某一教堂,等等。这些陪审仅建立在事实之上:他们只不过是目击者而非法官。这就是小陪审团的源头,我们现在称之为"审理陪审团"。

亨利还根据传统使用立誓审讯程序来打击犯罪。在 1166 年颁布的《克拉伦敦法令》(the Assize of Clarendon)中, 他要求从每百人中选出 12 位"法人",并从每个郡的各个镇中选出四位"法人",在郡司法长官面前立誓,指认他们所认定的抢劫者、谋杀者和偷盗者,或者是窝藏犯。[904]他们指出的这些人只接受王室法庭的审判。①在这里,我们找到了陪审团和大陪审团的源头,大陪审团制度目前在美国依然流行。

在讨论约翰统治危机前,我们必须强调王室法庭的不同层面。王

---

① 裁决通常经过宣誓采证和拷问后形成。拉特兰会议于 1215 年撤销了教会对拷问的认可,如果被告拒绝接受陪审团的裁决,当局就会感到为难。从 1275 年起,如果被告拒绝接受,就会被囚禁、折磨,直到最后被迫接受裁决。

室法庭不是免费召开的。原告请求王室的书面命令，或者选择上告至王室法庭，并由一个评审团来接收他的案件，他必须为这些特权缴纳费用。主审法官收取审理案件的费用，刑事案件中的罚金和没收的财产要上缴给国王。据说，司法"是一个重要的收入来源"。另一方面，王室法庭中的民事诉讼并不存在对于个人的强迫行为，但是不久民众就认识到：和传统的大众法庭相比，他们更愿意选择在王室法庭提起诉讼，并情愿为这一特权偿付费用。因为相对而言，王室司法更具吸引力，它取代了大众法庭。

在整个封建统治时期，政治进程无一例外地可以归结为国王和封臣之间的斗争，这一时期甚至可以被标识成王室"扩张"和封臣"反抗"的过程。约翰统治时期便是有名的"封臣反抗"时期。直到《大宪章》颁布，这个时代才告终结。但是，"封臣反抗"的重要意义在于它并不寻求把时钟倒拨至亨利二世改革之前。它接受了亨利二世的那些改革，它所做的只是通过书面形式来界定它们之间的边界，而不是重新恢复纯粹的"分封制度"。约翰滥用自己作为国王的权力，以便能自私地从王室司法中牟利。他拒绝了一些难缠的贵族们的要求，甚至更加滥用自己作为封建领主的权力。不过，1215年出台的《大宪章》接受了被强化的王权及其扩大了的权力，同时试图消除君主个人反复无常的行为。

《大宪章》包括了各种具体条款，比如鱼梁问题、欠犹太人债款等诸如此类的问题，它还自然而然地包括了保证英格兰主教和教会修道院长自由选举的条款，因为神职人员在宪章起草方面发挥了重要作用。它还包含了1—2个大的条款，这些条款非常笼统，连后人的评论也不知所云。比如，有这样一项条款：限制国王不能"出售、推迟或拒绝司法"。从17世纪的习惯法律师布莱克斯通（Blackstone）和斯塔布斯（Stubbs）主教一直到现在，关于这一条款的评论如汗牛充栋。在这里，我只想谈三点看法：

[905]首先是非常著名也经常被引用的一个条款："任何自由人，未经其同等级贵族之依法裁判或本国法律审判，均不得被逮捕、监禁、没收财产、剥夺公民权，并不得施加任何刑罚与折磨。"（第39条）其中

关于"同级贵族审判"和它与"本国法律审判"之间的区别问题上存在着无休止的争论。我无意参与这一争论,只是从本书所提及的政治文化(希腊、罗马和拜占庭除外)层面来关注这一条款的整体意义。这一条款的重要性就在于:起草宪章的贵族们并未要求独立,甚至没有要求使自己部分地免于中央政府的惩罚性权力之外。他们接受了政府惩罚他们的权力(和责任?)然而,他们想要一个公平的司法审判。他们想要应有的法律程序,并在应用过程中能做到"法律至上"。在当时,我们还能从什么地方找到有关这一主题的假设,或是抽象的法制概念呢? 在拜占庭可能会有,但不会在伊斯兰国家,也不会在印度和中国。我们过去在什么地方发现过这样的主张? 在希腊城邦和罗马共和国都出现过,但是它们和中世纪欧洲律法的神圣性之间没有任何直接或间接联系。毫无疑问,这种对于法制的坚持通过《旧约》传统得到了有力强化,然后是教会法律,接着是 12 世纪《罗马法》的复兴,但是这一主张并非源自它们。对中世纪欧洲而言,它是独一无二的。它并非像人们所认为的那样:贵族们拿起武器反对国王,国王驳回了他们通过法律反对其恣意妄为的主张。因为这样的反叛合乎法律。贵族们通过正式的"反叛"来抛弃他们对于国王的忠诚,在封建法律之下,他们有充分的权利这样做。

第二、三点可以更简明扼要地进行论述。《大宪章》限制国王成为独裁者,但支持他作为君主。它包含了很多界定封臣权利与义务的条款,这些条款重申反对国王滥用权力,但同时也包括了一些支持扩大国王司法权的条款。前者可被解读为约翰滥用权力的索引:它们固定了一名继承人缴纳救济金的数额;它保护未成年人和寡妇免于额外收费;赋予寡妇保持独身的权利;把军事义务限制在适当范围内,等等。这样的条款体现了领主—封臣契约性关系的特征。另一方面,关于国王司法权(必须指出的是,国王的司法审判还包括行政管理)的条款,在限制过度惩罚和罚款的同时,还希望使王室司法更加平易近人,并且只把它交付给最有声望的官员。[906]所以起诉人不必在"库里亚"中听审自己的案件,而是去一个固定场所中听审。因此,高等民事法庭在威斯敏斯特举行,而仍从属于国王的法庭被称作"王座法庭"。再者,国王的三个"占有令"（用来处理土地占有问题）更加频繁地被使用！当然，《大宪章》显示了对地方官员的极度不信任，并限制了他们的权力，但这毫无新意可言。亨利二世在 1166 年解除了一大批地方官员的职务。《大宪章》还显示，尽管贵族们限制并降低了地方官员的职务，但他们乐意接受国王的巡回审判。《大宪章》第 36 条还体现了通过宣誓审讯进行判决的公开性（比如，陪审团）。它规定：在攸关人命的案子中，这个令状将无偿授予，不容否决。《大宪章》中只有一个条款意欲限制新的国王司法权。那就是第 34 款，它试图限制书面原令状的发布。①这个条款令人不快，因为它把案件从领主法庭转到了王座法庭，从而剥夺了领主对下级佃户进行审讯的封建权利。但是这一条款的内涵存在争议，一部分人说它是约束性的，另一部分人认为它只涉及到某些特定的技术细节。不管怎样，法律的演变使得这个条款作用不大。

虽然教会和贵族们并非《大宪章》的唯一受益者，伦敦的商人们和其他人也得到了一些实惠，但他们是主要的参与者和受益者。因此，在《大宪章》第 15 条款中，贵族们向自己的佃农承诺限制封建援助以及它们和国王之间的冲突，这虽然看起来令人吃惊，但并不难解释。一个人的身份是如此多样，他既可能是上百人的领主，也可能是上百个大领主的封臣；他既可能是依赖于贵族领地的佃户，也可能是提供骑士服务的佃户，或是其他各种身份，因此国王的大领主不得不把特许权推广至所有自由人。通过这种方式，《大宪章》的条款通常也适用于所有自由人。

关于 1215 年的《大宪章》，最后需要提及的是第 41 条款，也即"执行"条款。最初发动叛乱的人大多是来自北部的小贵族，他们对国王非常缺乏信任。他们成立了一个由 25 名贵族组成的委员会，旨在夺取国王的财产和土地，尽一切可能获得司法权，只保留国王本人、王后及其后裔。这等于是对发起战争进行授权，无怪乎这 25 人大多是前述叛乱的最初发起人。[907]虽然之后的事件使这个条款无法实施，但它仍具有里程碑意义。它通过最简单、最粗糙的方式创立了一个委员会，这个

---

① 参见原书第 902—903 页。

委员会代表全体贵族来控制国王的活动。这一制度经过不断调整后反复重现，它大约在 100 年后开始被制度化。循着这一发展方向，约翰之子亨利三世统治末期开始出现了新进展。在亨利三世的长期统治下，王室司法体系和行政管理体系得到强化。值得一提的是，对于国王个人统治的封臣制约开始重新出现。

亨利三世是一位可怜的失败者。在继位的最初 16 年中，他尚未成年，政府主要由一个贵族议会来管理。亨利三世自己是个虔诚的傻子。当他在 1232 年接掌大权时，他使自己沉迷于欧洲大陆的事务之中，疏远了年长的盎格鲁—诺曼贵族。他把所有事情搞得一塌糊涂，不管是在战争还是在外交政策领域都是如此。不过，他重新确认了《大宪章》。

1232 年，亨利三世决定解散摄政委员会独自当政。此后，国王将自己与王室官员隔绝，完全听从于自己所宠幸的心腹。当然，从国王的观点来说，他是要摆脱权贵们令人窒息的监管，这些权贵们身居国家要职，尤其是占据着财政大臣和大法官之职。财政部是最古老、最专门化的政府部门，遵循着极其保守的财会程序。大法官掌握着对其他所有部门的活动进行授权的国玺，其中包括向财政部门要钱的请求。约翰本人也面临突发性的战争财政问题，他开始任用了一名更为亲密的官员来掌控王室财产。亨利在"圣衣库"中建立了自己的私人秘书；其官员使用亨利的私人印章——"御玺"，它可以命令大法官在国王亨利的诏令上加盖国玺，不久大量的资金便从财政部被划拨出来，或者直接从财政部划拨至圣衣库供国王个人使用。①

在经过 25 年不成功的个人统治之后，国王与贵族之间的冲突爆发了：在法兰西的军事失败；[908]由教皇直接任命的意大利主教教职及其圣俸陷入困境，流向罗马的大量供奉也因此干涸；奢侈无度的教堂建设和军事冒险活动欠下了大量长期债务；更为荒唐的是亨利兄弟对于西西里王位的要求，这对于那些贵族来说几乎毫不相干。1258 年，教

---

① 我们在此所看到的正是汉帝国所发生的情形。事实上，它贯穿了整个中华帝国的历史（正如我们将要看到的）。见第二部分第六章，第 490—491 页；第三部分第三、四章，第 762—763、826—827 页；以及第四部分第二章，第 1138—1139 页。

皇威胁说如果亨利不能偿清西西里军事冒险中拖欠教皇的债务，他就要开除亨利的教籍。但如果贵族们给予他特别帮助，亨利就可以募集到这笔钱款。于是，他召集贵族们开会，其结果便是体现在著名的《牛津条约》中的计划。《牛津条约》假设，更确切地说，它从以往和这个软弱又变化无常的君主打交道的经验中认识到：只要亨利个人继续掌控政府部门，也就是他的"库里亚"，他就可以避免被迫向封臣们做出任何承诺。从根本上说，贵族们的解决办法就是要让这些政府部门对他们负责。这一点主要通过国王及其贵族们共同任命的"十五人委员会"来实现，王国的主要官员们被要求对它负责。

这个约定非常短暂。国王支持者和贵族之间爆发了战争，贵族们在1264年的刘易斯战争中取得了胜利。但在1265年形势出现逆转，他们开始遭遇灾难性和决定性的失败。1265年，爱德华亲王在伊夫舍姆打败了贵族的军队，贵族军队的领导人西蒙·德·蒙德福特（Simon de Montfort）战死沙场。不过，事后看来这次尝试却是封建君主制向宪政演进的一个转折点。恢复后的王权重新获得了对于人事任命和重要国家机构的传统控制，后者变得更加专业化，也更为活跃。显然，国王通过这个机构所能实现的目的受到了"国王大会议"的限制，其成员范围也扩展到了大贵族之外，并越来越频繁地被称为"议会"。王权和内阁也继续发展；协商议会（commune consilium）不再是"库里亚"式的机构，而是变成了"议会"性质的组织，这将会成为未来英格兰宪政发展的范式。不过，这个模式直到下一个世纪才开始制度化。爱德华一世统治时期（1272—1307年）既是封建君主制发展的巅峰时期，也是封建君主制走向衰落的时期。

3.2 爱德华一世统治下的政府

威廉一世的统治体系代表了封建制度范式的实质性改变。[909]前面几段中的要点很简单，除了诺曼国王从盎格鲁—萨克逊君主制中获得的强大的非封建和超封建权力之外，他们的安茹继承者们还扩展了司法权以推出平民法庭和贵族法庭。于是，在封建法庭中逐渐产生了一个职业官僚核心，他们越来越多地具有了"库里亚"

会议的特征,现在变成了各种各样的讨论会。简言之,甚至连威廉一世时期被修改过的封建制度也受到了侵蚀。我在这里提出的第一个问题是:什么才是封建制度的遗留? 爱德华一世时期的英格兰在哪些方面仍然是"封建性的"?

塞尔斯设立了"封建主义"的四个标准:(1)建立在个人对个人基础上的政治忠诚,以忠诚、封建契约和"撤回效忠"的义绝权利为象征;(2)基于土地使用权基础上的服务(各种各样的和专业化的服务);(3)由地主实施的管理,领主作为领地上的统治者统治着他们自己的佃户,领地在整体上是一个王国的缩影;(4)建立在土地使用权基础之上的军事组织。[①]

其中第三个标准,也即由封建领主掌握的私人司法权这种中间性权力正在消失。当然,在整个英格兰,领主们都拥有管辖其佃农的领地法庭。这些法庭可以理所当然地处理庄园土地上的纠纷,不过它们只拥有很小的民事司法权,只能处理涉及价值不超过 40 先令的案件。[②]许多法庭也具有刑事审判权,但是这严重依赖于王室特许或是多年形成的惯例,其中后者属于"特许法庭"。因为在某些案件中,领主法庭获得了审查集体性警察机构的权力,[③]名义上这些权力由国王的地方长官实施,这样的法庭被称作"民事法庭"。最大的特许法庭是王室领地法庭,其中最为重要的当属"达勒姆"法庭,它以主教作为其领主。在王室领地上,领主就是一个总督,因此国王的命令文书对此没有影响。除非经过领主同意,国王的司法权是不被承认的。在威尔士湿地也存在着领主制,这里的领主完全排除了国王命令,独自进行专制统治。正是在这些大领地上,特别是在威尔士和苏格兰边界地区,英格兰的统治最为接近由大地主进行居间统治的封建统治范式。值得注意的是,在爱德华二世和理查二世统治时期,在兰开斯特王室统治下,对于王室权力

---

① G. . O. Sayles,《英格兰的中世纪根基》第二版(Methuen, London, 1950),第 205—256 页。

② 在不列颠的货币换算变成十进制前,这里的货币单位用 £. s. d. 表示,即英镑(磅 libra)、先令(所里第)和便士(第纳里)。先令现在已经消失了。(磅、所里第和第纳里都是古罗马的货币单位,译注)

③ 参见原文,第 916 页。

的威胁正是从这些地区成功发展而来的。[910]不过，只有上述这些有限的地区排除了国王的封建权力；而在其他地方，国王的封建统治仍然一如既往，甚至还得到了扩展。1290年，爱德华一世颁布了有名的"权利开示令状"（Quo Warranto），要求每一位领主展示他所宣称的"自由"权利。面对领主们的强烈反对，他不得不妥协，被迫承认将1189年之前从未中断的惯例作为一个可让人接受的答案。这一年是理查一世即位的日期，还是英格兰律法中"时间一去不复返"的时期。然而，这一法令阻止了对于领主权利的进一步侵蚀。①

除去王室司法之外，塞尔斯提出的其他三个要素依然是统治架构的主体，并调节着它们之间的关系：贵族们为了自己的封地而进行效忠，履行基于这种分封关系的义务并行使相应的权利。

首先，他依然处在一个自由的契约关系当中。众所周知，国王爱德华一世与他的领主们曾有过激烈争吵。爱德华一世希望他的军事统帅和警察长官统领位于加斯科涅的南部军队，由他个人亲自统领位于弗兰德斯的北方军队。他们当场拒绝了爱德华一世的要求，因为他们既可以为国王效力，也可以不为国王服务；根据传统，无论如何他们都无需被迫在海外服役！②

其次，贵族及其骑士仍是构成军队主要打击力量——重骑兵的主要组成部分，而军队的重要性正在不断下降。更为迫切的是，它的封建形式已经成为使其衰败的障碍。传统的40天服役期限不包括永久性堡垒的防卫，也不包括持久战。如前所述，贵族们抱怨海外服役。而且，他们的数量也少得可怜。原则上，有6000名骑士的费用就会有6000名骑士。事实上并非如此！半数获得骑士费用的人每年可以拥有20英镑的佣金，其中只有一半的人是真正的骑士！在这些骑士当中，仅有约500名骑士可以随时待命出征。爱德华一世试图使每年领取20英镑的人都成为骑士，但是这些人的消极抵抗使他的努力未能成功。爱德华国王自己提供了整个骑兵队伍的四分之一，这就是由他的

---

① M. Prestwich，《爱德华一世时期的战争、政治和财政》（Faber and Faber，London，1972），第224—235页。

② 同上，第77页。

家庭骑士和卫兵组成的 500 名骑兵。①在绝大多数战争中,一些贵族以封臣身份参加,另一些是有偿服役;奇怪的是,通常还会有一些自费服役的封臣。②但是军队的三个封建性特征仍很明显。无论军队的最后形态如何,爱德华在他统治期间,继续采用封建形式征召贵族们。[911]再者,大部分骑兵仍由大贵族们的扈从人员组成,而这些大贵族拒绝自费参与,也不愿为其随从支付费用。一些大贵族的随从势力很大。一位伯爵在 1297—1298 年的战争中投入了 130 名重骑兵,最少的也有 30 名。③由此可以看出,那些将在 15 世纪挑战王权的大量私人追随者已经开始出现。不过,无论骑兵是被谁招募而来,也不管他们是如何被招募而来? 他们最终都要由封臣们来指挥。这一时期国王直接指挥的兵力很有限。国王的贵族们则豢养并统领着他的大部分军队。

接下来是塞尔斯的第三条标准:除军事义务外,作为总佃户的大封臣们(他们多数是大人物)还要在土地使用期限内承担对一些"事件"进行援助的义务,这些义务包括监护、婚姻和其他三项传统义务。来自大封臣的"援助",加上王室领地上的税收,司法罚款和领主归还地,以及各种混杂的传统例费,一起构成了国王的"日常"收入。这个收入不是很多——大约每年 20000 英镑。据估计,在爱德华一世统治的 35 年内,他花费了 100 余万英镑用于战争(包括其城堡的花费),这相当于他总支出 150 万英镑的三分之二。这样他的日常收入(35×20000＝700000 英镑)仅为实际花费的一半。然而,那些收入高达约 6000 英镑且无需承担任何王室义务的权贵们(比如兰开斯特贵族),在就封建义务进行讨价还价时仍坚持:国王应当"自食其力"。因此,为了继续进行战争,国王不得不要求这些贵族和教会佃户提供额外援助。国王在财政上并不是独立自主的;正如我们前面总结中所说,④无论多么贫穷,所有自由人坚信"国王不能强迫别人做任何事情"。未经他们同意的税

---

① 有时少于 1000 人,有时将近 1000 人;1303 年有 588 人。同上第 52 页。

② 同上,第 67—91 页。

③ 同上,第 64 页。

④ 参见原书第五章,第 887—888 页。

收就是掠夺，他们是不会缴纳的。所以，军事和财政资源都掌握在封建贵族手中。

没有额外的非封建收入来源，国王就无法治理这个国家。这就强化了贵族和国王之间的其他封建关系，即向国王提供咨询和参加王室法庭的义务。当时的情形是，本应支持君主的"封建义务"变成了束缚他的"封建权利"。因为贵族已经效忠，所以他可以"违抗"国王；由于他不得不提供军事服务，因此他可以坚持封建招募而拒绝有偿服役；因为他对封建事务和援助负有义务，所以他有权不支付其他任何东西。[912]其中最为关键的一点，贵族们已不再把咨询商议或法庭服务当作是必要义务；他们坚持认为自己是国王的"天然"顾问。正由于他们对国王"内部会议"、王室会商或议会专断性的妒忌，他们才会在爱德华一世继任者统治时期不断地尝试控制王室大臣。

这就是仍然支撑着王国统治的封建因素。那么，它们在 14 世纪初是如何被组织起来的呢？中央政府以君主制为核心，如今通过金雀花王朝的长子继承制变成了世袭制，尽管这并不排除王位被废黜（爱德华二世）、被篡夺（亨利四世）和有争议的继承（亨利六世统治时期）等情况。王室法庭是不断移动的，除非国王在国外，王国政府就是国王之所在。但是，财政部和此时被称为"高等民事法院"的王座法庭在威斯敏斯特有固定居所。无论在何处，王座法庭的核心是一个国王职员所组成的机构。在整个统治期间，那些深得信任并被委以重任的富有贵族共 135 位。[1]他们通过各种形式被招募而来：一些人早已是王室领地上的官员；一些人来自教会或世俗贵族家族；还有一些人曾在大学任职；另有一些人是律师，他们曾在四大律师学院中接受过训练。许多高层人士的任职经历都是从教会职务到世俗职位，亦可反其道而行。因此，7 名当政的主教曾经担任过国王的职员；同样，王座法庭的 15 名法官中，也有 5 位曾担任过国王的职员。

在国王的统治下：国王是至高无上的法官，还是行政首脑和军事指挥官，但是他要通过其"议事大会"，也即以前的"内库里亚"来进行统治。

---

[1]　Sir M. Powicke，《十三世纪：1216—1307 年》(OUP, Oxford, 1962)，第 340 页。

国王决定会议的组成人员,虽然其成员不断变换,但通常会包括法官、部长、某些权贵,加上"其他应该被召唤的议事者"。因此,"内库里亚"的参加者通常包括财政部长、大法官、"圣衣库"总管等,此外还有个别得到国王信赖的职员(因此被称作"秘书")。此时,各个政府部门都有明确的界定,各部门都有自己的职员和规章制度。其中两个机构已不再经法院行事,它们是日常行政机构:一个是财政部,它是一个为地方行政长官的财务所设立的会计办公室,它同时设有处理法庭财政案件的分支机构;另一个是国家登记处,它根据国王指令对下发的公函和诏令加盖印玺。在当时,直接根据国王个人决定做出回应的中央机构是"圣衣库",它变成了一种新型的财政部门和国家登记处。[913]绝大多数额外收入,特别是议会大会①所给予的补贴,都被转入了圣衣库而非财政部,并由圣衣库以更加灵活的方式进行支配。战争财政的紧迫性又凸显了圣衣库在这方面的重要性,因为战争财政往往要求快速决断,而这是极端保守、落后的财政部难以做到的事情。国王在圣衣库进行决策后,加盖私人印玺后生效,然后送至财政部或国家登记处付诸行动。

至此,"库里亚"的司法事务已分别由财政法庭和另外两个法庭承担。1215 年后,一个王座法庭已永久性地设在了威斯敏斯特,②但是国王继续通过各种形式的巡视来行使司法权。这一时期,固定的王座法庭主要承担个人之间的民事诉讼,被称为"民事诉讼法庭",而巡视性的王座法庭主要审理与国王有关的案件。

尽管政府机构和法庭都已经专业化了,并按照各自的规章运作,但对于大臣和法官个人而言并不如此。他们在办公室之外,仍召集早期的旧式"世袭"家族官员。他们首先是承担各种特殊职责的国王奴仆。直到封建统治后期(大司库取代了这一角色),大法官一直是国王在行政事务方面的代表,也是统治事务的总发布官。王座法庭中的法官很可能被召集去担任征税人、战场指挥官、或者担任外交官。所有这些重要官员都是国王议事会的成员,他们也因此而参与了最高层的政治管理和司法决策。

---

① 参见原书第 911 页。
② 参见原书第 906 页。

国王是"议事大会"中各种名目会议的正式核心。这些会议可以很小，也可以很大，但即便是最大的会议也比我们想象中的要小；"郡骑士"只有 74 名，而且很少被召集。会议中的贵族数量也在不断变化：1295 年有 41 位，1296 年为 37 位，1300 年则多达 98 位。[1]围绕各种议题且规模不一的聚会非常频繁：在 1265 至 1272 年间共有 16 或 17 次聚会，1274 至 1286 年间几乎每年都有一次，1290 至 1294 年每年有两次会议。[2][914]这种被称为"议会"的特殊集会的起源和特征仍是一个备受争议的问题。其中存在着两种截然相反的观点：一些人把"议会"看作是"议事大会"司法职能的扩展，也即"法院中的法院"——高等法院；另一些人则认为，"议会"是"王国共同体"的代表。前一种观点反映了"议会"中出现的日渐增加的大量审判请求和赦免请愿书。这类请求非常之多，使得爱德华一世不得不想方设法把这些事务分离出来，以便集中精力处理外交和财政事务。后一种观点证实了在一些关于高级政治的代表大会中，国王想试探一下他的贵族们，包括那些他认为适合于处理重大外交事务的人：比如，法兰西的菲利普如何在加斯科涅事务中欺骗了他；或者抵制教皇卜尼法斯八世（Boniface VIII）的财政否决权；或者是同意征税，前已提及，未经许可进行征税几乎是不可能的；或者，使那些改变传统土地法或对其进行重新诠释的政策得到认可和接受。当"议会"重述这些法律后，它就会变成一个法令。它与习惯法的差别不像我们今天这样大，而且这一差别因下述原则而变得模糊不清，那就是它一旦被实行，就会成为当地习惯法的一部分。

在前面提到有关议会起源的两种对立观点中，选择二者之间的折衷路线看似更为合理。因为在那个年代，判决、立法和行政管理之间都不存在明确的划分。不过，认识到这两种完全相左的问题至关重要，因为它说明了 14 世纪英国议会与法国议会之间的差别。后者只是一个高等法院，但英国议会兼具议会高等法院和社区代表大会的特征。爱德华一世统治末期，这一结果依旧具有偶然性，另一个偶然性结果便是

---

[1]　W. Stubbs，《英格兰宪制史》三卷本（OUP, Oxford, 1880），ii，第 221 页。

[2]　Powicke，《十三世纪：1216—1307 年》，第 341 页。

谁应该参与。《大宪章》已经对大贵族和较为次要的"郡骑士"进行了区分,前者需要单独进行召集,后者通过郡法院中的地方长官召集。此外,教会人员如何被召集起来,何人会在召集之列? 在 1295 年召开的所谓"模范议会"中,大贵族、郡骑士和城镇代表悉数出席,但它并未决定这种形式是否需要常规化,也没有决定各种类型的代表共同聚会还是分开讨论。

前已提及,议会源自司法会议。这也提醒我们,在刑事和民事案件领域,国王司法权得到了极大扩展。

[915]我们已经提到了由君主令状所授权的产权行动。[①]其影响之一便是地方惯例逐渐被统一的法则和决议所掩盖;简而言之,尽管地方差异依然保留,[②]但它们通过习惯法而日渐减少。它的另一个影响是公共机构(如百人法庭和郡法庭)的权限开始收缩。从 1278 年开始,没有国王的命令文书,40 先令以上的诉讼案件不能呈递给地方司法长官。自从王座法庭颁布这一命令后,在王座法庭审理案件非常便宜。到统治末期,地方法庭(无论是领主法庭,还是公共法庭)在民事诉讼方面已经变得无足轻重。刑事案件的诉讼也是如此,我们前面已经谈到了部分内容。盎格鲁—萨克逊人称其为"破坏权威",也即违背和平的条款在亨利二世统治下有了很大扩展。第二,通过新的陪审制度(大陪审团),亨利开始跨越领地行使司法权:对嫌犯提起诉讼,对被告进行审讯。在国王司法权进一步扩展的同时,国王的法官们也拓展了"重罪"的内涵。在亨利二世时期,"重罪"只是许多罪行中的一种。和其他犯罪一样,"重罪犯"的财产要归还给国王,于是尽可能多地把罪犯们归入"重罪"行列便成为国王利益所在。通过这种方式,所有严重的犯罪都变成了"重罪"。到爱德华国王统治时期,"国王的和平"得到了更为广泛的解读:它开始被应用于民事侵权行为,事实上这根本不是犯罪,仅仅是民事过失或侵权。一个原告可以声称,一次非法入侵其领地的行为就相当于使用武力"破坏领主国王的和平",由此就会产生侵入令状问题。

---

① 参见原书第 902—903 页。
② 见 N. Neilson,"习惯法的早期形态",《美国历史评论》,第 49 期(1944),第 199—212 页。

所有这些变化的实际后果是：到爱德华统治时期为止，对于国王司法权的所有重大障碍均已被清除。王座法庭通过各种途径变成了几乎所有诉讼人的初审法庭。①

君主的权力还得到了防务和地方安全制度的支持，相比之下，这些制度是前封建时代的产物，有着纯粹的盎格鲁—萨克逊根源。这是安茹王朝建立非封建性公共机构总政策中的一部分，特别是这些机构所具有的盎格鲁—萨克逊源头和传统。最著名的是各郡所征募的军队，它们就像人们熟知的古代民兵一样。到1285年《温彻斯特法》颁布时，[916]每一个15岁至60岁的男人都必须根据自身财富提供武器装备。百人区或特许机构的两位治安长官每年进行两次武备检查，然后向地方法官汇报。司法长官负责郡内的征兵工作。实际上，只有非常有限的人能被征召而来（发生战事的附近郡县），和前诺曼时代一样，那些呆在家中的人要向他们提供财政支持。选择战争服务是王室高级官员的工作，他们根据"军队的委托"行事。爱德华在威尔士和苏格兰的战争中，就使用了这样的民兵武装作为其步兵队伍。正如人们所预期的那样，这两场战争都因逃跑率高而出名。②安茹王朝的这一政策与同时代的对手法国完全相反，后者早就停止了召集令，完全依靠外国雇佣军来担当步兵队伍。

与郡内征兵紧密相连的是警察和安全制度。事实上，《温彻斯特法》对警察和安全制度的规定比对郡内征兵制度的规定要详细得多。例如，它规定夜晚要关闭城门，所有陌生人必须接受地方治安官员的盘查，并由其东家作为担保，每个城镇或自治区都必须设立哨卡，所有陌生人都要接受盘查。不过，最有意思的是这些安全制度中的集体惩处概念。比如，《温彻斯特法》规定：如果"重罪犯"逃脱拘捕，案发地的民众和社团要为其承担共同责任。更有意思的是"十户区"（tithing），它类似于中国古代早期的做法。③从盎格鲁—萨克逊时代开始，每十户村

---

① F. W. Maitland，《苏格兰宪政史》（CUP，Cambridge，1908），第114页。

② M. Prestwich，《爱德华一世时期的战争，政治和财政》（Faber & Faber，London，1972），第92—113页。

③ "汉朝"见原书第二部分第六章；"明朝"见第三部分第四章；"清朝"见第四部分第二章。"德川时代的日本"见第四部分第一章。

民被组织在一起,由一名"户长"负责。每一位村民都要为其他成员的犯罪承担责任,并且要找出罪犯。地方长官要对民众的顺从负责,每年在百人法庭举办两次"比赛",这一程序被叫做"十户联保制评议"。许多拥有特许权的领主也获得了进行"评议"的权利。凡是进行此类评议的地方,其法庭就被称为"民事法庭"。

最后,我们还应该指出:越来越多的地方骑士和自由人,包括城镇市民和地方上的镇长们,都承担了公共职责。比如,参加陪审团的工作,或是为了税收目的参与评估私人"动产"。

国王司法权力的扩张,以及越来越多地使用非封建公共机构正是国王权力扩大的两条途径。[917]二者通过巡回司法体系被联系在了一起,这种司法是中央法院向地方性郡法院的一种辐射。需要再次强调的是,郡法庭只是审判之地,一旦法官抵达郡法庭,它就会变成王座法庭,来到这里的法官大都带有一个或多个委任状。其中最大的巡回法庭是综合巡回法庭,它是一个检查郡内全部诉讼和认罪状况的委员会。国王面临的所有悬而未决的事务都会交由巡回法官审理,与此同时,这些法官还要处理诸如调查领地归还、诉讼资质等事务。全郡的居民会被召唤过来面见法官。法兰西国王时不时以各种名义派出专员,而英国则相对规律一些,不像法国那样随意。综合巡回法庭每7年召集一次,尽管这一时间并未被严格遵守。在这些巡回法庭中,无论大小案件,都会被查个水落石出,以澄清每一个犯罪事实。因此,这些法庭并不普遍,而且自14世纪中叶以来也没有保持其连贯性。对于中央政府和地方政府之间的联系来说,更为重要的是执行巡回审理工作的中央法官们,他们每年都要到地方上巡视一次。这种做法非常普遍。1285年,爱德华在《威斯敏斯特条例Ⅱ》中赋予了这些法官更多职责。通过一个所谓的"巡回诉讼审理"(nisi prius)制度,那些在威斯敏斯特未能得到审理的案件,其诉讼人能够被告知将于何时参加本地的巡回审判,于是上诉人就能在当地听取案件的审理。通过类似的法规,这些巡回审判每年举行3次(实际上变成了两次)。总的来说,越来越多的工作是由郡法院的巡回法官们完成的。

这些法官不仅仅处理司法事务,同时还要处理行政事务,郡法院本身也变成了一个行政管理中心。它是一个评估和征集税收、征召兵役、警察和治安，以及选任陪审员的地方。从法律上讲，郡法庭包括所有在本郡拥有土地的自由人。大贵族们忙于宫廷事务，或是忙着经营自己的荣誉性法庭而无法亲自参加郡法庭，所以国王所强加的许多义务都由较小的地主和荣誉性骑士们来执行。在这些骑士中，一类便是人们所熟知的"布森"（buzones），或许可称其为"执行者"。他们对地方政治和郡内事务都怀有极大兴趣。值得一提的是，他们是接受国王委托参与地方事务的人。与此同时，"郡"被君主当成了一个集体性的实体，因为应付一个代表许多个人的整体要比单独应付这些个体更加容易。[918]所以，"郡"开始获得了社会认同感。正是"郡"参与了司法审判过程，并为不法行为集体受罚。"郡县"不仅表示一个地理区域，它还表示郡法院中的代表大会，最后还代表了该地区的全部居民。

毫无疑问，当国王打算尽可能广泛地进行咨询的时候，特别是当他寻求某些额外"援助"——金钱的时候，他应该召集那些领导各郡公共事务的"议会"①议员们。1215 年版《大宪章》提到，在"王国共同协商"的过程中，大贵族被单独召见，其他人则经过郡长统一召集。到爱德华一世时期，这种议会召集方式已经被确立。对于郡法庭来说，最为常见的形式是被郡长告知：要"选举"（我们不知道是如何进行的）两名本郡的骑士作为代表本郡的"发言人"去威斯敏斯特参加会议。

通过这种方式，一个统治循环就完成了：巡回法官把国王的统治带到了各郡，各郡的骑士们又把地方统治向上纳入了国王的统治之中。事实上，地方上对于统治过程中的咨政一事走得更远，因为我们还未提到城镇不断增长的重要性，也未提及英格兰教会在反对教皇过程中实现与王国共同体团结的复杂路径。这种休戚与共的情感在爱德华成功地反对教皇卜尼法斯八世否决对英格兰传教士征税的过程中得到强化，并注定要在下一个世纪变得更为强大。我不打算在此深究这一问题，因为它们与后面的"代表大会"一章有关。

这一概括或许能给人一个组织良好、秩序井然的王国形象。在同时

---

① 关于该术语及其在此背景下的特定含义，参见本章，原文第 913—914 页。

代的欧洲,它的确被普遍认为是最好的王国。"议会"中的富人强烈地反对征税,但是在隶农阶层中似乎并没有遭遇任何强烈的反对或抗议,他们才是贵族和骑士阶层征税的最后承担者;这一点与法兰西截然不同。再者,在郡县征兵和提供军事服务的过程中,这些农民似乎也没有进行任何抵制,尽管出逃率极高。[1]不过,虽然它在意图上并没有压迫性,[919]但用任何一种现代标准来看,它却显得非常拙劣、前后不一、犯罪猖獗,并且腐败不堪。1289 年,爱德华对许多法官提起了诉讼,认为他们受贿、腐败,并屈从于外部影响。"宣誓同盟"也开始对法庭带来巨大压力,最后不得不在 1293 年引入了特别法令,对受害者予以补偿。法官们发现陪审团没有向他们提供诉状。虽然《温彻斯特法案》通过对隐匿行为的惩罚来应对这一问题,但是它并未解决这一问题。例如,1305 年约克郡的法官抱怨说,之所以没有拿到起诉书的原因就在于"宣誓联盟"的存在,并认为它是一种试图控制城市的黑社会组织。暴力主要是地方性的:小规模的私人战争、毁坏领主宅邸、破坏围栏偷盗牲畜,以及《温彻斯特法案》中提到的"抢劫、谋杀、纵火和偷盗"等罪行。[2]

我们将会看到,法兰西的情况更为糟糕,[3]在德意志和意大利的部分地区也同样糟糕。我们关注英格兰国家事务糟糕的原因并不是为了谴责其政府没有达到 20 世纪的治理标准(这种谴责是非历史性的愚蠢行为),而是为了展示:在那个时代,即便是最好的统治模式,距离我们今天所能容忍的、甚至是最低限度的正义、公平和安全还相去甚远。在统治史中,这样的告诫至为重要。

4. 法兰西:经典的封建王国

4.1 发展

根据法国编年史的传统,法兰西一直都存在,只不过期间曾出现

---

①　M. Prestwich,《爱德华一世时期的战争、政治和财政》,第 92—113 页。

②　同上,第 287—289 页。

③　参阅 C. Petit-Dutaillis,《10 到 12 世纪的英法封建君主制》(Renaissance du Livre, Paris, 1933),第 322 页。

过分裂，然后又被诸王所重建。这些浪漫的民族主义者似乎认为今天法国的"六边形"版图是永久存在的，并把他们的历史描述成了一种"目的论"：即假以时日，最初的"思想"就会逐渐得以实现，最终达到今天的国家疆界和民族共同体。事实上，"法兰西"（France）一开始并不存在，最初只有"法兰克王国"，也就是查理曼帝国依据843年《凡尔登条约》所划出的西部三分之一领土。公元987年时（从卡佩家族中选出了第一个国王），它仅仅是一个名义上的大公国联盟，绝大多数公国的边界是流动性的，它们往往包括几十个独立的城堡主。[920]今日法兰西国家的形成并非命中注定，而且它在987年和之后的两百多年时间里表现得更加令人难以置信。或许它与东法兰克人的"德意志"有着类似的发展历程，即由许多独立国家汇聚在一起。或许它最终会形成一个统一的国家，但是与今天的疆界完全不同。混乱与分裂的力量发展到了极致，政府权威处于最低点，更不用说君主制的实际权力了。这是一个政治权威碎片化到极致的国家，其结果就是内乱、外部战争、入侵和残忍的原始战争冲动。西方封建制度正产生于这种混乱和不安全的社会状态之中。也正是在这里，封建制度得到了经典性展示，封建规则进一步完善和精细化，成为博马努瓦的《博韦习惯法》。同样是在这里，国王们通过对这些相似的封建规则的精明操纵，把大公国集合在了一起，将它们变成了一个建构于经典封建制度之上的王国。

法兰西君主制始自987年，它最初比英格兰征服者威廉的地位要弱势一些。它面临着各种各样的问题，遵循各种不同的路径，在王国建构过程中也有着不同的结果。在975年，英格兰是一个小型的单一政治单元。法兰克王国在名义上占有今日法兰西五分之四的领土，是当时英格兰的三倍还要多。而且，在这片广阔区域上，居民们操着不同的语言：它的东北部说德语，布列塔尼西部讲凯尔特语，东南部讲巴斯克语，两个主要的混合居民区分别使用法语和奥克语，它们之间无法相互交流。这些地区之间的律法也各不相同；特别是通行于南部的、通俗的罗马成文法与北部地区法兰克人的习惯法之间是对立的。中央权力在当时并不存在。半打较大一点的公国或郡县占有绝大部分王国领土，但它们并未显得更为强大：实权主要在于城堡主手中。这些城堡由王室公爵们所建造，目的在于防御外敌入侵，现在变成了某些特定家族的世袭财产，仅只是被用于统治乡村地区。

数十上百个公国，不论规模大小，都成了独立的军事体系中心，包括特殊的进攻和防御手段，以及进行宣战、实施和终止战争的权力。并由此产生了大量的小规模冲突、围攻、劫掠、纵火、冲突和战争，通常它们的规模很小，但这些事件构成了当时编年史和编年史家们的日常内容。①

[921]另一位专家指出，"中世纪"是一个野蛮的时代。贵族们认为战争是一个绅士生存的正常状态，而和平只是一种权宜之计，人们可以通过血腥的角斗或残忍的猎杀集会来寻求自我安慰。男人们为了报复被侮辱、为了霸占遗产或女人、为了掠夺或找乐子，为了支持领主或诸侯之间的争执而进行战斗。②

始于卡洛林王朝的封建制度原型，最后成为抑制王朝末期不断扩散的无政府状态的唯一有利因素。它在很多重要方面不同于威廉带给英格兰的修改版封建制度。在法兰西，封臣们只对直接领主效忠。相应地，尽管领主（国王、公爵或者伯爵）可以向其直接封臣要求效忠，但他只能通过下级封臣对于其直接领主的义务来实现这一点，整个封建等级制度依次向下类推。中间领主处于大领主和下属封臣之间，原则上，"我的'封臣'的'封臣'不是我的'封臣'"（vassallus vassalli mei non est meus vassallus）。③在英格兰，依照法令所有人一律不得反对国王，所有的自由人都要发誓效忠于国王。然而，在法兰西，如果一个封臣"公然反抗"国王并发动了战争，他的封臣必须追随他，即便这是在和国王作对。根据同样的逻辑，法兰西的领主没有权力介入其封臣的法庭事务。另外，古代的社团法庭已经被抛弃，所有的法庭和法官都是封建

① P. Contamine，《中世纪的战争》，M. Jones 翻译（Blackwell，Oxford，1984），第 31 页。
② Petit-Dutaillis，《10 到 12 世纪的英法封建君主制》，第 322 页。
③ A. Luchaire，《法国卡佩王朝早期君主制度的历史》（Pairs，1892），第 224 页。

性的。而且，在法兰西，私人间的战争是合法的。梅特兰写道："（英格兰的）公法没有变成封建性法律……英格兰人的公共权利和公共义务没有也不能被想象成为简单的仆人和领主之间封建契约的结果"，[①]但在同一时期的法兰西，它们不仅被当成了这样的关系，而且的确如此。

在 987 年时，法兰西国王的角色和权威离不开六大"公国"这一背景，因为这六大诸侯国（阿基坦、弗兰德斯、加斯科涅、诺曼底、图卢兹和法兰西）共同组成了法兰西王国。但是其中两大地区在法律上不属于法兰克王国：布列塔尼在公元 9 世纪曾经宣布独立，10 世纪时其统治者又获得了"伯爵"头衔；勃艮第公爵的领地曾一度成为勃艮第王国的一部分。卢瓦尔河南岸的普罗旺斯也不是法兰克王国的一部分，它在 11 世纪才并入王国的版图。

有时候，我们把这些王国单位描述成"公国"，这是一个术语，但很有用，[922]它有助于我们理解 10 世纪晚期的情形，它们都或多或少处于无政府状态。到下一个世纪的时候，诺曼底和弗兰德斯，以及随后的安茹开始发展成为有组织的封建邦国，其国王牢牢地控制着本国的封臣们。另一方面，阿基坦公国在长达数世纪的时间里仍然没有顺从，特别是此前曾属于加斯科涅的那些地区。

卡佩王朝的君主与各省统治者一样。一位早期的卡佩君主声称：某个卡洛林君主曾任命他为"法兰克公爵"。[②]虽然于格·卡佩（Hugh Capet）是那个曾被称作"法兰西亚"（Francia）的模糊地区的公爵，但其更重要的身份是巴黎伯爵，因为巴黎才是其领地所在。

987 年王位出现空缺时，教会通过兰斯大主教，劝说主要的伯爵和公爵们推选于格·卡佩担任国王；由于他的资源并不那么充沛，因此这个决定看上去有可能得到实现。大主教为新君主加冕，并利用在遥远的克洛维时代由鸽子从"天堂"带来的圣油为其行膏礼。这当然会使他有别于地方上的小诸侯们。这一仪式使国王个人变得神圣化了。实际

---

①　Maitland，《苏格兰宪政史》，第 164 页。

②　J Dunbabin，《形成中的法兰西：843—1180 年》（OUP, Oxford, 1985），第 47—48 页。

上,他与地方诸侯们并无多大区别。他很少能颁布宪章,其最高审判权也很难被承认,只有地方要人出席他的法庭;尽管国君们继续承诺效忠于他,但并不遵从效忠誓言,只有南部的大伯爵和布列塔尼地区的伯爵例外。①

于格·卡佩在物质资源方面也不值一提。他的领地位于巴黎和奥尔良周边地区,大约相当于现代法国 96 省中的两省。不过,即便这也并不安全。②但不管怎样,北方的高级教士们恢复了与法兰克国王们的传统联盟,并鼓励国王恢复其作为教会保护人的权利和义务。修道院和主教府邸向国王及其法庭提供了住所,便于其出行巡游。更为重要的是,教会领地向国王提供了军事服务。正是由于控制了这些教会资源,卡佩王朝才能免于在于格之后的一个世纪中陷落。

1087 年的法兰克国王并不比 987 年时更为强大,1187 年时更加如此。那时,英格兰国王亨利二世不仅是诺曼底的公爵,还是安茹和曼恩的伯爵和阿基坦的公爵。它们加在一起就是个大帝国,事实上这远比法国国王的狭小领地强大。不过,当我们向前跳到 1287 年时,整个场景就会有所不同:[923]法兰西王国中三分之二的民众生活在王室领地之上,只有布列塔尼、加斯科涅、弗兰德斯和勃艮第不在其中!法兰西国王(这是他此时的头衔)直接或间接地统治着 1500 万至2000 万民众,是整个欧洲最为富有、最为强大的统治者。虽然这并不意味着他已经创造了一个和英格兰类似的《习惯法》,或是构建了一个同质的社会共同体。他还远未实现这一点,他和前辈们创造了一套政治体系,但并未使这个政治共同体同质化。构成王国的各种大小公国和诸侯国具有各种各样的政治和司法制度,它们以国王为核心,通过大量放射型的双向纽带形成了一个单一体系。这些纽带就是封建法律方面的纽带。

1179—1223 年腓力二世(Philip Ⅱ)③的统治是这一发展的转折点。到这个时期为止,城主们已经完全臣服,国王最终成了领土上的主

---

① J Dunbabin,《形成中的法兰西:843—1180 年》(OUP, Oxford, 1985),第 137—140 页。

② 同上,第 163—164 页。

③ [译注]又称"菲利普·奥古斯特"(Philippe Auguste)。

人，并且变得更加富有。①腓力二世的前辈们曾宣称，只要有可能，他们就会坚定不移地强化王权的尊严与权威。他们在物资如此匮乏的情况下成功实现了这一点。王室的土地租赁更为丰富。国王们甚至可以在领地之外的阿基坦和郎格多克安置亲信，通过颁布法令，要求所有没有封建领主和保护人的高级教士都进入国王保护之下，以此来增加国王追随者们的数量。于是，到 1180 年王国中半数大主教都成了国王追随者。他们最终成功地收服了大伯爵和大公爵，使这些人为了自己的领地而向国王效忠。甚至连英格兰的亨利二世为了拥有安茹帝国全部领土，也要向明显无足轻重的国王表示效忠。

"明显无足轻重"是因为并非国王独自一人在巩固其领地和对于封臣们的管辖，因为"封臣法庭"和公爵们也在做着类似的事情，其中有一些此时已变成了强大的集权制公国。因此，法兰西建立统一王国的路径注定不同于英格兰。它必须建立在已经成形的领地公国之上，直到 18 世纪之前，法兰西国家的联盟特征从未消失。尽管它通过君主制被整合了起来，并成为欧洲最为强大的国家，但只要君主的控制力开始松弛（这可以是任何原因），它就会分崩离析，恢复到之前的分散状态。在 1179—1337 年间，国王战胜了各个公国，实现了集权统治。从 1349 到 1351 年，然后又断断续续地持续到 1445 年，它不断地在统一和分裂之间徘徊。

[924]腓力·奥古斯特的统治之所以如此关键，原因在于他所进行的一系列战争。他通过对安茹帝国的战争和对于南部的远征，在 10 年内成功地将领地扩大了 3 倍，日常岁入增加了两倍，并极大地增加了封臣的数量。在统治晚期，他的儿子——路易八世统领着一支由 800 名骑士，2000 名骑兵和 7000 名步兵组成的军队；而他本人则率领着 1200 名骑士，3000 名骑兵和 10000 名步兵。此后上百年时间里，法兰西王国的国王们已经没有能力部署如此庞大规模的军队了。②总之，王国内的所有封建平衡都被打破了，变成了一边倒地支持国王。腓力二世作

---

① F. Lot and R. Fawtier，《中世纪法兰西制度史》(Presses Universitaires de France，Paris 1957—1962)，ⅱ，第 159 页，和 Dunbabin，《形成中的法兰西：843—1180 年》，第 297—298 页。

② F. Lot，《中世纪的军事艺术与军人》(Payot，Pairs，1946)，第 223—235 页。

为国王的权威,加上优越的资源,使他能进一步扩张领地,并把王国内剩余的大采邑变成依附地。

随后发生的一系列事件如下:国王领地一再扩张;王室官员管理并利用着这些领地,中央政府机构变得更加精细化和专业化;通过司法途径,国王领地上的封建司法权开始与国王本人的领主法庭保持了一致;通过类似程序,国王领地之外的四大公国也采取了类似做法。王室领地通过下面的一系列方法得以扩张:联姻;通过一揽子购买或分批购买;通过严厉的法律手段,让受害方选择或者承认一边倒的裁决或者不予承认、诉诸战争。战争只在边缘地区使用,但却是决定性因素,法律和外交仅只是提供一个借口。到该世纪末,除加斯科涅、布列塔尼、弗兰德斯和勃艮第之外的所有王国都变成了国王领地。

早些时候,领地既狭小又难于控制,卡佩家族通过名为"普雷沃"(prévôts)的地方官员来治理。这些官员有点类似于英格兰初期的"郡长",他们的工作是从庄园、海关、关卡等处为王室收取财政收入。在腓力·奥古斯特时代,他们是微不足道的世袭包税人。腓力向"普雷沃"引入了全能的监管人,他们在北部被称为"贝利斯"(baillis),也即担任采邑总管的"邑长"或"邑督";在米迪地区被称作"管家"(seneschaux)。不久他们就获得了固定的管理区域。这些官员往往来自下层贵族,他们直接领取薪水,是移动的国王代理人。他们对于王室工作非常投入,以致路易九世(Louis IX 1226—1270 年)不得不派遣"调查员"去纠正他们的许多强取豪夺和非法行为。作为全能的管理者,那些"邑长"和"管家"可以雇佣领取报酬的员工,比如道路代理、林务官、法庭传呼员等。[925]这是 19 世纪晚期之前法兰西的统治和英格兰之间存在显著差异的根源。法兰西是由大量领取薪水的地方官员来治理;而在英格兰,这些功能主要是由郡法庭中那些没有报酬的自由民来承担,同样不领取报酬的郡内骑士们则对其工作进行监管。

和同一时期的英格兰相比,法兰西的中央政府机构发展迟缓。腓力·奥古斯特的"库里亚"仍未出现分化,只有大法官法庭和初期的王室法庭相比体现出了明显可见的进步。到腓力四世(Philip IV,1285—1314 年)时期,出现了一个清晰的内部委员会,还有一个与众不同的审计办公室。最重要的是，还出现了一个严格意义上的司法机构"帕勒门特"，也即"最高法院"。13世纪中期，"库里亚"开始召开被称作"帕勒门特"的专门司法会议，这个词汇过去是指"程序"，现在被用于指代一种制度架构，这个制度架构又被分为认罪室、请求室、调查室。在这里我们又发现了另一个导致未来法兰西和英格兰不同演进特征的源头。在英格兰，传统的国王咨询委员会被那些名为"议会"的会议所取代，它们是多功能的代表大会；但在法兰西，"最高法院"仅仅是个法庭，即使是在腓力四世发现召开广泛的代表大会有用的时候，这些集会也不具备任何司法功能。它们和英格兰议会不同，它们并不是王国内的"最高法院"，因而缺乏像英国"议会"那种显著特征。

就我们所讨论的法兰西宪政发展而言，它主要表现为三个特征，而这三个特征又塑造了未来国家的特质。它们分别是：通过独立的封建领地来建立王室领地的路径；通过领取报酬的国王官员进行管理；王国内的"大议会"和最高司法部门——"最高法院"之间的分离。不过，最为显著的可能是其第四个特征，即操纵封建法律以便使封地和封臣们（甚至间接封臣）被纳入国王政策的范畴。

在13世纪中叶，"库里亚"中狡猾的律师们回避了一个观念：即如果领主法庭未能行使正义，或做出了错误判决，那么案件就会被上诉至国王。很少有人愿意把诉讼转交到遥远的巴黎，如今"邑长"和"管家们"都近在咫尺。原告向"邑长们"进行申诉，后者会把他置于国王保护之下，直到案件开始审理。而且，"邑长们"的下级职员遍及每一个封建领地，[926]领主们不会"失去他们的法庭"。因此，地方性的领主司法仍在一定范围内存在，直到1300年在英格兰宣告结束。如果领主命令原告以某种特定方式行事的话，原告可以选择诉诸于"邑长"；如有必要，他还可以绕过"邑长"，直接诉诸于由"库里亚"转变而来的"最高法院"。最高法院的命令可以代替封建领主的指令，并要求领主执行。如果领主拒不执行，将会被以"蔑视法庭"的罪名论处。

这个政策在国王领地内被严格执行，事实上过于严格。但为什么这个政策不能在所有的封地上实行，即同时在领地内外实行？王国内三分之一的人口居住在国王领地之外的地区，它们分别是布列塔尼、弗兰德斯、阿基坦和勃艮第四大采邑。到 13 世纪末,法兰西的国王们也开始把这种申诉制度应用于这些大公国之中。通过这种方式,到 14 世纪中叶,整个王国都开始直接或间接地依附于国王及其法庭。由此建立了法兰西封建王国。很显然,它和英格兰有着完全不同的宪政结构。

拥有合法权利是一回事,但有时候使用这种权利反而显得非常鲁莽。14 世纪中期,四大公国还有着足够的力量结成共同联盟进行武装反抗。这就是法英之间"百年战争"的真实特征。不过,这还言之尚早。

4.2 "英俊者"腓力四世(1285—1314 年)统治下的法兰西王国

4.2.1 中央政府

大体来说,这一时期的王国局限于默兹河和罗纳河西岸地区,只有现代法兰西领土的三分之二。这些领土由王室领地、王室属地和非王室领地三部分组成。王室属地是王室领地的一部分,由具有血缘关系的诸侯们管理。当时的三个王室属地分别是普瓦图;马尔凯;以及安茹、曼恩、拉帕什(La Perche)和阿朗松(Alençon),最后一块属地由腓力四世的兄弟,也就是瓦卢瓦的查理管辖。一旦属地上的领主没有男性继承人,属地就会重归国王。王室属地上的领主当然要忠诚于国王,此外他还要通过自己的"邑长"和"普雷沃",按照自己的方式来治理属地。实际上,它们不过是王室管理体系的复制品。

国王拥有一个奢华的法庭,并自行承担维持整个欧洲外交事务的费用。他是欧洲最为富有的君主,[927]拥有着最强大的军队和最广阔的领地,以及为数众多的臣民。自腓力·奥古斯特开始,王位开始由卡佩家族世袭。国王先接受膏礼,而后在兰斯加冕。国王个人也因此而被神圣化了,他和教会之间的特殊关系也被再一次确认。法兰西国王和英国同行一样,既是"领主",也是"国王"。作为国王,他具有保卫王国的使命和权利,这意味着他具有为此目的而调动人员和资金的权利;他具有巩固和平、保护弱者的使命和权利,和平在这一时期尤为重要;他还具有司法权力,因为他是律法的源泉,在这方面腓力有时候会超越他作为"领主"的权利。最后，他还是教会的保护者，他将通过怪异的方法来"保卫"教会：蔑视教皇之职而向教会征税，传讯、逮捕教皇，从而加速了教皇的死亡。

菲利普·德·博马努瓦是法典编纂领域的权威和《博韦习惯法》的注释者。但这本书从未确认乌尔庇安提出的"律法的力量在于让君主满意"这一经典论述。①云集于王室法庭中的律师和法学家们无不精通《罗马法》，他们力推王室特权，反对严格的封建制度。比如，他们专门提出了"利益"（utilitas）的概念，在涉及"公共福利"问题上，国王可以采取任何措施，而不必顾及其他权利和义务。但是法学家们同样精通于利用封建法律本身来反对封地，因此当英格兰的贵族们成功地将封建义务转变成反对国王的权利时，②法兰西国王正忙着将其封建权利转变成贵族们的义务。

从表面看，它的政府中央机构与英格兰类似：它有一个"内阁（内部委员会）"；一系列专门的和半专业化的机构；国王专门召集的代表大会，它的名称具有不确定性。不过，它们之间的差异也非常大。

除了国王所选定的几个人外，传统的高官和古代世系已不再是政府的核心。国王将类似爱德华时期王室职员那样的人用来充实其法庭，其中包括教会人士和世俗人士。这些人拥有各种各样的称谓，比如它们被称为"廷臣"、"市议员"，或者被称为"办事员和王室骑士"，等等。他们是上流人士，但并不是贵族，有些人也并非出身贵族世家。其中有许多人是法学家，他们通晓封建法律和《罗马法》。国王的会计、法官、邑长、调查员和外交官都来自这些人。路易九世和腓力三世统治时期，职员的成分占据优势。[928]现在轮到法学家了，这部分因为我们所熟知的作为"审讯式"的古代罗马法程序已经取代了古老的封建法律模式，部分是因为大量案件都要通过新的"诉讼"程序。

腓力进行统治和管理的中枢在于其"委员会"，它随着国王而移动。

---

① 参阅 Ullmann，《中世纪的统治方式和政治》，第 205 页。参见第二部分，第七章"罗马帝国"。

② 参见原书，第 905、911 页。

它最初被称作"大议会",其中有最能干也最受国王信赖的"王室骑士":比如像皮埃尔·德·马利尼(Pierre de Marigny)这样的诺曼人,像吉拉姆·德·诺加莱(Guillaume de Nogaret)或皮埃尔·福勒特(Pierre Flotte)这样的南欧人。尽管德·诺加莱出身卑微,也不是军士,但他仍是一个骑士,一个"法律意义上的"骑士(a chevalier ès lois)。委员会中也有一些权贵,特别是和国王具有血亲关系的诸侯们。国王的这些"天生的"议员与政治暴发户之间充满了敌视。在腓力四世驾崩之后,旧贵族开始了对新贵们的报复行动。

这个"大议会"是国王的决策机构。它紧随国王的王室向前发展,并和此前已经获得固定处所的"库里亚"分道扬镳。其中之一是审计院,它和两位司库有关。它反映了中央财政管理的原始、无序状态,特别是与英格兰相比更是如此。直到这时,它才颁布规定,除非持有国王或司库的书面命令,否则不得进行任何支付行为。国库要定期把收据送至审计院进行审计。这样的管理远未完善。审计院规模很小,有 4 个大总管,14 个书记员。直到腓力四世统治后期,它的权限才扩大至所有的财税来源,包括从王室领地到司法过程中的所有收入,以及财政部、王宫、登记处和各省办事处的开支。它和英格兰财政部一样,承担了财政法庭和审计理事会的工作;事实也证明,比起令人厌烦的会计工作来,它更倾向于承担财政法庭的职能。实际上,这样的财政管理是很粗糙的,这一点我们稍后再谈。

"库里亚"分裂出来的第二部分是"最高法院"。它变成了固定法院,从而减少了随机性。它现在是以前"王座法庭"的一个专业司法分支机构,拥有领取报酬的职业化的固定法学家。在需要各类贵族到场的案件中,他们可能只是作为"评估员"被征召而来。从 1319 年起,高级教士不再参加高等法院的工作。在最高法院的三个部门(民事高等法院、侦查院、申诉院)中,第一个部门是审理案件的场所;当王座法庭接管了教会法庭基于书面文案的审判程序后,侦查院得到了迅速发展。它雇佣了许多调查人员到活动现场收集信息,[929]然后这些信息再转递给其他人进行核实并起草报告,报告最后会递交到审判法官手中。在英格兰，除非巡回审判先行到达，否则小型的案件陪审团必须携带着这些信息去威斯敏斯特；但在法兰西，所有事务都是集权化和官僚化的。最后，申诉院对那些寻求国王审判的诉讼人的申诉进行认定。它会把最重要的诉讼呈递给国王本人。对于其他诉讼，或者由它们自行审理，或者转交给地方"邑长"来处理。1306年之后，申诉院也被分成了两个部门：一个是说奥克语的部门，另一个是说法语的部门。

最高法院的权限变得很宽泛，而且一直都在变得更加宽泛。其中最主要原因是王室法学家们发明了新程序，以吸引领主法庭中的案件。关于这些发明和它们的政治影响，我们将在下文讨论与地方政府的关系时进行论述。

最高法院不仅进行判决，它还兼有行政，乃至立法的功能，因为它检查行政活动、颁布纪律，确定下级司法管辖的范围，帮助起草国王的法令。登记权利和抗辩权利的种子就存在于这些活动当中，它们作为最后幸存下来的君主专制的法律障碍，在17—18世纪有着难以估量的宪政意义。

当审计院和最高法院有了固定住所，并且成为常规的时候；当决策机构变成了追随国王的"大议会"的时候，最初的"库里亚"开始有了新的角色和形式，那就是"外部的"会议。它是一个由贵族和高级教会人士组成的圈子，事实上还包括其他需要咨询或协调的人士。比如，腓力四世就增加了国王宪章的数量，并使王室法令变得更为广泛和多样化，其中一些是个人性的，另一些是总体性的；有一些微不足道，有一些则比较重要，它们都有着各种不同的名目。不过，封臣们在这些问题上有其传统权利，国王相应地具有向他们进行咨询的义务。其他问题或许比较褊狭，比如货币问题，于是国王就会自然而然地像我们今天的政府咨询工会或雇主组织那样，就管理中的具体细节进行咨询。不过在当时，面对王国内赤裸裸的庞大军事力量和巨额财富，一个封建君主必须要赢得其所有者的支持。

所以大集会才是必要的。它们没有固定的指代，只是被称作"库里亚法庭"（curia）、"会议"（concilium）、"公开聚会"（conventus），或"讨论会"(colloquium)。①对大部分代表大会而言,它们由所谓的"贵族"
(proceres),也就是大封臣和高级教会人士组成,这些都是被国王亲自
召集而来的"大人物"。[930]在圣诞节、复活节和五旬节这三大节日期
间,这种聚会一直都存在,其中肯定会讨论商业问题。但是我们所关注
的"聚会"是专门召集的会议,是根据国王意愿召开的非常规会议。因
为它们代表着最初的、原始的"君主法庭",它们具有全权。除非国王认
为直接绕开会议,没有议会的建议和支持是危险的,否则他不会召集这
样的专门集会。如果涉及教会事务,大多数教士都会参加;如果涉及外
交和内政事务,大多数贵族也会按时赴约。会议讨论过的事务有战争
与和平、十字军东征、王室婚姻、对待犹太人的政策。有时候市民也会
被邀请参加,比如在 1262 年讨论货币问题时就邀请了市民代表。实际
上,只有最有权势的贵族才能真正参与商讨,其他人只是对会议做出的
决定表示拥护。

不过,在腓力四世统治后期,他的网撒得更大了。腓力四世陷入了
一系列同英格兰和弗兰德斯的战争,所以非常缺钱,这使他和教皇卜尼
法斯八世之间发生了冲突。卜尼法斯八世统一了"教皇高于世俗君主"
的信仰,但他粗暴而鲁莽地推行其政策。卜尼法斯八世在《孩子,你要
听》(*Asculta fili*)通谕中宣告将于 1302 年在罗马召开大会,并警告腓
力必须服从教皇。腓力四世进行了反击,他公开烧毁了教皇圣谕,并召
集了一次规模庞大的集会。一般认为,这是从以往的普通会议转变为
后来三级会议的一个转折点。腓力四世不仅亲自召集了教会和世俗贵
族,还召集了"第三等级"的代表,他们包括来自"自由城镇"和整个王国
的代表(通过"邑长"和"管家"统一召集)。三个阶层中的每一个等级都
适时地给教皇写信,宣称国王而非上帝拥有这个王国。于是,卜尼法斯
八世被迫放弃了原来的主张。

1308 年,当教皇克莱门特试图干预腓力对圣殿骑士团的谋害审判
时,②腓力四世再次召开等级会议,以便支持他谴责教皇和圣殿骑士

---

① 它们不是"议会"(parliamentum),"议会"这个名称以后才出现。
② 详细说明可见 M. Barber,《圣殿骑士的审判》(CUP1,Cambridge,1978).

团,他又一次取得了胜利。不过,到 1314 年,也就是在他统治的最后一年,他已经没有那么幸运了。处于财政窘迫之中的他召开了三级会议,希望会议在原则上同意他关于额外征税的请求。这样的大众集会过去从未担当过财政活动的工具,这方面它与英格兰有所不同。法兰西以往的征税惯例是同各个地方、贵族与团体进行协商。在当时,整个国家民怨沸腾,等级会议一片混乱,最后无果而终。[931]但他所召开的三级会议不仅仅是临时性的一般集会,而是一种已被牢牢确立的政治集会形式,这是一个重要的先例。有关它们的结局情况,我们将在下文第八章进一步论述。

4.2.2　地方管理

在国王的领地上,其主要官员仍是普雷沃和"邑长",朗格多克地区称其为"管家"。虽然普雷沃处理的是国王的地产收入,但是要向"邑长们"负责。这些人由国王的"会议"任命和解职,领取固定的薪水,大约每隔两到三年调换一个地方。他们是国王死心塌地的附庸,狂热地维护君主利益。他们还是众多的"小总督":他们传达国王命令,执行最高法院的判决,确保国王的法令被遵守,任命和控制他们的下属官员。他们还是国王的财政代理人,控制普雷沃的"耕地",从普雷沃手中获得收入,然后把钱款和账目一并转交至财政部。通常是骑士自己向领主们颁布国王的征召命令。他们负责维持秩序,追查和逮捕罪犯。他们有许多下属职员:各乡村的长官、警察、小吏、林务官、收费员和收税官等。警官是他们当中一个令人生畏的代表,这些警察手持作为权力象征的警棍,执行他们的命令,并因为受贿、贪污和勒索而臭名昭著。

地方官员与中央政府机构之间的联系主要体现在司法层面,二者通过高等法院和诉讼程序产生了联系。但是,现在开始通过两个新的程序——预防和预审程序开始产生联系。它们把整个王国联系在了一起。我们需要牢记一点,即通过所有这些有关"王室管理"、"管理者"之类的谈话,我们可以理解法国为何是一种封建制度,而且是经典的封建制度。当然,法国还有很多由国王直接担任领主的庄园,这些庄园由国王的代理人直接管理。不过,整个法国基本上是由大大小小的封地拼凑而成,就像是一件百衲衣。每个领主都有针对采邑内佃户的领主法庭,并有义务把案件呈递给上级领主,依次类推至"君主领主"。在各种强化国王地位的法律机构当中,国王的法学家们克服了封建法律中的初始难题,允许一个封臣服务于多个领主。新的法律规定,封臣们在同时对国王和其他领主负有义务的情况下,对国王的义务应优先履行。实质上,这就是"效忠君主"的意义所在。

国王并未消灭这些领主法庭,包括它们的功能,他所做的只是试图通过"预审"把案件从领主法庭转入王室法庭。[932]"预审"程序的创立或扩展,也是封建法取代《罗马法》概念的一个例子,同时也是提升国王作为"君主"而非"领主"地位的例子。和英国的王室法庭一样,"预审"从未逐条分项说明,而是从总体上被定义为(按照波马努瓦的说法)"和国王有关的事物",也就是说涉及"君权荣誉和王室尊严的事务"。①王室法学家们从罗马皇帝的"叛国"法律中提取概念,也就是说只有叛国罪,叛逆罪和伪造罪的主犯才可被归入此类。②在腓力四世统治下,犯罪的类型扩展到了谋杀、杀人、强奸、伪造,以及图谋篡夺王位、侵犯别人的人身和财产安全等罪行。③

"预防"行动同样来自王权的非封建因素,即"利益",也就是公共福利问题。这样,邑长可以通过任何指控召唤任何当事方来其法庭听审,但是当事方有权要求在自己的辖区内受审。其基本原理是,邑长们必须阻止某些重大问题变得更糟,一旦有这样的征兆,将优先使用王室司法。

无论是"邑长"法庭还是封臣法庭都可以提出上诉,但诉讼程序都要遵从司法控制,而且这两种情况下的效果相同。它消除了邑长的独立性,起到了控制其渎职的作用;对于领主法庭来说也是如此,特别是自《1278年法令》禁止领主建立自己的诉讼法庭之后,领主法庭马上就变成了一审法庭。不过,这样的司法控制更多是一种政治控制,原因在于:一旦上诉人提起诉讼,邑长便会将上诉人及其财产置于王室保护之

---

① A. Luchaire,《法国卡佩王朝早期君主制度的历史》(Paris,1892),第571页。

② 参见原书第二册第七章。

③ Luchaire,《法国卡佩王朝早期君主制度的历史》,第571页。

下，直到案件被听审；最好的情况是阻止了领主审判，最坏的情况是领主的判决被推翻。邑长们狂热地执行王室司法，哪怕是在王室领地之外，他们使用所有可能的借口代表诉讼人进行干预。如果我们从王室领地内的小领主司法权转向领地外的大采邑和属地，那么我们就更容易看清楚诉讼程序的政治层面。

阿基坦就是一个著名的例子。它是英格兰在法兰西的最后一块重要属地。英格兰国王，作为阿基坦属地的公爵，要效忠于法兰西国王。[933]腓力四世意欲兼并这块属地，于是采取了法律手段。首先，王室律师或毗邻地区的一些邑长开始争夺司法权，或寻找其他各种的借口，其目的是为了把"国王公爵"（king-duke）传唤到其领主法兰西国王的法庭之中。如果"国王公爵"到庭，它就成了一个非法法庭；如果他不来，法庭就会因他的蔑视态度宣布其封地无效。不管怎样，最后的结果取决于武力，爱德华一世能够打败腓力。自此之后，法兰西的办法是对公爵封地使用越来越严苛和繁琐的诉讼程序。法兰西国王将其法令用于阿基坦，使"国王公爵"不得不用采用同样的方式来制定法律，并声明其法庭实施的是领主法律，而不是法兰西国王的法律；或者不得不进行私下安排，乃至采取最后的"反抗"，即进行战争。此外，任何人都可能从他的法庭上诉至法兰西国王的王室法庭。一旦如此，他将会被置于国王保护之下，一直到案件了结。所以，即便"最高法院"最后支持了"国王公爵"，领地的管理也已瘫痪；如果"最高法院"做出了不利于他的判决，它会一道摧毁"国王公爵"的领地。法学家们使用他们手中的法律，迫使大采邑中的伯爵和公爵们为了保住自己的封地而顺从国王的条件。于是，他们就变成了国王的代理人，去做国王管理机构尚未准备好接管的事情。①这就是封建采邑的马赛克连接方式。在理论上，所有的东西都是中央政府及其政治导向的附属品；它们只有附属性权力，只能去做国王不希望自己官员参与的工作。

这些政策取得的成效令人瞩目。一个切实可行并得到认可的统治

---

① 参阅 J. Le Paturel，题为"战争的起源"，载 K. Fowler 主编《百年战争》（Macmillan, London, 1971），第 28—50 页。

架构——法兰西王国开始建立。或许有人认为我们早先关于法国政治体制发展的叙述不但过于简约，而且是率性而为。然而，离开这一点，我们将很难理解王国严重的贫弱状态。仅在腓力四世驾崩后的 20 多年中，整个王国再度分崩离析。[1]正如马克·布洛赫所指出：法兰西并未被统一，只是被组合到了一起。这个庞大的国家拥有无数各种各样的小块封国，每一个封国都有自己的法律习惯，有时候还拥有各自的语言、地方机构、王朝和历史传统。它们没有被融合在一起，而是被焊接在了一起。通过回顾历史，我们就可以看到腓力四世统治下仓促而早熟的至高王权，它还引发了人们对当时君主制结构性弱点和王国中"国王统治"的讨论。

[934]第一个结构性弱点是它和封臣之间发展的不兼容性，特别是那些大封臣们倾向于全权经营自己的采邑，而国王同样倾向于放手管理整个王国。一方面，这些采邑被统一，被集中化管理的速度和国王统一王国的速度一样快，甚至可能更快一些（因为他们的领域更小），至少对于国王属地来说是如此。因此，14 世纪中期的贝里公爵几乎是其属地的绝对主人。属地上的一切都按照君主制原则被组织起来，家庭、议事会、法庭、审计处，以及行政和司法等。当然，贝里公爵本身是位具有皇室血统的亲王。[2]除了一些必要变通之外，所有的采邑和属地都是如此。其次，无论大小采邑，无一不抓住机会，在腓力四世驾崩后的王朝羸弱期重申各自的诉求。其中一个表现是小贵族们组成"贵族联盟"进行反叛。领地上的封臣愤恨"邑长们"，认为后者积极推动了国王的集权化活动。这些封臣们共同要求通过宪章，恢复他们进行私人战争的合法权利，保留他们的领主审判权，要求再次拥有决斗裁判的权利以避开审问程序。在大的采邑中，特别是在弗兰德斯的市民当中，包括在阿基坦"国王公爵"的法庭里，人们对于王室官员无休止挑衅的愤怒喷涌而出，正是此类挑衅促成了 1338 年的盎格鲁—弗兰德斯联盟（Anglo-Flemish alliance）以及后来的百年战争。这是一场封建叛乱，布列塔尼

---

① 我想在此重申，不管如何变化，这种情形都不会发生在英格兰。

② F. Lot and R. Fawtier，《中世纪法兰西制度史》，第 134 页。

公爵和勃艮第公爵两大封臣也加入其中。通过这种方式，法兰西王国沿着历史的裂痕分崩离析。

第二个结构性弱点是财政问题。腓力四世的开销远远大于其"正常"收入：他陷入了与弗兰德斯和英格兰的战争之中，不得不为职员和官员众多的庞大统治机构买单，他还必须要维持一个受益于国王的庞大王室家族。一旦人们考察国王获得财政收入的方式的话，"统一"的拼凑性特征就会变得非常明显。法兰西不存在像英格兰那样系统化的中央财政机构，比如财政部、圣衣库；它也没有像英格兰"议会"那样的中央代表大会或王室法庭，使国王可以通过这些机构获得对于额外征税的一致赞同。亨尼曼的详细研究表明：①[935]法兰西国王采取了一系列的权宜之计，无论是否成功，国王的地方代理人都要和各个城市的代表、乃至一些个人代表进行权宜性谈判。国王领地的统一过程非常仓促、零碎，也很不完整，而且深受地方性讨价还价、契约之类权宜之计的影响。它反映了国家建构过程中的粗糙性特征，同样也解释了为什么在拥有巨大潜力的情况下，法兰西国王仍无法动员自己所需要的全部资源。

第三个结构性弱点应归咎于军事技术和军队形式的变化。封臣们和拥有兵役义务的诸侯们的声明仅只是个财政策略，军队中的步兵要么是辅助性的，要么就是从热那亚雇佣而来的熟练弓弩手。尽管军队通过封建方式征召而来，但军事服役的局限性同英格兰一样。贵族被召集起来后，如果他服兵役，就要领取薪水；如果他不参加服役，那么他就要交钱来抵充其军事义务。为了获得薪水，许多没有土地的骑士渴望为国王服役，但这只能强化一种心理：即把披甲骑士当成是战场上坚不可摧的主人。重骑兵加上被雇佣而来的步兵，特别是当金属板甲取代了锁子甲之后，供养这样一支军队的开销非常之大。于是，军事发展反而加重了国王的财政紧缺。与此同时，大的封臣和属地领主本身则相对比较富裕、团结，在军事上也更为强大。他们没有必要忠诚于国王，有些甚至还具有建立独立王国的抱负。在经历了克雷西和普瓦捷

---

① J. B. Henneman，《14 世纪法兰西的王室税收》(Princeton UP，Princeton，1971)。

的军事灾难后,特别是在经历了阿金库特灾难之后,法兰西的各个组成部分不得不以各种方式聚合起来。

5. 德意志王国的解体

在德意志,政府的发展过程与法兰西正好相反。法兰西的政府组织始于一个赢弱的君主制,随后其君主制变得足够强大,从而能够制止封建制度中的离心倾向。它变成了整合地方性统治架构的基石,为民族国家的建立铺平了道路。德意志始于一个强大的君主制,在11世纪时其君主制陷入了分崩离析之中。虽然在12世纪时出现过强势复兴,它在消亡之前一直处于衰落态势,与此同时贵族们则建立了独立的地方性公国。在大约700多年时间里,它的统一被打破了。从最初的君主制一直到1077年之前,德意志都是非封建性的。经历了75年的无政府状态之后出现的君主制,即"霍亨斯陶芬"王朝,同样也不是封建性的。但是它的封建律法却使贵族们处于有利地位,这一点使它不同于法兰西和英格兰。[936]贵族们坚持不懈地强调这一点,并以此来反对君主制,最终取得了胜利。"德意志"(Germany)成了一个民族、地域和文化的名称,但它不是一个国家的名字。大部分德意志人确实生活在所谓"神圣罗马帝国"的模糊制度之下。它很难算是一个帝国,甚至也算不上是一个国家。无论如何,它都不是单一的德意志国家。它变成了一个不合时宜的、虚构的东西,现实是它由数百个独立的公国、主教辖区,甚至王国共同组成。

大 事 记

771—814 年	查理曼统治时期
800 年	查理曼在罗马被教皇加冕为皇帝
843 年	《凡尔登条约》签署,东法兰克的德意志国王路易统治时期
900—911 年	"童子路易"(Louis the Child)时期
911 年	卡洛林王朝灭亡

911—918 年	法兰克公爵康拉德被选为国王
919 年	萨克逊公爵亨利被选为国王
919—1024 年	萨克逊(Saxon)或奥托(Ottonian)王朝时期
936—973 年	奥托一世——奥托大帝时期
962 年	奥托在罗马加冕称帝，帝国复兴。
1024—1138 年	法兰克人或萨利安王朝时期
1056—1106 年	亨利四世统治时期
1075 年	格利高里七世改革，授圣职权之争。
1122 年	《沃尔姆斯宗教协定》，授圣职权问题大会
1138 年	霍亨斯陶芬王朝
1152—1190 年	红胡子腓特烈一世（巴巴罗萨）
1176 年	莱尼亚诺战争
1188 年	《康斯坦斯和平协议》赋予伦巴第城市自主权
1197—1212 年	“教皇派”韦尔夫家族(Welf)和“皇帝派”魏布林根(Waiblingen)，也即霍亨斯陶芬家族之间的内战。
1211—1250 年	腓特烈二世
1250—1273 年	大空位时期(Great Interregnum)
1250—1268 年	教皇对霍亨斯陶芬家族的残酷迫害
1255 年	康拉德四世的同父异母弟弟、私生子曼弗雷德在西西里王国摄政
1257 年	康沃尔的理查(Richard of Cornwall)当选皇帝
1266 年	安茹公爵查理(Charles of Anjou)在贝内文托(Benevento)获胜，并杀死了曼弗雷德。
1268 年	康拉德四世的儿子康拉丁在塔利亚科佐(Tagliacozzo)被打败并被处死，霍亨斯陶芬王朝灭亡。
1273 年	哈布斯堡的鲁道夫当选为皇帝
1356 年	《黄金诏书》(*The Golden Bull*)

[937]下面的论述将有别于我们在法兰西和英格兰案例研究中的

做法。叙述顺序的设计只是为了说明封建统治如何得到了巩固？以及如何阐述作为"最终目标"（terminus ad quem）得以巩固的统治是一种统治体系？在德意志，王权和王国开启了一切，但最终却什么也不是。"最终目标"不是一种统治体系，而是一个非体系性的四分五裂状态。其结果，所有的论述几乎都是叙述性的，即一个统一的前封建王国，如何因为封建主义的瓦解性力量和选举性君主制的软弱而分崩离析。

"德意志"的政治史始于911年，结束于"东方的"卡洛林王朝。所以，"德意志人"这个过时的术语，仅仅是指查理曼帝国东部三分之一的日耳曼民族，他们拥有自己的本土王朝。它的王国从默兹河一直延伸到易北河地区。这是一片荒凉而人烟稀少的土地，其间遍布丛林和沼泽，充当道路的只有那些林间小路。除了莱茵兰地区外，这里城镇稀少，并且无足轻重。它的北面暴露给了丹麦人，不过东面的门户面临着更大的威胁，这块土地位于易北河和奥得河之间，这里到处都是斯拉夫异教徒。862年，当马扎尔人开始从他们的根据地，也就是今天的匈牙利开始横扫这个国家时，一个更为野蛮的威胁到来了。当地居民并不承认自己是"德意志人"，他们自认为是萨克逊人、法兰克人、兹瓦本人（阿勒曼尼人）和巴伐利亚人。这些居民刚刚从部落状态中崛起。每一个部族都有自己的历史传统、律法和习惯。最为重要的是，他们是军事共同体，并且还保留着个人意识。它们的社会和政府非常原始，几乎到了令人难以置信的地步。在西部的弗里西亚、洛泰尔尼亚和法兰克尼亚，一种原始封建制度正在发展当中，但在其他地方，其主导性经济特征是"自主经济"。不过，完全拥有土地产权的阶层尽管是自由的，仍被大约300个家族所统治。这些家族拥有庞大的产业，并曾使农民依附其上，虽然我们对这一具体过程并不了解。这一阶层有时候被称为"旧贵族"，有时被当作"王朝的统治者"，他们提供了自己土地上的所有高级管理职位："公爵"、伯爵、边境伯爵和主教。他们的产业和在地方上的影响力与君主没有任何关系。它是约定俗成的，并且完全独立于国王。

至于它的政府，不仅在机构上非常原始，而且在很多地方几乎不存在。它和英格兰一样，通过传统的百人法庭（审判小的罪行）和乡村法庭（审判那些危及生命、肢体和其他可能会判处死刑的案件）行使司法权。这两种法庭都由国王任命的伯爵来主持，其权限只能由他们所主持的联合法庭来进行界定。[938]这些大众法庭中的审判和诉讼程序根本无需国王的法典。他们执行各种社团的习惯法，并依照传统的日耳曼程序宣告无罪、开展刑讯或进行赔偿。当时不存在控制此类地方权力实践的巡回司法，不过国王的中央司法会在王国境内流动，国王的法官们可以在其停留之处替代地方法院。王室税收根本不存在（除王室领地之外）。国王依赖自己的领地"自给自足"，在条件许可的地方，他有权要求地方领主为其承担出行费用，这在修道院和主教府邸中非常明显。

君主除了承担保护教会的义务之外，还负有保护国家的重要义务。马扎尔人的突袭，一次比一次大胆，这让国王保卫国家的义务变得非常重要起来。四大"世袭封地"中的全能勇士们承担了保卫国家的使命。它们只是名义上的国王将军，也是负责召集四大力量并将其引领至王室集合地的人。这些公爵们是王权的主要竞争对手，他们可以利用巨大的地方军事影响力去任命伯爵和主教，而主教在传统上一直是国王的代理人，他们还尽可能地接管主要的王室领地。于是，四大公国随之出现。其中的一位公爵，"捕鸟人亨利"是由萨克逊和法兰克的贵族们引荐给了其他世袭公国的贵族们。这些贵族们接受了他，并在 919 年的国王加冕礼上，发誓效忠于亨利一世，充当其家庭官员，比如侍从、管家等角色。由此，产生了萨克逊或"奥托"王朝。当这个王朝在 1024 年终结后，继任的是另一旁系家族，即萨利安家族。在 919 年至 1077 年间，萨克逊—萨利安王朝建立了具有主导地位的王权。不过，它肯定不是封建君主制。和同时代的英格兰和法兰西封建君主制相比，布洛赫称其为"拟古的"（archaistic）的政权。事实上，正是这种君主制的土崩瓦解才把封建制度引入了德意志。在谈论这一点之前，我们有必要解释一下这个所谓的"奥托"或"萨利安"统治体制的独特性。

5.1 奥托王国（919 年—1077 年）

萨克逊王朝从马扎尔人手中解救了这个国家，并借此重建了国王的威望和权力。奥托一世虽然通过公爵反叛接替了王位，但他在 955 年的利岑菲尔德战役中超越了他的父亲亨利一世，这场决定性战役彻底粉碎了马扎尔人。正是因为这一伟大的历史功绩，他又被人们称为"奥托大帝"。

[939]就内部而言，公爵们拥有"准帝王"一样的权力，国王的难题就在于找到与他们相匹配的资源。这正是"奥托时代"的与众不同之处。它通过这一手段攫取了大量教会资源来为国王服务。在德意志传统中，教堂的创建人和捐赠人具有任命其教职人员的权利，并对捐赠之物享有用益权。其次，这里仍然坚持卡洛林王朝的传统，国王同时兼任祭司。实际上，这也是拜占庭的一个传统，国王是相当于基督使徒们的"同使徒"。在奥托时代，通过向修道院和主教辖区赠予土地，使之能够免于公爵和王室法庭的侵扰。从表面上看，国王似乎放弃了"君主特权"和资源。事实上，恰恰相反。通过把他们囊括在"国王的和平"之下，也即接受"庇护"（mundeburgium）和"守卫"（tuitio），他就可以保护他们免于地方公爵和伯爵们的侵犯。当然，这一时期的大主教和修道院院长由国王任命。国王还任命被称为"拥护者"或"法警"的世俗管理者。作为对国王保护和资助的回报，它们会在国王巡视王国时提供食物和庇护，考虑到国王法庭和随员的规模，这应当是很大的回报。同样，在国王进行军事征召的时候，它们也会提供作战分队。德意志因其好战的主教而声名远播，抑或是臭名昭著，它的主教曾带领军队冲锋陷阵。教会是国王为数不多的兵源提供者：981 年奥托二世在意大利进行的战争中，超过 75％的军队是由教会所提供。

后来的国王们把这一政策扩展到了所有的王室修道院，并把所有古老的主教辖区和设于易北河东岸的新辖区（比如马德堡）都纳入了保护之下。"帝国教会"（Reichskirche）的形成过程到 1024 年才算结束。主教们在自己的土地管理过程中被赋予了全部权利，同时还获得了领地上的司法权。由此出现了美因兹、科隆和马德堡大主教的领地管理，以及施佩尔、库尔、沃尔姆斯、敏登、班贝格和伍兹堡主教辖区内的领地治理。封臣主教和领地诸侯也起源于此，他们也是此后德意志历史的显著特征之一。

　　在德意志，与国王控制主教和修道院院长有关联的因素在于教皇，后者是教会的首领。此时，洛泰尔尼亚—勃艮第—伦巴第的"帝制性"王国早已四分五裂，帝国的头衔和职能也在924年不复存在。奥托一世试图复兴帝国，自己来做皇帝，他以卡洛林王朝时期的条件来构思皇帝与教皇之间的关系。[940]皇帝是教皇的保护者。他把教皇和教皇领地（被推测为"康斯坦丁的赠与"）纳入了帝国的依附体系之中；他确保教皇们的富足生活，一旦他们明显不再富有的时候，他就能召开宗教会议取而代之。在利岑菲尔德，当奥托把欧洲从马扎尔人统治下解救出来后，教皇约翰十二世受到了以贝伦加尔（Berengar）为代表的另一个意大利大家族的威胁，而生性多疑的教皇本人也是罗马大贵族的后裔。这一情形与公元800年后继任教皇命令查理曼大帝驱逐伦巴第人的情况颇为类似。961年，奥托突袭了罗马，并于962年加冕称帝。罗马帝国就这样获得了重生。963年，奥托一世在罢黜了教皇之后，自行选择了一位继任教皇，后者被迫同意：未来的教皇只有在宣誓效忠皇帝之后，才能获得神圣权力。"君权高于教权"的原则获得了胜利。西罗马帝国又重生了（它在1157年只是一个雏形，但却被我们称为"神圣罗马帝国"）。

　　萨克逊王朝于1024灭亡。在法兰西和英格兰，国王是选任的，而非世袭制；但是按照通常的方式，贵族们从王室遴国王选候选人。事实上，入选者往往要依赖于他们。在这种情况下，康拉德推选了自己，他是皇帝奥托一世的后裔。大多数人支持他，但反对者想另立他人，不过反对者的企图被抛弃了。后来的萨利安家族采取了和萨克逊家族类似的教会政策，但走得更远。至此，王室领地比911年最后一位卡洛林王朝君主以来都要小。国王通过各种方式控制着教会收入，其目的在于为己所用，但这也有其局限所在。比如，高级教职人员一旦获得任命，就很难被解职，而他们往往会追求自己的抱负。德意志统治者的权力完全是个人性的，认识到这一点非常关键，因为这里不存在他可以坚持的、有约束力的合法性封建契约。如果个人效忠失效，国王就不得不用权力去威慑贵族，萨利安王朝为此重建了私人领地。于是，通过国王私人奴仆进行管理就成为必要，因为贵族完全靠不住。萨利安家族开始转向一个德意志所特有的阶层,他们已经获得了不少教会机构的任用,这就是"附庸骑士"(ministeriales)阶层。一名"附庸骑士"就是一名农奴。先前的萨克逊王朝曾使用这个高级的奴隶阶层来充任士兵,[1]因此他们通常又被叫做"奴隶骑士"(serf-knights)。萨利安家族开始利用他们来管理领地。[941]这是官僚阶层产生的第一个征兆。德意志君主们经营得最好的是国家登记处,它在这个时期并不制作文件副本,这里从未形成司法或财政部门。因此,在不断出现的少数派统治时期,或是在有争议的选任时期和空窗期,没有核心的固定官员去执行国王统治过程中的哪怕是最微小的例行事务。

王室产业的管理被交给了"附庸骑士们",于是在贵族中间开始出现阻力。大公爵们出现了衰落:随着时间推移,许多宗族被踢出了贵族行列,有一些因为反叛而丧失了贵族地位,还有一些因为绝嗣而失去了贵族身份。除了萨克逊王族外,大贵族之间古老的共同联盟最终也消失了。不过,在这些古代公爵的背后还存在着地方性"君主",他们现在可以与君主直面相对。地方贵族们希望在自己的土地上拥有同样的管理权,伯爵们已经在自己的地盘上赢得了这样的权力。他们的土地,通常还有司法权都可以自由保留,他们也无需为此提供封建义务。通过新建立的寺院和修道院,贵族们的经济和政治地位得到大大加强;作为这些机构的所有人,贵族们还可以使用这些资源。比如,在 973 年的108 座寺院中,几乎所有寺院都附属于国王;在 1073 年的 700 多座寺院中,几乎所有新建的修道院都属于贵族们。这些贵族或地方"君主"具有抵制君主的全部动机。他们的兴趣在于阻止国王使教会支柱转化为"帝国教会"一部分的努力。他们对于传统的法庭地位被拱手让给"奴隶骑士",即那些"可恨的"附庸骑士心怀怨愤。他们还容忍了丛林和荒原被国王所占有的事实。因此,贵族和萨克逊自由农在 1070 年、1073 年、1075 年的叛乱丝毫不令人奇怪。虽然他们被打败了,但他们的怨愤依旧存在。这时,教皇在一个自我主张的革命性活动中,彻底摧

---

[1] J. W. Thompson,《封建的德意志》(University of Chicago Press, Chicago, 1928),第 330 页。参阅哈里发统治下的"奴隶"士兵,和埃及的"马穆鲁克"(第三部分,第二章和附录 A)。

毁了奥托一世的"体系"理论,并威胁要摧毁整个君主制大厦。我们早已提到教皇格利高里七世使教会摆脱所有世俗控制的政策。德意志的国王们是如何在缺少大量教会军事和财政资源支持的情况下发挥了功能? 如果他们不自行任命主教和修道院院长,他们又如何能够使用这些资源?

然而,罗马的改革派坚持:主教和修道院院长们应当根据自身章程自由选举,不受国王任何干预;国王应当去神圣化,成为一个凡夫俗子;教皇格利高里七世的《教宗训令》(记录在其私人信札中的思想)主张:

[942]教皇不能由任何人来审判;

唯有教皇才能使用帝国徽章;

教皇可以废黜皇帝;

教皇能够解除臣民的效忠;

所有国王应该亲吻他的脚……①

改革派支持拜占庭和奥托王朝"国家高于教会"(Caesaro-papism)的世俗政治制度,并要求以之取代僧侣政治。而在僧侣政治中,教皇是至高无上的和无可置疑的领袖。此外,没有一个《教宗声明》不是"无聊的自说自话……而且每一个声明都能够在极短的时间内成为欧洲人生活中的现实力量"。②

在英格兰和法兰西,国王和教皇在最初的摩擦之后,双方能够达成均可接受的妥协。这正是 1122 年《沃尔姆斯宗教协定》之前德意志所发生的情形,此时距格利高里要求结束世俗势力对教会任命的干预已有 45 年之久。③但德意志君主们对最终的结果并不满意,英格兰最初

---

① R. W. Southern,《中世纪西方的社会与教会》(Penguin, Harmondsworth, 1970),第 102 页。

② 同上,第 102—103 页。

③ 参阅 P. Classen 的观点,被引用在 H. Fuhrmann,《中世纪盛期的德意志,1050—1200 年》(CUP, Cambridge,1986),第 97 页。

的摩擦要比法兰西严重得多。对君主权威来说,任命教职人员无疑有其重要意义。不过,除此之外,这些君主们还可依赖封建律法和领地等资源作为选择性替代。相比之下,在德意志,国王对教会资源的各种控制成了其权力的牢固基础。而改革对于它的侵蚀是无法挽回的。更糟的是:当亨利四世试图和他的前辈一样,罢免教皇格利高里七世时,教皇开除了他的教籍,并使德意志陷入了内战之中。这场战争以不同的方式持续了 75 年,因为教皇总能在德意志找到一个支持他的"教皇派"。诚如法兰西在公元 9 世纪的经历一样,中央权力的彻底瓦解带来了同样后果:德意志滑入了封建主义。

5.2 封建的德意志

到战争(1077—1135 年)结束时,整个德意志社会已经发生了改变。私人城堡开始出现,贫弱的农民把自己置于城堡领主的保护之下,较弱的领主则会把自己置于强大领主的保护之下。与此同时,他们在战争中认识到的以传统民兵对抗新型冲击骑兵的战法已经变得毫无用处,后者已经采用了法国的封建方式。没有职业城堡主和守备部队,就无法有效地保卫城堡。[943]这样的专业人士只能在"附庸骑士"中寻找。于是,国王、领主、修道院院长和主教都开始求助于这些"奴隶骑士"。为了吸引"附庸骑士",他们被允许自由地改变雇主和契约性采邑。这些"附庸骑士"不再是奴隶性质的战斗"骑士",而是被当成了有别于农民和社会下层的贵族。在战争和动乱过程中,"三百个"强大而古老的权势家族被降到了"附庸骑士"的层次,而一些暴发户获得了至高无上的权力。最终出现了新的等级阶层,"附庸骑士"们位于底层,一些最有权势的武士位于等级的顶端。后者开始成为"君主"。他们通过封臣—采邑(vassaldom-fiefdom)的封建纽带,一步一步地,把对小贵族的实际统治规范化。在这方面,大主教们同样不甘人后。

作为上述发展的结果,德意志的政治和宪法也发生了改变。在先前帝国郡县的废墟上,开始出现了基于私人城堡之上的新的马赛克式领地单元。这些城堡建立在世袭的家族产业上面,它统治着周围上地,是当地的行政管理中心。这也是 9 世纪时法兰西的情形。国家统治转到了一个基础性的阶层——城堡主手中。小领主们正忙着把自己的权力合法化，这些权力包括司法、治安和税收。简言之，他们希望统治自己的领地。由是，德意志王国剩余的遗产受赠人产生了：它们就是领地上的大公国。

王位落到了势力最大的诸侯手中。前萨克逊和萨利安王朝的声望和连续的继承使得王权选任变得有名无实。迄今为止，指定继承人主要通过拥立方式实现。但是，教皇的干预把国王选举变成了生动的选举操控实例，它为反叛者提供了挑战国王的机会。诸侯们不顾等级制原则干预选举，一会儿支持韦尔夫，一会儿支持霍亨斯陶芬。那么，选举人是谁呢？在1125年的选举中，我们已经发现少数贵族行使了"预选"的权利，即由他们选择候选人，然后推荐给其他人承认。教皇英诺森三世（1198—1216年）说道，"罗马国王的选举很大程度上掌握在诸侯手中"。①到1263年，这些诸侯的数量被限制在7名：梅因茨、特里尔和科隆的大主教；莱茵的巴拉丁伯爵；萨克逊公爵；勃兰登堡边疆伯爵和波希米亚国王（他们代表着德意志对直至奥得河地区的斯拉夫土地的殖民影响，以及附着在这些地区统治者身上的极大权力）。②[944]不过，重要的是，王位继承取决于少数几个贵族的运筹。

5.3　德意志封建制度的系统化

霍亨斯陶芬家族不顾教皇强烈反对，在1138年登基为帝。它的皇帝腓特烈一世（巴巴罗萨）开始通过封建法律对王国进行重组。③腓特烈一世及其孙子腓特烈二世的政策与实践存在广泛争议。不过，如果有可

①　J. Bryce，《神圣罗马帝国》（Macmillan，London，1889），第229页。

②　这位斯拉夫国王最终被当作选帝侯的情况在布莱思的《神圣罗马帝国》（第229—231页）一书中有简短的概括。11世纪亲王数量增至八位，1708年增至九位，1714年的汉诺威公爵同时还兼任英格兰国王。

③　巴勒克拉夫把巴巴罗萨当作自己的英雄（他的著作在英格兰几乎被当作经典教义，参阅G. Barraclough，《中世纪的德意志》两卷本（Blackwell，Oxford，1938），以及《德意志历史中的诸要素》（Blackwell，Oxford，1946）。他贬低J. W.汤普森早期的作品《封建的德意志》），对汤普森来说，巴巴罗萨是个鲁莽的帝国主义者和集权者，他摧毁了在韦尔夫家族统治下建立一个"封建德意志"的可能性。同样持有这种观点的是恩斯特·H·康托罗威茨，康托罗威茨还是其偶像腓特烈二世经典传记《腓特烈二世：1194—1250年》的作者。

能从这些无可辩驳的行为中推导出其政策自觉性,我们或可做出如下推论:腓特烈一世将其主要的国内问题看成是"城堡主"问题的扩散,他指望诸侯们能够把这些城堡主纳入控制之下,故而决定引入封建制度将他们与自己绑定,同时致力于重建自己的领地以作为军事支撑。他对意大利的多次远征不只是为了重申作为伦巴第国王的传统权利,同样是为了获取伦巴第的资源,这个城市每年可以带来 30000 磅银子的收入。1176 年在莱尼亚诺的彻底战败结束了这种军事冒险,1183 年腓特烈一世被迫签署了《康斯坦斯和平协议》。根据这一协定,伦巴第城市获得了自治。相比之下,他在德意志建立的领地是非常成功的。巴巴罗萨是个令人敬畏的勇士,在他和诸侯们达成封建协议的过程中,这也是其实力的一个组成部分。其他力量主要来自他作为皇帝的权威:因为这会使贵族们感到不安。贵族们想要合法的头衔。除了"帝王"之外,没有人能够赋予这种头衔。正是基于对"帝王特权"的确认,巴巴罗萨使王国的政治结构系统化了,而这种确认则是对封建效忠和封建服务的回报。

大约在巴巴罗萨去世 30 年后,一个名为埃克·冯·雷普高的人完成了《萨克逊之镜》。这是一部有关当时公共法律的汇编。我们可以从中清楚地看到,德意志当时已经完全封建化了。①[945]这部法律涉及封建采邑、封臣效忠的方式,国王赋予合法拥有土地的象征(神职人员是权杖,世俗人士是旗帜),以及他们作为回报提供军事服务的条件等内容。在所有这些问题上,德意志和法兰西、英格兰一样,都是清晰而毫不含糊的封建制度。

不过,在讨论细节时,它们就会显示在封臣们支持或反对君主过程中,这种平衡是如何被打破的情况。这和王位职权的选举性特征很不一样,王权提供了时刻受到约束的封地。事实上,腓特烈曾经规定:下级封臣在每一次宣誓效忠过程中,都必须保留他们对于国王的忠诚;对于采邑也一样,一旦国王把采邑赠予了封臣,非经国王同意,采邑不能被剥夺。②不过,封建律法通过三种途径反映了国王的弱点和贵族们的

---

① 参阅 H. Fuhrmann,《中世纪时期的德意志:约 1050—1200 年》(CUP, Cambridge, 1986),第 170 页。"封建法律最终成为国王统治的基础"。

② R. Boutruche,《封建领主》两卷本,第 190 页。

牢固地位。

首先，国王承认了一个非常有限的贵族阶层作为一个特殊等级，这些人主要限于国家的直接封臣，他们位于世俗等级制度的顶端，是"国王的诸侯"。这个等级本身对于新来者是开放的，国王不能为所欲为地占有全部高级职位。这个等级介于国王和伯爵之间，对伯爵来说，他们从"国王的诸侯"那里获得任职变成了常态，也就不再从国王那里直接获得职位。在英格兰，各郡的地方长官也是从伯爵或公爵那里获得任命，而非由国王直接任命。

其次，对于几乎一成不变的同一等级来说，他建立了分阶等级制度。这个制度被称作"军盾"（Heerschild），字面意思是"战争的屏障"。根据《萨克逊之镜》中的说法，当时一共存在六个贵族等级，分别为：国王；主教和修道院院长；世俗诸侯；"自由领主"；家臣或陪臣；然后是他们的封臣。最后一个是"附庸骑士"，事实上，他们也因此而被当成了贵族。按照"效忠法"，如果儿子级别低的话，他不能保留父亲的等级。为了守住其等级，他必须向同级别的贵族或是级别稍高的贵族效忠。等级制是一成不变的，除非有时候国王会通过授予"旗帜采邑"的办法来提升封臣的等级。按照当时法律，这是提高封臣等级的唯一方法。[1]在实践中，这意味着"地方诸侯"或形成第四等级的自由贵族可以尽可能地获得提升，但除非诸侯们自己同意，否则他们是无法获得这一级别的。

[946]最后，它通过对国王建立领地的努力施加限制性法令，为封建等级中的财产冻结问题加上了保险。[2]在法兰西，领主归还的产业将会成为国王财产，英格兰也存在类似情形。但是在德意志，按照惯例国王不能保留任何超过一年零一天的无主的"旗帜采邑"。[3]被没收或闲置的采邑也要在现有的封臣中间进行循环。因此，尽管国王可以控制一部分封建领地，但封建领地在整体上并不受他的控制。

---

① R. Boutruche，《封建领主》两卷本，第 432 页。

② 通常情况下，领地主要通过三种方式获得：① 地产交换；② 利用领主归还土地的权利；③ 购买。

③ R. Boutruche，《封建领主》两卷本，第 433 页。

新制度究竟是如何运行的？一个实际例子发生在萨克逊大公爵"狮子亨利"（Henry the Lion）身上。作为领地争夺的结果，腓特烈传唤他到王室法庭。当亨利未能在法庭上出现的时候，腓特烈把他当成抗命的封臣，对他进行了审判和谴责。腓特烈法庭中的贵族都是些俯首听命之人，这些贵族们对此乐此不疲，因为亨利退还的封地将会被分配给他们而不是国王。

5.4　德意志王国的解体

如果事物的发展过程不受干预；如果巴巴罗萨没有死于十字军东征；如果他的儿子亨利五世没有英年早逝；如果继任的国王们能够专注于重建领地，并利用手中的封建权利反对他们的封臣，那么德意志王国此刻可能已经发展得与菲利浦·奥古斯都统治下的法兰西没有什么两样。然而，它在实际上要脆弱得多，德意志王位是选举性的，它的统治王朝还要面对罗马教廷中的仇敌，后者能够在任何王位空窗期挑起反对国王的内战。德意志王国的国王同时还是罗马人的国王，他宣称拥有伦巴第的铁王冠，但他必须进入罗马由教皇加冕称帝，这样他就不可避免地要制定一个意大利政策。因为在当时，罗马教皇只在自己的领地上（即"康斯坦丁的赐予"，之后被简称为教皇国，横穿意大利半岛，将伦巴第同意大利南部和西西里分开）行使权力时才会感到安全。[947]同样，教皇也把任何对于地方权力平衡的改变当作威胁。

前已提及，巴巴罗萨征服伦巴第（帝国的一个组成部分）的努力输给了教皇外交。但意大利的麻烦接连不断，通过王室联姻，亨利六世和继任者腓特烈二世变成了西西里的国王。在诺曼王朝统治下，帝国不但强大而且富有，于是教皇担心德意志帝国虽然在伦巴第远征受阻，但仍会继续在南部扩张。这正是腓特烈二世时期所发生的情形，教皇英诺森三世最终被迫承认了腓特烈二世的统治，并为其加冕。腓特烈则背弃誓言，没有统一德意志和西西里王国。

正是这个非凡的腓特烈二世，被他那个时代称为"世界奇才"。如果我们正在讨论的是政治史而非统治史，那么他肯定值得我们进行更多探讨，而非一笔带过。同样值得关注的是他以西西里作为基地，把德意志人的统治留给了"附庸骑士"和他的儿子亨利。他的动机并不清楚，我个人认为：在腓特烈二世看来，先帝们统合帝国的指导方向是错误的，他们不应该从贫弱的德意志去统一富饶的意大利，而是要反其道而行之。简言之，他打算从西西里开始统一意大利，然后利用意大利的资源去支持在德意志的政治诉求。我认为，腓特烈二世准备向德意志的诸侯们做出任何妥协，直到他拥有压倒性的力量来解决这一问题。结果他英年早逝，他对意大利的征服并没有给这里的统治带来长久影响，但他在德意志的妥协却被证明是永久性的。

这些妥协分别是 1213 年的《埃格尔黄金诏书》（*The Bull of Eger*）、1220 年的《关于僧侣诸侯的权利》和 1231 年的《关于世俗诸侯的权利》。前两个开启了独立的教会封国之路。根据《埃格尔敕令》，腓特烈二世宣布放弃王权，放弃在主教选举过程中扮演任何角色的权利，承认教士向罗马上诉的权利，这等于结束了"教皇授权"的争论。1220年颁布的《关于僧侣诸侯的权利》走得更远，它把主教当成了领地诸侯；它接受既成事实，承认封臣主教可以行使收取过路费和铸币的权利；同意他们在自己的领地上建立新城堡和城邑；宣布从教会封地上逃亡到城镇中的奴隶为非法；承诺不再获取教会的采邑。国王不再对教会土地征缴新的税收，也不在教会土地上建立堡垒或城市。确认封臣主教在其下级封臣中拥有自由分配领地的权力。[948]经过一段时间后，封臣主教们使自己的领地摆脱了国王的控制。

那些世俗的诸侯们又是怎样的呢？《关于世俗诸侯的权利》诏书的每一条款都被应用于世俗封臣，并且更为严格。就整体而言，它认可了诸侯们在自己领地上的最高司法权，但必须要遵守古老的习惯，这就阻止了国王法令在全国范围内推广。它保留了把诉讼从封臣法庭转移至国王法庭的权利，但是诸侯们通过确保"无需求助于人的特权"将其置之一旁，并可做出最后判决。在世俗封臣的要求下，《关于世俗诸侯的权利》诏书还打击了新兴城镇。在领地上建立、发展城镇是霍亨斯陶芬家族的标志性特点，建立这些城镇获得的报答是其市民的效忠。但诏书结束了这一政策，它使城镇向周边乡村地区扩展司法权或与之结盟的行为失去了合法性。事实上，正如我们所要看到的，城镇能够无视这些限制,但国王却再也无法从城镇获得任何资源或政治优势。

证据充分表明,腓特烈二世把这些妥协看作是短暂而有限的,他很镇定地看待封地诸侯们的形成,仅只是把它们看作是初步的合并,他会在未来将其罗织在他的"库里亚"法庭之下。[①]然而,他的逝世阻碍了任何发展进程,这些妥协也已变得不可挽回。他的霍亨斯陶芬王室家族,通过最为表面的形式,消亡在教廷难以消弭的仇恨之中。从1257年到1273年,新皇帝变得有名无实(康沃尔的理查甚至不是德意志人,而是英格兰人)。因此,这个时期被通称为"大空位时期"。此后的国王选任,掌握在七大选帝侯手中,只不过引起了更多来自国外的和教皇的干预,从而导致王朝频繁更替,决策纷争不已,通常还会有内战。选帝侯们助长了这一情况,他们可以借机渔利,而德意志则从宪政发展的路子上日益偏离,最终从一个以国王为中心的王国变成了领地诸侯们的联合。

1356年的《黄金诏书》使德意志王国的格局固定化,并形成了一个结束王国崛起和碎片化历史的合适时机。《黄金诏书》确认了七人选举团制度;确立了多数派选票获胜的原则;制定了空位期摄政的条文(这些条款的制定主要是为了杜绝罗马教廷推选其代理人的机会)。[949]在另一些条款中,诏书确认并扩大了七大选帝侯的权利:他们可以建立城堡、铸造货币、收取通行费;反对他们的阴谋和叛乱将会被视为严重的叛国罪行;他们以最高顾问议会的形式每年觐见皇帝;禁止形成反对他们的城市联盟。德意志此后的历史,大都围绕着包括城市在内的地方采邑获取同等权力的努力而循环展开。正当《黄金诏书》颁布之时,英格兰和法兰西诸王国也开始了百年战争的厮杀,并步入了形成统一民族国家的快车道。

---

① H. Mitteis,《中世纪的国家》(North Holland Publishing Co.,Amsterdam,1975)。

第七章 共和政体：佛罗伦萨和威尼斯

[950]自罗马帝国衰落以来，全球统治的实践与理念无一例外地变成了君主制。11世纪时，欧洲也开始发生了变化。在松散、衰弱的封建君主机构中，市民团体开始了争取独立的冲动。在这方面，它们表现得与其他任何有影响力的团体与个人，比如诸侯、骑士、教会等并无二致。中世纪是一个人们不断争取权利、特权和豁免权以反对统治权威的时期。在政治权威足够强大的地方，就可以限制城镇的自治权：比如在法兰西和英格兰，某种程度上还有低地国家；在政治权威衰弱无力的地方，城镇在事实上就会变成自治形态，比如在德意志。在意大利这样的地方，城镇力量最为强大，而且数量众多，它们的中央权力也最为短暂和最不连贯。这些城镇后来变成了独立的共和制，变得和法兰西与德意志那些松散的公国一样，相互之间不停地进行斗争。他们把乡村和其他城镇先后纳入了其统治之下，一些城市最终在事实上成为独立的、中等规模的乡村国家。

城镇可能是非封建性的或反封建性的。非封建性城镇是在封建政治体制下，由封建统治当局批准的一种特殊的"豁免"或"自由"，它在14世纪被并入了中世纪晚期"自我经营"和"自我转型"的封建君主制与诸侯国当中。在整个欧洲代表大会兴起的过程中，它们变成了代表大会制度不可或缺的组成部分。关于城镇崛起的情况，我们会在下一章进行阐述。现在来谈论城镇的反封建性特征。许多德意志城市成为事实上的共和制，但是不久又重新并入了由神圣罗马帝国发展而来的松散联邦。意大利则恰恰相反，这里的城镇从未被重新并入君主制当中。相反，他们取代并接替了封建君主的等级秩序。除威尼斯外，所有城市在法理上都不是完全独立的，[951]但是它们的非主权地位又完全是名义性的。

这些城市只是通过摆脱其依赖性而变成了共和政体。不过，一些城市作为共和制幸存了下来，它们对于这一点认同的自觉性也在逐渐增加。特别是佛罗伦萨和威尼斯成为反封建和反君主制理论的典型，同时还是"共和主义"统治实践的典范。它在理论和实践上都复兴了一个长期湮灭的统治形态。这也是统治形态在观念上转型的一个实例。

对于同时代的人来说，公元1100年到1400年的共和制无疑是个例外，它是一个短命的不占统治地位的政治体制。其政治实践根本不像那个时代的辩护者和19世纪开明的国家主义历史学家们所断言的那样公正和自由。它们之间存在着差别，而这种差别又导致了一定后果，这便是本章的基础理论所在。

不过在这之前，我们还需要谈论一些关于城镇的形成及其政治体制形态方面的情况。从这方面看，意大利城镇与其他国家的城镇有许多共同之处。接下来需要讨论意大利的地理环境，非常显而易见的是，意大利北部与中部城镇具有相似的制度演进过程。然后，我们就可以论述佛罗伦萨和威尼斯的共和政体了，唯有如此，才能把二者的经验置于整个统治史的发展进程当中。

1. 自治的冲刺

10世纪时，幸存下来的古罗马城镇大幅减少，它们的重要性主要在于作为主教的居所或军事总部所在地。很少有城镇存在大规模的商人或工匠组织中心。伴随着10世纪长途贸易的复苏，城市开始复兴。

从那时起,欧洲经历了一个人口膨胀和农业产量持续增长的过程,伴随着密集的城市化进程,城镇也拔地而起。城镇最先兴起的地区往往是那些最具发展连续性的地区,比如意大利、法国米迪地区、德意志莱茵河—谢尔德河—默兹河地区等,它们大多沿着河流和海滨地区建造。到 13 世纪时,德意志的城镇开始多样化。据说在 14 世纪时有 3000 个城镇,我认为大多数只是个小村庄,每个村庄的平均规模只有大约 400 位居民。①

[952]依照我们今天的标准,这些城镇都非常小。②不过就当时而言,那些最大的城镇依旧令人印象深刻:1340 年时,最大的几座城市,比如巴黎、威尼斯、佛罗伦萨和热那亚都分别有将近 10 万居民。但是有数千个城镇的人口不到 2000 人,甚至像纽伦堡这样有名的城市,当时也不过 2 万人。③城镇四处都有围墙,围墙不仅是防御屏障,而且是把乡村与封建领地、领主及其奴隶之间隔开的象征。城镇的共同名称是"村镇"(bourg),"自治城镇"(burgh)或"市、城"(burg),这里的居民被称为"伯吉斯"(burgenses),他们是"有产者阶层"。同时,"市民"(civis)这个词也不再是古罗马意义上的"参与统治管理之人",它开始被用于指代居住在城镇而非乡村的人。④"城市的空气带来自由"(Stadtluft macht frei),任何人只要在城镇中居住超过一年零一天就会被认为是"自由"的了。⑤而且,作为自由人的"市民",通过特定的产权期限而持有财产,这并不涉及人身依附和允许自由转让问题,它与封建性的土地使用期限非常不同。从一开始,这些"有产者"就具有约翰·洛克所说的作为"个人"所必须具有的先决条件:他是自己的主人;他是其全部所有(生命,自由和财产)的主人。

---

① F. Braudel,《15 到 18 世纪的文明与资本主义》(Fontana, London, 1985),第 482 页。

② 或者是按照亚洲的标准。马可·波罗所描绘的人口众多的中国城市状况受到了彻底质疑,甚至被讥讽为马可波罗的"百万"(milione)。佛罗伦萨人的态度可以从孟德斯鸠《波斯人的信札》中得到体现,其中两个波斯人在给家人的信中写道,"巴黎和伊斯法罕一样大"。

③ C. C. Cipolla,《欧洲经济史》第一卷"中世纪",(Fontana, Glasgow, 1972),第 34—35 页。

④ H. Sidgwick,《欧洲政治体制的发展》(Macmillan, London, 1903),第 234—235 页。

⑤ S. Reynolds,《西欧的王国与社团:900—1300 年》(Clarendon Press, Oxford, 1984),第 164 页。

　　因此,城镇是非封建性的,有一些城镇甚至是反封建性的。它们开始从事任何地方性权力机构正在做的事情,致力于争取自治权。市民的利益和看法同封建政治、经济秩序大相径庭。他们憎恨领主的税捐,憎恨为领主磨面做饭的义务,甚至还憎恨为领主服役充当士兵的义务。正式的、半仪式化的封建法庭程序比无用的经济裁决和合同诉讼更加糟糕。①市民们打算建立自己的城市律法和税收系统,并由自己来管理。所有这些都是"非封建性的"。至于他们的影响,主要有这么几点:首先,城镇往往拥有现金,而封建领主们拥有土地,也就是"流动资本"对"固定资本"。在那个时代,任何突发性事件,无论是嫁女儿还是十字军东征,都会让现金的微小效用变得无比巨大。其次,市民们拥有武装力量。在城市街道中,披甲骑士冲击毫无用处,而攻克一个防守严密、带有城墙的城镇更非易事。

　　[953]从 11 世纪中叶开始,一个接一个的城镇开始通过购买或战争手段来获取特权或豁免权。它们要索取的内容,以及获取这些东西的方式取决于其面临的对象:高级教士、世俗人士、封臣或是国王。大主教是城市中必要的居民,他们在神学上经常被市民们对于等级制度的挑战所触怒,因此往往比世俗领主更具抵抗性。除非他们的全部流动收入都来自领地上的同一城镇,并恰恰需要折换来自城镇的"城市包税"从事现金交易。国王们往往会回应并承认一些看上去对自己有利的市民特权,这在很大程度上取决于不平等的讨价还价过程中的力量对比。

　　城市自治的广泛要求被称为"公社运动",它遍及意大利、荷兰、法兰西南部和北部地区,以及德意志部分地区。在英格兰,只有伦敦摇摆不定地变成了一个"公社"(commune)。"公社"或"社团"是个模糊的术语。在 11 世纪晚期和 12 世纪,这个词开始指代任何具有自治权的地方性集体。到 13 世纪,它或是意味着整个地方性共同体,或是意味着社会统治机构,不过它还有着更为狭隘的含义(当我们转向意大利时,这一点表现得极为明显):即由个人组成的一个团体。这一情况在

---

① 　参见 H. Pirenne,《中世纪城市》(Princeton UP, Princeton, 1925),第 138—145 页;或参见 S. Reynolds,《西欧的王国与社团:900—1300 年》,第 181、168 页。

意大利尤为突出，许多团体根据共同的誓言被绑定在了一起：这些人就是同盟者。不过，城市居民通常也能够在没有立誓的情况下结合在一起，组成一个公社。许多"公社"还通过长时期的讨价还价逐步获得了特权。在意大利、德意志，某种程度上还有低地国家，这里的公社是宣誓联盟，它们通过起义获得了自治，并通过武装力量进行维持。

这些公社中的政治机构和制度发展进程遵循了一个遍及整个欧洲的共同模式。其基本机构是公开的城镇代表大会，尽管它被使用得越来越少。无论如何，它没有包括全部"居民"（inhabitants），只包含比例很小的"公民"（citizens），我们将会在下文看到这一点。代表大会的任务是批准重大政策，他们赞同的方式是进行欢呼而非辩论；同时还要选择一批地方行政官员（或至少是赞成）。起初，地方行政长官都是有钱有势之人。从联盟的意义上来说，早期的公社也只是最富裕市民的联盟，其目的是要接管占据统治地位的主教、伯爵或诸侯们的权力。到 13 世纪，全体代表大会被由选举产生的小型议会所取代（除了罕见的紧急情况下）。[954]选举的方式各不相同，有时候通过全体大会，更多时候是通过城市行政区划（居民区、街区、行政区）、行会直接或间接的选举产生。但无一例外的是，它们都是由有钱有势的人组成的会议，这就是它们通常被叫做"贵族政治"或"寡头政治"的原因，这当然是我们现代人的称呼，而非同时代人的说法。从 13 世纪开始，这些组织开始拒绝吸纳新来者。①但是当它们关闭大门的时候，它们也面临着来自新兴富裕阶层和普通富裕阶层要求分权的压力，这便是所谓的"民主"运动。这些社会力量利用行会组织来传导其压力，以便使他们的努力看起来像手工业行会正在努力打破富裕阶层和声望较大的商业行会的政治垄断。在意大利，这些被排除在外的社会阶层组成了宣誓联盟，自称为"平民"（popolo），并试图通过起义来坚持他们的主张。在意大利所发生的事例，只是大多数城市化了的欧洲在 13 世纪末所发生的情形：抵抗寡头政治、暴力，甚

---

① 参见 H. van Werveke，"政府经济政策：低地国家"，载《剑桥欧洲经济史》（CUP，C，1963），第 30 页。Reynolds 对"贵族统治"和"寡头政治"等词汇做了繁琐的评论，但也勉强承认了其要点。参见 S. Reynolds，《西欧的王国与社团：900—1300 年》，第 204—206、221 页。

至革命。在弗兰德斯,1225 年时城镇也受到了撼动。1253 年,列日市发生了叛乱;1280 年弗兰德斯的城镇发生了大起义,并于 1302 年在科尔泰彻底击溃了法兰西骑士。德意志西南部地区和科隆也分别在 1371 年和 1396 年爆发了类似起义。法兰西和英格兰很少有过类似的震撼,因为那里的君主们维系了和平与安定。在中央统治权威受到挑战、削弱,或是二者兼有的地方,比如低地国家、德意志南部和意大利,此类冲突便会肆虐不止。

来自德意志的一些简短案例或许有助于说明这些评论。这些例子可以同城市化比较集中的地区,即意大利北部和中部地区所发生的情况进行对照和比较。不过,我们必须对此进行广泛的概括。没有哪个德意志城市在司法上曾经是独立的。"帝国城市"最终只有 51 个,它们是最为自治的地区。它们只承认皇帝的宗主权,这个权力在 1250 年至 1273 年的"大空位时期"后变得更加模糊不清。作为皇帝的直接臣民,它们可以免于地方诸侯的苛求。皇帝发现这对自己有利,于是也对其听之任之,很少干预,很多时候甚至会在城市贵族的请求下回绝社会下层的参政要求。[955]但是,许多封地上的城镇已经获得了同等程度的自治权,它们对地方封臣长期而彻底的不信任主导了当地治理,并最终引导它们组成了防御联盟。

这些城市和意大利城市不一样,它们没有占据乡村的任何意图。它们的寡头政治中也不存在骑士成分,它主要来自市民家庭,这是一个高度同质化的社会集团,通常他们当中的大部分人都参与了远程贸易活动。除了一两个例外,纽伦堡就是个典型例子,他们雇人劳作而非亲自参与劳动。和他们争夺统治权力的对手往往来自类似的社会集团,也就是"圈外人"试图努力成为"圈内人",而不是去进行革命。或许这就是为什么统治阶层在战胜对手之后往往能与之达成协议的原因,这和意大利的城市完全不同。而且,即便是在反对者占领的地方,虽然通常会受到社会下层的支持,他们仍无法将权力维持很久,它们的冲突也与意大利完全不同。基于这个原因,同时由于它们可以请求或被强制接受皇帝或封臣的权威,它们并未给个人性的"专制主义"提供动机和机会,而"个人专制"却成了意大利的统治规则。其统治形态最后变成了一个富裕的寡头政体，并被频频发生的、广泛而短命的叛乱和起义不时打断。不过，意大利的城邦国家经历了一个政治形态的演变循环，而德意志的城邦国家只有短暂的叛乱作为插曲。恰如弗朗西斯科·圭恰迪尼、马基雅维利和博泰罗所证明的那样，意大利城市的经验为政治变迁研究增加了一些重要的普世性内容。德意志的城市无法实现这一点。

城镇制度的基本格式只在具体细目上有所不同。意大利和其他地方一样，早期城镇机构主要是"市民全体会议"（Volksammlung），地方行政长官要对其负责。12世纪，除非发生突发性事件，一种"市议会"取代了全体会议，前者由一个或多个"市长"主持，一些城镇最多可达24位。在其他地方，议会规模最初很大，并摆脱了由6个人组成的一个内部会议，后者一直作为联合执行委员会，比如吕贝克和14世纪初期的科隆。在相当长时间内，这些议会与地方行政长官仍旧来自一个存在着千丝万缕联系的小型富商集团。无论通过选举还是其他形式的任命，其结果都会如此。原因不外两点：一是在任职资格问题上的排外性不断增长；二是鲜有市民能够有足够的时间来参与这些冗长、费力，并且没有报酬的荣誉性活动，他们也不具备必要的谈判经验，缺乏对政治力量不断变化和平衡的理解。

[956]反对贵族统治的动乱和示威频频发生，而且非常广泛，尤其到14世纪晚期更是如此。一项不完全统计显示，从1300年到1550年间，在105个城镇中发生了210次以上的起义。①从当时的记录来看，这些起义似乎是由手工业行会发起的旨在打破商人控制的活动。当前一些学者的看法恰恰与此相反，这些学者认为起义领导者（他们利用贫穷的工匠阶层开展进攻）是"各种社会成分的混合物，他们或是感到被排挤在顶层的世袭管理层之外，或是已经被排除在外……反叛的目标在于分享权力，而非革命；其目的是要打破家族垄断，而非倾覆现有制度，另立新的行会政策"。②在旧贵族体系当中，并不缺乏向上的流动

---

① F. R. H. Du Boulay，《中世纪晚期的德意志》（Athlone Press，London，1985），第146页。
② 同上。

性。相反,它从手工业行会中为社会上层提取了流动性,从而使阶级鸿沟比之前更宽了,这完全遵从了帕雷托的"精英循环"模式。[1]这里存在着一个简单的事实,那就是不存在一个制度程序可以让心怀不满的人(通常是由于新税收)影响或控制政策。对纳税者而言,仅有的手段便是发动暴乱,打破决策圈子。甚至当他们获得了把"自己人"选入管理机构的权利的时候,他们所挑选的"自己人"也并非小商人或手工匠,而是贵族。这就是为什么在初期动乱之后,统治机构能够在短时间内重新恢复到以前的寡头政治的原因。

当中央权力出现衰微,德意志陷入掠食者的混乱之时,城镇不得不开始为了保持独立而斗争,尤其在大空位时期以后更是如此。城镇最大的敌人是地方上的骑士,特别是准备建立公国的诸侯们。为了应对这种局面,14世纪时城市自身开始联合起来,结成了莱茵兰—士瓦本同盟(Rhineland Swabian Leagues)之类的联合。它们大都是临时性的,其中只有两个例外。第一个是汉萨同盟,它一直持续到16世纪,它主要是波罗的海沿岸各国的商业城镇联盟,它在军事上强大到足以摧毁让人无法忽视的丹麦君主国,并保证了波罗的海的航运自由。作为当时占主导地位的贸易网络之一,汉萨同盟一直是经济历史学家们的主要兴趣所在,但是对政治历史学家而言,它完全可以被忽略。它的政治制度是初始性的,作为最松散的城市作战联盟,其结构化程度甚至低于"埃托利亚同盟"(Aetolean League),[2]其成员也一直在不断变换。

[957]第二个例外是三个"森林"公社的联盟,它们的命运非常与众不同。不久就有琉森湖地区的一些城市加入了"森林"公社联盟,它们注定要成为瑞士联邦(Helvetic Confederation),或是我们现在常说的"瑞士"。由于它是持久性的联合,有人称赞它是"欧洲第一个民主国家"。所以即使本章的主题是意大利的城市共和国,它仍值得我们略加关注。

乌里、施威茨和下瓦尔登这三个河谷乡镇人口贫乏,只有20000—

---

① S. E. Finer,《帕累托社会学文集》(1966),第130—138页。

② 参见原文第373页。

30000 贫穷的自由农，它们或臣附于德意志的封臣皇帝，或是依附于哈布斯堡—奥地利伯爵。大约在 1220 年，臭名昭著的"魔鬼桥"（Devil's Bridge）被建造起来，圣哥达通道被打开，从莱茵兰地区经苏黎世直达米兰和意大利各地的道路打通了。于是，这些地区很快就获得了战略重要性。威廉·泰尔（William Tell）曾领导了反对哈布斯堡皇室统治的起义，这个起义的瑞士传统长期以来被当作传奇忽略了，现在看来这似乎是真实的，尽管故事本身经过了修饰和加工。1291 年，我们发现这三个城镇签署了永久性的互助条约，这个条约把它们绑定在了一起，以便共同调停争端、阻止暴力犯罪，以司法程序替代流血争执。不过，它仍然承认封建依附性，并卷入了争夺王位的战争。它们在蒙加顿与奥地利的重装骑兵会战，并在 1314 年歼灭了奥地利军队。1291 年，条约被再度确认并加入了新条款：任何缔约城镇不能单方面与第三方和解或与之结盟。1351 年，苏黎世基于国内原因也加入了这个联盟，当时的苏黎世只有 600 人。为了进一步征服其内地，伯尔尼在 1353 年加入了联盟。到 1388 年，楚格和格拉鲁斯的乡村地区被允许作为完全的条约成员加入联盟，在此之前二者都是受保护的领地。1381 年，琉森摒弃了哈布斯堡王朝的领主地位；1386 年，奥地利的利奥波德（Leopold）公爵发兵要摧毁这个联盟，最初的三个城镇联盟联合起来共同防御，最终在森帕赫挫败了利奥波德的军队。1389 年，双方实现了和平，哈布斯堡皇室放弃了整个阿尔卑斯西部地区，它在阿尔高和图尔高的领地也面临威胁。1415 年，这两个地区也落入了此时已经变得极其自信的侵略性联盟之手。

在 1415 年，联盟还是临时性的。直到在 1476 年的莫拉特和格兰迪森战役中大胜勃艮第的"勇敢者"查理，这个联盟的政治前途才算确立。[958]联盟本身存在严重的不均衡性：森林地区的乡镇以农民为主；琉森地区由富裕的寡头们统治；苏黎世在经历了平民起义后，开始被地方上的"独裁者"所控制；伯尔尼由贵族们统治。联盟还极具侵略性。各个城镇随后开始征服它们的乡村，然后作为最高领主对这些乡村进行严酷的统治，并拒绝给予乡村居民"市民"身份。那么，这一联盟为何能够保持一致？它的确曾一度陷入内战，或许还曾一度分崩离析。它没有微弱的制度性联系。不过,它虽然没有一个联盟协定,但至少存在六个互相连结的条约。"公共性"概念是缺失的,这些城镇联合在一起的目的是为了保护其个性,而不是放弃它们。联盟本身没有关于代表大会的条款。简言之,它没有章程,没有固定的代表大会和执行机构,也没有首都和最高法庭,更没有档案托管处,甚至连个印章也没有。[①]

它们至多会就某些共同政策达成一些协定,这些政策涉及的内容往往非常有限,比如维持苏黎世—圣哥达道路的秩序,作战部队的公共代码,共同获得的阿尔高土地的管理准则。即便如此,它仍然没有行政权力来实施这些准则。它和德意志的城市联盟不同,这一联盟被长期维持在一起的首要原因在于:这些城镇之间连成了一片不间断的领土,它们拥有把持着穿越阿尔卑斯山道路的共同利益。最重要的是,它们享受着不断取得军事胜利的甜美滋味。

在当时,没有人把这个联邦当成一个国家,或者把"瑞士"一词看成是地理概念之外的东西。事实上,它只是一个共和国联邦,直到1648年《威斯特伐利亚条约》签署之后,它才具有独立主权。至于它的"民主性"问题,这对于它的城市成员来说肯定不适用。它们通常是城市寡头政体,臣属于它们的乡村居民只是"臣民"(Untertanen),而非"公民"(citizens)。不过森林地区的城镇会有所不同。这里实行直接的民主制,决策权掌握在公社代表大会手中。它们由杰出的大家族领导,其中一些人也曾经是贵族。尽管如此,市民们自愿追随他们。从这个角度上说,把它们当作民主政体再合适不过了,因为这在欧洲也是独一无二的。

2. 血腥的意大利

[959]535年,当罗马皇帝查士丁尼决定从东哥特国王(他曾经占

---

① 引自 E. Bonjour, H. Offler, and G. R. Potter,《瑞士简史》(Clarendon Press, Oxford, 1952),第101页。

据了罗马帝国统治下的意大利，并对其进行开化和统治）的继任者手中重新征服意大利时，意大利的统一和安定开始不复存在。从那时起，意大利开始成为各种入侵者的战场，这些入侵者包括拜占庭人、伦巴第人、法兰克人、德意志人和诺曼人，他们粉碎了这个国家，但他们在任何时候都未能成功地统治整个国家，只能占据意大利的部分地区。1103年后，意大利复杂而不确定的政治地理稍微简单化，当时诺曼的冒险家们已经开始征服包括西西里在内的罗马南部地区。到12世纪末，他们在那里建立了强大的封建君主制中央集权国家。在这些地区，城镇已经没有机会获取自治权了。意大利中部的教皇国由"罗马大主教"，也即"教皇"统治，由此向北是皇帝领地伦巴第王国。这个地区正是我们的关注所在，因为它的城镇最后变成了残存的遗产受赠人，这个遗产便是空洞而忽隐忽现的帝权。

加洛林帝国之后，互相敌对的伯爵、边疆伯爵等地方统治者之间相互内斗不已，它们通过向城镇主教授予特权的办法来获取支持，这些城镇的主教们渐渐获得了巩固城防、收取市场费，以及免于伯爵司法审判的权利。斯波莱托（一个公爵领地）和托斯卡纳（一个边疆伯爵领地）均由个人统治，他们强大到足以将整个城市掌握在个人股掌之中。不过，到10世纪中叶，伦巴第的城市开始由大主教们统治。主教们的统治与奥托一世皇帝的统治具有同质性。[1]奥托王朝对意大利北部的控制建立在主教基础之上，这是终结上世纪无政府状态的第一步。很不幸，它被证明是最不可取的做法。多种因素切断了皇帝对伦巴第王国的连续控制，也阻止了任何中央权威来取代它。首先，随着远程贸易的复兴，当这些意大利北部城市开始繁荣并急速扩张的时候，它们的大家族垂涎于主教所行使的权力，决定据为己有。帝国和教皇之间的斗争彻底破坏了皇帝对主教们的控制，最后皇帝在伦巴第的政权不复存在。此时，红胡子腓特烈一世已在1183年的《康斯坦斯和平协议》中承认了城市自治权。此前不久，托斯卡纳还有别于自治城市，因为它处在玛蒂尔达（Matilda）女伯爵强有力的统治之下。只是随着她在1115年离世，

---

[1] 参见原文第939页。

托斯卡纳的城市才获得了独立。

[960]这便是意大利城市共和制兴起的重要历史背景。它表明,意大利是中世纪历史上有关政治体制分裂的更为极端的例子,甚至可能是最为极端的案例。①但这并不是意大利北部和中部地区的唯一特征。除了威尼斯之外,这些城市的政治进程遵循着一个节奏:贵族或权贵们从未停止同市民、平民甚至下层人民进行控制城市的争夺。这一点逐渐变得日益明显。原因很简单,随着富商贵胄们性质的变化,平民的性质也会发生变化,二者都会随着时间而改变。意大利"贵族阶层"的特征无法用这个理由来解释。虽然从一开始意大利就存在着贵族阶层、封建阶层和骑士阶层,但它并不鄙视商业。位于商人和银行家阶层最顶端的这部分人也渴望能够像古老的贵族世家一样生活,于是就产生了帕雷托所说的"精英循环"。通过这种途径,平民的上层源源不断地被吸收到贵族圈子里,所以平民与贵族社会地位之间的上升通道从未关闭。

事实还远不止于此。为什么亨利·西季威克在《欧洲政治制度的发展》一书中提出,德意志城市代表着"纯粹的"的城邦类型,与意大利的城邦刚好相反?② 这是因为德意志的城市寡头集团是纯粹的商人家族,他们端坐于高墙之内,抵抗着来自乡村城堡骑士的进攻。在意大利,这样的骑士家族最初既生活在城外,也生活在城内。而且,这样的家族往往倾向于集中其资源和权利去攫取当地主教的控制权。这就会使市民陷入到一个根本无法解决的窘境之中。他们都需要这些骑士家族,因为他们为城市提供了骑兵,但他们也同时发现骑士家族的傲慢和暴力让他们无法忍受。所以他们不能公开决定到底是把贵族们留在城外,还是强迫他们入住城内接受监控。如果留在城外,他们将会对城市发起战争;如果强迫他们住在城内,他们会相互斗争,试图接管政府。

这些贵族或权贵是由当时最为强大、富有的商业和金融家族通过联姻后形成的贵族集团。意大利和欧洲其他地方的一个最大差别,可

---

① 参见原书前文第 855、953 页,或下文第 962 页。

② H. Sidgwick,《欧洲政治制度的发展》(Macmillan, London, 1903),第 244—245 页。

能就存在于这样的家族联姻当中，那就是家族的重要性和联姻所带来的价值。血统纽带、贵族联系和家族对抗在中世纪欧洲的各个地方都时有发生，[961]但没有其他地方可以达到意大利的强度和热度，正如没有其他地方对于母邦（patria）的依附会如此深切一样。为了说明后者，我们需要回顾希腊城邦的不同层面。①对于前者，为了和我们讨论的内容进行比较，我们不妨去看一看当今西西里和卡拉布里亚的类似文化，比如"沉默"、"拒绝作证"（omerta）、"咱们的行当"（Cosa Nostra），以及黑手党等概念，如今在这里依然存在。②

中世纪的"卡萨"（casa）是个亲族聚居场所，是一个源自同一祖先并具有同一姓氏的关系网络。一个家庭可能只包括四个人，但是"卡萨"是一个包含许多家庭住所的家族集团。例如，15 世纪晚期，我们在热那亚发现了具有 81 个家庭的斯皮诺拉（Spinola）家族，多利亚（Doria）家族有 59 户，格里马尔蒂（Grimaldi）家族有 41 户。在佛罗伦萨，奥特韦蒂（Altoviti）家族有 66 户，奥比奇（Albizzi）家族有 65 户，鲁彻莱（Rucellai）家族有 60 户，斯托茨（Strozzi）家族有 53 户。③这些大家族与明朝晚期和清朝时期的中国大宗族一样，它们利用家规进行管理，家族中拥有自己的官员、议会、家规，以及维护治安的权力。这些大家族并排居住在城镇之中，它们建有高耸入云的石塔，至今人们仍可在博洛尼亚、佛罗伦萨或圣吉米尼亚诺看到这些石塔。在遭受攻击时，石塔可以通过桥梁联系起来，这些联结处至今犹存，从这里甩出的桥梁和链条可以横跨狭窄的街道，从而阻止敌人偷袭，尤其是骑兵部队根本无法在这种情况下取得任何进展。对于无情的、残忍的、不可宽恕的永久性家族世仇来说，所有家族成员都负有责任。求助法庭被认为是可耻的。残忍的家族世仇似乎永不停息，它使得城市一直处于动乱状态。在《罗密欧与朱丽叶》中，莎士比亚已经为我们描绘了家族争吵和世仇是如何

---

① 参见原文第 330 页。

② 参见 J. Boissevain，《西西里的守护者》（March, 1966），第 18—33 页；Roger Vailand 的经典小说，《律令》（Gallimard, Paris, 1957,1963 重印）；N. Lewis，《尊贵的社会：意大利黑手党探秘》（Collins, London, 1964）。

③ P. Burke，《文艺复兴时期意大利的传统与创新》（Fontana, London, 1974），第 297 页。

进行的生动场景。我们不必否认意大利城市中存在的阶级仇恨和嫉妒，也无需以此来承认鼓舞和引导家族世仇的因素在于毫不妥协的野心和大家族的无限权力欲。

19 世纪的历史学家们用"自由主义"、"民主"和"国家主义"等词汇来诠释这些血腥争斗。许多 20 世纪的历史学家，比如萨维米尼（Gaetano Salvemini），[①]就曾将其看作是一种阶级斗争。通过这种方式，14、15 世纪的口号与热情进入了 1918 年后意大利最为血腥的内战词汇当中。[962]其中有一个重要的例外，那就是政治政党取代了曾经一度被家族公会所占据的地位。[②]英国的抗议运动从未喊出"自由"、"人民"、"我们的权利"之类的口号，这些陌生词汇对他们而言是荒谬的。这些从中世纪团体斗争中借来的词汇，已成为意大利左翼运动词库的一部分。如今，意大利左派的运动歌曲中还不断地重复着反攻、自由、人民、鲜血等词汇。

分裂时期（950 年—1050 年）的法兰克王国城主辖区混乱不堪，通常被认为是西欧政治分裂的最典型案例。不过，1000 年至 1300 年间的伦巴第王国或许更为混乱。其最大不同在于：伦巴第王国的主角不是领主个人而是城镇，也就是由个人组成的团体组织，这使得无政府状态更加严重。因为一旦"公社"取代了地方主教，就会在社会底层形成暴力的海洋。与此同时，他们还要同皇帝或教皇做斗争，同地方上的贵族做斗争（他们渴望突破主教教区的限制），同时还要应对和敌人结盟的其他城市。他们自己之间也在进行相互斗争：家族公会对家族公会，平民对抗公社，大人物对抗小人物，在这样的斗争循环中，战斗、处死和流放永无止境。据估计，到 1200 年左右，意大利北部和中部地区[③]至少有 200 至 300 个自治公社，它们都拥有各自的执政官和公民大会。历史学家费拉里（Ferrari）估算，在 1190 年至 1250 年间，相互敌对的公

---

① ［译注］意大利著名历史学家，以反对意大利法西斯政权而著称，又译为"沙尔非米尼""沙耳非米尼"。

② 参见 Gramsci 关于"现代君主"的论文，载《现代君主及其论集》（Lawrence & Wishart, London, 1957），作为对马基雅维利的回应，他在书中坚持认为政治政党已经取代了古代的君主们。

③ P. Bueke，"城邦制国家"载 J. A. Hall 主编，《历史上的国家》（Blackwell, Oxford, 1986）。

社之间发生了 1465 场战争，这还不包括他们在小地方的对抗。①这些未经压缩的统计能够让人们对内战的广度和强度有一个相同看法，甚至下文对米兰和佛罗伦萨的简短论述也只能给人以最模糊的概念。不过，我们可以从微小的中世纪城市圣吉米尼亚诺中看到这一点，它的城市人口从未超过 7000 人，这里却拥有 13 个贵族大家族的恢宏巨塔，而这仅仅是最初的 76 座巨塔所留下的残余部分。或者，我们去看一看博洛尼亚中心的两座巨塔，它们是最初 180 座巨塔的最后遗留。至此，我们对于当时的内战情景就不难理解了。

3. 城市共和制

[963]当意大利城市无意中成为共和政体时，它的北部和中部城市也发展出了类似的政治制度，并经历了相似的政治转型。只有威尼斯在许多方面是个例外。它们在发展阶段的同步性和统一性方面令人印象深刻。

起初，城镇中的重要家族结成了联盟，即"公社"，并任命他们的官员"执政官"，然后利用执政官去统治民众，行使从主教、边疆伯爵或伯爵那里夺取的地方性权力。这一阶段是执政官公社时期，时间从 1083 年到 1183 年。随后是一个混乱时期，统治集团内部形成不同的派系进行内讧，被排除在市民阶层之外的一些富裕阶层也要求在公职中占有一席之地。为了整顿随后出现的社会暴力、混乱和司法扭曲现象，城镇创新性地通过引进一个"局外人"的途径来恢复其法律和秩序。这个局外人就是"行政官或市长"（podestà），他没有取代执政官、公社和其他机构，而是嫁接在它们之上。大约从 1220 年到 1270 年是城市公社最为强盛的时期。一开始，一个接一个的城镇都面临反公社联盟突然激增的情况。这就是具有自己的组织、军事力量和地方行政长官的"平民"。它们在每个地方都与公社和城市执法官分享统治，并最终取代了

---

① W. F. Butlrer，《伦巴第公社：意大利北部共和国的历史》（Fisher Unwin, London, 1906），第 229 页。

公社。当它在确保执政地位的时候，却发现自己面临来自中层行会、甚至小行会的挑战。事实上，它本身作为"大人物"，也反对贵族或权贵们。14 世纪中晚期，反对公社权力的起义频频发生。虽然这些起义能够被镇压下去，但饥荒、疾病，尤其是巨额费用和战争的突发性恶化了这种混乱，绝大多数城市开始接受个人统治。只有少数城市继续坚持共和制，但显然也变成了寡头政体。14 世纪城市共和政治的演进具有许多共同特征：

1. 基本行政机构包括：掌管司法事务的行政官（其职位在公社中得以幸存），一两个大型立法议会和许多具有行政权力的小型议会。全体市民大会一直存在，但只在罕有的紧急情况下才会被召集起来。

[964]2. 这些议会成员任职时间很短，一般只有数月，最多一年，在任期结束前没有资格重新参与选举。

3. 这些议会对税收、司法、贸易和工业、臣民的领土等事务负责，有时甚至可以进行重要的惩罚。

4. 在危机状态下行使权力时，议会允许特设的专家顾问团进行指导，这一做法产生了很大影响。

5. 包括立法议会和行政议会在内的全部议会，都通过直接或间接选举产生，或是通过抽签进行任命。能够成为会议成员的人只能是那些经过官方"详细审查"的市民，这一点与罗马共和国的审查官并无二致。符合条件的人数比例很小。马提尼斯估计，这一比例从占总人口2%的威尼斯到占12%的博洛尼亚，具体情况千差万别。①虽然纯粹的市民团体只占全部人口的一小部分，但它们比"有资格者"的人数要多。比如，在佛罗伦萨，14 世纪 30 年代的市民约为 4000 至 5000 人，大约占其总人口的 5%。

6. 最后，被征服的乡村和臣服于大城市的城镇人口未被授予"公民"身份。他们由大城市所任命的城市行政官进行统治，尽管最初的合并是依据章程和条约达成的。

---

① L. Martines,《权力与想象》(Knopf, New York, 1979)，第 148 页。

4. 1370 年左右的佛罗伦萨政府

佛罗伦萨展现了意大利城市共和制的所有典型特征，无论是好的方面，还是坏的方面都令人惊讶。作为比较大的城市之一，佛罗伦萨在黑死病之前人口就已经超过了 100000；由于纺织业和银行业遍布市区，这座城市变得十分富有；佛罗伦萨还是意大利中部最为强大的城市，不久它就把整个托斯卡纳地区纳入了控制之下。佛罗伦萨还是整个意大利最为集中、最有影响力的文化活动中心，同时它也是最为著名且最有独创性的画家、建筑师、雕刻家、诗人和散文家、政治理论家，以及历史学家们的故乡，以致托斯卡纳方言变成了整个半岛的通用语言。佛罗伦萨的政治演变经历了前述每一个阶段，夸张一点说，它是暴力、大家族和世仇，以及摇摆不定的机构和暴徒挑战的缩影。[965]佛罗伦萨还是共和主义意识形态的根源和最为雄辩、最具影响力的政论家的发源地。如果我们跨越正在讨论的这段历史，就可以发现其共和制机构的内在不连贯性，除非有哪个政党或名人可以从中进行协调和"驾驭"。它同样说明，如果华丽的文化盛装被人遗忘了，作为实践而非宣传的统治形态将会存在着何等缺憾。让人疑惑之处就在于：佛罗伦萨是如何繁荣的？人们一定会怀疑城市繁荣怎么会和政治机构没有任何联系。马基雅维利对此观察非常深入，他在《佛罗伦萨史》中的引文或许最有可能说明佛罗伦萨共和制的"风格"。

他指出：

> （在佛罗伦萨）起初贵族们被分成对立的派别，之后人民与贵族对立，最后是人民与平民对立。当一个政党占据上风时，它就会发生分裂，这种情形时常出现。这些分裂导致了大量的死亡和流放，许多大家族被摧毁，有史以来的其他任何城市根本不会发生这样的事情。的确，在我看来，再没有比这些分裂的后果更能证明城市权力的事情了，这些分裂能够摧毁每一座强大的城市。然而，我们的城市似乎却因此变得更强大；这就是那些市民的优点，他们的

才能和运筹的力量使它们自身和国家变得伟大，而那些仍能免于邪恶的人的品行比那些狠毒的事件更能提升城市威望，这类恶性事件曾一度削弱了城市。①

4.1 早期佛罗伦萨的共和制

大 事 记

1053 年	卡诺萨的玛蒂尔达继承托斯卡纳侯爵领地。佛罗伦萨是她统治下的村庄。玛蒂尔达支持教皇反对皇帝，于是改革了佛罗伦萨的圭尔夫（Guelf）传统。
1115 年	玛蒂尔达逝世，对市民的控制减弱。
1138 年	第一次公社：12 个执行官，100 个立法委员和一个全体市民议会。它们被牢牢控制在权贵手中，其中多数为贵族。
1138—1202 年	佛罗伦萨入侵
1202—1210 年	"行政官"的引入和制度化。他们是任期一年的外来人，议会由 7 名议员和 7 名教区长领导。
1216 年	[966]城镇居民分裂成支持教皇的圭尔夫派和支持霍亨斯陶芬王朝皇帝的吉伯林派：依照惯例，由布翁德蒙特（Buondelmonte）被谋杀所产生的家族世仇成为下一个新阶段的开始。
1218—1250 年	佛罗伦萨变成了一个商业中心，亚诺河上架设了三座新桥。圭尔夫派和吉伯林派之间的战争开始。
1249 年	腓特烈二世皇帝建立了吉伯林派；圭尔夫派开始流亡。
1250 年	圭尔夫派战胜了吉伯林派，吉伯林派流亡。"第

---

① N. Machiavelli，在《佛罗伦萨史》序言中，"贵族"（nobles）为"nobili"，"人民"（people）为"popolo"，"平民"（populace）为"plebe"。

	一人民"：城市执法官和公社组织，新机构组织，平民领袖组织都由 12 位圣贤指导，并指挥 20 个市民武装集团。
1260 年	吉伯林派流亡者和锡耶纳人击溃了佛罗伦萨的圭尔夫派。吉伯林派开始掌权，镇压平民。
1266 年	教皇战胜霍亨斯陶芬王朝的曼弗雷德，在佛罗伦萨设立安茹伯爵作为教皇的代理人，圭尔夫派取得了决定性胜利。吉伯林派开始流亡，作为一个政治派系从此消失。他们的财产被也圭尔夫派没收、接管。
1282 年	西西里的费斯佩尔（Vespers）逐渐削弱安茹的查理，民众起义，由 6 个首长组成了第二个平民政府。吉伯林派权利被剥夺。开始制定《反权贵法》。
1293 年	《正义法规》颁行。这是一部惩罚性的反权贵法：例如，与良好行为绑定，额外的审讯程序，高级职务的排外性。为了实施这些法令，执法官动用了武力。获胜的一方"新圭尔夫派"又被分成"黑派"和"白派"；前者反对法令，后者支持法令，其中包括但丁·阿利吉耶里（Dante Alighieri）。
1302 年	"黑派"取胜：559 名"白派"成员被判处死刑，其他人被流放。
1340 年	巴尔迪（Bardi）和帕鲁奇（Peruzzi）银行倒闭，随之而来的是经济危机。国内出现混乱。
1342 年	贵族们授予军事指挥官——布雷恩的沃尔特（Walter of Brienne）专制统治权力。布雷恩恐怖统治时期开始。
1343 年	起义爆发。布雷恩被驱逐，宪政得以恢复，但是选举地方官员的方式发生了变化。地方官员不再通过选举，而是通过抽签或抓阄的方式产生。

1348—1349 年　黑死病爆发。三分之一到二分之一的城市居民死亡。人口跌落至 50000 人。

4.2　决策机构

佛罗伦萨的宪政具有长期演进的特征：它仍包含有原始的公社机构；而后是城市公社；最后是平民公社。

其主要行政机构是首长会议（Signoria），由八位首长（priori）和一名"正义旗手"或"掌旗官"（gonfalonieri）组成。首长由不同的行政区选举产生，每区有两个名额。[967]这些官员的任期只有两个月，不能立即重选。①他们由另外两个团体提供辅助和建议。其中一个团体由 16 名正义旗手组成，每一名正义旗手都来自一个旗区（gonfalone），旗区是行政区的四分之一。这些正义旗手负责指挥当地民兵，承担对内职责，因为城市的对外防御主要由雇佣兵军团负责。第二个顾问团体是 12 贤人团，它是古代百人大会的继续。16 名正义旗手的任职期限为 3 个月，12 贤人团中的顾问任职期限为 4 个月。

首长会议和这两个团体掌管着许多执行委员会，这些执行机构由公证员们充当职员。公证员在当时是一个庞大的、发展迅速的职业，他们在事实上形成了真正的市政集团。在这些委员会当中，有两个负责谷物供给，另外两个掌管雇佣军事务，还有一个负责监狱管理，同时还有一批专门负责财政等事务的其他委员会。

首长会议可以就任何问题进行立法。它负责外交政策、和平与战争事务，同时保证所提出的法令能够被立法委员会通过。在涉及是否提起诉讼问题上，它有权干预法庭的决定，并对其发出指令。它参与绝大多数职务的选任。它经常介入细微的管理细节，几乎等同于最高的行政管理部门。立法委员会也要由它及相关团体选举产生。

此外，当时还存在着公社委员会和人民委员会，它们的规模随着时间而不断变化，尽管变化并不是很大。当时的公社委员会有 200 人，人民委员会有 300 人，每届任职 6 个月；1366 年之后，任期改为 4 个月。

---

①　禁止再次适任的禁令被称为"divieto"，参见原文第 969 页。

它们没有立法动议权，其主要工作是进行讨论，并投票表决，以三分之二的多数通过首长会议提出的议案。就机构本身而言，它还经常收到市民机构以请愿书形式递交来的法律草案，同时它还会根据自己的考虑提出立法动议。

令人惊奇的是，它的司法、安全和秩序并未掌握在市民手中，而是由首长会议任命并为其负责的外国官员来实施。这些人就是人们所熟知的行政官，民众领袖，以及"司法条例执行者"。①他们还负责维持城市治安和执行法律，最后还被任命为武装机构的负责人。[968]他们拥有为数可观的职员。行政官多达上百人，光他们的首领就有 75 人。②

它之所以对这些地方行政长官和委员会进行短期授权，并对统治体系进行了精细的核查和制衡（比如，它有两个立法机构而非一个，顾问团也是两个而非一个），原因不外两点：其一，防止任何个人或其家族、家族公会获取绝对权力。顺便说一句，这一防止独裁的真实动机导致大批人被驱逐出意大利诸城市。其二，它打算给每一位有资格的市民提供担任公职的机会，即"职位轮换"。这两个原则构成了我们后来所理解的"共和主义"（republicanism）。它们反映了这样一种信念：所有市民在政治上是平等的，作为"市民"的精髓即在于参与本社区的管理。因此，它们与"共和"、"公民"这样的全球性经典概念是相同的。与此同时，它还提出了关于这些概念是否是对过去的有意识模仿还是重新发明的问题。关于这一点，我们还将在下文提及。③

那么，是谁选出了这些委员会的成员？他们是通过何种方式选举产生的？1343 年以前，他们一直是通过选举产生的，后来开始通过抓阄产生。④选举的关键技术很简单：针对每一个职位制作一个小袋子，其中放着有资格任职的市民的姓名牌，然后选择良辰吉日从中挑选出一个名字，这很像是从幸运袋中摸奖。在实践中，这一政策非常复杂。

---

① 那些于 1293 年通过（见大事记）。

② G. A. Brucker，《佛罗伦萨的政治与社会：1343—1378 年》（Princeton UP, Princeton, 1962），第 62 页。

③ 参见原文，第 979—983 页。

④ 一些人喜欢使用更为技术性的术语"抽签"。

一方面,并非每个市民都适合于所有职位:比如,在有一段时期,8 位执政官中必须包含两位来自大手工业行会的市民和 3 位来自中小手工业行会的市民;16 名正义旗手中的每一位都必须来自一个城市的旗区,所以仅这个团体就要有 16 个袋子。另一方面,一个市民可能会同时符合许多不同的职位,他的姓名牌就会出现在许多不同的袋子中。参与抓阄的佛罗伦萨人为了防止篡改袋子中的内容,采取了最为复杂的防范措施。这些袋子被锁在一个箱子中,这个箱子又被锁在另一个箱子中,然后保存在圣克罗齐(Santa Croce)教堂。箱子的钥匙被分别保管,其中一把钥匙由圣克罗齐教堂的方济各会士保管,另一把钥匙由圣玛丽亚(S. Maria Novella)教堂的多明我会士保管。只有在行政官和首长会议执政官在场的情况下,由两组教士同时操作才可以打开箱子。

　　[969]斯奇维尔注意到,无论社会如何动荡,"同样的旧集团仍处于社会上层地位",他把整个活动看成是"非常无效的"事情。[①]事实上,篡改袋子里的内容非常困难,有时候抓阄当天的结果会让执政寡头们感到非常不悦。不过,斯奇维尔忽略了这一点。这里的选举体系同样可以被操纵,但并非通过抓阄来操作。在抓阄活动开始之前,选举体系已被操纵,那就是通过审查候选人的预选来进行操控。这主要是一个正式的"仔细审查"程序,通常每三年进行一次。它从行会和圭尔夫党提出的预备市民名单中进行筛选,一个市级委员会将专门编制一份合格者名单。市级委员会由首长会议和它的两个顾问团,各种各样的职能团体,以及 80 位指派人员共同组成。它们在增添一些名字的同时,也会删掉一些名字(更大程度上),它和罗马共和国的监察官扮演着同样的角色。一个合格的候选人需要满足很多条件。这个人的年龄必须在30 岁以上,能够按时交纳赋税;他绝对不能是一个破产的人,或者是吉伯林派分子;对于最高行政职位的候选人来说,他一定不能是"富豪"。此外,在最高职位提名问题上,委员会还可利用自由斟酌权进行控制,把它认为"不合适的人"排除在外。其结果便是把可资选用的候选人数

---

① 　F. Schevill,《佛罗伦萨史》(F. Ungar, New York, 1976 年重印),第 209 页。

量从原始名单中的 3000 人左右削减至 500 名，这是 1361 年的统计数据。在 1382 年，候选人的数量甚至从 5000 名被削减至 750 名。这些候选人都是"有效的市民"，他们依次可担任大约 2500 个公共职位。这些职位需要在一年中填满，它不仅包括首长会议及其有关团体，还包括两个立法议会，以及许多服务于它们的行政委员会。在修订版名单确立后，由于任职回避的原因，候选人数量会进一步缩减。换言之，在他个人或其家族成员有可能重新担任他们所空缺出来的职位之前，必须要间隔一段时间。例如，执政官必须要等满三年后才能重新担任原职，其家族成员必须要等满一年之后才能担任这一职位。只要名字从袋子中被拿出，禁止进入令就可生效。它使得组建首长会议变成了一个冗长而乏味的遴选过程。

这就是它的固定政府机构：由 500—600 名世俗社会市民组成的一系列短期的、相互重叠的委员会，它们拥有足够的权力进行相互督查和制衡。

即使在最平静的时期，他们的工作也非常缓慢。不过，平静时期比较罕见，共和制需要克服频频出现的国内问题和外交危机。它除了一系列日常机构外，还有一组临时性特设机构。[970]首先，首长会议往往会依照传统，从广大有兴趣、有知识的市民中选出人员组成临时性顾问机构，这样的机构通常被称为"咨议团"（Pratica）。通过利用"咨议团"，执政当局不仅可以弥补在技术知识和经验方面的欠缺，还可以通过它们向公众伸出援手。实际上，重要的决定大都和咨议团的建议相吻合。①这样的咨询可能费时费力。不过，共和体制具有自己应对缓慢和优柔寡断的方式，那就是经由"巴利阿"（Balia）和原始代表大会。这两者通常是并行的，首长会议召集代表大会，请求批准建立巴利阿。代表大会通常全部由十四岁以上的市民组成，不仅仅是前面提到的"选民"。正义旗手召集本地区的民众，然后列队进入领主广场（Piazza della Signoria），他们要在这里宣布三分之二的市民参加了会议，因此

---

① G. A. Brucker，《佛罗伦萨的政治与社会，1343—1378 年》，对说服性的意见给出了各种看法。

符合法定的召集人数。接着由首长会议提出设立巴利阿的建议。巴利阿只是一个履行特定职能的特别委员会，比如执行特别的行政工作或是改变宪法。有时候，它还会被赋予独裁权力，比如在 1375 年，组建"八人巴利阿"的目的在于指导对教皇的战争。代表大会能够被蛊惑民心的政客们利用，它很像当代欧洲的公民投票和公决。它最后变成了大量委员会当中的一个中枢机构，并可以借此求助于群众的支持，这就是卑劣的沃尔特如何在 1342 年被选为终身行政官的原因。14 世纪末和 15 世纪初期，共和政体向个人统治迈出了毫无意识的第一步，代表大会和巴利阿被更加频繁地利用，从而导致了剧烈的政治变动。

不过，其他政府机构也有助于维持共和制政体。比如它的官僚机构，无论出现什么样的政治震动，它的官僚体制都能发挥作用。

4.3　管理和服务

在许多政治体制中，一个主要的困扰就在于对信仰的维护。不过，这看似和佛罗伦萨毫不相干，因为它把这一切看成是理所当然的事情。佛罗伦萨属于圭尔夫派，它是一个亲教皇的城市。如果保卫教会是每个人的职责的话，那么对于教皇来说更是如此。事实上，佛罗伦萨政策的总体趋向是限制教士特权。在佛罗伦萨，存在着各种各样有关宗教的看法，从包括"鞭笞者"在内的虔诚宗教团体到公开反对教士的犬儒主义（cynicism），比如薄伽丘的《十日谈》。[971]佛罗伦萨人执着于对致富和商业权力的渴求。这可以解释它为何对城市中的经济机构和竞争对手如此关注，它的竞争对手主要是锡耶纳和比萨，后者控制了亚诺河的河口，这里是佛罗伦萨的入海要道。简单地说，佛罗伦萨是个商业城市，由富有的商人管理，为富有的商人们服务。

佛罗伦萨政治体制的一个稳定特性是公共权力对于选民组织的控制在不断增加。它与圭尔夫党之间的斗争本身就是题中之意，下文将会就此展开。不过，或许你已经注意到教会与行会的融合过程。到 1382 年为止，教会人员已经不能继续坐享神职人员的好处，教会法庭已经被排挤出了经营高利贷的行列，教会不得不定期向国库缴纳款项，即便是最有权势的宗教团体也不得不接受公社任命，并将财产置于直接的财政监督之下。至于行会，它们本身就是市政府的组成部分，比如，首长会议就是它的代表。它们在经济政策中有着巨大作用，因为行会控制着绝大多数商品的生产和销售。公社把自己的权威置之脑后，允许行会首领强化内部纪律，但另一方面它禁止任何行会在没有首长会议许可的情况下挑选其"执政官"。行会内部的争论涉及首长会议，以及能够由公社执法官强制执行的解决方法。对于较为底层的行会，它表现得更为专横。这些底层行会大多是由制造业者和小手工业者形成的组织，他们自然而然地希望价格、薪酬和生产都能固定下来，而大商人组成的行会则希望自由贸易和激烈竞争。公社坚定地站在了后者一边。它明确禁止任何与商品买卖有关的合并。只是到了 14 世纪后期，为应对外来竞争，商业行会和制造业行会才为了自保而达成一致。这时，公社也改变了早期的自由贸易政策，并进行了必要的立法。

这些管理活动无疑需要更多官员，但导致官员增加的一个更重要原因是税收和财政事务的日益集中，尤其是在 14 世纪最后 10 年中这一点更为明显。这反过来又在每一个欧洲国家中引起了共同现象，即社会福利成本的大幅增加。1362 年反对比萨的战争是"最后一场重要战争，由佛罗伦萨市民组成的大量战斗分队参加了战斗"。①使用雇佣军团的成本具有决定性意义。[972]从 1343 年到 1378 年，佛罗伦萨参加了四场重要战争，其中两场是与米兰开战；一场是与比萨，另一场是与教皇作战。直到 1320 年，佛罗伦萨才实现了收支平衡，它的公债约为 50000 弗罗林(florin)；1404 年更是高达 250000 弗罗林。②其结果便是出现了许多筹集现金的新机构，管理它们的官员数量也开始激增。金钱主要是通过盐税和商品销售税(它对穷人的打击要远大于对富人的打击)中的直接税(没有代理的税收)征集而来。这些税收并非新税种，在 1427 年以前，直接收入税曾被一届又一届首长会议拒绝。它的创新之处(意大利之外)是佛罗伦萨的"有券公债"体系和"国债"的形成。这些

---

① G. A. Brucker，《佛罗伦萨的政治与社会：1343—1378 年》(Princeton UP, Princeton, 1962)，第 188 页。

② P. Becker，"文艺复兴早期的佛罗伦萨领地国家和公民人文主义"，N. Rubinstein(主编)，《佛罗伦萨研究》，第 122—123 页。

政策远远超出了英格兰、法兰西或勃艮第的执政法庭的能力和想象。

在共和制早期，富人向公社借贷是稀松平常的事情，借贷的回报率也很高。①不过到 13 世纪（引用马丁的反讽之语），"早期具有借贷思想的商人，突然灵光一现，出现了强迫贷款的想法，即强行向挑选出的一些借款人索取利润"。②你必须非常富有才能具备放贷资格，不过利润回报也相当不错：利率可以高达 10％—15％。政府中那些有借贷思想的人，也把偿付贷款看作是绝对的第一要务，除非紧急情况下才能例外。于是很自然，这些"强迫贷款"开始变得非常流行！从还贷的神圣不可侵犯性到建立"公债"之间根本没有什么差别。来自间接税的收据进入中央金库，用以支付这些强迫贷款的利息。早在 1262 年，威尼斯人就第一个采取了这种政策。不过，佛罗伦萨作为一个后来者，到 1345 年才采取这一政策，它创造了所谓的"公债"游戏。对财政部门的战略而言，"逐步增加"的策略至关重要，当收费越来越高时，洗清债务的所有希望就会消失。因此，财政部会寻求额外的现金来源，发明出利率更高的特别强制贷款，或是与典当商签约。与此同时，它对地方上施加了更大的财政压力。14 世纪 30 年代，这只能给共和国带来 10％的税收；但到 80 年代，这一比例开始升至 20％；到 1402 年，这一比例已高达 50％。③

[973]其结果便是财政部门中公职人员数量的剧增。在 1343—1393 年间，财政官员的数量增加了 5 倍。此外，还创造出了新的财政职位，用以承担新的附加职责，比如规范盐税、给典当商颁发执照，为雇佣兵开设信贷银行。被称作"管理者"的官员，最初只是关注盐税，后被用以评估农村税收配额，进行地籍调查，征集大乡村领主们未缴纳的税款。其他被创造出来的新职位主要是管理公共财产。对于一批官员来说，盐税变

---

① Martines，《权力和想象》，第 177 页。

② 同上。

③ Becker，"佛罗伦萨领地国家"。第 130—131 页。Matteo Villani 在其编年史中列举了至少三十种不同的间接税种，甚至还遗漏了另外四种。直到 1340 年，盐税被包给了私人投标人。从那时起，公社开始通过它自己的官员管理这些税收。更多讨论可见 de la Ron-ciere，"间接税收或佛罗伦萨的盐税"，N. Rubinstein（主编），《佛罗伦萨研究选集》，第 140—142 页。

得非常复杂，因此需要创造出专门的职位来管理酒、盐的关税和各种收费。一批"城堡官员"（军营官员）负责管理城堡和据点的资金筹措。[①]

因此，佛罗伦萨和同时代的其他大多数意大利大城市一样，创造出了规模庞大的公共官僚机构。相对于其人口来说，它要比阿尔卑斯山以北的王国和公国的公共官僚机构大很多。它的公共官僚机构具有与众不同的重要特征。在法兰西和英格兰的王国中，很大程度上仍依赖于教会高层去掌管国家机构或充任许多高级职位。相比之下，佛罗伦萨的政府首脑是杰出的律师和演说家。在欧洲，佛罗伦萨是最有知识的地方。它在教会之外，拥有完全独立的大范围公共教育体系。根据维兰尼（Villani）记载，在 1338 年有 8000—10000 名男孩和女孩在小学里学习读写，1000—1200 名男孩（没有女孩）到商业学校学习算术和如何使用算盘，[②]约有 550—600 名男孩到语法学校学习传统的"语法和逻辑"，而当时它的总人口只有大约 100000 人。

4.4 运行体制

在今天的代议制民主中，政策指向是由政治政党来制定的，后者不仅能够动员其身后的选民，而且可以通过这一过程控制立法和行政机构。在政党议程存在差异的地方，一旦某一个政党战胜了其他政党而掌权，政治体制将会出现很大的不连贯性，它们足以中断和动摇整个体制。

[974]不过，佛罗伦萨的制度并不是这样。它设想由于不断的人事变更和重复，大量的管理委员会之间能够达成共识，保持和谐一致。某一个观点能够同时主导所有机构的可能性非常小，因为这将取决于从选举箱中抽出的运气。而这是不会有共识的。相反，旧的贵族家族和新的贵族家族之间存在着激烈竞争，王公贵胄、工匠和小店主，一个大

---

① P. Becker，"文艺复兴早期的佛罗伦萨领邦和市民人文主义"，N. Rubinstein（主编），《佛罗伦萨研究选集》，第 117—119 页。

② 这一计算工具曾在巴比伦时代广为流传，并被广泛应用于中世纪的欧洲和中东、远东地区，这种计算工具从未被轻视过。它至今仍被用于中国人的日常生活。在中国，即便是最普通的街道摊贩也能熟练地使用算盘，甚至比我使用电子计算器更快。

家族（旧贵族奥比奇）和另一个家族（新贵里奇家族和之后的梅第奇家族）之间也存在竞争。从大约 1360 年开始，这些社会对立开始具备了意识形态和政治因素。在 1370 年左右，它们开始分化对立到了内战的程度。在政治斗争所采取的形式和敌对双方摇摆不定的命运之下，运行着一个基本主题：那就是努力使政治体系中的共识能够适应持不同政见一方的权力欲。

让我们从拥护者开始谈起。在佛罗伦萨，有一个现象非常例外。正如在其他所有城市共和政体中一样，它确实也贯穿了佛罗伦萨的整个历史，斗争往往围绕着敌对家族领导下的集团展开。它们通常被称作"政党"（parties），实际上我们应该称其为"派系"或"阵营"，原因是显而易见的。布鲁克对此进行了很好的论述。他说，它们不是正式组织，也没有提出明确而清晰的政策。

> 它们是松散而无固定形式的社团，其成员因为各种目的，通过各种纽带被组织起来。他们的人事处在不断变化之中……在两个政党中，由奥比奇家族领导的寡头组织具有更大稳定性……其首领包含了来自城市中最杰出的家族……围绕里奇家族形成的竞争派系具有更大的不均衡性。与其说它是家族派系的联盟，不如说它是基于各种原因反对寡头集团的政策及其人事安排的个人联合。它的许多拥护者来自新贵阶层……它确实包含了一些贵族首领，但这些人代表的是害怕奥比奇党派中的大宗族集权的较小的家族集团……。[1]

不过，佛罗伦萨与众不同的地方，除了此类政治集团与其他意大利城市政治的相似点之外，它还隐藏了一个不同于现代政党的组织（它很快成为奥比奇集团在政治上的组织先锋），这就是"圭尔夫党"。从 1260 年到 1266 年霍亨斯陶芬王朝的灭亡，这个所谓的"圭尔夫党"

---

[1] G. A. Brucker，《佛罗伦萨的政治与社会：1343—1378 年》（Princeton UP, Princeton, 1962），第 202 页。

（1267 年首次得到证明）继承了从吉伯林派手中征用来的财产，[975] 它不仅获得了特殊的政治地位，也赢取了进入统治机构的权利。一个世纪之后，佛罗伦萨完全变成了一个"圭尔夫城市"。它所构成的神话便是"圭尔夫主义"（Guelphism），它从玛蒂尔达女伯爵时代和反对帝国、献身于神圣的主教辖区利益开始，形成了一段连续不断的历史。没有了切实的吉伯林反对派，圭尔夫党作为"圭尔夫必胜信念"（Guelph triumphalism）的一个机构幸存了下来，并一度繁荣过。它有着巨大威望，因为所有佛罗伦萨人都存在着一个模糊的反吉伯林主义（anti-Ghibellinism）意识形态，尽管已经不再有人是吉伯林派。

"圭尔夫党"出现在这样一个时代，即城市中有着大量像行会和宗教兄弟会一样的半自治性协会，所以它同样具有高度自治的特点。它受到自身法规的规范，其中一个条款声称"政党、人民和公社应当①只有一个，而且是同一个"。每一个机构的首领在获得为期两个月的短暂任命后，都要去召集首长会议和两个顾问团，告诫它们要恪尽职守，并表示愿意授予它们权力直到任期结束。法令还规定，执政当局不能反对政党的利益，而是要积极促进政党的事业。根据法令，政党还被赋予了授予"圭尔夫地位"（Guelph status）的重要特权，这个特权之所以重要，是因为"圭尔夫地位"是获得公共职务的先决条件。

"圭尔夫党"在各个层面都组织得像一个微型社区。它拥有自己的"顾问团"，还拥有 4 名"队长"（后来变成了 6 名、8 名，最后变成了 9 名），队长们任期两个月，一切仿效首长会议。"圭尔夫党"还建有自己的立法委员会。正如在公社中一样，其统治机构中的人选主要是从严格审查后的成员中选拔而来。它的成员曾经非常广泛，就我们所知，它在 1364 年提名 17000 人作为公职候选人，几乎占整个市民机构的一半以上。"审查"由首领、两个顾问团和双方共同任命的人员来管理。实际上，首领任命其继任者，接下来的部分情况肯定是首领可以调配会员，但也仅此而已。"圭尔夫党"是圭尔夫意识形态的官方守护者。和其他政治领导人相比，其领导人更为狂热和激进，这并不令人奇怪。所

---

① 也可以被译为"应该是（ought to be）"。

有成员都是名义上的"圭尔夫党人"，但政党领导人是激进的"圭尔夫党人"。在数十年当中，没有佛罗伦萨人试图去反对"圭尔夫党"，相反他们都是"圭尔夫党"的支持者。[976]正如法令所宣称的那样，它必须与公共权力的观点相一致。"圭尔夫党"是唯一的。因此，"圭尔夫党"提出的请愿书（比如法案草案）肯定会通过首长会议和立法委员会中的许多拥护者而被顺利接受。

14世纪60年代，奥比奇和里奇集团分别发现他们在一系列涉及教会和公社的事务上立场相左。在废除教会利润、限制教会法庭的措施方面，奥比奇集团反对，而里奇集团却表示赞同。在城市对外政策方面也存在着同样的隔阂。奥比奇集团在很大程度上是个寡头团体，它自满地认为教皇正在努力控制与托斯卡纳毗连的部分教皇国，特别是佩鲁贾和博洛尼亚，并热烈地期望成为传统的圭尔夫派大教皇联盟的一部分。而代表新贵势力的里奇集团，是比较现实的"小佛罗伦萨人"：他们的视野局限在保卫公社的独立上，他们反对为了扩大教皇国而挥霍其财富。

随着两个派系间的斗争变得日益尖锐，任何一方都不能取得决定性胜利，这一点开始变得越来越明显。前已提及，公社机构的设计和运作是为了打破偏见，而不是造成偏见。"圭尔夫党人"偶然发现了制造偏见的办法。作为传统圭尔夫主义的象征性组织，面对民众对于神圣的主教辖区的冷漠，它甚至比奥比奇联盟更加震撼。而且，它的领袖与奥比奇寡头联盟中的激进的圭尔夫家族互相勾结在一起。于是，"圭尔夫党"领袖把整个组织的力量用于和奥比奇集团对抗，最终获得了相应的回报。

"圭尔夫党人"意识到，不大可能长期操纵从选举箱中挑选出的名字，但是对进入箱子中的名字进行操纵是完全可能的！赢得永久性优势的关键在于通过详细审查来筛选出所有潜在对手，从而冲击对他们的提名。"圭尔夫党"具有决定"圭尔夫地位"的合法特权，没有哪个非圭尔夫派人可以担任公职，所以"圭尔夫党"决定恢复已经逐渐被废弃的《反吉伯林法》。它的第一次出击是在1358年，目的是胁迫顾问团通过一项新法令。这个法令规定，任何被怀疑是吉伯林派的人都可以被秘密报告给当局,所要求的唯一证据是六个证人的证词和圭尔夫领袖的担保。第二年,这一法令通过合法程序开始实施。通过四名圭尔夫领袖的投票,任何市民都可以被警告:如果他继续提交自己的提名,他将会被当作"吉伯林派"而遭到起诉。"圭尔夫党"的威望和影响力非常之大,[977]它甚至把警告权也作为条款写进了法律,任何对《反吉伯林法》心怀异议的人都将自动丧失担任公职的权力。

接下来的数年当中,"圭尔夫党"开始使用新权力进行斗争。它赋予自身以合法的豁免权,从而避开了受害人对他们的反击。平民政党更为有效的反驳或可作为与"圭尔夫党"进行斗争的一个镜像。除公社委员会中的五分之一席位外,权贵们不可能再担任其他任何公职。所以,一些平民集团恢复了旧的权贵法律:任何声称受到其他人虐待的市民,都可以将此人告至"顾问团"和行会代表,通过三分之二多数便可将其认定为"权贵",从而撤销其职务。

操纵候选人的各种斗争在 1378 年达到了高潮。公社对佛罗伦萨"圭尔夫主义"的本质提出了质疑:它事实上是在向神圣的主教辖区宣战! 教皇对博洛尼亚和米兰采取的军事行动引发了平民团体的极度焦虑,而教皇密谋发起暴动的消息被披露后更是唤醒了全体居民。"圭尔夫党"在宗教兄弟会和寡头集团的帮助下,猛烈地抨击非宗教战争,宣扬和平主义,组织了煽情的和平游行(它以令人不悦的方式让人回想起20 世纪西欧的类似运动)。它在前所未有的范围内发起了一连串"警告";每个星期来自各行各业的七、八个市民都会受到"警告"。然后,"圭尔夫党"又从公职候选人转向了现任公职人员,它甚至向"八人战争委员会"中的一名成员发出了"警告"。它继续组织措辞相同的秘密谴责和目击证人名单,于是大量目击者涌入到执法官那里,有时一周之内竟有上百人。一个市民受到了"警告",可能会让十个市民陷入将要被"警告"的恐慌之中。市民们一度被恐惧所威胁。

1378 年的一天,"圭尔夫党"强迫通过了两个"警告令",然而这两个"警告"直接与法律相违背。碰巧的是,那天的执法官恰好是平民党寡头萨尔维斯特罗·德·美第奇(Salvestro dei Madici),"圭尔夫党"曾经多方努力使其丧失资格。于是,"圭尔夫党"领袖和首长会议之间爆发了直接冲突。尽管两者都退缩了，但平民们却没有让步。皮货商行会领导下的暴徒冲上街道，有计划地从一个居民区闯进另一个居民区，它们焚烧或拆毁了所有重要寡头们的府邸。不过，暴乱被很快镇压下去，随后首长会议开会要求建立临时性的"巴利阿"，这等于强化了旧的《反权贵法》，同时它还立即认定所有"圭尔夫党"领袖为"权贵"，他们因此不再是合格的公职候选人。在消灭对手之后，它奖励了自己的支持者。[978]允许那些被划为"吉伯林派"的市民就其身份认定问题向首长会议上诉，1357年以来所有被"警告"过的人也可提起同样的诉讼。就这样，民众团体战胜了"圭尔夫党"和寡头们。

1378年暴动之后，又发生了所谓的"梳毛工起义"，它是由那些缺乏组织、穷困潦倒的纺织业行会工人发起的暴动。他们得到了一些让步，直到1382年的反革命运动，起义才告结束。不过，有一个重要措施被保留了下来：它禁止"圭尔夫党"使用"警告"令。从此以后，"圭尔夫党"的地位只是比普通社会俱乐部高一点。

1382年标志着公社宪政实践的新时期，因为它解决了一个棘手的问题：那就是如何调整对于随机排列结构的偏爱，从而使统治集团的政策能够保持稳定和持久。它通过将新旧发明结合在一起的办法实现了这一点。其中之一便是15世纪以来权力转移重要性的增加，即行政权开始从首长会议与两个顾问团向特别任命的委员会转移，这在指导反对教皇战争的"八人委员会"中已有体现。举例来说，"八人治安委员会"（Otto di Guardia）负责内部安全，"十人安全会议"（Dieci di Guardia）负责实施战争。召集非正式专家们组成"咨议团"的做法已经成为常规。

不过，对于短命且相互重叠、相互制约的公社会议而言，三种令其保持稳定和最高权威的典型做法在1387年被悉数使用，1393年被再度使用，之后便成为惯例。第一种模式是通过在广场召集代表大会，使其任命一个"巴利阿"并允许其采取必要的行动，以此来打破僵局。它可以通过各种方式，包括使用武装军队进行威胁。第二种模式是引导代表大会同意彻底使用新的"审查"，破坏旧的"袋子"，确保只有统治集团的知名支持者被放在其中。第三种做法是在另一端，也就是提名从选举箱产生时解决这一问题。最后被引入的特殊的小袋子中，包含了最受欢迎者的名单和一定比例的高级职务，比如八个执政官中的两个只能保留给这些人。

1382年后进入领导层的家族是马索·戴戈里·奥比奇（Maso degli Albizzi）家族。马索·戴戈里·奥比奇是一个寡头，但并不狂热。相反，他谨慎而务实。他和其他具有同样务实思想的寡头们一起创造了"公会"。他们和以往一样，形成了整个广泛的联盟的核心。这保证了它操纵公社所需的大多数。[979]在马索·戴戈里·奥比奇，以及他选择的继任者吉诺·卡波尼（Gino Capponi）和尼可洛·达·乌扎诺（Nicolo da Uzzano）统治之下，权力开始从议会向私人会议转移。共和政体转向了"隐形的首长会议"，1434年之后的梅第奇家族则使其更加完善。它的人事任命是被买通了的，不过反过来，它从一开始就可以在英明能干的领导人统治下采取稳定而连贯的政策。

4.5　评价

由于佛罗伦萨共和国的发展历程与其他所有意大利北部和中部城市一样，因而它们的制度也极为相似，只有威尼斯是个例外。有关它的起源等问题，只需略做必要的变通，便可适用于其他城市。它的一切都和希腊或罗马这样的古代共和制的基本特征相吻合。它和希腊城邦制一样，它们的孪生情感是独立与自由。"自由"包括了一系列特征，它包括公民权，即参与城市管理的权利和义务；公职在上述市民中间的轮转；依照确定的标准对市民的权利和义务进行分级；依照法律约束进行多元管理，反对一人统治。尽管它一开始就存在法律的制约，但它仍担心这些法律遭到破坏，从而成为一个亚里士多德式（Aristotelian）的暴政。

令人吃惊的是，佛罗伦萨共和制与雅典的制度在某些方面何其相近，它与罗马的相似之处更多。人们肯定会感到困惑：即它们是否有意复制了古典的共和制原型。我有充分的理由认为它们并非如此。

首先来看它与罗马的相似之处。佛罗伦萨同罗马共和国一样，它的宪法是一种毫无计划的结果，是堆叠于旧制度之上的新制度和新实践，只是旧的制度仍被保留在其中。二者都是学院派的统治形态，两国民众都强烈地反对一人统治，罗马人诅咒其为"国王"，佛罗伦萨人谴责其为"暴君"。在这两种情况下，行政权要从属于多元化的权力：在罗马主要是保民官；在佛罗伦萨主要是两个立法议会，此外还要受其他具有独立地位的行政官和法官们的制约。更让人惊奇的是两个宪法的双重形式，它们同时具有相等的和相反的两套制度：在罗马是保民官制度和平民大会制度（concilium plebis）；在佛罗伦萨是人民领袖和人民顾问。甚至这种双头政治的初衷也是相同的，即保护平民或人民反对贵族们的专权。

[980]其次，两个共和制中的政治与社会动力是相同的。佛罗伦萨和罗马都是寡头制，实现这一结果的形式在功能上是同等的：在罗马是审查官们，在佛罗伦萨是"仔细审查"制度。在两种政治制度中，政治活动是由大家族和他们所形成的派系发起的。二者都发展出了一种原始的政党形态。

除了和罗马的政治制度与实践有相似之处外，佛罗伦萨和其他大多数公社还具有类似于希腊共和制的特征。最明显的莫过于抽签制度。1343 年，雅典人的这一实践在佛罗伦萨被制度化。与之相连的是职务轮换制度，它通过非常短暂的任期进行轮换，其官员任期比罗马要短得多，罗马公职的任期通常是一年。佛罗伦萨首长会议执行官的任期只有两个月，这和雅典每月一次的"执政代表"（the prytany）轮换并无差别。此外，佛罗伦萨的市民大会，以及它与首长会议等的关系也几乎等同于雅典的教会及其与议会之间的关系。

然而，这些相似之处并不能让我们相信佛罗伦萨共和制与古典共和国近乎相同，更不要说它是一种有意识的复制了。首先，佛罗伦萨和意大利其他共和国所拥有的制度为古代所不知，这赋予了它们与众不同的特征。"行政官"是意大利在中世纪独一无二的创新。同样新颖的还有首长会议、两个顾问团和立法议会之间的任期重叠。此外，还有其决定特许权的模式，佛罗伦萨的特许权与行会成员身份绑定在一起。在雅典和其他希腊城市，这是由所持有的土地来决定的。在罗马，这仅仅是由个人财富所决定。然而，上述因素中的任何一个都不能把佛罗伦萨和其他共和制城市同古典共和制模式区分开来。能够实现这种区分的因素主要在于古代官僚机构中不存在领取薪酬的职业官员，它们只能依赖无偿的、业余的、任期短暂的市民来进行日常管理。在欧洲其他地方，城邦往往会雇佣有偿的、任期较长的专业人员来实施一系列复杂的规定和压榨活动。雅典和罗马共和国完全依靠没有薪酬的兼职市民进行管理，但在佛罗伦萨和其他意大利城市政体中，它依赖于一个没有薪酬的兼职决策者阶层，并由固定专业人士来执行。它们预示了欧洲的未来，因此被当成了"现代的"制度。或许这只是一种夸张，但这个特点使它们有别于古典共和制，并使之成为另一种类型的政治体制。

其次，即便佛罗伦萨确实具有与古典共和制非常相似的制度，我们的分析仍然可以表明：它们的运行方式或结果并不相同。[981]譬如，以"共治"为例。罗马的执政官之间可以相互否决。保民官可以否决执政官，每个执政的长官可以否决其同僚，任何一位保民官也可以对他们进行否决。在佛罗伦萨，构成首长会议的执政官和正义旗手居住在旧皇宫当中，他们共同生活在一起，发挥单一的集体行政机构的作用。罗马的"双头政治"同样如此。保民官及其相关机构是真正反制度性的，它不仅有能力撤销地方官员，而且确实这样干过。的确，在罗马共和国宪法中，最终的决策地点并未被确定下来。但佛罗伦萨不是这样，它的首长会议和两个立法委员会的相关活动，或者首长会议和代表大会的活动不仅非常重要，而且是决定性的。从这个角度来说，佛罗伦萨的宪法与雅典相似，而不是和罗马相同。

佛罗伦萨的"公会"由大家族领导，这些大家族得到了其依附农的支持；罗马的家族联盟同样得到了"受保护者"的支持，二者非常相似。当罗马的平民派和贵族派与我们所描述的佛罗伦萨"寡头"集团和"民众"集团相同时，它们的相似性就会进一步深化。然而，佛罗伦萨的"圭尔夫党"和罗马的任何党派都不相同。它根据一个正式的章程创建，拥有自己的领袖们和一个区域性组织，以及自己的内部章程。此外，它还具有政治意识形态和发展规划，这一点不同于罗马政党。事实上，它和19世纪早期和中期拉美共和国一些政党比较类似，比如阿根廷的罗萨斯联邦党（Federalist Party of Rosas），它们是高度个人化的政党，并且具有一定的意识形态和组织架构。

此外，时间和环境也能够为这种经典制度的出现提供足够解释，它无需去有意识地模仿古代的共和制度。13世纪的布鲁内托·拉蒂尼和卢卡的托勒密之前，在君主制欧洲其他地区被不同程度地控制着的自我意识似乎并未浮现。①召集一个宣誓性的社团在中世纪并不少见，而是普遍的惯例，②因此如果一个这样的机构夺取了地方领主们的权利和义务，其结果可能是一个同样的集团通过其自身官员来行使这些权利。这样的演变足以说明，社团全体大会是最高权力机构，地方官员们是执行者，尽管他们称其为"执政官"。[982]当然，这是一个古老的词汇，它体现了对罗马传统的熟稔。不过，根据布雷西亚的阿诺德对1143年罗马公社的"修复"来判断，它应为罗马帝国而非罗马共和国，这是一个非常容易混淆的形式。③相对于公社早期的情况而言，我们对平民的崛起了解更多。从一些额外的细节看，平民及其"反制度性"更可能是对时间和环境的回应，而非有意识地恢复平民对于贵族的政治格局。"平民"最初是一个非贵族的"平民性"秘密社会，对于许多正在萌发过程中的组织而言，它是唯一一个并非贵族构成的组织。它的制度很快与公社制度具有了一致性，以佛罗伦萨为例，领袖和行政官都从属于首长会议，但他并未拥有像罗马保民官一样的否决权。

　　对佛罗伦萨或其他共和制产生怀疑主义的深层原因还在于：这是否是对古典共和制的有意复兴？这反过来又会引出我们对那个时代认识程度的疑问。我们对于古典时代的希腊和罗马的知识存在巨大差别。佛罗伦萨共和制的三个特征可能被认为源自雅典，而不是罗马。这三个特征分别是：议会、公职的短期轮换和抽签制度。我们关于中世纪早期雅典的知识仅能来自拉丁文献中的零碎引文。在亚里士多德的

---

① N. Rubinstein，"帕多瓦的马希琉斯（Marsilius）及其时代的意大利政治思想"，见 J. R. Hale，J. Highfield 和 B. Smalley（主编），《中世纪晚期的欧洲》，第50—54页；J. H. Mundy，《中世纪鼎盛时期的欧洲，1150—1309年》（Longman，London，1973），第424，442—450页。

② 参见 S. Reynolds，《西欧的王国与社团：900—1300年》（Clarendon Press，Oxford，1984），第172,175页。

③ R. L. Benson，"政治复兴：来自罗马古典时期的两种范式"，载 R. l. Benson 和 G. Constable（主编）《12世纪的复兴和革新》（Clarendon Press，Oxford，1977），第339—386页。

《伦理学》和《政治学》分别在大约 1240 年和 1255 年被翻译成拉丁文之前，人们还没有获取希腊知识的来源。只有在这个时候，亚里士多德的《政治学》才开始被广泛引用，比如阿奎那、托勒密和布鲁内托·拉蒂尼。但即便是在这些著作中，也未能包含对任何一个希腊城邦的连续性描述。在亚里士多德的著作被翻译成拉丁文之前的一个世纪里，公社与代表大会恰在同一时期出现。短时间地进行职位轮换的措施也是如此。不可否认的是，1343 年开始的抽签制度要比《政治学》的翻译时间晚一些。但亚里士多德的《政治学》只是附带性地提到了这一点，它根本没有描述抽签制度的细节。因此，或许抽签制度可能会存在对雅典的模仿，虽然我认为这是最不可能的事情，但是城镇代表大会和公职快速轮换制度肯定是无法被模仿的。

这一情况与罗马共和国有所不同。在罗马，拉丁语是文人墨客的语言，有关共和制历史的许多资源是可以获得的。13 世纪时，卢卡的托勒密确实讨论过罗马的共和制问题，早期编年历史学家和维兰尼也曾把城市的起源追溯至罗马城。[983] 不过维兰尼宣称，其早期统治建立在罗马模式基础之上，并把后者看作是由 100 位参议员和两名执政官组成的委员会。这几乎违背了罗马共和国的常识，在罗马共和国，参议员终身任职，元老院本身也是永久性的。当然，佛罗伦萨和意大利其他城市也使用了像"执政官"和"平民"这样的术语，但这不过是好古癖的需要。佛罗伦萨公社的创立者们不大可能具备足够的关于罗马共和制度细节的知识，进而去复制罗马人的制度。果真如此的话，那么复制品和原件之间应该不会存在什么联系。

4.5.1 政治进程

与佛罗伦萨的共和制模式相比，雅典和全盛时期的罗马共和制是更具生命力的模式。在佛罗伦萨，它的法律和制度以迅雷不及掩耳之势被切除和改变，其内部变革也非常频繁。佛罗伦萨的大家族及其同盟，以及支持者之间的猎杀、袭击和迫害从未停息。暴力和骚乱更是司空见惯。

佛罗伦萨和雅典不同，它从来就不是民主制，但它也并非斯奇维尔或布鲁克等学者所坚信的寡头政治。1349 年爆发黑死病之后，它的人口只有大约 50000 人。市民机构约有 3000 人，仅占总人口的 6％。不过，这一数字是整个男性人口的 12％，是 14 岁以上男性人数的四分之一，也即 25％（在英国，1900 年选民数量占总人口的 22％）。在佛罗伦萨的 3000 多名市民当中，最多不超过 750 名市民具有担任公职的资格；①但是在 1900 年之前的英国，对于财产的限定，以及下院议员的无偿性使得更大比例的选民失去了竞选公职的资格，更谈不上进入议会和获得政府官职了。就 14 世纪而言，佛罗伦萨的公民权和获取公职的机会超过了其他任何半封建的欧洲君主制和大公国。我们对大家族领导权和富人霸权的强调不应引起误导，使人认为他们独自把持了公职。恰恰相反，"小工匠"们往往比权贵家族更能被代表。事实上，贵族们常常要与屠夫、军械士和小店主们并肩而坐，进行协商，并顺从他们的否决。

[984]事实上，它的政治体制并非如此笨拙而难以运作。拿它与全盛时期的雅典和罗马的政治体制相比多少会有些不合时宜。在佛罗伦萨，地方行政官员的任期太短暂，相互重合太多，过于分散且难以平稳运行。除非是在只需要日常管理的平静时期，但这样的时期毕竟太少。它的共和制总是既面临着来自权贵们的威胁，又要面对被剥夺公民权的饥饿民众的威胁。而且，它还往往面临着来自外部的威胁：首先是被驱逐的贵族，然后是被驱逐的"圭尔夫派"或"吉伯林党"人，最后是自由的雇佣军团。佛罗伦萨还受到了帝国和教皇入侵的威胁，并不断地和邻邦处于长期交战之中。政府还必须时刻关注经济环境：一旦受到教皇禁令威胁时，它就要关注世界市场。在 1340 年巴尔迪和皮鲁西银行崩溃的情况下，它还要关注被违约债务人所拖累的银行。此外，它还要关注频繁发生的饥荒，乃至 14 世纪中期的大瘟疫。

其政治架构在"横向"层面——市民的政治平等性——非常强大，但在垂直的等级分层方面非常微弱。它在政治上和行政管理上都是如此。就行政管理特征而言，其管理体制的一个突出特点是缺乏中央控

---

① Brucker，《佛罗伦萨的政治与社会：1343—1378 年》，第 133—134 页。

制。它看上去像是机构的堆积，每一个机构处理全市不同社会层面的问题。它必须提供防御、外交、食物供给和司法服务，在共和制背景下，最可怕的莫过于某一家族的独裁了。

从政治上来说，领导权问题并非焦点所在。在失职行为中，成群的权势家族会取得领导权，但考虑到家族和家族世仇的文化背景，这往往会导致暴力冲突，所以政府总是具有临时性和党派性。直到变得更为"寡头政治化"，或是在"教父"人物的掌控之下，比如马索·戴戈里·奥比奇以及1382年之后他的那些继任者，共和制才能获得稳定。继任的美第奇与前述人物刚好相反，他代表了民众的利益，是一个更为沉着、自信，也更为谦卑和世故的人物，但同样属于"教父"类型的政治人物。他和他的继任者皮耶罗和洛伦佐完善了全市范围内支持者和同情者派系的连接，这是1382年以后的时代标志。他们还认真地重新界定并操纵了"审查"制度、抽签制度，以及代表大会、巴利阿和咨议团等特别机构。它需要这样的人使各个不同的政府部门协调有效地运作，我发现对于马基雅维利所谴责的"遮掩的首长会议"和颇具说服力的共和主义而言，让人很难不去相信共和制从未有像在美第奇至洛伦佐这段时期统治得这样好。[985]这完全是一个悖论：共和制在它停止作为共和政体的时候得到了最好的管理。不过，这一悖论可以从最初的制度缺陷中得到解释，消除这些缺陷的唯一方法是规避它们，这正如罗马共和制的原始缺陷只有通过把最高权力转交给元老院的办法来消除一样。这一悖论或许可以通过乔瓦尼·瓜里尼（Giovanni Guarini）1599年对罗马元首制的评论来表达，那就是"当罗马失去她的自由时，没有什么比罗马更自由了"，不过我们需要用"佛罗伦萨"代替他所说的"罗马"。①

5. 至静之所：威尼斯

威尼斯和疾风骤雨般反复无常的佛罗伦萨不同，它被称为"至静之

---

① 引自 H. Baron，《意大利文艺复兴的危机》（Princeton UP, Princeton, 1966），第71页。

所"(La Serenissima)。甚至连自负的佛罗伦萨人也不得不折服于威尼斯人的成功，并试图探求其成功的秘密。当其他意大利城市共和国几乎全部消失而西欧的诸王国即将到来时，正是威尼斯而非佛罗伦萨成了共和主义的标志。威尼斯除了拥有古老而稳固的统治形式外，它不仅仅是一个城邦，作为意大利北部最大的城市，它还是一个王权的共和政体。威尼斯既是一个陆上国家，也是一个海上帝国，而且非常富有和强大。尽管威尼斯的内陆扩张在 1509 年被迫停止，但它继续坚守地中海西部，防范着强大而野心勃勃的奥斯曼帝国。直到 18 世纪末，威尼斯的力量才走向衰落，并在 1797 年开始屈从于入侵者。到这个时候，威尼斯已经成功地保持了 1300 多年的独立，并且在最后的 500 年中维系了相同的政治制度。

5.1　大事记

其他共和国经历了一个从公社和寡头统治到首长会议的发展过程。而威尼斯恰恰相反，它从个人统治到寡头政治之间并未出现过间断，然后把这个制度保持了 500 多年。

各项地理和历史因素的结合使得威尼斯的发展有别于其他地区。首先，就其位置而言，它是浅湖中一片低洼的沙嘴地，从外部进入威尼斯比较困难，所以它从未被征服过。威尼斯最初是渔民的乐园，而后又变成了商业冒险家的天堂。威尼斯处在意大利的边缘，[986]它既不能指望北方的皇帝们，也不能指靠南方的神圣主教区，而是要面向东部海上的利凡特地区。威尼斯是拜占庭帝国的一部分，它的第一任总督几乎可以肯定是位拜占庭官员，或至少被认为如此，尽管后来威尼斯的编年史家们宣称威尼斯从诞生之日起就是独立的。在 9 世纪以后，威尼斯开始一点一点地与拜占庭分离，不过它一直是自治性的。尽管如此，威尼斯作为拜占庭帝国的一部分，它并不属于西方的"帝国"，而且根本没有经历过封建制度，也没有经历过帝国主教或公爵的统治。因此，威尼斯没有经历过旧的封建武士家族和富有的商人阶层之间的冲突，后者曾推动了其他城市早期的政治发展。相反，威尼斯的贵族阶层往往是商业冒险家，这些商业冒险家就是贵族。在很长时期内，长途贸易而非制造业成了威尼斯的财富源泉，因此威尼斯的手工业者和下层市民要比佛罗伦萨、米兰等城市的同行弱小一些。在威尼斯，商业贵族们用不着去讨好工匠，以换取他们的支持来对抗领主贵族。家族世仇同样存在，但仅限于家族之间的对抗，它并未扩展成像佛罗伦萨那样的阶级斗争，也没有变成圭尔夫派和吉伯林派之间的对立。简言之，困扰其他共和制的社会、宗教和政治斗争全都绕开了威尼斯。

威尼斯城市的起源是模糊不清的。它的人口由连续不断的难民潮构成，这些难民们散居在外岛。每个岛屿上的居民都会选出自己的保民官，这样的岛屿共有 12 个。现代研究表明：威尼斯的第一任总督是公元 726 年拜占庭帝国打破偶像崇拜政策的结果，因为这一政策曾促使拜占庭帝国在意大利的许多殖民地纷纷揭竿而起。威尼斯便是其中之一，威尼斯人选出了他们的当地指挥官，此人被叫做"来自埃拉克莱阿的奥戈"（Orgo from Eraclea）。他们称其为"总理"（dux），也即威尼斯人的"总督"（doge）。不过，编年历史学家们的记述与此有所不同，他们认为岛屿上的 12 位保民官共同决定设立一名独一无二的领袖。

反对拜占庭的起义是短暂的，城市共同体仍作为拜占庭的一部分而存在。公元 810 年，查理曼派他的儿子，也就是意大利的佩平国王去占领这些岛屿。查理曼没有取得成功，但是岛上的人得到了一个教训。他们的一些外岛，比如像今天的利多、基奥贾等，不仅更容易受到攻击，也容易相互妒忌。然而，围绕里亚托四周的沙洲，如果没有详尽的海滩和航道知识，几乎无法靠近。而且，这里尚未有人定居，可以为政治上中立的首府提供选址，实际上这块地方就是今天的威尼斯。于是，人们开始对其围以壕沟、抽干、筑堤，最后建造居所，首府也被迁移到了这里。威尼斯严格意义上的制宪史由此开始，它总共可以分为四个阶段。

[987]它最初的形态几乎不能再粗糙了。代表大会或公社会议选举一位终身任职的总督，以及两名为他提供咨询和辅助工作的顾问。总督具有绝对的行政权，但要听从代表大会对于其重要决定的批准。总督们享有准帝王一般的权威，而且还试图通过联合他们的儿子或亲

威使其权力永久化。总督王朝通过这种方式而兴起，又因民众的骚乱而衰落。从 804 年到 1032 年期间，不少于 6 位总督被驱逐或暗杀。著名总督奥尔塞利（Orseoli）野心勃勃的家族政策引起了人们对于其正当性的怀疑，后者担心这些政策的最终目标是世袭君主制。这些政策最后以暴动和驱逐而宣告结束，之后通过的法律驱逐了这一家族，并选出了新的总督弗拉比尼亚克（Flabiniaco）。弗拉比尼亚克迈出了控制总督权力的第一步，之后又连续采取了许多措施。

5.1.1 1032 年弗拉比尼亚克的宪政

新总督召集了公社会议，公然指责了过去三个世纪的总督历史，通过这次公社会议废除了共同摄政和同一家族内的世袭。除了两名顾问来辅助总督之外，总督在比较重大和紧急的事务中，还邀请了一些著名的市民来参与其政务会。这就是总督议会和"皮格迪"（Pregadi）的起源，后者逐渐发展成为"元老院"。总督人选仍由公社会议进行提名和批准。

公元 1000 年见证了总督举办的首次"海洋婚姻"，它标志着威尼斯对亚德里亚海的控制。通过与东地中海的贸易，威尼斯开始变得富裕、强大且人口稠密，同时还在君士坦丁堡获得了贸易的筹码。1095 年的第一次十字军东征使得贸易暴力升温。尽管它与君士坦丁堡的关系出现了恶化，在腓特烈·巴巴罗萨统治下，西方帝国的复兴对大陆形成了威胁。当 1167 年伦巴第联盟成立的时候，威尼斯加入了联盟，并从它对拜占庭皇帝的胜利中获利。不过在 1171 年，作为君士坦丁堡贸易争端的结果，拜占庭皇帝逮捕了全部威尼斯商人，并没收了他们的财产。借助民众的愤怒浪潮，总督米歇尔（Michiel）浩浩荡荡地率领了一支舰队进行远征。这个倒霉蛋在彻底的灾难中折返，更糟的是，他的船员们把瘟疫散布到了整个城市。愤怒的民众发起了暴动，杀死了总督米歇尔。在过去两百多年中，这还是第一次，即总督死于民众的暴力之下。威尼斯市民后来进行了反思。他们意识到"保护措施"被证明毫无用处：两名顾问被忽略了，"皮格迪"也没有被召集，[988]当时的人口是如此之多，而民众大会只不过是一大群获得了授权的暴徒。

5.1.2 1172年宪政

由此而来的改革回响在威尼斯随后所有的制度发展过程当中：缩小群众基础，扩大统治高层。公社会议失去了直接选举总督的权力，它被允许选出一个11人的选举团取而代之。1177年后，甚至连11人选举团也失去了选举总督的权力，只是先选举出4个人，然后由这4个人推选出选举团，选举团有40名成员组成。公社会议只保留赞同总督任命，以及批准战争与和平的权力。它还成立了一个由480位议员组成的机构，以处理其他所有事务。在第一个阶段，这480位议员来自6个行政区，每区任命80人，每个行政区专门选出两位市民对这80个人进行提名。此后，议会每年更新一次，议会自己任命各行政区的选民，这些选民们再按时提名新议员。当然，在实践中他们只是继续保留了旧的议会，这就是大参议会。此外，位于最顶层的总督也一直由6位随侍在侧的顾问所围绕。总督和这个"较小的"议会共同组成了首长会议，这就是它的政府，它们主持各种附属性会议，发挥了最高行政机构的作用。

威尼斯正是通过这些制度，开始了建立海上帝国的大型军事活动，把自己建设成为所有意大利城邦中最为富庶、人口也最为稠密的城市。1177年，威尼斯主持了巴巴罗萨皇帝和教皇之间的和解，并抓住机会声明威尼斯是一个主权完全独立的国家，只从属于上帝。1204年的第四次十字军东征让威尼斯赢得了恶名。威尼斯让十字军改变方向去围攻君士坦丁堡，当这个高贵的城市沦陷之后，它要求从一文不名的十字军手中获得八分之三的帝国沦陷领土。圣·马克（St Mark）的旗帜飘扬在从达尔马提亚、科孚岛，穿过希腊群岛和摩里亚（Morea）海岬，远至克里特岛的所有城市和贸易点。

威尼斯人口的膨胀、贸易活动的剧增和城市所积累的大量财富使富有、老练而积极的市民增多，从而使城邦事务变得复杂化，开展多重管理工作也成为必要。威尼斯对帝国的兼并还导致了新一轮战争：镇压希腊臣民的城市反叛，同它的对手热那亚在利凡特地区进行争夺。1172年宪政体制也逐步被改变，以适应新的形势。[989]作为一个执行机构，大参议会太过庞大，不够熟练且信息不畅，特别是在司法、财政和货币事务上尤其如此。1179年，"四十人委员会"被首次提及，其成员主要来自总督顾问、法官及其拥护者，他们作为大参议会中的委员会专门处理上述事务。尽管任期只有一年，但他们很快就可以获得重新参选的资格。他们的主要职责是作为上诉法庭进行司法审判，后来又发展成为专门的司法部门。"四十人委员会"选举自己的主席，它们的三位"头领"将会与总督，以及总督的六名顾问一起组成一个十人的首长会议。首长会议负责主持"四十人委员会"召开的会议。

另一个由60人组成的机构成立于1229年，它主要是作为"元老院"或"皮格迪"。此外，它还主要负责商业和航海，因此对外交事务更有兴趣，于是它开始对驻外使节们发号施令。不过，它的主要任务是准备立法倡议，然后由大参议会进行讨论。

这样，威尼斯共和制下的民众基础更有能力进行立法、审判和监督立法。不过，这并未削弱总督的权力，作为首长会议的首脑，总督任期是终身的，这一点有别于他的其他同僚。总督负责主持整个统治体系中的所有议会。1204年，年迈的丹多洛（Dandolo）总督亲自指挥并率领舰队占领君士坦丁堡时，商人出身的市民贵族对他的举动感到惊慌失措，因为他们担心出现军事权力与行政权力之间的联合。根据传统惯例：一个即将上任的总督应该进行加冕宣誓。1229年，雅科波·提埃坡罗（Jacopo Tiepolo）总督被迫签署了"统领誓辞"（promissione）。誓词的内容非常详尽，他承诺放弃除薪水之外的公共财政收入；推动所有的公共贷款；遵守国家机密。其中最为重要的是，他承诺不与外国联系，除非他的顾问们允许并在场，否则他不会打开任何一封来自外国的信函。自此开始，誓词逐渐变得越来越具有限制性，直到最后总督被降低到了"名义领袖"的地位。提埃坡罗总督本人还组建了一个由五位纠察员组成的委员会，用以起草新的"统领誓辞"。与此同时，他还建立了检察官三人小组，专门考核前任总督的历史，并为纠察委员会提出适当的建议，他通过这些机构来强制执行誓词中的内容。

5.1.3 宪政的结束

1297 年，威尼斯的宪政体制发生了革命性变化，这一变化被证明是不可更改的。它在有权参加大参议会的狭隘阶层和其他社会民众之间画出了一道界限。[990]实际上，只有那些正担任大参议会议员，或是在过去四年中曾经担任过议员的人和他们的后裔，今后才有资格继续获得议员身份。大参议会的选举已经不复存在，大参议会成员是终身制的，其男性继承者也是终身制的。一个特别指定的委员会临时性地被允许添加一些额外成员。对这些新增加的人来说，他们的候选资格还要经过大家族的商讨和投票选举才能确定。1380 年，在全城民众同仇敌忾抗击热那亚封锁的战斗中，30 名表现突出的市民获得了这样的特权作为奖励。它的敌人热那亚被打得落花流水，从此一蹶不振。不过，除了这一次和后来的少数几次例外，大参议会在被关闭之前只向刚才提到的几类人开放，他们的名字被逐一题写在"金册"之上，以此作为高贵血统的证明。这有点像罗马共和国，不管是什么人，只要你能进入大参议会中就是"贵族"；反过来，"贵族"是指任何有资格坐在大参议会中的人。

关闭大参议会的原因鲜为人知。其结果便是使古代的公社会议变得完全多余，几年后这一机构就消亡了，但我们不应把它当成是关闭大参议会的根本动机。至于大参议会被关闭的原因，或许是贵族们的愿望：他们想把不受欢迎的人和新贵们排除在大参议会之外，实际上这并没有使大参议会变小；相反却使其扩大了一倍。反过来，它或许打算增加一些优良血统的富人，而大参议会的增选程序也已将他们排除在外。在这种情况下，它要阻止任何新贵进入统治阶层的做法都不可能走得太远。

它的宪政后果非常巨大。关于这一点，我们将在别处另行探讨，这里需要指出的是：它决定性地改变了政治统治中的平衡点。随着大参议会规模的成倍扩大，其参与者达到了 1100 至 1200 人，以至于其规模庞大到了难以管理的程度。它仍是一个至高无上的权力机构，代价是把起草议案和控制管理程序的具体权力转给了四十人委员会和元老院。当越来越多的现职官员加入元老院后，元老院转而变成了国家中枢机构。然而对于紧急事务来说，元老院过于庞大，而首长会议又难以信赖。1310 年发生了一起反对共和制城市的贵族谋反活动。这场阴谋毫不费力地被粉碎了，尚未被捕的叛乱头目及其追随者仍在城市附近活动，继续进行密谋活动。为了应对这一危险，由十个人组成的紧急委员会宣告成立，尽管该委员会只存续了几个月时间，但它很快发展成为一个固定机构。[991]"十人委员会"每年由元老院选举产生，它变成了中央情报机构，并和公共安全委员会合二为一。随着十人委员会的产生，共和国的基本机构已经全部到位，它们将在 1797 年之前一直统治着威尼斯。

5.2 大约 1420 年的威尼斯

即便是在黑死病毁灭了至少半数以上的人口之后，威尼斯还是个大城市，它依旧是一个海陆帝国的核心。它的海域由一连串岛屿和海岸基地组成，它们从科孚岛一直延伸至克里特岛和塞浦路斯。它的陆地主要是包括帕多瓦、维罗纳、布雷西亚和贝加莫在内的威尼托（Veneto）地区，它们大多是在 1405 年至 1427 年间获得的。这个城市的人口大约 10 万人左右；而帝国的总人口大约为 150 万人。相比之下，1400 年英格兰的人口约为 250 万。

1423 年，行将就木的托马索·摩契尼哥（Tommaso Mocenigo）总督说道："大约有 3000 艘商船从事我们的贸易"，"它们由 43 艘大战舰和 300 艘小战舰保护，进行作业的水手共有 19000 人"。[1] 威尼斯不仅仅是一个国际性的城邦，它比其他很多国家都要富有。大约在 1423 年，威尼斯一年的城市收入为 750000—800000 达克特，[2] 而正处在百年战争困境中的法兰西只能征集到 1000000 达克特，英格兰也只是比威尼斯多一点点。但这只是威尼斯一个城市的收入。如果我们把来自陆地的 464000 达克特和沿海地区的 376000 达克特计算在内的话，威尼斯的总收入将达到 1615000 达克特，它很可能是欧洲财政收入最多

---

① 引自 E. R. Chamberlin，《意大利文艺复兴的世界》（Book Club Associates, London, 1982），第 120 页。

② 1 达克特（ducats）＝3.55 克纯黄金，所以 1987 年价格是大 36523221 美元。

的国家。而且,威尼斯和帝国的总人口为 150 万,只及法兰西人口的十分之一,但它的收入要比法兰西高出 50%。①

威尼斯的社会上层是二三十个声名显赫的大家族,它们的名望、政治权力和财富在数个世纪以来都很显赫。在他们之下,另有 100 多个家族也属于贵族之列,因为他们有资格参加大参议会。这个贵族阶层总共有大约 1200 名成年男性。确切地说,他们并不是一无是处的食利阶层,或是尚未成为这样的食利阶层。恰恰相反。对于这些贵族来说,他们通常先从事海上贸易,直到中年时足够富裕以后才会投身于专职的法律与政治活动。贵族阶层不仅有资格参与所有的政府委员会,而且还可以担任法官、行政官员、海军高级指挥官和外交人员,以及最高行政职务。

[992]并非所有这些贵族都很富裕,也不是所有的非贵族家庭都很贫穷。我们可以根据 1379 年的数据进行个人财产价值评估,这些数字显示:1379 年,共有 117 位公民的财产价值在 10000—15000 达克特之间,其中 91 人是贵族,26 人是平民。如果我们分析财产在 300 达克特以上的群体的话,就可以发现:这个群体总数约 2128 人,占全部家庭的八分之一,其中 1211 人为贵族,917 人为平民。②

这些并非贵族的富人们处在稍微低一点的社会阶层或市民阶层当中,它们又被分为原住民和移民,前者社会地位稍高一些。二者加在一起,总共有 2000 或 3000 名成年人。这些原住民主要供职于总督管理部门,担任公证人和其他高级行政职务。还有一些人从事国际贸易,他们在国际贸易中享有和贵族一样的权利;或者经营实业,例如布拉诺的玻璃制造业。移民市民是那些想方设法获取定居权的人,通常是经过婚姻,并且在这里居住 25 年后即可获得定居权。在居住第一个 10 年之后,他们可以获得"半公民的身份",这能够使他们获得在城市内进行交易的权利。

这两个精英团体约占城市总人口的 5%,在他们之下,是熟练的技

---

① Braudel,《15 到 18 世纪的文明与资本主义》,第 118—123 页。
② F. Lane,《威尼斯:海上共和国》(John Hopkins UP, Baltimore, 1973),第 151 页。

术工人。这些熟练工人大约占城市劳动力的三分之二，他们由手工业行会组织起来。剩余者大约占总人口的四分之一，大多是不受节制的自由工人及其家庭。①

这个社会最为显著、最引人注意的重要特征在于其公民意识。威尼斯并不缺少冲突，比如敌对家族之间的仇恨，傲慢的年轻贵族和充满怨愤的平民之间的摩擦，等等。但就总体而言，威尼斯人把顽强的爱国主义精神和对法律的敬畏结合在一起，从而产生了国家和公民的献身意识，他们对公共事务的重视和现实主义做派在意大利之外的其他地方都不存在。关于个中原因，我们稍后再作考察。需要指出的是，威尼斯从未遭受过动乱、内战、反对派的驱逐和抄家、政治体制的突变等，这在其他很多地方都是稀松平常的事情。大参议会的关闭没有引起反叛。反对宪政的两次密谋，也即1310年的提埃坡罗阴谋和1355年的马瑞诺·法列尔（Marino Falier）总督阴谋，只是极少数绝望者的作为，缺乏任何民众的同情。相反，对于总督阴谋案的快速拘捕、审判和处决得到了普通大众的欢呼和赞许。[993]威尼斯人在法律之下的团结意识堪比罗马共和国鼎盛时期——汉尼拔时代的罗马人一样。没有哪个流亡中的威尼斯人会率军攻打自己的故土。在威尼斯，就像在罗马一样，在任何时候政治家和领袖们都不应该对"共和制感到失望"，哪怕是在最为黑暗的时刻。

5.3 统治架构

中世纪和古典意义上的所有共和制特征在威尼斯均有出现。这些特点在上文已经列出，这里无需重复。威尼斯的特质在于它使公民身份，确切地说，它使其真正的公民身份变成了一个世袭等级。它在数量上并不是很多，占总人口的比例也比较有限。在黑死病发生之前，佛罗伦萨大约有100000人口，其中约有3000名真正的市民；而在威尼斯，在全市100000人口中，贵族人口约为1200—2500人，约占具有选举资格的男性居民的5%—6%。除此之外，威尼斯在各个方面都采取了共

① Braudel，《15到18世纪的文明与资本主义》，第133—135页。

和制，比如独立、自治；由相互核查和制衡的集体进行统治；公民在这些机构中进行快速轮换任职。①

威尼斯宪政体制的细节极为复杂，因此我们需要从一些总体性观察开始。威尼斯的运作由总督领导下的一个 26 人内阁来组织和管理。内阁又被称为"执行委员会"（collegio），执行委员会是最后的执行机构，它向大约 1500 人的大参议会负责，后者包含了真正的市民机构。但执行委员会和大参议会之间是两个选举机构，它们分别是"十人委员会"和大约 260 人组成的元老院，它们现在也卸去了大参议会的大多数原始功能。这些机构之间的相互关系往往可以用"金字塔"来形容（见图 3.7.1）。

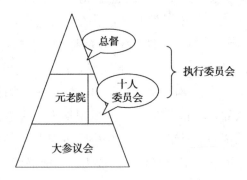

图表 3.7.1 威尼斯人的政府（金字塔模型）

不过，它还可以从另一个角度被形容成一套同心圈结构（见图 3.7.2），因为这突显了一个重要的基本事实：参议员从重要的议员中选举产生，并由他们进行选举；执行委员会的成员是从参议员和（或）重要议员中选举产生，并由他们进行选举，不过通常是前者。

要掌握威尼斯政治制度的实施情况，认识它的六个基本特征肯定会大有裨益。它的一些特征和意大利的城市共和制比较相似，另一些则明显不同。[994]其中一个差别不同于我们所了解的佛罗伦萨，威尼斯的所有职位均由经过深思熟虑和精心计算好的选举来任命，而不是通过抓阄进行随意分配。当然，大参议会是一个例外，它不是通过任何

————————

① 参见原文第 968—969 页。

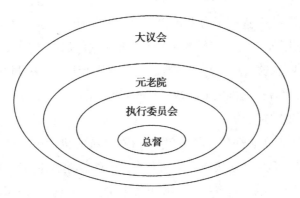

图表 3.7.2　威尼斯人的政府（环形模型）

方式的选举或选拔产生，而是由依照权利世袭任职的市民组成。这体现了威尼斯不同于佛罗伦萨的第二个特征，即全体市民都具有正当的平等参选权利。[995]威尼斯不存在通过一个委员会的"仔细审查"清除"不受欢迎者"的做法。在佛罗伦萨的政治运作中，政治斗争主要围绕一些团体获取担任公职资格的努力和另一些团体排除对手任职资质的努力而展开。在威尼斯，一旦大参议会同时扩大和封闭，就不会有这样的竞争发生。所有的重要议员都像斯巴达人一样，是一群同等的特权阶层。威尼斯的政治体制之所以极为稳定，其最为重要的原因就在于此。这一特征又因为第三个特点而被进一步强化，这个特点是威尼斯和其他共和城市所共有的，那就是绝大多数官职的任期很短。它们的任期从未超过一年，通常只有 4 个月或 6 个月，往往不能立即获得重新选任的资质。相比之下，这就提供了更多可供选任的职位和机会，竞争也就不那么激烈了（尽管也很激烈）。

　　不过，除了宪政制度外，其他一些特征也促进了威尼斯的稳定，阻止了佛罗伦萨式的混乱。比如，相对而言，产业在威尼斯并不是那么重要，而佛罗伦萨是一个大的布匹制造中心，因此要受到行会内部压力和欧洲市场价格波动的制约。可能更为重要的是威尼斯的地理安全。前已提及，佛罗伦萨在各个方向上都暴露给了掠食者。然而，威尼斯在环礁湖的移动沙洲中几乎是坚不可摧的。实际上，这个城市只面临过一次真正的侵略威胁。在 1380—1381 年，热那亚舰队在普拉和基奥贾打败了威尼斯人，并进行了海上封锁。直到救援的威尼斯舰队从利凡特到达，威尼斯人才得以扭转局面，反过来在它的海峡中封锁了多利亚（Doria）舰队。这次战斗是威尼斯的一个伟大壮举，也是对热那亚人的沉重打击，后者自此再也未能恢复过来，而威尼斯人开始掌握了利凡特地区贸易的主导权。①

威尼斯和其他所有城市共和国一样，其统治机构由大量委员会组成，这些委员会相互联接在一起，以便相互监察、相互制衡。但是在执行委员会当中，威尼斯有一个协调和掌控这些委员会的最高机构。因此，执行委员会可以进行立法和政策动议，但不能颁布和批准他们；元老院可以批准并颁布它们，但是没有动议权。在缺少总督及其内阁的情况下，十人委员会也不能开展工作。没有内阁，总督也无法行事；但是为了特殊目的，内阁可以在缺少总督的情况下工作。[996]总督及其委员会的核心角色是把各个政府部门连接在一起，执行委员会的架构和功能也发挥了一定作用。后者代表了整个制度中最为重要的机构，因为它包含了四十人委员会的三个头领，以及经由元老院选举而来的三个顾问，还有总督和他的顾问团，它们一起被称作"首长会议"。因此，它和所有这些机构都有联系。它发挥了一个前期审议机构的作用，决定什么事务应该由谁来处理，即由元老院还是由十人议会来决定？如果是秘密的紧急事务，通常是由十人委员会裁决。元老院本身的构成可以增加整个制度的稳定性，原因有二：首先，尽管元老院成员是由大参议会选举产生，但他们可以立即获得重新参选的资格，也就很容易重新当选，整个元老院在很长时间内几乎没有什么变化。其次，所有占据要职的人和行政官员都是现任参议员，这个机构可以获悉城市中最为实际的政策建议。在这些现职成员中，四十人委员会也是其中的一部分。

最后，这一制度把监察与制衡原则和紧急行动准则结合在了一起。

---

① 详细描述可见 J. J. Norwich，《威尼斯的历史》（Penguin, Harmondsworth, 1983），第243—256 页。

前者往往会导致拖延和辩论，直接行动又往往非常紧急。在佛罗伦萨，人们通过体制外的途径来解决应急问题。①佛罗伦萨人通过召开代表大会设立巴利阿，进而通过巴利阿代行紧急权力。威尼斯人则使十人委员会中秘密而快捷的行政活动制度化了，掌控国家事务的执行委员会将决定最后是由元老院还是由十人委员会来处理。

了解了这些总体特征，我们就可以转而分析统治制度中的个人层面。首先是大参议会，它主要由下列人员组成：曾在 1297 年关闭之前的四年中，任职于大参议会或其父辈曾任职于大参议会的男性，以及那些得到了即将任职的机构认可的男性。这主要是司法机构，也就"四十人委员会"。其他人则是另外添加上去的，数量很少，而且是在特殊情况下才会有的事情。它是一个压倒性的世袭机构。在大参议会刚关闭后不久，它的成员数量为 1100 名，但其规模稳步扩大，到 17、18 世纪，其成员数量已高达约 2300 名。

大参议会一度与公社会议共存，公社会议是普通的市民机构。就此而言，"市民"的界定非常不同，而且没有严格的公式。[997]大参议会的扩大使公社会议黯然失色，在剩余的权力逐渐丧失之后，公社会议于 1423 年正式失效。

在政治实践中，规模庞大的大参议会行事笨拙。随着时间推移，它将自己的大部分立法权移交给了其他机构，特别是元老院。在司法问题上，由于大参议会选出了元老院，故而在技术层面上元老院只是它的一个分委员会。事实上，大参议会通常保留有对特定高级行政官员直接递交的任何建议的最终决定权。这些高级行政官员包括：总督的顾问们、四十人委员会的"三名头领"和国家检察官。它被授权处理所有这些问题。

这些都是最高权力。主要的权力由大参议会拥有并实施，这一权力并非直接的立法权，而是官员任命。总督以下的绝大多数行政官员，以及其他政府官员都由大参议会选举产生。大参议会自始至终参与了整个选举的循环。

---

① 这并非不合体制，但却在惯例之外。

大参议会通常在每周日召开。会议议程将会被印发后传阅，公爵宫（Ducal Palace）的大门将在会议成员到齐后关闭，有 600 位成员出席即符合法定人数。除了为执法官保留的位置外，会议上没有特别的座位次序。大参议会由总督主持，就像他主持的其他所有政府会议一样。

显而易见的是，总督选举是所有选举中最为重要的活动。不过总督作为终身任职，选举总督的情形并不常见。相比之下，其他选举每年一次，其结果是在大参议会每周例会上，几乎每次会议都有 9 名以上的新成员需要消化。

威尼斯人对官员任命的态度完全不同于佛罗伦萨：他们把挑选最优秀的人当成了一件审慎的、有目的的活动，而不是随意分配。为此，它所设计的程序尽可能地确保选举自由，以防止任何人为歪曲或外部压力。它制订了详尽的预防措施来杜绝选民受贿和腐败行为，甚至在一定程度上还禁止带有倾向性的公共宣传，更不要说开展竞选活动了。不过，威尼斯人也聪明地认识到，没有什么选举比提名候选人的程序更能体现"自由"，为此他们尽最大努力确保每一个人至少拥有被提名的机会。这就是为什么他们的选举程序如此令人印象深刻，甚至看上去有些疯狂的原因。实际的选举程序非常简单。看似怪异的地方主要是提名过程，除非把它看成是一个实际的制度设置，其目的在于阻止减少选民机会的阴谋。

[998]最让人印象深刻的是总督选举模式，因为在我们看来这似乎最为荒谬。总督的选举权已从公社会议手中被剥夺，开始交由大参议会掌管，大参议会任命 11 个选民来选举总督。后来，由于某种原因，11人被减少至 4 人；同样不知何故，这 4 人后来又被扩充到 40 人，再后来是 41 人，由这 41 人进行实际选举。个中奥妙就在于选举人的连续"扩充"和"减少"。如果最初的 11 人选出 4 人，这 4 人之后又选出 41 人，这就无需叫停固定的派系集团，事实上这或许会使选任工作更容易些。如果在最初的 11 人中选出 6 人，那么"4 人"中的 4 人都可以组成派系，"41 人"中的 41 人也可以组成派系！但事实并非如此，即这些"减少"和"扩充"的过程是一个抓阄过程，也是选举的过程。而且，抓阄和

选举阶段的层次越多，到了一定程度后，出现有组织派系的几率就会越少。在 1268 年，完整的选举过程是这样进行的：首先，大参议会剔除了所有年龄在 30 岁以下的成员。并为每个成员准备了一个小球，最初是蜡做成的，后来变成黄金制作的空心球，30 个刻有"读经者"一词的羊皮纸标签被放入其中。然后在大街上随机挑选一个男孩，把这些小球分发给议员。凡写有"读经者"这个词的 30 个标签被保留，其余被筛除。于是开始为这 30 人准备选票，其中只有 9 人包含"读经者"一词。这些选票被再次随机分配，只有 9 票被保留下来，其余被再次清除。这时候，9 个人必须要扩展成 40 个！他们通过连续的提名来实现这一点，只保留那些在 9 张选票中至少得到过 7 张选票的人。然后，这 40 个人重新开始投票过程，直到最后剩下 12 人，如此往复不止，整个过程是这样进行的：

从大参议会中	通过抽签	30 人
从 30 人中	通过抽签	9 人
从 9 人中	通过选举	40 人
从 40 人中	通过抽签	12 人
从 12 人中	通过选举	25 人
从 25 人中	通过抽签	9 人
从 9 人中	通过选举	45 人
从 45 人中	通过抽签	11 人
从 11 人中	通过选举	41 人

40 个人通过选举提名总督，然后交由代表大会批准，在 15 世纪这是非常正式的做法。

[999]当大参议会选举级别略低的官员时，它应用了抽签和选举的最小混合，不过操作过程进行了更多修改。首先，大参议会逐渐开始相信任何一个职位至少应有两名候选人竞选，到 1482 年它开始认为 4 名候选人也是正常的，比如从大参议会中选举参议员时就是如此。从根本上说，这主要通过建立四个提名委员会来实现，它们在意大利语中是

"玛尼"（mani），其字面意思是"辅助"或"助手"。它分三个阶段进行：建立提名委员会；由提名委员会进行提名；由大参议会选出一位候选人。

第一个阶段主要是确立提名委员会，通常由 9 人组成，这一过程非常复杂，也比较程式化。首先，公布没有被选资格的特定人选：提名委员会只能包含来自一个家族或家庭的一名成员，两个提名委员会不能是来自同一家族的成员。

然后，提名委员会制度开始运作。在大会议厅前面，也就是我们今天所知的公爵宫前，三个瓮被放成一排。议员们被一个个地召集起来，通过抽签站在瓮的左边或右边。每个瓮装满 800 个银球和 30 个金球，每个议员轮流把手伸进瓮中抽出一个球。如果抽中了银球，他就返回座位；如果抽中了金球，他就可以走近中间的瓮。中间这只瓮装有 24 个银球和 36 个金球。如果他抓到了银球，他就返回座位；如果他抓住了金球，他就成了一名提名委员会成员，他会被立即带入被隔离的房间中，其他议员无法对他施加影响。

通过这种方式，四个提名委员会被挑选出来，提名阶段开始。在每周的大参议会例会上，通常会有九个位置待选，有一些是很重要的职位，有一些则无关紧要。我们还要再次看到装满小球的瓮，不过这一次每个小球只包含一个号码，每个号码对应九个位置中的一个。每个提名委员会成员均可依照职位顺序抽出一个小球，根据它所包含的号码，成为相应职位的提名者。他可以自由地提名他的亲属，甚至提名他本人。不过，值得一提的是，关于被提名者的资质也颇为有趣，因为它和大约同一时期的中国宋王朝有些类似，当时中华帝国的一些行政职务也是通过"举荐"方式产生的。对威尼斯人而言，从 1305 年起，如果被提名的候选人获得了任命，那么提名人就会在法律上与其所提名的候选人所犯的任何反国家罪行联系在一起。

当提名人宣布提名以后，其他 8 位同事将会就被提名人进行投票表决，要想获得成功，他必须要获得 6 票支持。[1000]如果提名未获通过，他必须尝试其他可以被接受的候选人。然后由秘书注明这个名字，并标记出他所参选的职位。然后是下一位议员的提名，直到最后 9 个职位的 9 名候选人被悉数登记。

在进行提名过程中，其他提名委员会也在干着同样的事情。因此，在最后的提名阶段，9 个待补职位中的每一个职位都会有 4 个候选人提名。

所有的一切都是在为大参议会的产生和选举做准备。有时候，四个提名委员会可能会提名同一个候选人，这类被提名的候选人等于已经当选。例外之处在于出现唯一候选人的情况，由于某种原因，这名候选人的其他竞争者都不符合资质要求；果真如此的话，只要有至少两个提名委员会对他进行提名，他就可以宣布胜出。不过，最常见的情形是每个职位都有四名候选人。从填补第一个职位开始，抓阄就在市政厅当中围绕着议员席展开，议员们通过一种不让自己选票被侵犯的方式从中进行选择。然后是唱票工作。至少获得 51% 以上的选票者才能被选出。如果第一轮投票没有结果，那么得票最少的候选人就会被剔除出去，然后开始另一轮抽签，直到最后空缺的职位被填补。在此之后，议会开始下一个空缺职位的选任，就这样一直到最后九个职位均被填满。当我们认识到威尼斯的公职任期只有一年或者更短的时候，就能轻而易举地理解为什么参议会的大部分时间都花在了无休止的选举循环上面。

在这段时间里，来自大参议会提名委员会之外的任命也日渐寻常，这些任命通常来自"高层"。这些职务的重要性非同一般，它们通常由元老院提名，有时候会由更为专业的机构，比如首长会议来提名。此类任命并非因为怨愤而被拒绝接受，而是相反，恰恰是因为特别受尊重而被拒绝接受，结果通常要花费很长时间。到大约 1500 年，寡头政治的结果已变得显而易见，首长会议和元老院都同意放弃他们的特权。但是，尽管这抑制了寡头政治的发展势头，它却导致了大参议会中的腐败压力，即便它具有前述精细的安全措施。由于康布雷同盟战争（1508—1510年），威尼斯在这一时期非常糟糕，这些共和制城邦的现金开始出现严重短缺。于是，城市开始向国库请求借贷。这本身并不奇怪，但野心勃勃的贵族们在选举之前开始鼓吹他们对于国库的贡献，尽管这并不能总是确保当选！[1001]阻止金钱影响的法律被证明是无效的。同样，据此认为金钱具有决定性作用也是不正确的。在这个联系紧密的社会中，任何职位的成功或失败都要接受每一位贵族的审查和评价，其关键在于它所提供的公共服务。事实上，长期积累而来的财富、公共声誉和某些特定的大家族三者往往是重叠的，它们支配了最高职位的选举过程。由于同样原因，它缩小了重要的政治权力圈子，将其集中于更少的人手中和更小的机构当中，这就是元老院。它的规模可能无法与大参议会相比，不过这要比执行委员会和十人委员会的人数多一些。这绝不意味着那些没有资质的无能之辈也能像在西欧君主制中一样发挥作用。恰恰相反：城邦被掌握在有能力的人手中，而且运作良好。

元老院也被称作"皮格迪"，意为"受邀请者"或"投标者"，这是对早期总督所召集的一个影子顾问集团的效仿。1297 年大参议会扩大之后，元老院的作用发生了改变。随着大参议会规模不断扩大，它失去了审议作用，这一功能改由元老院承担，元老院的预审功能被执行委员会取代。简言之，大参议会的关闭导致之前的责任分工向上转移，而元老院发挥了中枢作用。

在 15 世纪早期，元老院人数约为 260 人，后来增加到 300 人。其中半数以上是现职参议员。元老院的核心是 120 位被选举出来的成员，这些人又被分成两组。其中，由 60 人组成的核心团队经大参议会选举产生：从 1343 年起，必须有两个提名委员会来提名两位候选人，候选人选举从八月开始，它需要以每个会期选出 6 人的速度，在十次会期中完成选举。和其他大多数职位不同，即将离职的参议员有资格再次参加选举，其结果是他们可以再一次当选。此外，即将离职的 60 位选举人还可选出另外 60 位参议员，不过，这些选举必须由大参议会认可。这部分参议员是"临时性的"或"额外的"参议员。

元老院是一个常设性机构，它只有大参议会规模的十分之一，这个事实有助于说明其相对重要性。这一点由于一拨又一拨重要现职官员的加入而被进一步强化。总督和他的六名顾问是理所当然的成员，因为他们是会议主持者，随后其他成员也渐次加入进来：四十人委员会、十人委员会、六名大部长，以及各种公职人员。[1003]主管税收、财政调查、审计和管理的官员首先加入，接下来是大量较为次要的公职人员，比如公共工程或国家殖民地的负责人。这些现职参议员在 15 世纪开始变得多元化了。①其中最为重要的当属三个公社最高检察官的加入，他们是国家检察官，可以对任何活动的合法性提起指控，他们有权搁置任何委员会提出的非法议案。

一些最为重要的选举是在元老院而非大参议会进行。这其中就有三个"顾问理事会"（下文将会详述），其中附属国的特使和专员占有很大比例，比如桑特岛、凯法洛尼亚岛、科孚岛等。但是它在填补职务中的间接作用比前者更重要，它具有向大参议会提出自身公职候选人的权利，这具有很高的成功几率。元老院的选举程序不必与大参议会一样，因为除了由提名委员会进行提名外，在最重要的职位上，元老院采用了不同的程序，即所谓的"保险单"（polizza）。每个参议员会将其候选人的名字和细节写在卡片上，然后签上名，将其放在罐子中。选举要通过多重竞争，每一轮选举都会剔除一位最不受欢迎的候选人，然后继续进行投票，直到最后，每位候选人确保拥有51％以上的选票。

不过，元老院在整个统治体系中的主要功能是辩论和立法。到1285 年，所有重要的秘密事务都要在元老院进行讨论。需要强调的是，元老院会议通常是在严格保密的情况下召开。首先，知会外交使节和他将被委托处理的国际争端。在 14、15 世纪主要是国际进出口事务；从 15 世纪开始，它获得了全权，在 1600 年已经被形容为"大参议会的总代表"。此时，元老院在缔约、雇佣兵薪酬和舰队装备问题上也获得了全权。而且，它在货币事务、公共健康与卫生、教会与国家关系等问题上也拥有决策权。它还逐渐建立了大量管理机构和委员会，直到城邦的全部管理机构归它支配和控制。②其中原因并不难理解：[1004]它不仅仅是大参议会选举而来的精英，它还包含有城邦中的现职官员，因此它的集体阅历绝对是完整的。不过，这个技术知识和人才的储备库在影响公共政策之前必须进行疏通，这就是其程序无关紧要的原因。

---

① 参见 G. MAranimi,《威尼斯的宪政》两卷本（La nuove Italia，Venice，1927—1931），第153—159 页的列表。

② 同上，第 217 页。

最具重要性的是执行委员会的角色。每个审议机构都需要其他一些机构来确立议程，组织辩论，进行总结，比如英国国会下议院中的发言人、美国众议院发言人、欧洲国会办事处。在威尼斯，这个功能由执行委员会来承担。

元老院由执行委员会召集，它根据不同季节，每周定期召开。特别会议可以根据多数地方行政官员的命令召开，后者也获得了此类授权。通常情况下，元老院每周召开两到三次会议。除了地方行政官员的席位外，它并未设立固定的座位次序。执行委员会主持会议辩论。在辩论过程中，参议员们必须登上讲台。除了煽动性或非法言论之外，他拥有绝对的表达自由，不过辩论有着严格的规则以确保语言温和，不存在诽谤、散布谣言或煽动性言辞。如前所述，会议要秘密进行，任何提前泄露会议内容的议员都将受到严惩。

参加会议的唯一平民是元老院 24 位秘书。在开始讨论之前，要对所有出席者进行核实，以确保相关当事人被排除在外。这项工作在执行过程中非常仔细，它不同于罗马的"库里亚"。所有从外国获益的人，或者可能从外国获益的人，都要被排除在元老院的辩论会之外。

元老院的辩论活动主要由执行委员会管理，我们将会在下文谈到执行委员会在统治体系中的地位。这里需要说明的是，执行委员会是政府中所有高级政治与行政官员们的汇合点，当然他们也是现职参议员。执行委员会并非嵌入或叠加在元老院上的独立机构，而是元老院组织的一个自然产物。它不同于英国，英国内阁是众议院不可或缺的一部分。正如我们所看到的，[1]执行委员会包括三个"顾问理事会"，它们控制着城邦的管理，负责制定每周议事日程。辩论程序遵从了一套固定模式，它允许双方自由演讲和讨论；没有节制和约束；它需要绝对多数才能通过。在大量重要事务中，仅有绝对多数是不够的，[1005]有时候需要更多支持者。此类事务包括它与梵蒂冈教廷的关系、和平与战争，以及某些财政和经济事务。

以任何标准来看，元老院都是一个令人印象深刻的政治机构。它

---

① 参见原书，第 996 页。

的学识非常渊博，而且是连续性的。它在辩论过程中不断进行调节与评估，并且很负责任。所有这一切，首先是因为它由城邦中的重要人物组成。

正如我们现在可以把英国内阁看成是其立法机构的延伸，或是把立法机构当作是其内阁的扩展一样，[1]威尼斯人的执行委员会也是元老院不可或缺的一部分。它是威尼斯的最高行政机构。如果进一步比较的话，它就像英国内阁一样，执行委员会在元老院拥有辩论、立法和商业命令的动议权（除了一些微不足道的例外）。执行委员会最为重要的特征就在于它引导着整个国家。

事实上，执行委员会是早期总督独裁政体的剩余遗产继承人。诚然，总督是其最初倡议人，因为他主持政府中的所有会议。当总督个人权力受到 6 位公爵顾问（公爵会议）限制的时候，他们被一道当成了首长会议，他们主持政府中的每一场会议。首长会议与四十人委员会的 3 名头领（合法的官员）、3 个顾问委员会结合在一起，总共有 26 名成员。

总督是终身任职；6 位公爵顾问任职一年，不能马上再次任职；四十人委员会的头领任职两个月，顾问委员会中的"顾问们"任期为 6 个月。不过，快速的职位循环和短暂任期并未削弱执行委员会的效率，因为循环通常是从执行委员会中的一个职位转换到另一个职位，比如从四十人委员会转换到公爵顾问！据估计，核心的小圈子不超过 150 人，执行委员会、高级会议成员和地方长官均来自于此，他们不断地从一个职位轮换到另一个职位。[2]

"大顾问"（或"建言顾问"）在等级上高于其他两个"顾问"机构，它监督着二者的行为。它们相当于执行委员会的内部指导委员会，需要处理执行委员会布置的所有要务。每个星期，六名顾问中的一个将会轮流处理这项工作，在此期间他（不是总督）担任首席大臣。虽然工作由总督主持，但顾问们会把这些事务交由执行委员会，并建议下一步应当采取的步骤。

---

[1]　Finer，《比较政府》，第 173 页。

[2]　Martines，《权力和想象》，第 160 页。

[1005]执行委员会的大多数功能是预先商议性的，但它同时还具备执行的权力。就商议性权力而言，执行委员会有权使大多数议案在进入在元老院之前得到处理，它试图尽可能地和元老院作为一个集体组织行事。不过，有时候分歧是不可避免的。在这种情况下，有关成员可以在元老院提出自己的建议。在法律上，所有地方行政长官具有同等权利；在实践中，政策动议往往由执行委员会一家保留；而且，除非经过执行委员会批准，元老院不能投票赞成提案。

在 15 世纪初，也就是大约 1420 年，执行委员会的执行权力也开始逐渐增加。首先，它获得了使公共法令和条例生效的权力，然后是许多具体的普通工作，比如：维护城市治安、清理河道、销售肉类、生产和销售油料等诸如此类的事务。当元老院在休假时，执行委员会有权颁布紧急法令。如果它认为有必要的话，它有权力暂停实施某项法律，但是它必须在下次元老院的会议上证明这个行为是合理的。

总督位于整个统治体系金字塔的顶点。他是城邦的个人化代表，他以城市的名义缔约，通过并实施律法。总督还主持每一场政府会议。不过，正如我们所提到的，威尼斯宪政史的全部要旨在于限制总督权力：首先是通过任命总督顾问将其权力转归委员会名下，然后再将其独裁权力转移至其他地方。但是，如果要把他当成一个名义性首脑也是十分错误的，至少在这一时期是这样。强大的个性固然会影响政府职位。但如果没有担任重大公职的经验，是不能被选作总督的。事实上，到了一定年龄才有可能当选总督，通常是在 60 岁以上，而此时绝大多数人都已经开始考虑退休了。像皮耶托·葛登尼哥（Pietro Gradenigo）这样的年轻总督非常罕见。这些经验丰富的政治家们会出席每一个国家议会，年复一年地看着周围不断变换的面孔。尽管总督没有发号施令的权力，但他出色地发挥了咨询、预警、应急，乃至鼓舞人心的作用。总督弗朗西斯科·佛斯卡利（Francesco Foscari，1423—1457 年）是最好的例子，他体现了总督的决定性作用。很显然，由于他能够随心所欲地推行政策，他的前任在离世之前对他提出了告诫。尽管他可以在任何时候实施有争议的政策，但在有效的统治制度下，他的行为是可以被制止的。这正是实际发生的情形，等到外交政策开始改变的时候，佛斯卡利造成的错误已不可挽回。

[1006]威尼斯统治体系中存在着大量异常情况，比如在元老院所选职务与大参议会所选职务之间的武断划分，以及由元老院任命并向其负责的独立行政机构和委员会数量的不断增加。但除了这些情况之外，其主线条仍清晰可见：它是一个两院制的统治体系，其中下议院保留了所有的选举权，并具有残余的立法权；而立法权属于规模较小的、半任命性质的上议院（元老院）；行动倡议和实施一旦被适时地批准，就变成了内阁的职责，内阁是立法机构的一部分，也是行政机构的首脑。不过，这种描述遗漏了两个复杂而与众不同的机构，其中一个是四十人委员会，另一个是十人委员会。

十人委员会是一个常设性特殊法庭。当执行委员会想要开展快速而秘密的紧急行动时，它有权选择把任务交给十人委员会而不是元老院。它和元老院处在同一位置，但位于执行委员会之下，执行委员会选择把事务交给它认为合适的一方。1335 年，十人委员会变成了常设性机构，在财政上开始具有独立性，并于 1382 年设立了自己的金库和审计部门。它习惯于作为"临时委员会"的编外人员开展工作。这个惯例始于对马瑞诺·法列尔总督阴谋集团的镇压，这曾导致了大规模的审判和处决。十人委员会自身感到在处理这些事务过程中需要精神和物质支持。"临时委员会"起初由十人委员会选出，不久开始改由元老院选举产生，人数为 20 名。1582 年，大参议会通过投票废除了这一制度。

这 10 人是在不同的会议上，由大参议会在 4 位候选人选举过程中连续选举产生的。他们的服务是义务性的，其成员既没有薪水也没有实物补贴。他们的职务也是年度性的，不能直接重新连任。十人委员会提名 3 位成员担任主席，每人任期为一个月，如此往复循环，交替任职。

十人委员会是审判政治犯的最高法庭。间谍罪、伪造罪、骚乱、暴动、反国家阴谋等，这都是它处理的重要事务。从 1692 年起，它开始反对那些造谣者和虚假新闻的制造者，这是迈向出版审查制度的一小步。[1007]它开始管理慈善兄弟会的事务，并由此成为社会公德问题的最高监管机构。它的很大一部分工作与最广泛意义上的"腐败"有关，比如，任何在国家会议中侵犯良心自由的行为倾向：请求、索取、恐吓、威胁、贿赂；甚至包括一些间接的影响方式，如选举宣传、对当选者的祝贺、公共赞誉，等等。它监视公共集会和私人聚会，一旦发现具有威胁性，它就会从中破坏。此外，它还负责公共秩序、武器控制、防火，以及反对雇凶暗杀的律法等。其中最为重要的职责是保护国家机密，后来外交行为也被包罗其中。

十人委员会获得了最为邪恶的名声。它被指控参与秘密逮捕、监禁、暗杀和投毒。据说，它曾经监禁并折磨过受害人，把他们装在灼热的金属牢笼之中，或是把他们放入装有酷刑工具的水牢中进行折磨。十人委员的确曾经一次又一次地试图向敌对的政治家投毒。[①]它有时候会秘密地实施死刑，但通常不伤害遇害贵族家人的感情，有时候它也会犯下悲剧性的错误。它在逼迫佛斯卡利退位时无疑超越了自己的权限。它谴责佛斯卡利是一个悲剧性的错误，并导致了后者 1621 年被缢死，它从那个时候开始行使了前所未有的权力。不过，它的坏名声也是荒唐的误传，特别是到 15 世纪的时候。首先，十人委员会并未单独审理案件：首长会议，即总督和他的六位顾问们，也一直参与其中，诉讼代理人也同时在场。对于秘密指控，特别是那些被放在"狮子口中"（Bocca del Leone）的未署名指控，要经过一个仔细的审理程序。被告通常在黑暗中接受审讯，但六分之五的审判团成员可以决定是否在灯光下审问。他们可以传唤目击者。要证明被告的罪行，需要有绝对多数的投票，且四次投票都是绝对多数才能最后定案。问题在于这些审讯都是秘密进行的，人们无法了解案件在处理过程中所遵循的人道主义规则。对公众而言，他们所看到的结果无非是秘密的突然逮捕、在皮亚泽塔（Piazetta）被斩首、或者被绞死的受害者遗体在河边两个柱子中间荡来荡去。十人委员会给人以恐怖的印象，但是它也摧毁了一些阴谋。它曾粉碎了总督马瑞诺·法列尔的阴谋，消除了 1618 年的西班牙阴谋。托马斯·奥特维（Thomas Otway）在《威尼斯得免于难》中对此进行了纪念和回顾。

---

① H. Brown，《威尼斯历史研究》两卷本（Murray，London，1907），第 216—254 页。

[1008]威尼斯因其司法质量而著称。其他所有城市都会从其他地方(通常是威尼斯)调用城市执法官和审判官,威尼斯和它们不同,它不仅召集自己的土著居民,还召集在其他国家部门任职的贵族参与司法。在"三权分立"(分别为司法、行政和立法)和"权力制衡"的区分方面,几乎鲜有其他政治体制会比威尼斯做得更好。威尼斯的政治体制把"权力制衡"发挥到了极致,它防止任何一个机构独立行动。它最重要的一些机构,比如大参议会、元老院、十人委员会、执行委员会等,都在一定程度上行使了部分的行政、立法和司法权力。甚至连它最为特别的机构"旧四十人委员会"也具有刑事功能。在它聆讯刑事诉讼案件时,它会像法庭一样独自行事,但其成员都是现职参议员,在此问题上他们像其他成员一样参与相关机构的活动。如前所述,四十人委员会的三个头领也是执行委员会成员。

行政与司法的混合在最低层面的法庭中也能被观察到,从某种意义上说,它们是在治安和公共秩序方面具有特殊权限的委员会。这便是六人贵族夜间刑事法庭和五人治安法庭。有关契约的案件会被送至皮沃格(Pievogo)法庭审理。它有一个负责公共健康和卫生事务的专门法庭;还有一个专门负责犹太人事务的法庭;另有一个法庭负责外国人事务。人们可以上诉到四个法庭中的任何一个,在这些法庭中,较为次要的是拜阿德(Biade)民事法庭,它由 22 位法官组成,主要审理涉案金额相对较小的民事案件。重要民事案件的申诉法庭是两个分别由40 位法官组成的法院,即"旧四十人民事委员会"和"新四十人民事委员会"。它们的成员,必须在"新四十人民事委员会"服务完 8 个月后,继续在"旧四十人民事委员会"服务 8 个月,然后进入大刑事法庭,也即最初的"四十人委员会","四十人委员会"的头领服务于首长会议。只有当他们在"四十人刑事委员会"服务满八个月,也就是总共要完成两年的司法义务,他们的义务才算结束,不再具有继续任职的资质。

在三个法庭当中,每一个法庭都会由三个相应的官员提供服务,这些官员要向法庭准备卷宗,并进行案件陈述。"四十人刑事委员会"中的官员为三名"检察官律师",[1009]他们是城市最高管理层(总计只有 40 人)的一部分,因为他们负责确保每一个会议程序的合法性，而且被授权参加所有这些会议。他们是一种辩护大法官或总检察官，积极地反对任何针对国家的违法行为，或是由国家实施的违法行为。

5.4 政治进程

关于选举程序之间的简单比较已在上文有所概述，其结果足以证明选举过程比选举程序更为复杂。最难竞选的职位是总督。不过，对于各种费尽心机设计出的总督选举办法而言，到 1797 年城邦灭亡为止，在 530 年中总共选出了 75 位总督，其中多达 35 位总督来自 8 个家族。高级行政官员也在很小的圈子中轮转。詹姆斯·哈灵顿在 1656年的著作《大洋国》中，这样复述詹诺蒂（Giannotti）1564 年撰写的关于威尼斯共和制的著作"一旦一名绅士担任了陆地事务部长，他今后肯定会用一些大的行政职务来装点自己，比如海洋部长、陆地事务部长、大顾问、顾问，专制的十人委员会成员、律师、或是审查官……"。威尼斯政治生活的基础依赖于选举，而选举依赖于贿赂，贿赂又依赖于家族。不过，也许有人会说，佛罗伦萨也同样如此。值得一提的是，为什么这些过程在佛罗伦萨导致了凶杀世仇和起义，而在威尼斯却风平浪静。

我们早已观察到了选举的频繁性，特别是在大参议会中，除了选举之外几乎再无其他事情可做。因此，当哈灵顿看到一排排议员走向票瓮，然后再回到座位上，相互之间几乎没有任何言语交流时，他非常讶异。"会议和会议中的一言不发是一种矛盾。但是他们上下行走的过程中确实存在某种嘈杂和混乱，尽管没有人拔剑，但你会认为他们是训练有素的。"他把这个活动形容为"哑剧"表演。[1]

在 15 世纪末，大参议会选出了 831 个职位，其中 550 个职位就在威尼斯城中。这大约是全部贵族的三分之一，是固定出席大参议会的成员的二分之一。对某些人而言，竞选元老院或某些高级行政职位是一个声誉问题。对于整整四分之三的贵族而言，这成了那些贫穷贵族的生计来

---

[1]　J. Harrington，《大洋国》（Rutledge，London，1887），第 126 页。

源。[1010]有时候大参议会动用其选举权,不仅仅是为了填充个别职位,而是利用这些权力做出的重要政治姿态。任期即将结束的元老院提名 60 位候选人组成"临时委员会",以便构成下届元老院的半数人选。对于大参议会来说,选举这部分人是一个惯例。不过有时候,当大参议会认为国事处理不当时,它会通过拒绝"临时委员会"人选的办法来表达愤怒;这是一个在统治集团中表达"缺乏自信"的方式。在威尼斯,对于贵族来说,要想继续担任公职,或是得到一个带薪职位是不可能的,除非他是被选举出来的贵族,于是大参议会可以借此进行奖励或惩罚。就个人而言,单个贵族的权力很小,但他是基础选举团体中一个自由而平等的成员,这个事实能够让他感觉到自己是政权的一部分。

威尼斯和其他所有意大利城市一样,家族是政治的根基。显然,家族或宗族越大,其成员当选提名委员会成员的机会就越大,它们在大参议会中的投票力量也就越大。1527 年,贵族数量总计 2700 人,共由 134 名宗族成员组成;平均每个大宗族拥有 52 名成员,中等宗族只有 27 名,而小宗族只有 11 名或更少。平均拥有 30 位或更多议员的 30 个宗族占到了整个贵族数量的 59%;而平均拥有 40 名成员以上的 19 个宗族占全部贵族的 45%。大参议会或元老院曾经颁布法律,防止家族作为集团进行投票或与其他家族共谋,但于事无补。[①]一方面是因为大家族之间的联姻;另一方面,一个宗族可能在某一特定时期帮助另一个宗族,几年后这个宗族会得到另一宗族的同样回报。这基本上解释了为什么 16 世纪以前,总督职位几乎总是限定在古老的"24 个家族"当中,也即所谓的"城市缔造者"手中。在议会或元老院会议之前,这些贵族们在会议前漫步过程中通过"伯格里奥"(broglio)的方式达成默契。通过这种联盟方式,"伯格里奥"一词获得了它现在的含义。在意大利语中,这是对选举的"祝贺"或"行贿"之意。但是在纽约的坦幕尼时代,它可以在鲍斯·特维德(Boss Tweed)所谓的"坦率行贿"(honest graft)和"真正行贿"(true graft)之间进行区分。联姻和相互支持是一种"坦率的"行贿。到 16 世纪,腐败行为开始一点点地变得更加肆无忌

---

① R. Finlay,《文艺复兴时期的威尼斯政治》(Benn, London, 1980),第 83 页。

惮且毫无廉耻。［1011］我们有充分的理由去引用马拉尼尼（G. Maranini)的著作，他从法律的角度来认识共和制城邦的《反腐败法》，但是他被欺骗了。在 16 世纪，大量的贵族都很贫穷，他们的选票可以被购买，而且确实被购买了。我们之前描述的反对操纵投票的精细法律能够确保不被规避吗？事实上，它们被绕开了！金质的选票球被偷偷带进大参议会的会议室中。当法律被改变时，携带选票箱的年轻人发现：通过把票箱带到一边或是另一边，他们就可以操纵特定候选人的选票数量。如此等等。威尼斯和其他所有地方一样，家族和欺诈仍在发挥作用。不过，这并未导致政治上的不稳定。

个中原因比较复杂。首先，人们想知道为什么这个不足 3000 名贵族的小小集团无需军队，仅用很小的警察力量就能控制住大量居民。其首要原因是贵族们对于其职位存在着潜在的风险意识。不仅选举和任命会在"伯格里奥"时讨论，大参议会对公众的舆论也极为敏感，对所谓的"闲言碎语"也极为灵敏，并且会据此进行相应的政策调整。其次，前面已经提到，较小的贵族和较为贫穷的贵族往往会顺从于少数地位更高的贵族霸权之下。作为选举人，这些为数不多的大贵族掌握着真正的奖惩权力。此外，还有许多重要原因可以解释为什么威尼斯的大宗族之间没有出现杀气腾腾的敌对性内讧。毫无疑问，原因之一在于联姻减轻了这一影响。另一个原因就在于：在威尼斯只有老年人才能获得公职，这是它不同于欧洲其他所有国家的地方。威尼斯是一种"老人政治"。威尼斯人对"老年人"的定义和我们一样，60 岁才算进入老年，而在其他地方，人们到 40 岁时就算进入了老年人的行列！从 1400 年到 1600 年，参选总督的平均年龄是 72 岁，这比当选教皇的平均年龄大 18 岁。其他高级职位，比如驻外使节、市长、执行委员会成员或十人委员会头领也都归老年人掌管，也就是由年龄在 70 至 80 岁之间的人掌管。甚至连将军和舰队司令的年龄也在 60 至 75 岁之间，这很可能是威尼斯后来不擅军事的原因之一。①威尼斯和其他地方相比，贵族们不仅要等待更长时间才能获得高级公职，他们获得公民权的时间也比

① R. Finlay，《文艺复兴时期的威尼斯政治》，第 120—130 页。

较晚。例如，在佛罗伦萨，公民在 14 岁时就可以担任国会成员，行使其作为公民的权利。而在威尼斯，市民到 25 岁时才能进入大参议会，30 岁才能进入元老院，40 岁才能成为十人委员会的成员。[1012]这些规则大大地加强了稳定性。这些上了年纪的官员们拥有一生在各方之间进行奔走、斡旋和谈判的经历，他们对职位的渴求被一种"按资排辈规则"所缓解。按照这一规则，贵族之间是平等的，一个贵族随着年龄增长便可逐步担任高级职务。等到他的年龄到了足以获得高级职位的时候，他早已过了 40 岁，已经在体制内有了 15—25 年的"学徒经历"，并且也学会了让自己服从宪法。

此外，威尼斯人因其古老的罗马价值观而闻名于世。至于这些是否是其政治制度中"老人政策"的产物，目前只能是一种猜测。可以肯定的是，他们坚持了这些罗马价值，二者之间又互相得到了强化。威尼斯的政治制度强烈反对"自负、炫耀和个人权力"。①贵族们从小就被培养要在制度框架内工作，即便是最小的工作也要求他们与同事互相适应，互相协作。统治者们知道，他们只有通过服从同行的选举裁决才可以守住自己的职位。因此，威尼斯人的政治提供了一个绝好的历史案例，那就是腐败和贿赂确实能对政治制度发挥一种有益的"作用"，而且是一个明显自相矛盾的例子。②威尼斯人用基于短期任职和连续选举之上的秩序来缓和并控制分裂性的家族仇视。在 16 世纪和 17 世纪，威尼斯著名的稳定性被归因于它所推行的"混合宪政"。在这个体制中，总督代表了君主制成分，而元老院、贵族和大参议会则代表了民主成分。这不仅是对实际宪政制度的彻底歪曲，而且犯了一个根本性错误，它把体制之外的东西，以及社会结构和价值观的产物过多地归结为政治体制及其程序。

5.5 政府的活动

人们对于威尼斯政府的直接印象是，它积极有为，且成效卓著。仔

---

① R. Finaly，《文艺复兴时期的威尼斯政治》，第 137 页。

② 参见 A. J. Heidenheimer(主编)，《政治腐败》(Transaction Books, New Brunswick/London, 1989)，尤其是该书第 11 章。

细分析之后，这似乎有点令人吃惊。执行委员会只进行协调和纠正，但它同样受到限制。由元老院选举产生、并直接向它负责的管理机构为数众多，并在15、16世纪不断扩张。[1013]在威尼斯，总督和元老院既不任命也不撤销他们那些领取薪俸的官员们，所以也就不存在一个统一的、等级制的行政管理体系。然而，在罗马帝国晚期和拜占庭帝国当中都存在这种统治机构，这种制度在中国的明王朝时期臻于完善。威尼斯政府中的决策层主要包括各种高度专业化的委员会和理事会，这些机构通常由贵族操纵，他们的任期几乎不超过一年，然后他们再到其他机构任职。在这些机构任职的全职固定官员主要是管理员、秘书、会计和公证人等。他们往往比他们的贵族上级更了解本职工作。管理部门中的最高职务往往由城市中的原住民阶层把持，特别是在大法官法庭中尤为明显。"大法官"几乎在其他所有官员之上，不论他们是否属于贵族，它赋予非贵族的尊严对整个原住民阶层具有重要的象征性意义，它使这个阶层顺从于贵族的政治垄断。大法官之下是各种秘书集团，他们为十人委员会、元老院和首长会议处理公务。这些秘书在专门的学校中接受培训。1443年的一个法令要求总督和元老院每年选出12名学者，专门学习拉丁语、修辞学和哲学。这些学者通过考试后就进入了这个具有等级性的职业，先是作为编外人员、正式成员，然后担任元老院秘书，最后成为十人委员会秘书。这类人不断参加各种议会，有时他们还会肩负外交使命。

国家登记处是所有这些活动的中心，它主要包括三部分：下级文书由最初级的"公证人公爵"担任。其工作主要集中在总督身上：比如总督的权利、财产、承诺，以及对每一位已故总督的生活和工作进行审计。其次是公爵大臣，它负责编纂法令汇编、处理大参议会中的选举，同时为负责管理帝国海洋和大陆领地的大臣们提供职员。第三个大臣职位于1402年设立，该职位处在十人委员会控制之下，主要负责保存最机密的文件。

政府几乎插手了所有活动，包括它并未直接控制的活动。它对教会的严密控制竟然达到了这样的程度，比如一个人或许因为想象看到了独立的"圣马克教区"就可能得到宽恕。富丽堂皇的圣马克教堂从一开始就是总督的私人教堂，其教士由总督任命。[1014]主教在市民生活和市政府中并未发挥什么作用，他自己的圣彼得教堂位于偏远的岛屿。是政府而非教会机构管理看守着神圣的遗产，规范着布道的内容，当教士缺席时为宗教服务制定规范。威尼斯人的主教由元老院选举产生，教皇往往会予以认可；反过来，无视威尼斯人反对而任命主教的情况根本不会发生，因为城邦保留了对世俗性事务的控制。结果，社会等级中最重要的阶层首先是威尼斯贵族。至于较低等级的教士，他们传统上是由 60 多个教区的财产所有人选出来的，他们是地方性政治机制中最为重要的组成部分。所有神职人员都要服从于共和制城邦至高无上的法律，尽管实行的方法各不相同。在 1464 年之前很长时间里，威尼斯并未请求教皇批准向教职人员征税。它拒绝接受教皇的观点，即"异端邪说"只是教会内部问题。相反，它在 1289 年只允许宗教裁判所在一定条件下进入其领地，并坚持城邦中的世俗代表可以参与宗教裁判所在城市及大陆上的全部审理过程。尽管威尼斯一贯在教皇面前保持低调，但它和圣座（holy see）之间的关系却不断地被分歧所打断。后者有时会获得教皇的禁令，而威尼斯的反应就是蔑视这些禁令。在 1309—1313 年与费拉拉开战的禁令中，威尼斯不得不屈服；它还挡住了 1482—1484 年的禁令，这同样是有关费拉拉的禁令。它还屈服于教皇的第三个禁令，这个禁令主要是为了支持教皇在 1509 年颁布的臭名昭著的康布雷同盟，但威尼斯公然反抗了 1605 年教皇颁布的第四个禁令，最终使其彻底失效。这一结果非常富有戏剧性，从此以后教皇从未在其他任何地方发布过新的禁令。①

威尼斯政府还严重干预了经济生活，你可以把威尼斯的整个内外政策理解成一个庞大的生产和贸易合作社。"威尼斯的事务就是商业"，这个评论非常贴切。生产标准和生产条件的规范、劳动关系等都通过工会或民法中的自由合同来进行间接规范。②不过，政府也会在经济生活中大规模地直接发挥作用。[1015]一个例子便是由国家所拥有

---

① 以上叙述基于 W. Bouwsma，《威尼斯与捍卫共和国的自由》（University of California Press, Berkeley and Los Angeles, 1968），第 71—83 页。

② 参见原文第 954 页。

并直接运营的兵工厂。它建立于 12 世纪初，到 1300 年时已经非常有名，以至于但丁形容它为"地狱"，兵工厂雇佣了 3000 名工人以建造和安装大型商业船只和军舰。政府开展了长期建造计划，以储备一支后备舰队。这个兵工厂使用流水线技术来组装船只，当一艘战舰快要完成时，它就会被驶进仓库旁的渠道中：

> 舰船由小船拖曳着从（仓库的）开口处驶入，他们根据船主的要求，把纤维绳、武器和弩炮、迫击炮等方方面面的东西递交给船主，当舰艇到达渠道末端时，所有的人都被要求上船，船只从头到尾被安装完毕。整个操作过程约需花费两个小时。[1]

第二个案例来自对商业舰队的公共管理与控制。当然，大量的商业船舶可以"自由航行"，但最珍贵的货物必须用国家制造的船只装载出海，这些船只通过公开拍卖的方式租赁，货运收费由元老院进行辩论后确定。这些大型船队由舰队司令官指挥，在固定时期和固定航线上由专人护航，司令官由元老院任命，他们是领取薪俸的官员。有时候，护航船队按照战斗序列编队，因此即便一些私人船主也要领取薪俸，从而成为城邦的代表，以确保他们的所有货物均已支付费用，并在遭遇袭击时保卫船队。到 14 世纪末，通常有六支这样受到护航的船队，每支船队每年大约有 500 余艘舰船。

威尼斯和意大利其他地方，乃至整个欧洲城镇一样，公共权力积极地干预了社会生活的各个领域。但是在一些特定领域，威尼斯即便不是独一无二的，也肯定不同寻常。威尼斯已经出现了公共援助机构。一些"不受约束的"自由劳动者（没有行会帮助他们）负责被称为"学校"（scuole）的大型慈善项目，这是在约一打私人慈善事业之外的事情。在西方城市中，威尼斯似乎是第一个向民众提供免费医疗服务的城市：1335 年，它开始向 12 位外科医生支付薪水。1368 年，它建立了医学院，并不断花费巨资从其他地方招募医生。城市供养是其首要职责，因

---

[1] 引自 E. R. Chamberlin，《意大利文艺复兴的世界》，第 143 页。

为它需要供养 100000 人口。除了鱼和淡水之外，其他所有物资都必须从外面运进来。[1016]威尼斯当局把地理位置转变成了自己的优势，它强迫所有亚德里亚海的船只在威尼斯卸货，它给谷物标上高价并担保没有损耗，如此一来就吸引了大批来自大陆和海外的供应。粮食供应量非常之大，威尼斯最后竟成了整个地区的谷物贸易中心。像佛罗伦萨这样的内陆城市，一旦粮食出现歉收就会遭遇饥荒，而威尼斯的商业船队减少了此类饥荒的发生几率。在食物匮乏时期，威尼斯的船队会被派往整个东地中海地区，有时候甚至会到黑海地区搜寻粮食。

威尼斯城市中没有武装力量！城市中最便捷的武装力量是保卫总督的卫兵，它们从兵工厂的劳动力中挑选而来。然而，威尼斯仍能维持其和平与宁静。威尼斯的行政区被分成很多小的行政单位，总共大约有六七十个。每个小区县都有自己的神父，他们由地方上的大家族推选产生。此外，首长会议任命的小区县负责人往往是一位重要的当地贵族，他负责成年男性的人口登记，以及税务评估。和他一起合作共事的警察也是当地居民，①后者在全市范围内形成了一个大约由 120 人组成的机构，它们由负责夜间刑事法庭的"六人理事会"控制。

5.6 世界上管理最好的城市？

查尔斯·迪尔(Charles Diehl)曾写道："在 14、15 世纪，威尼斯政府可能是世界上最好的政府之一。"②它的司法审判非常温和，直到 18 世纪之前，它依然是世界上最好的制度。无论涉及社会生活哪个层面，威尼斯都能提供最好的服务。它根本没有遭受过中世纪的洗劫或被侵略的可怕经历，最逼近威尼斯底线的战斗是基奥贾战争。威尼斯也从未经受过内战的折磨，甚至它所承受的内部混乱相对而言也是微不足道的。这些内乱根本不能与米兰、佩鲁贾、锡耶纳，乃至佛罗伦萨的残忍世仇相提并论。至于欧洲的君主国，考虑到它们正在进行的战争方

---

① 尽管这是规章，但仍有很多例外，大多数警察似乎是意大利北部人，S. Chojnacki，"寻找 14 世纪的威尼斯大家族和派别"，J. R. Hale，《文艺复兴的威尼斯》，第 204 页。

② 引自 Norwich，《威尼斯的历史》，第 181 页。

式：扎克雷起义或农民反叛、内战、废除或谋杀合法国王，它们根本就没有出现威尼斯的情形。尽管威尼斯可能被仅占其人口总数四十分之一的贵族们所统治，但其积极市民是一批更为广泛的参与者，它们比我们在后期封建君主制国家和大公国中所见到的情形要广泛得多。[1017]除了一些家奴外，它的非市民们（non-citizens）不是"农奴"，而是"自由人"。威尼斯的独特之处在于：少数统治者不仅不能压迫他们的臣民，而且还要去照顾他们。这一切表明，威尼斯的宪政体制得到了民众的普遍支持，因为其城市中没有军队，只有区县中的些许警察。他们有充分的理由保持忠诚。众所周知，威尼斯是欧洲最富有的地区之一，尽管最富有的人和最贫困的人之间存在很大鸿沟，但相比其他地区，威尼斯的穷人也得到了很好的供养。谷物委员会是政府中管理最好的机构之一，由于它管理有方，穷人也很少遭受饥饿。

尽管政府拒绝民众积极参与政治，但广大民众享有被动的民权，比如结社、工作和流动的权力，所有这些在君主国都是不被允许的，在其他大多数城镇也是被限制的。首先，威尼斯拥有言论自由，能够宽容不同的个人观点。彼特拉克（Petrarch）写道，有一个盛行于意大利的格言说，"这里流行的唯一邪恶就是过多的言论自由"。①三个世纪后，英国大使亨利·伍登（Henry Wotton）爵士在发往国内的报告中写道："威尼斯是一个这样的国家，无论是否处在恐惧当中，这里所有的男人都可以畅所欲言。"②而且，更重要的是，所有居民在法律面前享有真正的平等。它的刑事调查制度，甚至那些有关抓捕的规则，都非常谨小慎微。尽管在法律上只需要一个证人来进行定罪，但实际上往往会大费周章地收集尽可能多的证据。对于那些过于贫穷而无法雇佣律师的囚犯，它会通过抽签方式，为其提供一位拥有执照的律师。威尼斯和当时所有的大陆国家一样，它允许通过酷刑进行审讯，但只有经过 6 位负责夜间刑事案件的贵族同意方可用刑，并且要在 2 位执行官、2 位公爵顾问、1 位十人委员会头领和 1 位辩护检察官在场的情况才能够实施。

---

① 引自 W. Bouwsma，《威尼斯与捍卫共和国的自由》，第 93 页。
② 同上，第 94 页。

即便如此，因犯供出的信息还必须能够被其他资料来源证实。对于警察和法庭记录的分析证明：他们在对待贵族和平民上是完全平等的。威尼斯的司法在整个欧洲都享有盛誉。正是威尼斯的公正司法，使得大陆诸城市中的民众在 1509 年阿格纳德洛（Agnadello）灾难之后的最黑暗时期里始终站在城邦一边。马拉尼尼写道，"威尼斯保护了对于个人权利的保证，这与它所寻求的国家生活形式是相协调的"，在他看来，"威尼斯体制的能量和功效使得现代英国的制度毫无任何令人艳羡之处"，[1018]他还注意到了"法庭上的共同掌权，法官绝对的个人独立性，上诉程序和上诉制度中令人恼火的细微性"。①

当观察家们在研究威尼斯的统治时，令他们感到印象深刻的特征并非共同掌权的结构、精细的权力制衡、职位的轮换等，因为这些做法在中世纪的共和制城邦中极为寻常。威尼斯的统治结构在三个方面设计得极为成功：元老院令人印象深刻的专业知识；执行委员会的指导和管理角色；以及与新兴机制——十人委员会的结合。但是，如果那些操纵着各种会议，并在各种政府委员会和机构中轮换任职的积极市民变得像佛罗伦萨等城市一样暴力和争论不休，哪怕是只有很小一部分，威尼斯的宪政体制也不可能运转得如此良好。最后一点，威尼斯体制运行良好的原因还在于运营这一制度的贵族们都充满了对城邦的责任感，这种责任感超越了它们之间的个人恩怨。若非观察它的很多表现，你很难对此进行解释。比如，人们经常评论说，威尼斯历史上几乎很少有杰出的人物，但是他们遵循一种类型，这里的政治角色大多是匿名的，或者是一些象征性的大家族。在威尼斯的辩论规则中禁止辱骂和诽谤，特别是在元老院。它在辩论中反对诉诸情感和散布谣言的煽动行为，并成功地使讨论保持低调、务实和两厢情愿，这些规则也是有关威尼斯人态度的另一种证明。在历次大危机中，威尼斯的贵族们都有不俗的表现，他们就好像罗马黄金时期进行汉尼拔战争的参议员和执行官。这些人展示了对共和制法律的敬重，并体现了真正的"国家感"。

---

① G. Maranini，《威尼斯的宪法》，两卷本（La nuove Italia，Venice，1927—1931），第 221—222 页。

佛斯卡利总督是威尼斯历史上四位卓尔不群的名人之一，他在拜伦的诗中和威尔第的歌剧中是一个悲剧英雄。佛斯卡利是一位精力充沛的伟大总督，他使威尼斯转向了大陆。在他迟暮之年，却因为儿子雅克珀（Jacopo）的罪行而受到牵连。当然，这都是情节剧，并非真正发生的事实，但它是对罗马共和国历史情形的模仿。当雅克珀被发现有罪后，他被带到了总督的房间，身上还带有受刑后的印记，这位老人拥抱了即将被放逐的儿子。"父亲，父亲，"据说雅克珀哭了，"我求求你，设法准许我返回我的家里。"但心碎的总督只是回答说："雅克珀，你必须遵守国家的法律，不再反抗。"

[1019]这种"国家感"是威尼斯贵族的一个突出特征，这一点得到了整个意大利的认可。对一些人来说它是可憎的，对另一些人来说则刚好相反。庇护二世举例证明了前者，他说："他们是伪君子。他们希望在世人面前展现基督的一面，但实际上他们根本不记得上帝，除了被他们当作神祇的国家以外，他们从未把什么东西当成是神圣的。对一个威尼斯人来说，那正是为了国家……"不过，对于深嵌在"威尼斯神话"当中的普遍性定论，再没有比彼特拉克的评述更为贴切了。他指出，"建造在大理石上的城市固然坚固，但是建立在城市和谐基础之上的城市更加坚固"。①

6. 中世纪共和制的遗产

在中世纪共和制消失之后，仍然有共和政体存在。事实上，全球最后几乎只剩下了共和制而别无其他。它们和中世纪共和制的唯一共同之处在于乌尔曼所谓的权威"上升理论"："即最初的权力存在于民众当中，或存在于社会共同体本身。"这一观点和那种认为最初的权力来自上帝，官员们经由自上而下的任命，而非通过民众代表大会选举产生的看法形成了对照。②然而，无论是在观念层面，还是从幸存的为数甚少

---

① 引自 F. Gilbert，"佛罗伦萨政治思想中的威尼斯宪法"，见 Rubinstein（主编），《佛罗伦萨研究》，第 467 页。

② W. Ullmann，《中世纪政治思想史》（Penguin，Harmondsworth，1965），第 12—13 页。

的共和制样本来看,近代共和制的这种"上升理论"特征都无法归因于中世纪的共和制。相反,我们不仅无法在这些先例中辨认出它们,而且它们也拒绝以中世纪共和制作为参照。因为在寡头政治当中,除了特权之外,这里无法看到威尼斯和热那亚、瑞士城镇,德意志帝国城市中的市民,当然"民众或社会共同体本身"也毫无相似之处。看上去似乎有些自相矛盾。在 1797 年时,长达 500 年之久的威尼斯共和制城邦被在"共和主义"名义下的另一个共和制城邦残酷地摧毁了。一旦人们认识到了"共和"的内涵在此期间已经发生了决定性改变,一切就会变得清晰和简单起来。我们早已指出,中世纪的城市共和制与古典共和制的某些特征有着惊人的相似之处,[①]尤其是它们都是城市共和制这一事实,[1020]因为正是这一点使得市民机构中的职位轮转变得令人可信起来。相比之下,共和制的继任者尼德兰联邦和短命的英联邦都是属地国家,它们对于"上升理论"有着完全不同的应用。而且,它们的意识形态灵感与希腊或罗马无关,而是源自新教改革和古老的(最遥远的古代)犹太神权政体。

当苏珊·雷洛兹说中世纪的城市首先是"共和制,但几乎是偶然的共和制"时,[②]她无疑是正确的。它们没有匆忙地独立于任何预先设定的意识形态之外。如前所述,直到 13 世纪中叶,共和主义的自我意识才开始出现。政论家们得到亚里士多德拉丁语版的《政治学》之后马上开始写作,似乎并非偶然。布鲁内托·拉蒂尼(Brunetto Latini,1220—1294 年)把共和制同君主制和专制统治进行了区分,在共和制中人们选举自己的长官或君主,并称赞共和制是最好的统治类型。巴托鲁斯(Bartolus)指出,罗马人在驱逐他们的国王后,在民众基础上建立了共和制。在他看来,他长期居住过的佩鲁贾这样的小地方往往有着最好的统治形式,尽管它们并不适合那些大的国家。卢卡的托勒密完成了托马斯·阿奎那关于《国王的统治》(前君主政体的)小册子,他也认为罗马共和制时期,而非帝国时期才是罗马的辉煌时代,他赞扬了

---

① 参见原书,第 979 页。

② S. Reynolds,《西欧的王国与社团：900—1300 年》(Clarendon Press, Oxford, 1984),第 215 页。

西塞罗和加图用共和制来反对中世纪的大英雄——尤利乌斯·凯撒。对他而言，与政党统治相比，专制统治和君主政体是同一条线上的两个不同分支，政党体制下的主要官员每年都要进行选任。帕多瓦的马西略在 1324 年所著《和平保卫者》一书中也表达了同样论点。至此，我们可以得出一些城市共和制的具体演进特征：定期选举，而非世袭继承；通过议会、内阁和司法进行相互制衡；最后是法律约束，使个人影响最小化。

但是，如果我们不通过事实来进行判断的话，前面这些研究的说服性效果即便不能忽视，也是非常有限的。因为在欧洲，领土较大的地方，君主制正在得到强化，而意大利的共和制正让位于首长会议。除了威尼斯之外，共和制在欧洲是一种例外，它并不具有重要的国际意义。

[1021]在克鲁西亚·萨卢塔蒂（Coluccio Salutati）和莱昂纳多·布鲁尼（Leonardo Bruni，1369—1444 年）的著作中，共和制的自我意识及其辩护在 14 世纪末和 15 世纪初的佛罗伦萨达到了全新的程度。莱昂纳多·布鲁尼在对佛罗伦萨的"赞扬"中，慷慨激昂地攻击了她的死敌，也就是来自米兰的维斯康蒂（Visconti），并颇为雄辩地称颂了佛罗伦萨的共和制。根据他的说法，共和制的实质在于"使每个人都有同样的可能参与国家事务"，[1]而且每个人都可以自由地批评并控制政府。我们知道，这是一个谎言。这些学者，和其他诸如弗吉里奥（Vergerio）这样的学者，均被汉斯·巴伦[2]归为"公民人文主义者"，巴伦赞扬了他们的革命性创造，特别是莱昂纳多·布鲁尼。这样说并不过分，狂热崇拜在这个团体周围滋长，其他一些历史学家的思想对这股崇拜产生了推波助澜的作用。特别是约翰·波考克，[3]他的著作甚至不乏卖弄知识之嫌，他试图追溯这些人文主义观念和英国革命，乃至美国政治文化之间的直接渊源。不过，在我看来，这种努力并不成功。事实上，这个学者团体中没有重要的政治思想家。正是在下一个世纪，也

---

① 引自 Q. Skinner，《现代政治思想的根基》两卷本（CUP, Cambridge, 1978），第 78 页。

② Baron，《意大利文艺复兴的危机》（Princeton UP, Princeton, 1966）。

③ J. Pocock，《马基雅维利时代》（Princeton UP, Princeton, 1975）。

就是共和制的佛罗伦萨濒死挣扎时期，我们才能见到唯一能够代表马基雅维利历史高度的共和制理论家。

威尼斯被认为是"混合宪政"的一个成功典范和证据，这是一个很大误解。这一思想源自柏拉图的《法律》和亚里士多德的《政治学》，前者直到1481年才翻译成拉丁文，后者自1250年后就开始有拉丁文译本流传。尽管这些作者反思了社会阶层而不是统治机构的平衡，但进行这样的联系仍旧存在困难。有关统治机构的平衡是波里比阿《历史》①著作中第六章中的理论。这部分内容直到1530年才被翻译成拉丁文，多纳托·詹诺蒂应该能够看到它的拉丁文本，因为他是希腊人。詹诺蒂是一名希腊演说家，他在1527—1528年流传的一段"对白"中向佛罗伦萨人描述了威尼斯的宪政。在关于佛罗伦萨新宪政的研究中，詹诺蒂确实提到了波里比阿《历史学》中的第六章，不过他关于威尼斯宪政的概念是否来自波里比阿这一点并不清楚，而且也没有确凿的证据。不管詹诺蒂的思想来源是什么，他发掘了一个14世纪未曾出现的思想，这个思想被弗吉里奥和特拉布松的格雷坦·乔治（Gretan George）分别在1394年和1481年预见到了：威尼斯将君主制（总督）、贵族（元老院）和民主（大参议会）等诸多原则融入到了自身的政治体制当中。②[1022]他的观点，连同他对威尼斯的赞赏，一起被纳入了哈灵顿新奇而富有影响力的《大洋国》一书当中。这是最后一部把共和制和古典制度视为一体的伟大著作，它好像是二者的最后绝唱，因为"垂死的天鹅使死亡变得甜蜜起来"。③在《大洋国》一书中，哈灵顿基于古代犹太人、希腊人、斯巴达人和威尼斯人的统治模式，加上他自己的天才想象，构建了一个乌托邦。在这里，经典共和制的所有根本特征，以及中世纪城市共和制的特征都能找到。它是一个共和制政体，其中存在着市民参与、短期职位轮换和权力共享，并且在它们之间还存在着一个权力制衡体系。

---

① 参见原书第二部分第四章，"罗马共和国"，第396页。

② 观念的起源很复杂且不确定。见吉尔伯特"威尼斯宪章"，第460—469页；Pocock，《马基雅维利时代》第9章，第272—330页。

③ 此处比喻引自《布兰诗歌》（或译《布朗尼之歌》）。

不过，自此开始，"共和制"的这个特定内涵开始逐渐消失。新的共和制开始在欧洲兴起，比如尼德兰联邦，不列颠的克伦威尔联邦，它们抵消了佛罗伦萨的衰落，但它们并非源自任何共和制的意识形态。荷兰的反叛省份远不是共和制意识形态的拥护者，他们最初还曾向安茹公爵进献王位。在英联邦中，直到1649年查理一世被处决之后，国家开始由选举而来的独裁者而非世袭国王进行统治时，它才变成了一个共和国。

在16、17世纪，"共和制"一词包含了各种含义。从最广泛的意义上说，它是"公共关注"、"共同财富"。其较为严格意义上的用法经常被诗人、旅行家和历史学家们引用，它可能主要被用以指代一个国家或政治共同体。因此，有人称其为美洲"易洛魁人的共和"（the Republic of the Iroquois）。1576年，博丹在《共和六书》中将其应用于任何主权国家，无论是君主制国家还是贵族统治的国家。卢梭进行了同样的划分："任何依照法律治理的国家，无论其管理形式如何，都是共和制。"[1]不过，孟德斯鸠仍坚持古老的"政府"概念，即人民全部或部分地行使主权。

此外，它还存在另一种含义，这种含义与中世纪的"基督教共和国"（Respublica Christiana）概念更为一致，这一词汇或许用以指代某种集体性。所以，梅兰妮·苏尔利（Mélanie A. Sully）在描写欧洲"十五国的基督共和"时，她是在将其和异教徒的欧洲进行对比。不过，它类似地还可用以暗指一个"文学界"，即欧洲的知识分子网络。

[1023]一些政治理论家们把共和制界定为"大众的国家或政府"，其统治权掌握在全体人民或部分人民手中。另一些理论家把共和制看成是由许多人进行统治的国家，其中又可以细分为贵族政治（或寡头政治）和民主政治，二者有一点是共同的，即它们的最高职位都是由选举产生。[2]

值得注意的是，在所有这些关于"共和制"的不同定义中，它已经失

---

① J. J. Rousseau，《社会契约论》第二卷，第6章，第32页。

② 以上基于伊夫·杜朗的优秀调查，《君主制时期的共和机构》（Collection SUP，Presses Universitaires de France，Paris，1973），第7—11页。

去了和中世纪古典"共和主义"特征之间的联系。不过,只有一个除外,那就是它们保留了威权"上升理论"的概念以及选举性职位的世袭特征。它摒弃的内容包括共治、相互制衡和职位轮换。由于这一点,甚至连奉行选举性君主制和全能贵族的波兰王国也可以被当作共和国。

18 世纪时,威权"上升理论"开始向大众化和民主化方向拓展、深化。比如,当洛克发现"人生而平等"的时候,相比于中世纪的"等级制"和"地位观",它很快变成了新的政治公理,于是一个全新的"共和主义"阶段应运而生。这是一种选举性统治,民众的支持者非常广泛,和古典时期实行的直接民主相比,它是间接性的代表制政府。关于新"共和制"的范式,麦迪逊在 1788 年有着很好的解释。他曾问道,"共和制形态与众不同的特征是什么?"其直接回答是:目前这一词汇的应用非常广泛,已经失去了它的专属性。[1]荷兰被称为"共和国",但它"没有一丁点至高无上的权力源自民众"。波兰同样被当作"共和国",但它是"贵族政治和君主制的一种最糟糕的混合"。人们对英格兰同样存在误解,它的政府"只有一部分是共和制"。最后是"至静之所"威尼斯,它长期以来一直被当作共和制及其巨大荣耀的典范,现在却被驳斥成了一个这样的国家,即它"对于广大民众的绝对权力由一小撮世袭贵族通过最为专制的方式来行使"。

通过这一论断,一个带有革命性后果的新范式被开辟了出来,它在 1797 年法兰西共和国以"共和主义"新内涵的名义摧毁威尼斯时得到了体现。

---

① J. Madison,《联邦党人文集》(Penguin Classics,Harmondsworth,1987),no. 39。

第八章　代　议　制

1. 中世纪的伟大政治发明

[1024]在 13、14 世纪，当意大利共和制城市与自由城市发展到顶峰的时候，欧洲的王国和大公国发生了一次突变。首先是西班牙，其次是法国、英国和意大利，然后扩展至德国和斯堪的纳维亚地区，甚至在波兰和匈牙利也出现了大量议会机构。这些机构给予统治者一定的授权许可，并对其施加一定控制。在一些国家，比如英格兰、爱尔兰、苏格兰、西西里、罗马教皇国和那不勒斯王国，它们被称之为"帕列门蒂"（parlamenti）。在伊比利亚半岛，它们又被称为"科特斯"（cortes）。法国和低地国家则称其为"三级会议"或"等级代表制"。德国称其为"兰达奇"（landtage）；丹麦和挪威的议会又被称为"瑞格斯达格"（rigsdag）；瑞典称其为"瑞克斯达格"（riksdag）；波兰则称其为"色姆"（sejm）。这些会议机构的第一个共同特征体现为它们全都是由代表们组成的政治聚会，这些代表们依照特权规则，以整个国家的名义行事，他们一方面监督整个特权规则、特权集团和个人的维持情况；另一方面为君主提供了对应的社会群体，这些人拥有君主所承认的权利与特权。其第二个特征便是它们均为常设性机构，而非此前消失的封建"大咨会

议"那样的临时性安排。①用洛德的话说,"国王权力或多或少地受到了这些代表大会的限制,部分是因为其成员通过选举产生,尽管这些代表只是直接代表了活跃的政治阶层,但总体上看他们也可以被看作代表了土地上的全部人民"。[1025]他还评述说,"议会和代表制的发展是中世纪最伟大的成就之一"。②洛德是完全正确的。

"以木代林"的核心概念,也即认为一小部分群体,甚至单个的人(我将在后面探讨)可以代表一个更大的集体的观念是能够被付诸实施的。这并非我们今天所说的"代议制政府"的充分条件,但却是一个必要条件。对于今天的代议制政府,我们不仅能联想到代表制,还有至高无上的下院,竞争性的政党体系,广泛的参政权,以及政府各部门要对议会负责等内容。所有这些并未在中世纪得到实行,它们的确没有英格兰议会那种某一特定议会在特定演进过程中所需要的东西。但值得一提的是,所有这些发展都基于代表制原则,而这一原则却是全新的。正如我们所看到的,③这一原则并未被用于希腊时代的希腊同盟。意大利共和时期的社会战争中也缺乏这一点,罗马人在胜利之后所采取的基于直接公民权的奇怪做法与代表制原则完全相反。中东和中国的君主与帝国对此原则一无所知,它们此时就像罗马帝国一样,都还建立在独裁统治的原则之上。

代表制原则和西欧的封建体系与城邦共和不同,它被证明是有生命力的。我们研究封建主义是因为它是一种统治模式的创新,而且覆盖了广袤的地域和众多人口;还因为它是后来欧洲政治的基础(包括代表制本身),并且在当今世界上还有类似存在。我们对于共和制城邦的关注,是因为它突然萌发了类似于早期罗马和古代希腊民主政体中的公民权概念。但这两种统治形式都被证明是不长久的。我们已经阐明了人们对于中世纪"共和制"概念的认识,四个世纪后共和制只留下了

① Emile Lousse,引自 A. Marongiu,《中世纪议会:一项比较研究》,S. J. Woolf 翻译改编,H. Cam 作序(Eyre & Spottiswoode, London, 1968). (1949),第 51 页。

② R. H. Lord,"中世纪与现代早期的议会",《天主教历史评论》1930 年第 16 期,第 125—128 页,引自 P. Spufford,《英国议会的起源:阅读材料》(Longman London, 1967),第 21 页。

③ 参见原书,第 380 页。

腐败的寡头政治与封建主义。事实上，正是共和制的衰落才引发了代表大会的出现与崛起。

无意中出现的代议制和其他两种政治形式一样。[1026]在一些例子中，代表封建贵族们的大议会不自觉地成了集体的代表，并有效地夺取了君主权力，就像 1258—1265 年英格兰男爵西蒙·德·蒙德福特那样。在其他案例中，统治者（有时候是因为虚弱，有时候是因为非常强大）决定把会议代表当作是其社团的代理人。他要求或者是需要这些代表们给予承诺，而后者则可以代表那些缺席的人。这种特殊做法预示了我们所说的"代表"一词的多重含义，我们将在后面谈论这一点。在第三种例子中，以全城公会形式组织起来的政治集团通过胁迫或暴力方式威胁统治者接受他们的条件，他们作为统治者重要决策的参与者在聚会时出现。当然，通常还有第四种方式，即模仿性的代表大会，一旦代表大会形成，它就会成为别处的典范和激励。一旦代表大会开始实践决策框架内所界定的特权，它们就站在了代表制的门槛之上，但这只是中世纪所特有的制度，而非我们今天意义上的代表制。也就是说，对他们而言，基于被选举基础上行使代表功能是不同寻常的（乌尔曼称其为"君权的上升原则"）[1]；多数情况下，他们只是作为外在的合法决策的一个结果。

虽然这有助于解释代议制的形成，但它并未说明这一制度为何能够快速崛起并四处传播的原因。个中原因多种多样，每一种原因都与特定的历史背景有关，我们无法从中提炼出一成不变的共同因素：国王们想要制造战争，例行的封建岁入不够用。简言之，他们需要金钱。但是，整个欧洲都存在一种共同的思想，即"任何人都不能强人所难"。因此，如果国王想要得到超过例行规费的金钱，他必须提出请求。

有时候会议的出现是因为王位空缺，或是存在竞争，应召而来的贵族们也就成了维系国家延续性的唯一支柱。在波兰的例子中，这是最为重要的因素，我们将在后面论述。有时候君主召集这些贵族们并不是为了金钱，而是为了获得政治支持，就像法国的腓力四世在反对卜尼

---

[1]　W. Ullmann，《中世纪的统治方式和政治》（Lonfon，1961）。

法斯八世要求的斗争中那样。但是,最为经常也最为重要的活动就是获得征税许可。任何新的敛财行为都必须经过自愿性的授权。很明显,对于君主而言,通过一次会议获得授权要比通过数次会议更为便捷一些。[1027]例外的案例是法国三级会议的失败,但这一例外也证明了这一原则。法兰西的国王们必须向其臣民们提出请求,以获得额外的金钱,但他们是通过地区等级代表和私人城镇提出了请求,而不是通过代表整个社会的三级会议代表。

在13到14世纪封建主义衰亡之时,代议制开始兴起。我们对于10世纪野蛮人的临时做法非常生疏。不过,有两项政治发展成为封建时代终结的标识:封建军事存在的衰退和消失,地域性和功能性社团的形成;特别是传教士、贵族阶层,城镇,有些情况下甚至还有农民也参与其中。

在以货易货为基础的自然经济中,封建主义只是供养军队的一种权宜之计。君主将土地授予骑士,以换取他们提供服务的承诺。因此,整个政治结构与社会隶属关系都建立在武装骑士至高无上的基础之上。这种对于军事工具的封建安排是非常落后的。骑士通常只服务40天。中世纪的军事行动通常非常迟缓,旷费时日。为应对这些军事行动,君主们需要城堡主长期固守要塞,还需要稳定的地面力量以牵制敌人。从很早的时候开始,比如在12世纪的法国和英格兰,只要条件允许,国王们就会利用有限的金钱求助于雇佣兵。这些雇佣兵虽然可能有着贵族血统,但却是为了金钱而战斗。这就产生了将骑士服务折算为现金的需求,英格兰称之为"免除兵役税"。英格兰在折算骑士服务费用方面比法国早50—70年,但这是大势所趋,并最终导致了相同的后果:现金报酬取代了个人军事服务。的确,统治者仍需要通过其贵族性来领导和供养军队,但这些军队则是为了国王的薪酬而战。这在1307年爱德华一世统治结束时就已经出现,英格兰最后一次军事征召行动是在1327年。此后,贵族们对君主承担的封建军事义务宣告结束。相应地,他们日益开始将土地作为个人财产,并向国王缴纳特定的税费。

在13和14世纪,当骑士服务的费用还非常低的时候,这些费用是固定的。随后，发动战争的成本开始大幅上升，部分是由于通货膨胀，修建城堡变得非常昂贵，[1028]部分是由于骑士装备上的技术进步。比如，钣金铠甲取代了锁子甲，这需要更多的备用品来替换，甚至马匹也需要盔甲来保护。在 13 世纪，尽管供养骑士的成本增加了三倍，国王用以支付骑士服务的薪酬仍然保持在原来的水平上。[①]所以，例行的封建收入是完全不够用的。除了典当王室珠宝，从伦巴第银行家手中借钱，抢劫寺庙，乃至拔掉犹太人的金牙等权宜之计外，"任何人都不能强人所难"的统治传统只留下了唯一一个获得额外财政收入的办法，那就是提出要钱的请求。一旦国王必须如此，他就会处在这些被请求者的控制之下。

到 14 世纪末，欧洲社会分化成了无数的小社团，每一个社团都拥有自己的合法特权、权利和义务：贵族和略低一等的名流；教堂以及教堂内部反对世俗传教士的力量，教堂内还存在着关于僧人和托钵僧的各种等级秩序；除了特许城市之外，还存在着大量的行业公会；以及大学，等等。相对而言，这些被定义的机构是更为松散和更为宽泛的社团类型的一部分。这些又被称为"等级"或"次序"。德语中对此有一个专门的词汇，一个颇为强大的德国历史学派认为 14 世纪开创了"等级制国家"（Standestaat），也即有"等级"和"次序"的社团。

其中最为明显的便是教会：因为教会处在教皇至高无上的控制之下，并由条理化的、完整的教会法典来规范。如果收到请求，教会将会给予特许，但是会根据反对强制性税收的命令进行。贵族制度创造了另一种次序，其规模和稳定性根据不同国家而有所区别。比如，在英国，长子继承制的原则将次子从"贵族性"中排除，只赋予他们以较为卑微的"绅士"地位。与此同时，法国所有的男性贵族后裔都属于贵族等级。在许多情况下，各个地方的大贵族都在寻求有别于地位较卑微的贵族。在有的情况下，比如在伊比利亚半岛，贵族中间形成了两个截然

---

① 参见其他作品，比如 S. Painter《英国封建男爵历史研究》，（Johns Hopkins UP, Baltimore, 1943）第 193—197、44—45 页。

不同的等级：贵族(nobles)和绅士(caballerrs)。

在一些国家，整个非教会阶层和非贵族阶层被当成了一个混合阶层——第三等级。[1029]但是在其他情况下，比如瑞典，富裕的农民也形成了一个与众不同的独立等级。当然，最为常见的组织形式是分成三个等级，教会构成第一等级，贵族是第二等级，其余部分构成了社会上的"第三等级"。英格兰则是一个与众不同的案例。除此而外，德国社团主义学派及其在国外的追随者将"等级制领邦"当作欧洲政治机构发展过程中的一个独特阶段。"等级制领邦"持续了 4 个世纪之久，这对西欧而言是独一无二的。我们无需关注这种分歧，值得关注的是如何认识这种发展。它表明了曾经作为封建主义特征的人与人之间相互依赖关系的终结，但并没有代之以平等的人与人之间的关系，后者才是自由主义的标记。相反，它制造出了二元论：即社团和王权之间，王国中的社团和政府之间存在着双重关系。①

2. 教会与世俗代表之间的联系

我们已经强调过，②教会和国家之间不是对立的关系，而是一种共生关系。其中一方的机构通常会与另一方交织在一起。代表大会的世俗联系源自封建性的地区首府集会，这同样来自于教会模式，特别是那些较新一点的宗教规则（西多会 1098 年成立，多明我派成立于 1206年）。

关于世俗联系，我们无需讨论太多，许多内容之前已经有所涉及。简单地说，我们所谈论的代表大会是基于更为狭隘的封建贵族聚会。他们是唯一重要的政治阶层，他们对需要决定的问题进行决策。当军事服务被薪酬制所取代后，不断上升的战争成本需要分摊到更多社会阶层，这些阶层就必须和贵族一道被召集起来，以赞同征收额外的苛

---

① G. Poggi，《现代国家的发展》中有力地推动了"等级制国家"的研究（Hutchinson，London，1978）；或可参见 A. R. Myers，《欧洲的议会和等级会议》（Thames & Hudson，London，1975）等。

② 参见原书，第 888—893 页。

税。最为显见的例子当然是城镇，无论是东欧还是西欧，我们都能发现作为议会组成部分的城镇。在英格兰，另一个具有政治重要性的部门开始出现，即"郡"或"县"，这和其他地方并不相同。[1030]它们曾经一度成为强大且集权化的君主制活动的焦点。所有自由民都可以参加"郡"的法庭，当然大量的工作——比如，税收评估和征税应该是一小撮骑士们的当务之急，首先是他们愿意并且能够在此类事情上花费时间和精力。在英格兰，这些人被称之为"布森"。"郡"的法庭包括了一批相互之间非常熟悉的人，他们长期合作，并将日常事务交给"布森"处理。对于缺钱的国王来说，他自然会邀请这个重要的新兴阶层参加会议。他们是由选举产生的，但是我们并不了解选举他们的程序。无论如何，国王及其同事会认为他们"代表"了整个郡内的社团。在英格兰，"郡"内的骑士们往往都是会议代表，这是一个重要的长期因素。

为了对整个过程进行归纳，我们不应考虑那些特殊的郡县。在 13 和 14 世纪，为国王提供咨询、支持和许可的阶层范围从军事贵族的圈子扩大到了新兴的政治阶层代表。

人们往往习惯于把会议代表权的扩大归结为自觉使用《罗马法》公式的结果，后者强调"个人的事情应当自己做主"。这一公式来自罗马私法，但是却被教会法规所吸收，并被应用在了新的宗教规范当中。一些观察家追溯了这些规则中的代表模式与国家等级模式的对应性，发现前者是后者的一种自发模式。①然而，更为可能的解释是短期因素和长期因素互相影响，并非其中的一个代表制原则是另一个代表制原则的仿制品。②可以确定的是，代表制制度中的要素在教堂中具有更为狭隘和更为自觉的定义，特别是西多会和多明我会中的代表制规则比我们发现的其他早期世俗会议更为明显。选举的概念与教堂等级制的起

---

① 有关英格兰可参见欧内斯特·巴克爵士《多明我会的秩序与集会》（OUP，Oxford，1913）；或参见乔治·德·拉加德"14—15 世纪法律科学中的代表理论"，第十届国际历史学大会（Louvain，1958）至于更为激烈的批评，可参见 A. Marongiu，《中世纪议会：一项比较研究》，第 33—41 页。

② 前引书《中世纪议会：一项比较研究》，第 41 页。

源是同步的：主教们由他们的圣会选举产生。值得一提的是，米兰的圣安伯罗斯(St. Ambrose)本是罗马帝国的一个世俗官员，在圣会的长期拥戴和压力之下被当选为主教。[1031]希尔德布兰改革之后，候选人开始被限制在辖区的教士之内，但通常是由教皇或君主提名。教皇自身作为罗马大主教，是根据宪章由罗马教区选举而来，正是世俗候选人的存在才使得意大利的大封建家族可以操纵选举过程。这也是为什么1060年普通人被排除在选举之外的原因。教皇根据宪章由选举产生，随后又通过严格的程序被选举为红衣主教，这一程序在1179年甚至要求三分之二多数才可通过。这表明早在英格兰骑士被选入"郡"内的法庭之前，这种选举体系就已经形成了。

但是，代表制原则中最为引人注目的两个并行不悖的原则(此事的先例)却存在于西多会和多明我会的两大特征之中。也就是说，代表制制度从起点到高潮，在实现决策前有一系列标准。比如，多明我教会是这样被组织起来的：每一个修道院的修女们选举她们自己的代表；每一个地方分会都包含了一名修道院代表，外加两名分别来自社团的修道士，分会再选举出更高一级的代表；高级代表加上两名来自每一个省级分会的修道士，共同组成了大议会。这一做法在1220年颁布，它只是1109年由修道院长圣史蒂芬·哈定(St Stephen Harding)引入的西多会规则的修订版。

由于这类组织的整个内部结构建立在选举和商议基础之上，其成员必须制定专门规则，以便确定谁是选举人，什么样的投票才是决定性的。看上去最为常见的办法——"多数决定原则"似乎被长期以来的教会信仰复杂化了。根据教会的信仰，决定性的声音将会是成熟与合理的一方，也就是声音更大、更为明智的一方，所有竞争性选举都必须在教堂做出决定之前进行，通过相对多数的声音，较大的一派就会成为事实上较为明智的一方。①然后就会出现四种可能的解决途径：其中之一是"仲裁协议"，但它和我们今天的做法有所不同。只有当所有成员都

---

① 英诺森四世(1245—1254年)；L. Moulin，"宗教秩序中的决策"，《统治与反对》，I：I(1965)，第38页。

同意这一方法时，他们才会指定一些成员作为"仲裁者"进行决策，当然人数必须是奇数。其他三种方法是不言自明的。莫琳[1]在表3.8.1清楚地显示了在每一个案例中，教堂的选举制实践是如何走在了世俗制度的前面。

表 3.8.1　选举决策规则首次引入的时间

方　　法	宗教机构	民事机构
绝对多数	251 年	1143 年
三分之二多数	951 年	968 年
秘密表决	1159 年	1217 年
折中/和解	1049 年	1229 年

代表大会的出现和最终成型源自两种发展的结合。[1032]至于代表大会在何时开始变成对社团具有审议和决策的"议会"这一点并不重要，它的所有起源都是模糊不清的。会议的规律性符合了一项标准，即固定的形式；代表模式则满足了另一项标准；它作为政府与社团之间的中间人，长期介入统治架构这一点满足了第三个标准。当这些代表大会变得具有角色自觉性的时候，它又满足了第四项标准：其成员根据法律所界定的一致性行事，接受他们在政治上的责任。首先，它们作为一个整体"体现"着整个社团，也就是说它们"代表"了整个社团。这样的代表大会或议会与之前的临时性区首府集会有着本质差别。它是一个全新的机构，是一个吸收了代表、协作和准许等要素的新机构。

3. "代表"的含义

并非所有的政治学家都完全同意"代表"（representation）一词的含义。我打算选择最为典型的观点，并探寻适合中世纪议会的"代表"

---

[1]　参见 L. Moulin，"宗教秩序中的决策"，《统治与反对》，I；I(1965)，第 41 页。

定义。中世纪之后,这一词汇的含义就开始持续传播,一直到今天。①

一种观点认为,"代表"就是那些获得授权后为别人做事的人,他要为自己的行为负责。这种观点的一个可能性推论是:任何为别人承担此类功能的人都是他们的代表。照此说法,军事独裁者就是其国家的代表;同理,中国皇帝也就是中国民众的代表。很明显,这一观点中的"代表"并不要求选举代表,任何代表某一集团行施此类功能的人都是该集团的代表。[1033]在这个意义上,中世纪的议会都具有"代表性"。但这种意义实在是微不足道。

另一学派要求"代表"必须向他所代表的集团回答自己的所作所为,这就是"问责学派"。我们应当看到,在一些中世纪的会议代表中确实存在这种情况,但另一些会议代表就并非如此。答案就在于他们是否被当作了其选民严格授权的代表。我们应当回到它们之间的重要差别上来。

"授权"学派和"问责"学派都可以被当作是"形式主义"学派。他们将定义聚焦在"代表"是否在授权"之后"行动,或问责"之前"他是否行动。但都没有告诉我们"代表"是什么样子。这里我们转入皮特金所谓的"描述性"学派。该学派并不关注"代表"是为别人行事的个人或集团,或是在多大程度上代表了他们。这一概念所隐含的是代表和被代表者的相似性。在某些方面——在当代被认为是唯一重要的东西——代表和被代表者是一致的,或至少是相似的。在某种程度上,作为代表的那个人或集团被当作了整个相关社团的替代者。在今天,这一观点已经与民主选举的概念有关,并通过这种办法实现了同形同构(iso-morphism)。在共和制城邦之外,这种观点在中世纪并未被广泛接受。相反,由于对议会特征和角色的刻意理论化倾向,这些议会机构被当成了一个国家全体民众聚会的替代品,因为现实中的全体聚会是不可能的。绝对没有在代表大会和整个社团(这有别于城市共和中关于公民权的政治理论)之间进行精确对应的需求,也不存在每一个个体都必须

---

① 后面我们主要依赖汉娜·皮特金在《代表的概念》一书中的精妙分析(University of California Press, Berkeley and Los Angeles, 1967)。

参与政策的框定和执行的需求。简言之，它根本不是民主的原则。但是，议会或代表大会是某一地区社团缩影的说法，是我们在中世纪议会问题上遇到的最强有力的论点。①此外，还存在着对于中世纪议会的其他假设，比如认为"议会"是一个符号和象征，这和我们之前所说的有点类似，在这里社团已经被人格化了。

此类观点的缺陷在于他们把"代表"当成了某种镜像，[1034]没有任何关于"代表"在某种程度上作为"代理机构"的概念。也就是说，"代表们"这样行事是为了照顾被代表着的利益。但是，一旦议会认识到他们所拥有的制止或修改税收许可的权力，其成员就会将社团的呼吁和牢骚传递给国王，以便进行政策矫正。这是一个迟到的进展，直到 14 世纪晚期才在英格兰出现。此时的议会在很大程度上是一个代理机构；他们作为代理人为社团服务，或者是代替他人行事。当然，他们在很大程度上也是替代品，是较大社团的代表或代理人。同样，他们也可以被当作地方社团的大使。所有这些概念都反映了有关这些代表大会角色和特征的当代思想。

这些隐含的意义体现在词源学和"代表"一词变化无常的用法当中。在古典拉丁语中，"代表"（repraesentare）一词意味着使"出席"，或是让"没有生命的物体显现"，从未用以指代人民。在 13 和 14 世纪，教皇和红衣主教被基督教文献描述成基督及其使徒们的代表；这并不是说他们就是基督的"代表"或"代理人"，而是说他们体现并象征着基督与十二使徒。由此开始将这一动词用于集体：社区并非一个"自然人"，而是指一个人格，进而才可能谈到人格化的代表。这是一个公认的虚构，并非通过真正的人而是其代表，或是拉丁语中的"不能出席的人的代表"。②因此，从 13 世纪末期开始，法学家们开始用这个词来指代那些为社区行事的律师和地方长官。尽管这一概念最初没有被很快传播开来，但是其含义在 14 世纪时已经广为流传。

在英语中，"代表"一词的概念和拉丁语一样，在 14 到 17 世纪也

---

① 更多关于意大利和西班牙的例子，可参见 A. Marongiu，《中世纪议会：一项比较研究》，第 223—226 页。

② Pitkin，《代表的概念》，第 242 页。

有一个逐步扩大的过程。"代表"（represent）一词出现在 14 世纪，当时它并没有代表某人出席的意思，也没有其他象征意义。在 15 世纪时，它开始有了其他含义，即"描绘或勾画"，甚至是生产戏剧。"代表"一词在此处传达了一种关于形象的观念：即和某物的相似性。也正是在 15 世纪，"代表"一词的当代政治用法开始出现。《牛津英语词典》将 1509 年作为其含义形成之始：为了一些目的取代某人的位置或替某人做事；在某些方面作为个人或机构的备用替代品；根据代表的权利为别人行事。但是，直到 1595 年还未发现关于该词汇的实际案例，特别是被用以指代"作为某人的授权代理人或代表为其行事"这一点。①

[1035]这些词源学上的追溯和变化不定的用法并未解决"代表"含义中的差别，但这些不同对于我们理解西欧议会中的各种差别至关重要。其中之一就是这里的"代表"是否包含了我们今天所说的一定要由选举产生。一些代表大会中的成员是由提名而非选举形成的。我们还应当寻找其他的例子，这里只要点出 1231 年代表大会发给郡法院的英文传讯令就可以了。这封传讯令告诉约克郡的法官，要求召集城镇长官和来自各个城镇的 4 名负责人，以及来自每个自治镇的 12 名官员。②"在早期，国王和贵族偶尔会指定某人代表他们所在的郡发言，候选人也不必看上去像是代表，除非冲突早已造成了不信任，或者被选举资格出现了两极分化。"③

另一个问题是"议会"成员是否是全权代表，或是有限代理的代表。在整个欧洲，这方面的实际情况千差万别。④如果我们对其进行自我界定的话，它们当中的一个重要区分就在于：究竟是整个国家的代表，还是历史悠久的行省，乃至私人城镇的代表。国王们发现，代表整个国家

---

① Pitkin，《代表的概念》，第 243—248 页。

② P. Spufford，《英国议会的起源：阅读材料》，第 34 页；A. Marongiu，《中世纪议会：一项比较研究》，第 52 页。

③ Reynolds，《王国与社团》，第 310、318 页。

④ A. Marongiu，《中世纪议会：一项比较研究》，第 228—232 页，该书提供了很多例子；P. Spufford，《英国议会的起源：阅读材料》，第 10 页；A. R. Myers，《欧洲的议会和等级会议》，第 36—46 页。

非常困难。英国议会被当作是代表整个国家的主要案例。值得一提的是，在 16 世纪前英国国王们并未坚持代表威尔士、柴郡，或达勒姆，在英国议会中代表爱尔兰或法国领地甚至是连想都不敢想的事情。这种遗漏反映了当时距离遥远、交通分散和强烈的排外主义情形。这些因素也是法国三级会议没有效率的一个重要原因。这些原因还解释了为什么许多代表大会实行有限的代理，而不同于英国议会中的全权委托代理（这是非常例外的情形）。[①]

同样，代议制的结构也千差万别。英国议会的两院制也是一种例外。更为常见的是三级代表会议，它们或是一起召开，或是单独召开。但是在有的案例中，代表等级的数量从四个到更多（比如瑞典）不等；[1036]在波兰，城镇通常被排除在外，整个机构中最终只剩下了贵族。

代表大会的权力与君主相比也是千差万别，而且随着时间不断起伏。一般而言，君主愈是弱小（或者因为其资格存在缺陷，或是因为他非常需要钱，等等），代表大会的权力就会愈加强大。这就是波兰的"色姆"和德国州议会的情形；在兰开斯特王室之前，英格兰的情况则与之相反。同样，城镇愈是虚弱，贵族们也就会愈加强大，波兰就是如此；阿拉贡的情形则与之相反，它的城镇比贵族们更为强大。

4. 代议制的特征

在一些主要领域，这些代议制很少有相似之处。其中包括地域管辖权、会议结构、有限或无限的代理权；税收权、立法权、咨政权、司法权。通过对大约十个代表大会中上述问题的逐个分析，我们就能得出关于整个代议制的总体印象。

4.1 地域管辖权

在雷翁—卡斯提尔，代表大会代表了整个王国。它的邻国阿拉

① A. R. Myers，《欧洲的议会和等级会议》，第 147—148 页。

贡则恰恰相反,阿拉贡有三个代表大会,分别代表了阿拉贡、卡塔鲁尼亚①和瓦伦西亚。法国(我们将会在后面详述)有一个代表瓦隆语(d'Öil)的等级和一个代表奥克语②的等级。此外,法国还有一个代表人数更多的省议会,它注定要比三级会议更重要,也更为持久。在神圣罗马帝国,确实存在过一个虚弱且短暂的帝国会议,但是具有实效性的代表机构是大公国中的代表大会和州议会。英格兰的议会以代表整个王国共同体而闻名,我们将会在后面谈到。代表大会的名单上,两位相对的迟到者是瑞典的"瑞克斯达格"和波兰的"色姆"。前者从 1435 年开始就代表了整个国家。在波兰,"色姆"也代表了整个国家,但其职能与一批地方性"色姆"相重合。

4.2 结构

雷翁—卡斯提尔的代表大会包括了三个等级:教士、贵族和市民。卡塔鲁尼亚和瓦伦西亚也同样分为三个等级,然而阿拉贡并非如此。[1037]在阿拉贡,贵族被分为"贵族"与"绅士"两个阶层,因此它的代表大会包含了四个等级。在法国的等级制中,无论是省级会议还是全国性会议,都包含了三个等级。许多德国的州议会也是如此,但是在一些情况下,比如在弗里斯兰,农民也参加会议。英格兰的两院制,即贵族院和平民院的划分非常特殊。在瑞典,"瑞克斯达格"包含了四个等级,其中农民是第四个等级,在一段时期内矿工甚至也作为第五等级参加了会议。波兰的"色姆"长期以来由三个等级组成:即教士、贵族和极少数市民,但是波兰的地方性议会全部由贵族组成。关于波兰中央"色姆"演进成一个只包含贵族的议会机构的情况,我们将在下文论述。

4.3 有限或无限的代理

在伊比利亚代表大会中,其常见形式是议员们往往有着明确而有限的代理责任。在法国三级会议中,第三等级代表也是如此。在德国

---

① 〔译注〕即"Catalonia",又译"加泰罗尼亚"。

② 〔译注〕即"d'oc",又译"奥克西唐语"或"欧西坦语",是印欧语系罗曼语族的一支。

州议会中，市民的影响力及其代理人的特征差别很大，东北部的市民影响力比较弱小，西南部的市民影响力则比较强大。在英格兰，议员们获得了所代表社区的完全授权。

4.4　权力

4.4.1　特别税收

前已提及，所有代表大会（其中一个除外）都获得了控制额外征税的权力，而这无疑又是他们获取其他权力的一个来源。然而，法国三级会议是一个例外。它们最初控制税收的努力（在公元 1355—1358 年的埃蒂安马塞尔统治时期）是非常短暂的，国王在 15 世纪后半叶试图建立财政专制主义，以调节省级议会和市民之间就具体征税数额进行谈判的需求。波兰是一个例外，它的"色姆"成功地维持了批准征税和供养军队方面的权力；德国的某些州议会也能够对供养军队的最高数额进行限定。

4.4.2　请愿与立法

任何获得了财政控制权的代表大会都能在向国王请愿方面取得一些成功。在有的案例中，比如在波兰和英格兰，代表大会就成功地阻止了国王在未经其批准情况下进行立法的企图。这方面的一个很大例外是法国三级会议，它失去了曾在 15 世纪一度拥有过的权力。

4.4.3　参政权

[1038]对于危急中的国王而言，法国三级会议曾频频被用以唤起民众的支持和忠诚。但是到 15 世纪末，它却在和平、战争与行政事务方面成了国王的附庸，这是连伊比利亚代表大会也从未有过的事情。在德国，州议会获得了批准王朝更替的重要权力，这在当时非常频繁。在波兰，"色姆"在事实上选举了国王，瑞典的"瑞克斯达格"曾在 1523 年选举瓦萨（Vasa）①为国王。英格兰议会参与了 14 世纪的两次废黜

---

① ［译注］瑞典国王"古斯塔夫·瓦萨"，在位时间为公元 1523—1560 年，是瑞典瓦萨王朝的建立者。

在位君主活动,事实上兰开斯特王朝通过一个议会头衔维系了王位。这一时期的议会相对于国王而言更有实权,所以能够对国王施加超常的影响力。

4.4.4 司法权

有的代表大会是当地最高法院,有的代表大会并没有司法权。英国议会就是最高法院,它自 14 世纪早期以来就成功地保持了这一地位。法国则相反,无论是全国性议会,还是省级议会,代表们都没有司法权。司法权是专门法庭——最高法院的事务。雷翁—卡斯提尔的代表大会没有司法权,但是阿拉贡的代表大会则不同。波兰的"色姆"也同样作为最高法院行事。

4.5 某些特有的力量或弱点

在所有案例中,这些代表大会相对于国王的权力来说都呈现出不断波动的特征,此盛则彼衰,但是从长期来看还是可以发现某种发展趋势。雷翁—卡斯提尔的"科特斯"一开始占有支配地位,后来逐渐变得衰弱。它从未在矫正社会不公的基础上批准征税,它的强大城镇后来四分五裂,并互相对立,成员数量开始下降,代表大会完全是在王室的压力下召开的。法国三级会议也同样走向了衰落。它在王室的压力下不定期召开,并且从未长久地获得一些重要权力。由于王朝频繁更替和国王们的长期贫困,德国州议会的权力稍大一些。在所有代表大会当中,波兰的"色姆"是最为强大的一个,它在 17 世纪时将国王的权力削弱到了无足轻重的地位。[1039]法国、英国和波兰的案例可以说明一些问题。

5. 三种代议制的比较(英格兰、法国和波兰)

5.1 英格兰议会

在议会出现之前,英格兰的政治进程中就包含了以国王和顾问们为一方,以贵族反对派为另一方的密集对话,这一特征一直被保持了下来。然而，"外圈"无论是否包括贵族，或是后来较为卑微的臣民，都并不寻求削弱君主的权力，而是试图控制国王。英格兰议会期待的是一个在它控制之下的强大的中央集权政府，在 1485 年都铎王朝之前，这也是其总体发展趋势所在。从大约 13 世纪中叶开始，国王与其臣民之间的对话开始被称为"议会"。

前已提及，这些臣民包括了从王国中的贵族到地位较为卑微的群体。第一个有据可考的议会是 1265 年的蒙德福特议会，议员和郡中的骑士们被召集在一起开会。直到 1295 年，这个所谓的"模范议会"才开始成为标准的做法。但是在此后数十年当中，国王和男爵、商人等专业集团之间的对话和会议仍旧进行。不过，这些做法在 13 世纪中叶逐渐消失，只有议会制度被保存了下来。

这一代表制机构——"议会中的国王"1322 年作为王国中的最高立法和司法机构而成立。它是议会的上院。早在 1310 年，"王室法令制定委员会"（Lords Ordainers）——表明其贵族地位的头衔——就确认了它们在议会中的改革措施（男爵们同意王室的任命、宣战和国王离境）。当 1322 年国王打败其贵族对手时，这些法令又被撤销。国王不贞的妻子及其情人将国王搞垮后，二人又需要求助于议会废除爱德华二世，以便支持其儿子即位。由此，威斯敏斯特议会确立了一个先例，即它可以参与处理王位继承问题。查理二世（Richard II, 1377—1399 年）急风暴雨般的统治与 1307—1327 年发生的事情几乎同步进行。反对国王个人请求的贵族们（被称为"上诉委员会"）在 1388 年谴责并弹劾了 5 位王党成员。[1040]大约 10 年之后，在一个由国王追随者组成的议会中，查理二世对三位"上诉委员会"成员执行了死刑。但是，第二年兰开斯特大公爵及其贵族政党逮捕并废除了查理二世（他随后很快在监狱中被谋杀）。罢黜君主的行动不可能在议会中进行，因为这在宪法上是不可能的，而且议会是国王的私人圈子，也不大可能通过议会对他进行审判。议会所能做的就是批准罢黜君主，授予亨利四世以国王权力，并在后来承认其后嗣继承王位的权利。简言之，议会通过庄严的权威，使王朝更迭和王位继承合法化。在所有这些事件中，贵族们都从中进行了操纵。由于议会并未成为王国内的最高法律权威，贵族们也无需为此感到困扰。

我们无从知道,在 1307 年的议会上,各种议员们是如何在一起开展工作的。议会被分成了独特的两院。除了高级教士外,教士因素已经消失。高级教士作为男爵继续参加会议,也就是说议会中同时存在着神职贵族(lord spiritual)和世俗贵族(lord temporal)。所有这些人都根据私人委任状被召集而来。在 1307 年,还不存在关于哪些国王直属封臣可以接受委任状的固定规则,但是接下来的半个世纪中,只有一些特定的家族才可以接受它们。到 14 世纪中期,神职贵族和世俗贵族达到了固定的 50 名,并且可以同起同坐。

问题就在于,作为贵族的骑士们是否也可以与之同起同坐。事实上,他们并不能如此。早在 1325 年,骑士与议员们曾经共同请愿,但这只是意味着合作,而非共同参加会议。在 1366 年的会议花名册中,我们发现高级教士与贵族们被指定在白厅开会,而骑士与议员们作为平民被指定在漆绘厅开会。当 1377 年平民们选举出代言人的时候,可以认为贵族院和平民院的分野已经完成。

这一机构的权力非常宽泛——对民事和犯罪案件进行最高裁决、讨论国家大事、授权征税、听取请愿书与请愿过程,并且往往以新立法的形式矫枉过正。最高政策事务往往由贵族院决定,平民院从来不敢,也不曾打算干涉此类事务。司法权大多数情况下也由贵族院行使,作为弹劾机构,它也因此而具有了最高政治意义。在 14 世纪末,这类弹劾已经成为惩罚那些不受欢迎的部长们的主要方法,同样也是控制其继任者的主要途径。[1041]在 14 到 15 世纪,平民院在反对国王变化无常的压力和维护自身特权方面都取得了极大进展,特别是在批准征税及相关事务方面扮演了重要角色。但是在这一时期内,凡涉及国家大事、王朝更替、战争与和平事务,以及奖惩官员的关键时刻,它一直被大贵族们当成了顺从的工具。

不过,在税收事务上,贵族院同意由平民院来执行,并在颁发的许可中勉强同意了这一做法。没有人确切知道其动机所在,但是可以猜想,贵族院或许认为通过平民院可以比通过他们自身收益更多。无论如何,到 14 世纪末所有的征税都需要议会许可,包括进口羊毛的关税、吨位费和手续费等直接或间接税收。平民院还能够不时地为了特定目的而挪用资金，同样它还试图对审计问题负责。到 15 世纪，由于王室领地租费下降，封建例费缩水，国王如果不能说服骑士和议员们同意征税，就会无钱可用。有鉴于此，平民院就会阻挠国王要钱的请求，并在会议期间对国王施加压力，迫使其同意请愿书中所陈述的内容。通过这种办法，平民院开始参与立法事务。直到 15 世纪早期，立法权并未被议会所专有。国王诏令与法令也并无明确区分，二者可以通过在国王和有影响力的权势集团之间的转换来制订。随着时间推移，回应民众吁请的法令也就越来越多，到 1351 年，国王的诏令只有经过议会明确承认后才可获得永久性效力。

15 世纪开启了兰开斯特王室的统治，由于王室对议会头衔的借重，亨利四世和亨利五世定期召集议会。平民院在这一时期处于明显主导地位，加上它在反对国王逮捕、恫吓和骚扰等方面所获得的特权，使许多历史学家认为这是议会统治史上的黄金时代。事实上，我们将其描述为一个"早产的立宪主义"或许会更好一些，因为贵族们仍然专权于最高政策。在亨利六世统治时期，兰开斯特人和约克党人之间竞争王位，因此议会的中断期也就比较长一些。当约克党人爱德华四世加冕之后，他只召开过 7 次议会会议。[1042]理查三世召开了一次会议，亨利七世也只召开过 7 次会议。进入都铎王朝时代后，不只是英国，整个欧洲（可能只有波兰和德国的一些州除外）以代表大会为代价的王权被大大加强。

5.2　法国三级会议

前已提及，13 世纪的路易九世就曾召集过某种形式的代表大会，但这些都是临时性机构，其中国王及其朝臣们为一方，有关机构为另一方。然而，"美男子菲利普"①有时候会召集整个瓦隆语代表，这被认为是法国最早的等级会议。这些会议通常包括三个等级的代表：教士为第一等级；贵族为第二等级；其余为第三等级，这一政治等级

①　［译注］即"Philip the Fair"，公元 1285—1314 年在位，又称"腓力四世"。

涵盖了王室官员和市民代表。这也是欧洲最为常见的代议制模式。其中一次会议在 1302 年召开，另一次在 1307 年召开。这确实是一个伟大的时刻，会议目的并不是为了讨论征税许可问题（到当时为止，这一问题只是在国王和有关社团之间进行双边安排），而是为了展示在国王的政策中，他代表了整个法国。第一次会议主要是为了确保国王在反对教皇卜尼法斯八世的斗争中有足够的民众支持；1307—1308 年的第二次会议再次取得了成功，其目的主要是为了支持国王摧毁圣殿骑士的怪异做法。1314 年召集的第三次会议，主要是为了确保巨大的财政授权。重要的是，在贵族与第三等级之间出现了不和谐。从这一时期到 15 世纪中期不定期召开的为数不多的三级会议中，与会代表们试图对税收施加控制，至少是对租税（taille）这一直接税收施加控制。在反击英国入侵者的过程中，查理七世感到需要获得征税的授权。1440 年他镇压了一次贵族起义，即"布拉格暴动"，起义者提出了"废除王室租税"的口号。1442 年，当贵族等级抗议国王征税要求时，国王回复说他拥有征收租税的合法权利。从 1451 年开始，国王在未进一步征求等级代表意见的情况下，开始有系统地收取税收和相关物资。1484 年，当查理八世登基之时，他发现通过展现民众的支持，定期召开会议对于巩固其统治是有利的。这等于再度确认了未经议会同意，不能进行征税的原则。[1043]但是这些主张很快就被忽视了，君主制在财政上又开始变得专制起来。在 1615 年之前，只召开过两到三次三级会议，此后直到 1789 年再也没有召开过三级会议。

无论我们是否有意，在与英格兰议会相比较的过程中，有关法国出现此类现象原因的讨论非常令人困惑。法国"三级会议"（如果在确凿无疑的 1484 年三级会议之前，使用这一词汇也是正确的话）拥有自己的起源，在其相对较短且不规则的历程中，它是一个与英国议会不同的类型。它比英格兰议会更为频繁，它的大会议都是为了解决一些重大问题而召集起来的国家委员会，目的是为了给国王提供道义支持，并帮助其进行宣传。尽管英国议会早在 1322 年就成了土国中至高无上的法庭，法国等级会议从来没有获得这一功能。法国的最高法院自始至终都是一个完全不同的机构，这种做法在 1345 年被制度化。而且，法国三级会议的构成也是不规则的，在 1848 年会议之前，其成员从未达到过 60 名。议员未得到授权参加会议的情况也很常见，他们只是前来听取会议信息，然后回去汇报。完整意义上的"代表"概念，即授权某人以全权代表的权力来代替缺席者——在法国是不受欢迎的。此外，举行三级会议时，三个等级的代表也不必一起出席：最为显著的例子是在 1335—1339 年革命会议期间（随后与英格兰发生了灾难性的战争），贵族等级与教士等级均未出席。

而且，三级会议作为批准征收资金的会议（很多情况下如此），它既不是唯一的此类机构，也不是最为权威和最为重要的机构。相反，省级议会，甚至更为地方性的议会一起成为最终同意或拒绝征收和分配税收的机构，并对征税工作进行监督。当三级会议授权征税之后，它们也仍然如此。三级会议只是预先性的、原则性的进行授权，地方性会议则同意并协助征税工作。

最后，在大的三级会议中，瓦隆语和奥克语的代表是间歇性的。只是在 1335—1338 年的革命时期，他们才建立了对君主制的控制；这一时期的过度控制又使人们对这种努力失去了信任，以致后来查理五世毫不费力地取消了这些措施。然而正是在这一时期——既非之前也非之后——三级会议成为"一个被明确认可的机构，一个具有被公共法律所接受的审议权的机构"。[1][1044]事实上，法国三级会议作为一种机构的历史甚至连个历史插曲都算不上。[2]

有人会问，为什么法国三级会议具有与英格兰议会截然不同的特征？答案就在于：法兰西王国是通过不断增加的等级贵族阶层，以及差别各异的省份短期快速聚合在一起而建立的。关于后者，我们必须要指出，当时法兰西是欧洲最大的王国，而英格兰只是其中的一个小国。但是，并非因为距离和语言多样性的限制才让人们如此不情愿地参加三级会议，而在于法兰西强烈的"特殊神宠论"。这并非由于它的规模，

---

① A. Marongiu，《中世纪议会：一项比较研究》，第 100 页。

② 同上，第 103 页。

而是源于国王对于一个被地理、种族和语言等障碍所分隔的王国的"不稳定权威"。"地区性的经济、法律、习惯、政治与情感,使当地统治者能够长期有效地独立于国王之外。"①

正如王国被"垂直"分开一样,它还存在着"水平上"的分层。到 15世纪末,法国贵族已经被免除了最为繁杂的税收,如此一来他们就难以像英国那样,具有抵制国王征税的强烈动机。至于第三等级则完全被贵族们的权力和地位所庇护,他们此时已经凝固成像一个堡垒一样的合法等级,即便是最为富裕的中产阶级也难以逾越。无论如何,第三等级本身也只是一个由富裕中产阶层和王室官员组成的小集团,并没有被社会认可成为一个广泛的社会群体"代表"。

1439 年等级会议是查理七世最后一次通过议会要求获得同意征税的许可。此后,他开始依赖自己的权威进行征税。贵族等级的确进行了抗议,但另外两个等级的代表并没有进行抗议。南部的奥克语代表继续被召集起来,但只是在一个相对较小的区域内,看上去完全是一个地方性会议的形式。在大的采邑内,国王继续召集自己的等级代表,因为后者也和国王一样,为了自己的目的需要礼物、税收以及其他物资。当这些采邑落入国王之手后——大多数是在路易十一世统治时期——国王为了减少转型障碍,允许他们保留自己的代表。[1045]通过这种办法,多菲纳、勃艮第、阿图瓦、普罗旺斯和后来的布列塔尼开始成为可以和国王的代表协商征税问题的地区;而在瓦隆语地区,税收由国王自己的官员直接征收。

5.3　波兰的"色姆"

与英国和法国相比,波兰的"色姆"形式最为引人注目。在英格兰,议会系统逐步稳定地成为中央政府和代表大会之间的一个对话渠道和平衡点。在法国,君主吞并了三级会议。但是在波兰,情况则相反,"色姆"吞并了君主制。

尽管咨政在波兰有着长期历史,作为其核心代表的"色姆"在 1493

---

① 　P. S. Lewis,《15 世纪法兰西的复兴》(Macmillan, London, 1971),第 302—303 页。

年之前并未出现。了解它的一些基本特征将有助于我们理解这一点。首先是地理因素：波兰大多是一马平川的平原，四面都暴露在令人生畏且好斗的邻国面前，广袤的土地，零散的交通，以及相对虚弱和落后的城市。11世纪早期的波兰诸王国是由部落分支和地区性忠诚组成的拼盘，并由当地贵族来统治，因此其咨政和代表制的出现建立在强烈的"特殊神宠论"基础之上。由于王室继承者之间的王国划分，采邑主教的出现（像德国一样），以及后来远西部城镇寻求自治的努力使得"特殊神宠论"在早期不断加重。由于这些新发展势头的威胁，贵族们开始转而求助于较为次要的绅士和小地主们的支持。到14世纪，他们开始拥抱所有的贵族，无论大小，包括大贵族"施拉赤塔"（szlachta）。波兰此后历史的一个核心特征就是在贵族阶层中，无论卑微与否，每个成员在法律上都具有平等性，构成波兰历史的事实实际上也是关于波兰贵族的传记。

波兰在12到13世纪引入了骑士制度，但其目的只是为了加强国王和贵族之间的关系。因此波兰对封建主义一无所知，它的"色姆"并非来自能够实践并发展代表制的封建传统。当弗拉迪斯拉夫一世和卡西米尔大帝自1320年以来重新统一各省的时候，王国内的政治组织仍然是原始的。前期的巴拉丁职位（Palatinate）保持了各个省份的认同。每一个省份都在统治者"斯塔罗斯塔"（starosta）手中，在随后的470年中，这一职位是最为重要的行政机构分支。其职务通常由本地统治者占有，每一个省份都相继被划分成不同的城主辖区。国王通过枢密院的建议和支持进行统治。[1046]国王还可以选择有影响力的贵族，后者大多数是各省统治者、主教和城堡主。忠诚是一个个人问题。当骑士制度被引入波兰的时候，国王权力确实得到了加强。但是这些贵族具有强烈的反叛性，1325—1326年第一次著名的贵族结盟之后，注定了这些贵族们将会成为国王的经常性挑战。

  "色姆"权力的发展可以分为三个阶段：首先是贵族们进行聚会以限制国王；第二个阶段是贵族们结成伙伴，以应对王权；第三个阶段是贵族们开始控制王权。

第一个阶段始于 1370 年卡西米尔大帝的死亡。卡西米尔大帝驾崩之后，他的女婿——匈牙利国王安茹路易（Louis of Anjou）继承了王位，但后者没有男嗣。因此，根据之前的承诺，王位应由其女儿继承，路易准许了大贵族的《克斯西协定》（*Pact of Koszyci*）。这就确认了后者的特权，将他们的税收限制在每海德土地 2 个格罗先①的水平上，并规定了他们的职责。这是一个有限的君主制，国王能够并且根据自己的初衷行事，但他的行为不能超出协定所授予的自由。

第二个阶段始于路易之死，此时大贵族们开始成为王位的共同参与者。路易留下了两个女儿，大权贵们试图将妹妹雅德维加取代下嫁匈牙利的姐姐玛丽亚作为他们的王后。这暗含了波兰的君主制是选举性的，虽然是在同一个王室家族之内。雅德维加王后的即位更为重要，因为她又嫁给了立陶宛的亚盖洛公爵（同样为异教徒），后者是波兰东部一个庞大、松散且粗糙的王国，从波罗的海一直延伸至乌克兰。其结果便是两块土地上的个人联合，从而使两人形成了极大的权力。

由此开始了大亚盖洛王朝。这一时期，大贵族们开始成为国王的伙伴。其中王位继承的不确定性被证明是君主制的第一个弱点，其次便是君主需要钱来发动战争。波兰进行战争努力的传统基础——总体性反叛已经过时了。就像所有欧洲继任者一样，国王现在需要付钱给士兵们。通过利用这两个弱点，大贵族们开始锁定了作为国王伙伴的角色。（作为波兰的弗拉迪斯拉夫五世）亚盖洛开始定期召开"色姆"和扩大委员会会议：邀请贵族出身的官员（高级教士、统治者和城堡主），其他贵族，教区代表，以及唯一的非贵族代表——市民参加会议。1404年，为了寻求额外的金钱，他委派委员会的成员和每一个地区的大贵族会面。这些机构慢慢地变成了定期的常设性机构——"色米基"（se-

---

① ［译注］"海德"（hide）为旧时英国的土地测量单位，大约相当于 60～120 英亩；"格罗先"（groschen）为旧时波兰的货币单位，100 个格罗先大约相当于 1 先令。

jmiki），即"小色姆"［1047］，或者像一些西方历史学家所说的"戴提尼斯"（Dietines）。1454 年的《克雷科怀斯宪章》（*Charter of Cerekwice*）重新确认了大贵族的特权，未经"色米基"许可，国王不能征收新税或征召兵役。此时的"色米基"完全由贵族们组成，并开始成为常设性机构。

1493 年，波兰出现了完全有组织的政治机构。这就是中央"色姆"，它包含了前王室委员会和由"色米基"代表选举而成的下院。中央"色姆"面对省级"色姆"和更为地方性的"色米基"工作。波兰有 37 个这样的机构，立陶宛有 12 个。它们的首要任务是选举，而不是像议会那样处理行政事务。在"色姆"大会召开之前，召集会议的目的主要是为了选举有偿代表，并严格根据议程（早已在他们中间流传）对他们进行训练。"色米基"代表参加省级"色姆"（六个人）聚会，并与"色姆"中的政策协调。一旦会议结束，这些代表就要返回并向"色米基"汇报，后者就会采取必要的行政措施，比如同意征税并安排征收工作。因此，国家"色姆"本身（事实上在 1569 年卢布林联盟之前存在着两个"色姆"，一个是波兰的，一个是立陶宛的）就包括了两院：上院，也即"参议院"，它是前枢密院的直接传承，由天主教高级教士、省级统治者、城堡主、王室马夫、司法官和司库组成。1520 年全部代表的总数是 87 名，1569 年卢布林联盟之后数量增加到 140 名。全部都是有钱有势的贵族。下院也包括了一些贵族，除了来自克拉考的贵族代表外，还有联盟后成为首都的维尔纳的代表，但是他们没有投票权。不过，我们并不能据此推断城镇是默默无闻的，因为国王在征税问题上要单独咨询他们。原则上，每 150000 名贵族中选出一个代表参加会议，其中许多贵族和他们的农民一样贫穷。事实上，由于时间和花费原因，一些人被排除在了选举体系之外。下院的规模逐步增加，从 1504 年的 45 名增加到了 1570 年的 158 名。

从这一时期开始，大贵族权力的增长从未停止。这个统治阶层一点也不小。据估计，它在人口当中的比例为 8％—12％，这一比例远高于英格兰和法国。在英格兰和法国，被当作是"贵族"的人口只有 2％—3％。事实上，他们像佛罗伦萨的积极市民一样形成了一个广泛的统治阶层,但是它比威尼斯的贵族阶层更为广泛。①

[1048]通过对立法权的排他性控制,大贵族们很快就扼制了城镇,并使农民成为农奴。对于城镇而言,到1600年它们在"色姆"中的代表已经消失,并且失去了自治地位。从1496年开始,市民被禁止获得土地,因此城镇之外所有的土地经营者都是贵族。

这些措施让大贵族们在16世纪获得了巨额财富,这些新财富也是辉煌的波兰文艺复兴的基础。这种剥夺也迫使很多土地所有者开始进入商业性农业,对于波兰的谷物和其他农产品而言,波兰西部存在着一个非常庞大的市场。此时,波兰已经成为欧洲第二大国,也是所有东欧国家中最为富裕的国家。波兰正在经历她的黄金时代。1505年,《尼赫尔·诺维法令》(*Nihil Novi*)确认了大贵族们的所有特权,并确立了新法律必须由"色姆"拟定的原则。1538年,西吉斯姆德一世承诺永不违背现行法律,也不再制订新的法律。当前学界的一个共识是:波兰的统治是由国王、参议院和下议院共同完成的,后来两个议会被贵族所专有。1569年卢布林联盟时期,在波兰和立陶宛基础上的确建立了一个单一国家——这就是正式的"波兰共和国"(Rzeczpospolita Polska)。值得一提的是,当时唯一现存的共和国就是威尼斯。不管当时人们如何看待,波兰贵族在反对国王过程中所取得的成就,与威尼斯贵族在反对总督过程中所取得的成就同样引人注目。

1572年,亚盖洛王朝灭亡,王位一度空缺。亚盖洛王朝的王位一直被认为是选举性的,尽管选举只是在王室之内进行。此时选举原则更进一步盛行:谁来继位? 选举谁? 如何选举? 对于"施拉赤塔们"而言,这些都是真实的,波兰由此跨入了"色姆"占据主导地位的第三个发展阶段。王位候选人来自许多王国。1573年大约40000名贵族聚集在一起,选举安茹的亨利作为他们的新国王。几个月后,这个可怜的家伙抛弃了他的王国,后来又成为法国的亨利三世国王。在此之前,他容许了大贵族们在《亨利王约》(*Henrician Articles*)中对行政权力的认定。这些条款确认工位是选举性的,所以每一次选举就像是大贵族们

① P. S. Lewis,《15世纪法兰西的复兴》,第983、1016页。

榨取让步的拍卖会。当然，国王被禁止解散其官员——也就是所有的贵族们。同样也没有授权国王扩充其只有 3000 人的小型军队。它必须每两年召集一次"色姆"会议，后者的赞同对于所有重大决策来说都至关重要。[1049]此后，再无本土的王朝统治过波兰。相反，波兰开始由来自整个欧洲的继任国王们来管理，尽管偶尔也会有来自波兰的国王统治。国王甚至不能依赖自己的领地来对抗更为强大的贵族们。许多贵族也拥有庞大领地，尤其是乌克兰的贵族，这些贵族们拥有和国王一样的领地，甚至维持了与国王卫队规模相当的私人军队。实际上，波兰王国变成了一个拥有王室傀儡的贵族共和。

从 17 世纪中期开始，波兰逐步走向衰落，同时又面临着俄罗斯人、瑞典人、普鲁士人和哥萨克人的蹂躏，在扎克雷又爆发了农民反对地主的起义。巨大的灾难使波兰三分之一的人口死于非命。然而在 1652 年，大贵族们进行了最后的政治自杀行为——自由否决。通过扩大所有贵族在法律上平等的概念，他们坚持"色姆"的每一个成员都必须赞同任何决定。换言之，一个贵族通过大声说出"我反对"，不仅能够在立法机构中否决议案，而且可以解散立法机构。此后这一点被频繁使用，自然而然地，一个卑鄙的小贵族就可以利用手中的权力公报私仇，使整个国家事务陷于瘫痪。贵族们并未小心谨慎地采取计划来中止这种做法，反而开始在绅士中间寻找代理人，因此整个国家很快就被三十个大的权贵家族所主导。同时，其他国家也开始认识到干涉波兰的国王选举，或改变其外交政策是何等容易。自此，议会否决权也可以进行交易。

毫无疑问，波兰无力抵御她的强大邻国：东面有俄罗斯、西面有普鲁士、南面是奥地利。1772 年，这些邻国协同将波兰这个无力防御的皇室共和国瓜分成三块，三个国家各得一份。最后的警报拉响了。"色姆"任命了三十六人委员会以便向国王提供建议，但是它在恢复中央行政权力上却毫无作为。1791 年，也就是在法国大革命两年之后，爱国者党和国王出于对未来被再度入侵的恐惧，共同说服"色姆"最终接受了世袭君主制，由君主来执掌行政权，同时放弃贵族特权，从而结束了"自由否决"。有趣的是，除了法国的贵族特权之外，英格兰和法国从一开始就不缺少上述这些权力。

6. 代议制原则的命运

我们有必要重述中世纪西欧的代议制原则,它绝非我们今天意义上的"代议制政治"的充分条件。今天的代议制与逻辑上非常独立的两个概念有关:一是由选举产生;二是执行者对代表大会负责。我们早已看到,中世纪的选举并非代议制的必要伴生物。波兰是一个例外,但它的行政机构从未向代表大会负责。相反,直到 18 世纪,盛行于大不列颠和法国的政治模式仍是由选举产生的代议制立法机构来平衡独立的行政管理部门。这一模式在美国 1787 年宪法中也有明确体现,总统与国会由不同的选民选举产生,非经弹劾,不能被解职。

在 17 世纪,欧洲许多更为重要的国家的议会与等级会议消失了,因此一些具有盎格鲁中心主义(Anglocentric)倾向的历史学家认为只有英国议会发扬了代议制统治的精神。但事实上,议会与等级会议在欧洲很多地方都被保留了下来,我们已经看到了波兰的情形,匈牙利和德国的许多州(特别是南部)也是如此,还有瑞典和英格兰。18 世纪和 19 世纪早期所发生的事情,只是代议制的一种总体复兴。但是,盎格鲁中心主义历史学家们的观点也道出了一些事实。因为欧洲代议制的近代复兴并非经过瑞典、巴伐利亚、威登堡或者波兰(首先不是通过波兰)实现的,而是经过英国来实现的,并且直接或间接地以英国代议制为模型。英国议会在 17 世纪挑战并击败了王权,并在 18 世纪确立了制衡权力的宪法。根据宪法,行政部门将受到选举产生的议会制约。它的选举体系开始变得具有高度非代表性,它可以被国王和大臣们腐蚀,这些事实都无关紧要。这种体系是寡头政治体系,但是绝不是一些人所说的完全没有代表性。

最初的民主化和大会代表性的强化主要来源于美国对英国宪法的移植,以及北美 13 个殖民地在同英王决裂时根据新形势对宪法的改编。直到大约 19 世纪中期,美国的参政权并未得到广泛普及,[1051]但是它的宪法结构从一开始就是选举性的。而且,国会采取了两院制。

尽管其上院不存在和英国贵族院相同的基础，但它实行了两院制，而非三个或四个议会。最后，即便它的行政系统不能被立法机构解职，也要对立法机构负有责任，并且要接受后者检查。它对英国宪法的这种改造具有很大特殊性，也并未注定会以一种腐败、扭曲的形式广泛地出口到拉美地区。

在世界其他地方，代议制统治的发展主要是通过英格兰在欧洲大陆蔓延，随后又通过欧洲向世界其他地方延伸。第一个似是而非的模仿是法国《1789 年宪法》，尽管该宪法拒绝了下院，但随后的大多数革命宪法却不再排斥这一点。第二波仿效主要发生在 1812 年拿破仑被打败之后，瑞典、荷兰、法国和西班牙采用了胜利的《英格兰宪法》。这种效仿通过意大利而传播至中欧和巴尔干地区，并进一步向更为遥远的地区传播，它由此而被当成了现代国家的标准。正是在这一点上，盎格鲁中心主义历史学家们把英格兰当作"议会之母"也道出了一个真相。但是，英国议会政治的成功发展，并非由于它和中世纪许多其他的"帕列门蒂"、"科特斯"、"瑞格斯达格"等相比所体现出来的技术和智慧。它特殊的形成与存活过程，以及它相对于行政部门的至高无上性，然后又因为历史事件而被出口到北美 13 个殖民地，所有这一切都并非命中注定。恰恰相反，代议制政治的产生及其普世化的基础源自一个概念——代表制原则，而这才是中世纪的西欧和天主教欧洲所专有的。

参 考 文 献

ACTON, J. E. E., Lord, 'The History of Freedom in Antiquity', in *Essays in the Liberal Interpretation of History*, with an introduction by W. H. McNeill (University of Chicago Press, Chicago, 1967), 243—70.

ADAMS, G. B., 'Feudalism', *Encyclopaedia Britannica* (11th edn., 1910), x. 297—302.

ARBERRY, A. J., *The Koran Interpreted* (Oxford University Press, Oxford, 1964).

ARDANT, G., *Histoire de l'impôt* (Fayard, Paris, 1971).

ASHTOR, E., *A Social and Economic History of the Near East in the Middle Ages* (Collins, London, 1976).

AYALON, D., *Studies on the Mamluks of Egypt* (1250—1517) (Variorum Reprints, London, 1975).

BACKHOUSE, E., and BLAND, J. O. P., *Annals Memoirs of the Court of Peking* (Heinemann, London, 1914).

BARBER, M., *The Trial of the Templars* (CUP, Cambridge, 1978).

BARKER, Sir E., *The Dominican Order and Convocation* (OUP, Oxford, 1913).

BARON, H., *The Crisis of the Italian Renaissance* (Princeton UP, Princeton, 1966).

BARRACLOUGH, G., *Factors in German History* (Blackwell, Oxford, 1946).

——(ed., trans., and Introduction), *Medieval Germany*, 911—1250: *Essays by German Historians*, 2 vols. (Blackwell, Oxford, 1948).

——*The Origins of Modern Germany* (Blackwell, 2nd revised edn., reprinted 1972, Oxford).

BAYNES, N. H., *The Byzantine Empire* (OUP, Oxford, 1925).

BECKER, P., 'The Florentine Territorial State and Civic Humanism in the Early Renaissance', in N. Rubinstein (ed.), *Florentine Studies* (Faber, London, 1968), 109—39.

BELLAH, R. N., *Sociologists at Work: Essays on the Craft of Social Research* (Basic Books, New York, 1964).

BENSON, R. L., 'Political *Renovatio*: Two Models from Roman Antiquity', in R. L. Benson and G. Constable (eds.), *Renaissance and Renewal in the Twelfth Century* (Clarendon Press, Oxford, 1977), 339—86.

BLOCH, M., *Feudal Society*, trans. L. Manyon, 2 vols. (Routledge & Kegan Paul, London, 1962; paperback edn., 1965).

BOISSEVAIN, J., 'Patronage in Sicily', *Man*, NS 1: 1 (Mar. 1966), 18—33.

——*Friends of Friends* (Blackwell, Oxford, 1974).

BONJOUR, E., OFFLER, H., and POTTER, G. R., *A Short History of Switzerland* (Clarendon Press, Oxford, 1952).

BOSWORTH, C. E., 'Recruitment, Muster and Review in Medieval Islamic Armies', in V. J. Parry and M. G. Yapp, *War, Technology, and Society in the Middle East Essays* (OUP, Oxford, 1975), 44—77.

BOUTRUCHE, R., *Seigneurie et féodalité*, 2 vols. (Auber, Paris, 1968—70).

BOUWSMA, W., *Venice and the Defence of Republican Liberty* (University of California Press, Berkeley and Los Angeles, 1968).

BRAUDEL, F., *Civilisation and Capitalism: Fifteenth—Eighteenth Century*, trans. of *Le Temps du Monde* (1979), by S. Reynolds (Collins, London, 1981—4).

BRÉHIER, L., *Les Institutions de l'empire byzantin* (Albin Michel, Paris, 1949).

BROWN, H., *Studies in the History of Venice*, 2 vols. (Murray, London, 1907).

BROWN, P., *Augustine and Hippocratus* (Fodor, London, 1967).

BRUCKER, G. A, *Florentine Politics and Society*, 1343—1378 (Princeton UP, Princeton, 1962).

BRYCE, J., *The Holy Roman Empire*, 4th edn. (Macmillan, London, 1889).

BULLIET, R. W., *Conversion to Islam in the Medieval Period* (Harvard UP, Cambridge, Mass., 1979).

BURKE, P., *Tradition and Innovation in Renaissance Italy* (Fontana, London, 1974).

——'City States', in J. A. Hall (ed.), *States in History* (Blackwell, Oxford, 1986), 137—53.

BURY, J. B. 'Roman Empire, Later', *Encyclopaedia Britannica* (11th edn.; 1910—11, vol. xxiii, p. 519).

BUTLER, W. F., *The Lombard Communes: A History of the Republics of North Italy* (Fisher Unwin, London, 1906), 229.

CAHEN, C., 'L'Évolution de l'iqta du IXe au XIIIe siéclé (first published in Annales 1953), 25—69; repr. in Les Peuples musulmanes. (Damascus, Syria, 1977), 232—69).

Cambridge History of Africa, eds. J. D. Fage and R. Oliver, 8 vols. (CUP, Cambridge, 1975—85); vol. 2 (500 BC—AD 1050), ed. J. D. Fage(1979); vol. 3 (1050—1600), ed. R. Oliver(1977).

Cambridge History of China, vol. 3, Pt. 1('Sui and T'ang China 509—906', ed. J. K. Fairbank & D. Twitchett (CUP, Cambridge, 1979).

Cambridge Medieval History, ed. J. M. Hussey (CUP, Cambridge, 1966).

CARLYLE, R. W., and A. J., The History of Medieval Political Theory in the West, 6 vols., 5th edn. (Blackwood, Edinburgh, 1971).

CHAMBERLIN, E. R., The World of the Italian Renaissance (Book Club Associates, London, 1982).

CHAN, A., The Glory and Fall of the Ming Dynasty (University of Oklahoma Press, 1982).

CH'IEN, M., HSUEH, C. -T., and TOTTEN, G. O., Traditional Government in Imperiai China(Chinese UP, Hong Kong; 1982).

CHOJNACKI, S., 'In Search of the Venetian Patriciate: Families and Factions in the Fourteenth Century', in J. R. Hale, Renaissance Venice (London, 1973), 47—90.

CIPOLLA, C. C., Fontana Economic History of Europe, vol. 1., The Middle Ages (Fontana, Glasgow, 1972).

COMNENA, A., The Alexiad, trans. E. R. A. Sewter (Penguin, Harmondsworth, 1969).

CONTAMINE, P., War in the Middle Ages, trans. M. Jones (Blackwell, Oxford, 1984).

COULBORN, R., Feudalism in History(Princeton UP, Princeton, 1956).

COULSON, N. J., A History of Islamic Law(Edinburgh UP, Edinburgh, 1964).

CRAWFORD, R. B., 'Eunuch Power in the Ming Dynasty', T'oung Pao, 49 (1961—2), 115—48.

CRONE, p., Slaves on Horses: The Evolution of the Islamic Polity (CUP, Cambridge, 1980).

——Roman, Provincial and Islamic Law(CUP, Cambridge, 1987).

——and COOK, M., Hagarism: The Making of the Islamic World (CUP, Cambridge, 1977).

——and HINDS, M., God's Caliph: Religious Authority in the First Centuries of Islam (CUP, Cambridge, 1986).

DARDESS, J. W., Conquerors and Confucians: Aspects of Political Change in Late Yiian China (Columbia UP, New York, 1973).

DAWOOD, N. J. (ed.), and ROSENTHAL, F. (trans.), Ibu Khaldun (1332—1406): *The Muqaddimah: An Introduction to History* (Dawood abridged edn., Routledge, London, 1967).

DE BARY, W. T., 'Chinese Despotism and the Confucian Ideal: A Seventeenth-Century View', in J. Fairbank (ed.), *Chinese Thought and Institutions*, 163—203.

DE GOEJE, M. J., 'The Caliphate', *Encyclopaedia Britannica* (11th edn., 1910), v. 23—54.

DE LAGARDE, G., 'Les Théories représentatives du XIV—XV siècle et l'églis', 10th International Congress of the Historical Sciences, Études, XVIII (Louvain, 1958).

DE LA RONCIÈRE, C. M., 'Indirect Taxes or "Gabelles" at Florence', in N. Rubenstein (ed.), *Florentine Studies* (London, 1968), 140—92.

DES ROTOURS, R., *Traité des fonctionnaires et traité de l'armée*, 2 vols., trans. from the *New History of the Tang* (Hsiu Ou Yang, chs. 46—50) (E. J. Brill, Leiden, 1947).

DIEHL, C., *Byzantium: Greatness and Decline*, trans. N. N. J. Watford (2nd French edn., 1926; Rutgers UP, Rutgers, 1957).

DONNER, F. M., *The Early Islamic Conquests* (Princeton UP, Princeton, 1981).

DU BOULAY, F. R. H., *Germany in the Iater Middle Ages* (Athlone Press, London, 1985).

DUGUIT, L., *Law in the Modern State* (Allen &. Unwin, London, 1924).

DUNBABIN, J., *France in the Making*, 843—1180 (OUP, Oxford, 1985).

DURAND, Y, *Les Républiques au temps des monarchies* (Collection SUP, Presses Uni-versitaires de France, Paris, 1973).

EBERHARD, W., *A History of China*, 4th edn. (Routledge and Kegan Paul, London, 1977; 1st edn., 1930).

——*Conquerors and Rulers: Social Forces in Medieval China* (Brill, Leiden, 1952).

ELVIN, M., *Pattern of the Chinese Past* (Eyre-Methuen, London, 1973).

FAIRBANK, J. K. (ed.), *Chinese Thought and Institutions* (University of Chicago Press, Chicago, 1957).

FINER, S. E. (selected and introduced), *Pareto, Sociological Writings* (Pall Mall Press, London, 1966).

——*Comparative Government* (Penguin, Harmondsworth, 1974).

——*The Man on Horseback: The Role of the Military in Politics* (2nd edn., Westview Press, Boulder, Colorado, 1988).

——'Patrons, Clients and the State in the Work of Pareto and at the Present Day', *Atti dei convegni Lincei*, (Accademia dei Lincei, Rome, 1973),

165—86.

F<small>INLAY</small>, G., *History of the Byzantine Empire*, 716—1057(1st pub. 1854; Everyman edn., Dent, London, 1906).

F<small>INLAY</small>, R., *Politics in Renaissance Venice*(Benn, London, 1980).

F<small>ITZGERALD</small>, C. P., *The Empress Wu*(University of British Columbia Press, Vancouver, 1968).

F<small>OWLER</small>, K. (ed.), *The Hundred Years War*(Macmillan, London,1971).

F<small>ROISSART</small>, J., *Chronicles*, trans. and ed. G. Brereton (abridged edn., Penguin, Harmondsworth, 1978).

F<small>UHRMANN</small>, H., *Germany in the High Middle Ages*, C. 1050—1200(CUP, Cambridge, 1986).

G<small>ABRIELI</small>, F., *Muhammed and the Conquests of Islam*(Weidenfeld and Nicolson, London, 1968).

G<small>ANSHOF</small>, F. L., *Qu'est-ce-que La Féodalité?*, 2nd edn. (de la Baconnière, Neuchâtel, 1947).

G<small>ELLNER</small>, E., *Muslim Society*(CUP, Cambridge, 1981).

——and W<small>ATERBURY</small>, J. (eds.), *Patrons and Clients*(Duckworth, London, 1977).

G<small>ERNET</small>, J., *A History of Chinese Civilization*, trans. R. J. Foster (CUP, Cambridge, 1982).

G<small>IBB</small>, H. A. R., 'AI Mawardi's Theory of the Khilafa', *Islamic Culture*, 9: 3 (1937), 291—302.

——'Constitutional Organisation', in M. Khadduri and H. J. Liebesny (eds.), *Law in the Middle East*, vol. 1(Washington, 1955), 3—27.

——and B<small>OWEN</small>, H., *Islamic Society and the West*, vol. 1, pts. 1 and 2 (Royal Institute of International Affairs, London, 1950).

G<small>IBBON</small>, E., *The Decline and Fall of the Roman Empire*(David Campbell, London, 1993—4).

G<small>ILBERT</small>, F., 'The Venetian Constitution in Florentine Political Thought', in N. Rubinstein (ed.), *Florentine Studies*, 463—500.

G<small>RAMSCI</small>, A., *The Modern Prince and other Writings*(Lawrence & Wishart, London, 1957).

G<small>RÜNEBAUM</small>, E E. von, 'The Sources of Islamic Civilisation' in P. M. Holt, A. K. S. Lambton, and B. Lewis (eds.) *Cambridge History of Islam*, vol. 2 (CUP, Cambridge, 1970), 469—510.

G<small>UILIAND</small>, R., 'Fonctions et dignités des Eunuques', *Études byzantines*, 2 (1944), 185— 255, and 3 (1945), 179—210.

G<small>UILLAUME</small>, A., *Islam* (Penguin, Harmondsworth, 1954).

H<small>ALE</small>, J. R., *Renaissance Venice*(Faber and Faber, London, 1973).

——H<small>IGHFIELD</small>, J., and S<small>MALLEY</small>, B. (eds.), *Europe in the Late Middle Ages*(Faber and Faber, London, 1965).

HALL, J. A. (ed.), *States in History* (Blackwell, Oxford, 1986).

HALLAQ , W. B., 'Was the Gate of Ijtihad Closed?', *International Journal of Middle East Studies*, 16 (1984), 3—41.

HARRINGTON, J., *The Commonwealth of Oceana* (1656; Routledge, London, 1887).

HEIDENHEIMER, A. J. (ed.), *Political Corruption* (Transaction Books, New Brunswick/London, 1989).

HENNEMAN, J. B., *Royal Taxation in Fourteenth-Century France* (Princeton UP, Prince- ton, 1971).

HODGSON, M. G. S., *The Venture of Islam*, vol. 1, *The Classical Age of Islam* (University of Chicago Press, Chicago, 1974).

HOURANI, A., *A History of the Arab Peoples* (Faber, London, 1991).

——*Islam in European Thought* (CUP, Cambridge, 1991).

HSIEN HSIEN, *The Li Ki*, trans. S. Couvreur, 2 vols. (Imprimerie de la Mission Catholique, 1913).

HSU, I. C. Y., *Rise of Modern China*, 3rd edn. (OUP, Oxford, 1983).

HUANG, R., *Taxation and Governmental Finance in XVI-Century Ming China* (CUP, London, 1974).

——*1587: A Year of No Significance* (Yale UP, New Haven, Conn., 1981).

HUCKER, C. O., 'The Tung-lin Movement of the Late Ming Period', in Fairbank (ed.), *Chinese Thought and Institutions*, 132—62.

——'Government and Organisation of the Ming Dynasty', *Harvard Journal of Asiatic Studies*, 21 (1958), 1—66.

——*The Iraditional Chinese State in the Ming Times* (1368—1644) (University of Arizona Press, Tucson, Texas, 1961).

——*The Censorial System of Ming China* (Stanford UP, Stanford, 1966).

——*Chinese Government in Ming Times: Seven Studies* (Columbia UP, New York, 1969).

JOHNSON, W., *The T'ang Code*, vol. 1, *General Principles* (Princeton UP, Princeton, 1979).

KANTOROWICZ, E. H., *Frederick the Second: 1194—1250* (Constable, London, 1931).

——*The King's Two Bodies: A Study in Medieval Political Theology* (Princeton UP, Princeton, 1957; paperback edn., 1981).

KENNEDY, H., 'Central Government and Provincial Elites in the Early Abbasid Empire', *Bulletin of the School of African and Oriental Studies*, 44 (1981), 26—38.

KENNEDY, P., *The Rise and Fall of the Great Powers: Economic Change and Military Conflict*, 1500—2000 (Fontana, London, 1988).

K<small>HADDURI</small>, M., and L<small>IEBESNY</small>, H. J. (eds.), *Law in the Middle East*, vol. 1 (The Middle East Institute, Washington DC, 1955).

K<small>RACKE</small>, E. A., *The Civil Service in Early Sung China*, 960—1067 (Harvard UP, Cam- bridge, Mass., 1953).

L<small>ANE</small>, F., *Venice: A Maritime Republic* (Johns Hopkins UP, Baltimore, 1973).

L<small>ANGER</small>, W. L., *Encyclopaedia of World History: Ancient, Medieval and Modern*, 5th edn. (Harrap, London, 1972).

L<small>AOUST</small>, H., *Les Schismes dans l'Islam* (Payot, Paris, 1977).

L<small>E</small> P<small>ATOUREI</small>, J., 'The Origin of the War', in K. Fowler (ed.), *The Hundred Years War* (Macmillan, London, 1971), 28—50.

L<small>ECKY</small>, W. H., *History of the Rise and Influence of the Spirit of Rationalism in Europe* (1st edn., Longman, London, 1865; Green, 1910).

——*The History of Morals from Constantine to Charlemagne* (Watt and Co., London, 1924).

L<small>EVY</small>, R., *The Social Structure of Islam*, 2nd edn. (CUP, Cambridge, 1957).

L<small>EWIS</small>, B. (ed.), *Islam: From the Prophet Muhammad to the Capture of Constantinople*, 2 vols., *Excerpts from Muslim Writers: The Documentary History of Western Civilization* (Macmil- lan, London, 1974).

L<small>EWIS</small>, N., *The Honoured Society: The Mafia Conspiracy Observed* (Collins, London, 1964).

L<small>EWIS</small>, P. S., *The Recovery of France in the Fifteenth Century* (Macmillan, London, 1971).

L<small>O</small>, J. P., 'Policy Formulation and Decision-Making', in C. O. Hucker, *Chinese Covernment in Ming Times*, 41—72.

L<small>ORD</small>, R. H., 'The Parliaments of the Middle Ages and the Early Modern Period', *Catholic Historical Review*, 16 (1930), 125—8.

L<small>OT</small>, F., *L'Art militaire et les armées au moyen âge*, 2 vols. (Payot, Paris, 1946).

——and F<small>AWTIER</small>, R., *Histoire des institutions françaises au moyen-âge*, 2 vols. (Presses Universitaires de France, Paris 1957—62).

L<small>OUSSE</small>, E., *La Société d'ancien régime*, 2nd edn. (Editions Universitas, Louvain, 1952).

L<small>UCHAIRE</small>, A., *Histoire des institutions monarchiques de la France sous les premiers Capétiens* (Paris, 1892).

L<small>YONS</small>, H. R., *Anglo-Saxon England and the Norman Conquest* (Longman, London, 1962).

M<small>ACHIAVELLI</small>, N., *Istorie. fiorentine* (Feltrinelli Editore, Milano, 1962).

M<small>CILWAIN</small>, C. H., *The Growth of Political Thought in the West* (Macmillan, London, 1932).

——*Constitutionalism*, *Ancient and Modern* (Cornell UP, Ithaca, 1940).

MCKNIGHT, B. E., *Village and Bureaucracy in Southern Sung China* (Chicago UP, Chicago, 1971).

MADISON, J., HAMILTON, A., and Jay, J. *The Federalist Papers* (Penguin, Harmonds- worth, 1987).

MAITLAND, F. W., *The Constitutional History of England* (CUP, Cambridge, 1908).

MAMMITZSCH, U. H. -R., 'Wei Chung-Hsien (1568—1628): A Reappraisal of the Eunuch and Factional Strife at the Late Ming Court', unpublished Ph. D. thesis, University of Hawaii, 1968.

MANGO, C., *Byzantium: The Empire of New Rome* (Weidenfeld and Nicolson, London, 1980).

MARANINI, G., *La Costituzione di Venezia*, 2 vols. (La nuove Italia, Venice, 1927—31).

MARGOLIOUTH, D., and AMEDROZ, H. (eds.), *The Eclipse of the Abbasid Caliphate* (*being the 'History' of Ibn-Maiskawaybi* [930—1030]), 6 vols. (Blackwells, Oxford, 1921).

MARONGIU, A., *Medieval Parliaments: A Comparative Study*, trans. and adapted by S. J. Woolf, foreword by H. Cam (Eyre &· Spottiswoode, London, 1968). (Originally published as *Parlamento in Italia nel mediœvo e nell'eré moderna*, 1949.)

MARTINES, L., *Power and Imagination: City States in Renaissance Italy* (Knopf, New York, 1979).

MASPERO, H., and BAIAZS, E., *Histoire et institutions de la Chine ancienne* (revised edn., Demi-ville, Paris; Presses Universitaires de France, Paris, 1967).

MATHERS, E. P. (ed.), *A Thousand Nights and One Night*, English trans. from J. C. Mardrus's French trans. (Routledge, London, 1947).

MEZ, A., *The Renaissance of Islam*, trans. S. Baksh and D. Margoliouth (Jubilee Printing and Publishing House, Patna, India, 1937).

MITTEIS, H., *The State in the Middle Ages* (North Holland Publishing Co., Amster- dam, 1975).

MIYAZAKI, I., *The Administration of Justice During the Sung Dynasty: Essays on China's Legal Tradition*, eds. J. Cohen, R. Edwards, and F. -M. Cha (Princeton UP, Princeton, 1980).

MONTESQUIEU, *Lettres persanes*, preface de J. Starobinski (Gallimard, Paris, 1973).

MOTE, F. W., 'The Growth of Chinese Despotism: A Critique of Wittfogel's Theory of Oriental Despotism as Applied to China', *Oriens Extremus*, Year 8 (1961), 1—41.

MOULIN, L., 'Policy-making in the Religious Orders', *Government and Opposition*, 1: 1 (1965), 25—54.

MUIR, W., *The Caliphate: Its Rise, Decline and Fall* (Religious Tract Society, London, 1892).

MUNDY, J. H., *Europe in the High Middle Ages*,1150—1309(Longman, London, 1973).

MYERS, A. R., *Parliaments and Estates in Europe* (Thames & Hudson, London, 1975).

NEILSON, N., 'The Early Pattern of the Common Law', *American Historical Review*, 49(1944), 199—212.

NORWICH, J. J., *A History of Venice* (Penguin, Harmondsworth, 1983).

OBOLENSKY, D., *The Byzantine Commonwealth* (Cardinal edn., 1974; Weidenfeld & Nicolson, London, 1971).

OLDENBOURG, Z., *The World is Not Enough* (Gollancz, London, 1949).

——*The Corner Stone* (Gollancz, London, 1954).

OSTROGORSKY, G., *History of the Byzantine State*, trans. J. Hussey (Blackwell, Oxford, 1956).

PAINTER, S., *Studies in the History of the English Feudal Barony* (Johns Hopkins UP, Baltimore, 1943).

PARETO, V, *A Treatise on General Sociology*, ed. A. Livingstone, trans. A. Bongiorno and A. Livingstone as 'The Mind and Society' (Cape, London, 1935).

PARRY, V. J., 'Warfare', *Cambridge History of Islam*, vol. 2. (CUP, Cambridge, 1970), 824—50.

——and YAPP, M. G., *War Technology and Society in the Middle East: Essays* (OUP, Oxford, 1975).

PETERSON, C. A., 'The Restoration Completed: Emperor Hsian-tsung and the Provinces', in Wright and Twitchett, *Perspectives on the T'ang*, 151—191.

PETIT-DUTAILLIS, C., *La Monarchie féodale en France et en Angleterre, X-XII siècle* (Renaissance du Livre, Paris, 1933).

PIPES, D., *Slave Soldiers and Islam* (Yale UP, New Haven, Conn., 1981).

PIRENNE, H., *Medieval Cities* (Princeton UP, Princeton, 1925).

PITKIN, H., *The Concept of Representation* (University of California Press, Berkeley and Los Angeles, 1967).

POCOCK, J., *The Machiavellian Moment* (Princeton UP, Princeton, 1975).

POGGI, G., *The Development of the Modern State* (Hutchinson, London, 1978).

POWICKE, Sir M., *The Thirteenth Century, 1216—1307* (OUP, Oxford, 1962).

PRESTWICH, M., *War, Politics and Finance under Edward I* (Faber & Faber, London, 1972).

PSELLUS, Michael, *Fourteen Byzantine Rules* (*The Chronographia*), trans. E. R. A. Sewter (Penguin, Harmondsworth, 1982).

PULLEYBLANK, E. G., *The Background of the Rebellion of An Lu-shan* (OUP, London, 1955).

REISCHAUER, E. O., *Ennin's Diary: The Record of a Pilgrimage to T'ang in Search of the Law* (Ronald Press, New York, 1955).

REYNOLDS, S. *Kingdoms and Communities in Western Europe*, 900—1300 (Clarendon Press, Oxford, 1984).

RICCI, MATTEO, *Della entrata della Compagnia di Giesu e Christianita nella Cina*, 3 vols. (Vatican City, Rome, Fonte Ricciani, 1609).

RIDEOUT, J. K., 'The Rise of the Eunuchs During the T'ang Dynasty', Part I (618— 705), *Asia Major*, 1 (1949), 53—72; Part II, *Asia Major*, 3 (1953), 42—58.

ROUSSEAU, J. J., *Contrat Social* (Manchester UP, Manchester, 1918; repr. 1955).

RUBINSTEIN, N., 'Marsilius of Padua and Italian Political Thought of his Time', in J. R. Hale, J. Highfield, and B. Smalley (eds.), *Europe in the Late Middle Ages* (Faber & Faber, London, 1965), 44—75.

——(ed.), *Florentine Studies: Politics and Society in Renaissance Florence* (Faber & Faber, London, 1968).

RUNCIMAN, S., *The Emperor Romanos Lecapenus and his Reign* (CUP, Cambridge, 1963).

——*A History of the Crusades*, 3, vols (CUP, Cambridge, 1951; reissued Peregrine Books, Harmondsworth, 1978).

RUNCIMAN, W G. (ed.), *Max Weber: Selection in Translation*, trans. E. Matthews (CUP, Cambridge, 1978).

RUTHVEN, M., *Islam in the World* (Penguin, Harmondsworth, 1984).

SAVORY, R. M, *Introduction to Islamic Civilization* (CUP, Cambridge, 1976).

SAYLES, G. O., *The Medieval Foundations of England*, 2nd edn. (Methuen, London, 1950).

SCHACHT, J., *The Origins of Muhammadan Jurisprudence* (OUP, Oxford, 1950).

——*Introduction to Islamic Law* (OUP, Oxford, 1982).

SCHEVILL F., *History of Florence* (F. Ungar, New York; repr. 1976).

SHIH, N., and Lo, K. -C., *Outlaws of the Marsh*, trans. S. Shapiro (Foreign Language Press, Beijing, 1980).

SHOSHAN, B., 'Review of *The Politics of Notables in Medieval Islam*' (*Asian and African Studies*, Haifa, 1986).

SIDGWICK, H., *The Development of the European Polity* (Macmillan, London, 1903).

SKINNER, Q., *The Foundations of Modern Political Thought*, 2 vols. (CUP, Cambridge, 1978).

SOURDEL, D., *Le Vizirat abbasside de* 749—936 (Damascus, Syria, 1959—60).

——and J., *La Civilisation de l'Islam classique* (Artaud, Damascus, 1968).

SOUTHERN, R. W., *Western Society and the Church in the Middle Ages* (Penguin, Harmondsworth, 1970).

SPUFFORD, P., *The Origins of the English Parliament: Readings* (Longman, London, 1967).

STRAYER, J., and MUNRO, D., *The Middle Ages*, 395—1500 (Appleton-Century, New York, 1942).

STUBBS, W., *The Constitutional History of England*, 3 vols. (OUP, Oxford, 1880).

——*Select Charters*, 8th edn. (OUP, Oxford, 1900).

TABARI, *Chroniques: L'Age d'or des Abbasides*, trans. H. Zotenberg (Sinahad, Paris, 1983).

TEMPERLEY, H. (ed.), *Selected Essays of J. B. Bury* (CUP, Cambridge, 1930).

THOMPSON, J. W., *Feudal Germany* (University of Chicago Press, Chicago, 1928).

TSURUMI, N., 'Rural Control in the Ming Dynasty', in L. Groves and C. Daniels (eds.), *State and Society in China: Japanese Perspectives on Ming and Qing Social and Economic History* (University of Tokyo Press, Tokyo, 1984).

TWITCHETT, D. C., 'The T'ang Market System', *Asia Major*, 12: 2 (1966), 202—48.

——'Local Financial Administration in Early T'ang Times', *Asia Major*, 15 (1969), 82—143.

TYAN, E., *Histoire de l'organisation judiciaire en pays d'Islam* (Brill, Leiden, 1960).

ULLMANN, W., *Principles of Governance and Politics in the Middle Ages* (Methuen, London, 1961).

——*A History of Political Thought in the Middle Ages* (Penguin, Harmondsworth, 1965).

VAILLAND, R., *La Loi: roman* (Gallimard, Paris, 1957; repr. 1963).

VAN GULIK, R., *The Chinese Lake Murders* (University Chicago Press, Chicago, 1977).

VAN WERVEKE, H., 'The Economic Policies of Governments: The Low Countries', *Cambridge Economic History of Europe*, vol. 3 (CUP, Cambridge, 1963).

VASILIEV, A. A., *History of the Byzantine Empirn*, 2nd Eng. edn. (Blackwell, Oxford, 1952).

VATIKIOTIS, P. J., *Islam and the State* (Routledge, London, 1987).

Villon, F., *Ballades* (Allan Wingate, London, 1946).

Wakeman, F., and Grant, C. (eds.), *Conflict and Control in Late Imperial China: Essays* (University of California Press, Berkeley, 1978).

Wallace-Hadrill, J. M., *Early Germanic Kingship in England and on the Continent* (Clarendon Press, Oxford, 1971).

Wang, G., *The Structure of Power in North China During the Five Dynasties* (Stanford UP, Stanford, 1963).

Ware, T, *The Orthodox Church* (Penguin, Harmondsworth, 1980).

Watt, W. M., *Islamic Political Thought* (Edinburgh UP, Edinburgh, 1964; paperback edn., 1980).

Weber, M., *Economy and Society: An Outline of Interpretive Sociology*, vol. 2, eds. G. Roth and C. Wittich (University of California Press, Berkeley, 1978).

Wechsler, H. J., *Mirror to the Son of Heaven: Wei-ching at the Court of T'ang Tai-tsung* (Yale UP, New Haven, Conn., 1974).

Wellhausen J., *The Arab Kingdom and its Fall* (=*Das Arabische Reich und sein Sturz*, Berlin 1902; repr. Calcutta, 1927).

White, L., *Medieval Technology and Social Change* (OUP Oxford, 1962).

Wright, A. F., and Twitchett, D. C. (eds.), *Perspectives on the T'ang* (Yale UP, New Haven, Conn., 1973).

Wu, C.-T., *The Scholars* (Foreign Languages Press, Beijing, 1973).

译　后　记

　　《统治史》一书是英国学术大师芬纳教授的扛鼎之作,也是享誉全球学界的学术经典。关于本书价值和芬纳先生的学术生平,赵鼎新教授已在本书第一卷"中译序"中进行了详细说明,此处不再赘述。

　　本书是《统治史》的第二卷。就内容而言,本卷主要论述中世纪时期世界各地的主要统治形态及其演进过程。本卷内容共分三部分,第一部分主要以拜占庭帝国和哈里发帝国为例论述中东与东欧地区的政体演进,第二部分主要以唐帝国和明帝国作为案例分析中国封建制度的发展过程,第三部分主要概述欧洲大陆、地中海沿岸和英格兰地区的政治形态及其发展特征。芬纳教授不仅在每一部分选择了经典案例进行"剖麻雀"式的解析,还就这些案例的背景、特征及其在全球统治史上的地位进行了深入浅出的归纳和鞭辟入里的评析。

　　一般来说,中世纪往往被认为是愚昧和落后盛行的"黑暗时代",然而芬纳却在研究中指出:中世纪是全球政治形态演进过程中一个"重要而特殊"的阶段。这一时期不仅全球各大文明板块内都出现了对后世影响深远的"历史性宗教",而且在封建主义的母体内萌生了现代政治体制的一些核心要素。比如,在欧洲封建君主制和城市共和制的政治实践中,选举、代表、分权等现代民主政治的核心要素已经出现,这些内容又经过英美两国的现代政治实践而逐渐演变为当代西方政治制度的基本原则。在中国，尽管农民起义和社会动荡时有发生，但这一时期中国的政治制度发展在全球统治史上仍有其意义。比如，中华帝国在其长期的封建统治实践中逐渐建立了世俗化的行政管理机构和遍及全境的教育体系，在官员招募、晋升、行政监察以及政治稳定性等方面均有其可圈可点之处。我们翻译此书，并不代表译者完全认同书中的所有观点。相信只要读过此书，读者诸君自会对书中的观点和价值做出评判。

本书的翻译和出版，还离不开华东师范大学出版社六点分社倪为国先生、彭文曼女士的努力。没有他们的慧眼选题和督促，恐怕就难以有这部巨著的中译本面世。此外，本书在翻译过程中还得到了复旦大学历史地理研究所王大学、秦瑞芳夫妇的大力帮助和支持；上海社会科学院信息研究所王兴全教授协助解决了部分法语的翻译问题。译者希望能借此机会，向他们表示衷心的感谢。当然，还要感谢我的家人，没有他（她）们对我的支持和帮助，完成本书的翻译或许还需要更多时间。

需要向读者表示歉意的是，本书的出版和原计划相比略有滞后，一是因为原来的翻译计划中途有变；二是因为无论译者还是出版社，都不希望因为追求速度而影响译作质量。此外，根据一些读者和朋友的建议，我们在本次出版过程中，除了对第一卷中的讹误进行修改和校对外，也对全书的翻译体例进行了若干调整。为方便读者，我们翻译了原书注释中的文章名称和书名，但保留了其他注释信息。特别是对于书中出现的大量自我引证，我们一律注明原文页码，并在翻译过程中保留了原书页码，供有兴趣的读者进行查对。对于较为生僻的用法，我们则尽可能保留英文原文，或是在"译注"中适当加以说明。

由于学识水平所限，本书在翻译过程中肯定会存在各种讹误或疏漏之处，我们期待读者朋友的批评、指正，以便今后改正。

王　震

2014 年春　谨识

图书在版编目(CIP)数据

统治史.第2卷,中世纪的帝国统治和代议制的兴起:从拜占庭到威尼斯/(英)芬纳著;
王震译.--上海:华东师范大学出版社,2014.8

ISBN 978-7-5675-1115-6

Ⅰ.①统… Ⅱ.①芬…②王… Ⅲ.①政治制
度史—西方国家—中世纪 Ⅳ.①D59

中国版本图书馆 CIP 数据核字(2013)第 183331 号

华东师范大学出版社六点分社

企划人 倪为国

The History of Government from the Earliest Times Volume Ⅱ: The Intermediate Ages
By S. E. Finer
ISBN 978—0198207900
Copyright © C. J. Finer 1997
The Intermediate Ages was originally published in English in 1997. This translation is published by arrangement with Oxford University Press through Andrew Nurnberg Associates International Ltd., and is for sale in the Mainland of The People's Republic of China Only.
Simplified Chinese translation copyright © 2014 by East China Normal University Press Ltd.
ALL RIGHTS RESERVED.
英文原版出版于 1997 年。中文简体字版由牛津大学出版社授权华东师范大学出版社出版,仅限中国大陆
地区销售。
上海市版权局著作权合同登记 图字:09-2007-737 号

**统治史(卷二):中世纪的帝国统治和代议制的兴起
——从拜占庭到威尼斯**

著　　者　(英)芬　纳
译　　者　王　震
责任编辑　倪为国　彭文曼
封面设计　吴元瑛

出版发行　华东师范大学出版社
社　　址　上海市中山北路 3663 号　邮编　200062
网　　址　www.ecnupress.com.cn
电　　话　021-60821666　行政传真　021-62572105
客服电话　021-62865537　门市(邮购)电话　021-62869887
地　　址　上海市中山北路 3663 号华东师范大学校内先锋路口
网　　店　http://hdsdcbs.tmall.com

印　刷　者　上海盛隆印务有限公司
开　　本　787×1092　1/16
插　　页　6
印　　张　30.75
字　　数　385 千字
版　　次　2014 年 8 月第 1 版
印　　次　2024 年 8 月第 8 次
书　　号　ISBN 978-7-5675-1115-6/K·392
定　　价　98.00 元

出 版 人　王　焰